ORANJE
ZWARTBOEK

D1735638

INTRIGES SPIONAGE OVERSPEL GEWELD CORRUPTIE GELDZUCHT

GERARD AALDERS

ORANJE ZWARTBOEK

DE ONTLUISTERENDE GESCHIEDENIS VAN ONZE KONINKLIJKE FAMILIE

JUST
PUBLISHERS

1e druk, oktober 2020
2e druk, oktober 2020
3e druk, oktober 2020
4e druk, oktober 2020
5e druk, oktober 2020
6e druk, november 2020
7e druk, november 2020

Auteur Gerard Aalders
Copyright © 2020 Gerard Aalders | Just Publishers BV
Uitgever Hans van Maar

Niets uit deze uitgave mag worden verveelvoudigd en/of openbaar gemaakt,
door middel van druk, fotokopie, microfilm, digitale bestanden of op welke
andere wijze ook, zonder voorafgaande schriftelijke toestemming van
Just Publishers BV.

*No part of this book may be reproduced in any form, by print, photoprint,
microfilm, digital files or any other means, without written permission from
Just Publishers BV.*

Omslagontwerp Ben Gross
Opmaak Studio Spade, Voorthuizen
Foto's Wikipedia, Shutterstock, diverse screenshots
Redactie Tekstbureau Tempelier
Productie Hanzeboek

Hoewel zowel de auteur als de uitgever alle moeite hebben gedaan de rechten van
fotomateriaal te achterhalen, wordt aan hen die menen alsnog rechten te kunnen gelden
verzocht contact op te nemen met uitgeverij Just Publishers.

ISBN 97890 8975 065 5

NUR 680

WWW.JUSTPUBLISHERS.NL

Inhoud

Voor mijn kleinzoon Vince

Inleiding

Waarom is het Huis van Oranje zo populair? Niet alleen in Nederland, maar ook daarbuiten? Waarom genieten de Oranjes de status van popsterren? Waaraan hebben ze die verering verdiend? Ligt het aan hun prestaties? Hun capaciteiten?

Vanwege de ministeriële verantwoordelijkheid mogen we sinds de Grondwetsherziening van 1848 niet weten wat het staatshoofd denkt, in zijn hoofd haalt (of niet haalt) of hoe hij met staatszaken omgaat. De minister is verantwoordelijk voor de daden, het gedrag en de uitspraken van de koning (m/v). De Grondwet spreekt uitsluitend van 'de koning' en dat zal ik in dit boek in algemene zin ook blijven doen, tenzij er duidelijk sprake is van een vrouwelijke koning: die noem ik dan consequent koningin.

Welbeschouwd is de sterrenstatus van de leden van het Koninklijk Huis een wonderlijk fenomeen. Het valt immers op weinig concreets terug te voeren of het zou het contrasigneren (medeondertekenen) van wetten en Koninklijke Besluiten moeten zijn. Normaal gesproken lopen we echter niet uit – laat staan dat we uit ons dak gaan – voor iemand die een document mag (mede)ondertekenen. Kijk naar de ministers, die net als de koning hun handtekening onder een wet zetten. Hun valt geen openbare, uitzinnige adoratie ten deel. De koning ondertekent een wet of een ander stuk dat zijn contraseign vereist, niet eens in het openbaar, maar in de beslotenheid van zijn (werk)paleis of, indien hij op reis is en het een dringende kwestie betreft, via internet op zijn Ipad.

De gebeurtenis blijft dus onder alle omstandigheden onzichtbaar en anoniem. Hij kan een wet ondertekenen zonder haar gelezen te hebben; dat maakt niets uit. Áls hij maar tekent. Of hij twijfelt, dubt of misschien zelfs wel in gewetensnood komt, doet er allemaal niet toe. Er is altijd wel een oplossing, zoals destijds in 1990 de Belgische koning Boudewijn ondervond. Vanwege zijn katholieke geloof weigerde hij de abortuswet te contrasigneren. Het kabinet van premier Wilfried Martens nam tijdelijk de bevoegdheid van de koning over, tekende de wet en verklaarde Boudewijn vervolgens weer tot regeren in staat.

Het moge duidelijk zijn dat het tekenen van regeringsstukken niet ten grondslag ligt aan de extatische tonelen, daar waar de koning zich vertoont, al dan niet vergezeld van de koningin.

Hoe zit het met het openen van publieke gebouwen, tentoonstellingen, bruggen, culturele evenementen of het brengen van werkbezoeken? Ligt daar wellicht de verklaring? Al die bezigheden hebben gemeen dat de koning zich (tegenwoordig) laat voorrijden in een dure auto of bij bepaalde gelegenheden in de koninklijke bus, want daarover beschikt de familie ook, net als over een eigen vliegtuig en zelfs een koninklijke trein met bijbehorende koninklijke wachtkamers.

Na het uitstappen volgt het vaste ritueel van glimlachen, handen schudden en minzaam wuiven. Soms knipt hij een lint door met een souplesse die laat zien dat hij dat vaker heeft gedaan. Ook hier baart oefening kunst. Toch leiden dergelijke bezigheden, als ze worden gedaan door een niet-koninklijk medemens, doorgaans niet tot extase of uitbarstingen van gejuich en exorbitante, soms compleet infantiele, aanhankelijkheidsbetuigingen. Wanneer de koning hoogstpersoonlijk de schaar hanteert, wuift, (glim)lacht of handen schudt, ligt dat kennelijk anders.

De huidige koning Willem-Alexander bezoekt graag sportevenementen. Hij toont zich dan laaiend enthousiast wat hem steevast fraaie foto's en positieve berichtgeving in de pers oplevert. Maar rechtvaardigen zulke bezoeken, naast het signeren van wetten en regeringsstukken, lintjes knippen, wuiven, glimlachen en enthousiast doen, de sterrenstatus en de ongekende populariteit die hem en de zijnen ten deel vallen?

Het beroep van monarch is inhoudelijk simpel. Je hoeft er weinig voor te kunnen, hoewel een zekere sociale vaardigheid van pas kan komen, al is dat geen absoluut vereiste. Koning Willem III ('koning Gorilla') is daarvan misschien wel het beste voorbeeld, hoewel zijn dochter, koningin Wilhelmina, op het gebied van sociale onhandigheid en ongemanierde botheid ook haar mannetje (m/v) stond. Deels kan dat te wijten zijn aan het rigide hofprotocol. Maar het zat kennelijk ook in de aard van het koninklijke beestje.

Wat een koning doet in zijn functie als staatshoofd, kan ieder normaal mens met een min of meer voltooide basisschoolopleiding. Zij hebben alleen niet de bevoegdheden omdat ze niet in de juiste wieg hebben gelegen. Het contrasigneren van wetten en het uitvoeren van een aantal exclusieve, maar op zich simpele, taken, zijn uitsluitend aan het staatshoofd voorbehouden. Hij benoemt en ontslaat ministers en staatssecretarissen bij koninklijk besluit. Zijn handtekening is vereist, maar meer dan een ceremoniële aangelegenheid is het niet.

Bij hun ambtsaanvaarding leggen de ministers en staatssecretarissen ten overstaan van de koning een eed of belofte af dat ze trouw zullen zijn aan de Grondwet en hun ambt integer zullen vervullen. Als een kabinet niet voortijdig struikelt, is de koning er één keer in de vier jaar mee bezig. Dat is goed te doen. Commissarissen van de Koning beëdigt hij ook, maar ook daaraan is hij nauwelijks tijd kwijt.

De koning is voorzitter van de Raad van State (RvS), een adviesorgaan van de regering (zodat hij merkwaardig genoeg zichzelf adviseert als lid van de regering), maar je zult hem hoogst zelden in de RvS aantreffen. De dagelijkse leiding is in handen van de vicevoorzitter; ook wel 'onderkoning' genoemd.

De Nederlandse Grondwet telt 142 artikelen. In totaal komt de koning in 26 van de 142 artikelen voor, die direct op zijn functioneren betrekking hebben. Dat is rijkelijk veel voor een baan waarvoor je weinig hoeft te kunnen.

De functie van Nederlands staatshoofd is exclusief weggelegd voor diegene die als (eerste) zoon of dochter van de koning wordt geboren. Bovendien, zegt de Grondwet in artikel 24, moet je een nazaat zijn van koning Willem I, Prins van Oranje-Nassau.

Het koningschap bracht de veelzijdige wetenschapper Hugo Brandt Corstius eens tot de volgende overpeinzing:

'Er is een tijd geweest dat het koningschap een reële zaak was. [...] Die tijd is voorbij. [...] Juist uit de erfelijkheid van de koningsfunctie blijkt de volstrekte onbelangrijkheid: het doet er niet toe wie koning is, laten we dus afspreken het oudste kind van de vorige koning te nemen. Koning-zijn is de enige maatschappelijke functie waarvan grondwettelijk vaststaat dat iedereen, zelfs de domste mens, haar op zich kan nemen.'[1]

Er zijn, behalve de al aangestipte koninklijke bezigheden, nog een paar dingen die het staatshoofd geacht wordt te doen (maar die niet in de Grondwet staan). Hij neemt geloofsbrieven in ontvangst van nieuw benoemde ambassadeurs en hij wordt verondersteld op de derde dins-

---

1   Rooduijn, *De Republiek der Nederlanden*, pp. 8-9. Brandt Corstius publiceerde zijn overpeinzing in het studentenblad *Propria Cures*, waarvan hij van 1957 tot 1959 redacteur was.

dag in september de zitting van de Staten-Generaal te openen en de vergadering toe te spreken.

Koningin Wilhelmina gooide eenmaal (in 1911) haar koninklijke kont tegen de krib door te weigeren.[2] Zoals bekend schrijft de koning(in) haar toespraken niet zelf. Dat doen de ministers, die er ook verantwoordelijk voor zijn. De koning leest alleen maar voor. Van papier. Niet van een autocue, wat handiger zou zijn, maar wellicht staat die cue de koninklijke uitstraling in de weg.

Bij staatsbezoeken treedt de koning op als gastheer. In overleg met het ministerie van Buitenlandse Zaken nodigt hij staatshoofden uit en brengt hij staatsbezoeken aan vreemde landen. Maar in principe alleen als hij dat zelf wil. Niemand die hem ertoe dwingt. Dat is het wat betreft zijn officiële taken wel zo'n beetje. Veel tijd per jaar is er niet mee gemoeid. De koning maakt deel uit van de regering, maar is nergens verantwoordelijk voor. De rest van zijn werktijd vult hij met ceremoniële taken, die hij echter naar believen kan accepteren of weigeren.

Al met al is het koningschap dus een luizenbaantje, al moet je er wel trek in hebben. Het wordt riant betaald en de secundaire voorwaarden zijn benijdenswaardig: gratis wonen (op diverse schitterende locaties in prachtige paleizen), gratis reizen in alle denkbare soorten van (eigen) vervoer, een belastingvrije 'uitkering' (zoals het salaris van de koning eufemistisch heet), vrijstelling van erfbelasting, vrijwel onbegrensde declaratiemogelijkheden (klachten over te hoge declaraties zijn ondenkbaar) en nog wat andere faciliteiten waarvan de onderdaan alleen maar kan dromen.

Er is tot dusver geen Oranje geweest die de troon heeft geweigerd. Kroonprins Willem ('Wiwill'), zoon en beoogd opvolger van Willem III, heeft er, net zoals ooit zijn vader, wel mee gedreigd. Wiwill vertrok naar Parijs om zich daar over te geven aan drank en vrouwen. Met zijn kroonprinselijke uitkering kon hij dat moeiteloos doen, al kwam hij uiteindelijk door verkwistend gedrag toch nog in de financiële problemen.

Of hij consequent zijn weigering gestand zou hebben gedaan, zullen we nooit weten. De kroonprins overleed voortijdig te Parijs aan een longontsteking.

Vader Willem III wilde aanvankelijk ook weigeren, maar hij haalde binnen de kortste keren bakzeil, zodat Nederland werd opgescheept met

---

2   Van Raalte, *De werkelijke betekenis en functionering van het Nederlandse koningschap*, pp. 18-20.

een vorst die niet ten onrechte de bijnaam 'koning Gorilla' kreeg.

Het weigeren van de troon is in theorie dus mogelijk. Niemand kan de eerstgeboren zoon of dochter van de koning dwingen de kroon te aanvaarden. De kroonprins wordt overigens wel automatisch koning als de zittende koning overlijdt - of om wat voor reden dan ook aftreedt - maar als hij weigert de troon te aanvaarden, is er niemand die hem kan dwingen zijn besluit te herzien. Er is wel een oplossing voor dit probleem dat nog nooit echt heeft gespeeld. Als de kroonprins weigert en hij kinderen heeft, zijn die als eersten aan de beurt (de oudste eerst en dan, op volgorde van leeftijd, degenen die na hem zijn geboren). Als die ook allemaal voor de eer zouden bedanken, komen, wederom op volgorde van leeftijd, de jongere broer(s) of zus(sen) van de (weiger)koning in aanmerking. Mochten die ook niet willen dan is de beurt aan de oudste oom of tante van de (weiger)koning. Als zij ook voor de eer zouden bedanken, valt de kroon toe aan hun jongere broers of zussen. Hun kinderen zijn echter niet meer in de race. De grens ligt bij het derdegraads bloedverwantschap. De kinderen van ooms en tantes zijn vierdegraads en staan dus buiten spel.

De Oranjegezinde pers werkt onder het toeziend oog van de Rijksvoorlichtingsdienst (RVD) enthousiast mee aan het drogbeeld dat de monarchie een magische uitwerking zou hebben op het volk. De monarchie zou de verbindende factor zijn die het Nederlandse volk tot elkaar brengt en verenigt. Als er wat vervelends viel te melden over het koningshuis, deed de pers dat liever niet en deed ze bij voorkeur niets. Zoals bij de zogenaamde Greet Hofmans-affaire in de jaren vijftig van de vorige eeuw. Terwijl het buitenland er volop over schreef, bewaarde de Nederlandse pers een oorverdovend stilzwijgen. Maar niet alleen de pers kon (en kan) onpartijdigheid worden verweten. Ook professionele historici hebben dagwerk aan het bagatelliseren van fouten en misstappen van leden van het koningshuis en wringen zich menigmaal in allerlei bochten om de meest ingenieuze eufemismen en vergoelijkingen te bedenken om toch maar vooral de realiteit buiten beeld te houden.[3]

Het Huis van Oranje is een uitverkoren familie, die uitsluitend op grond van geboorte de bijzondere plaats krijgt toebedeeld die ze in het Nederlandse staatsbestel inneemt. Zo is het in de Grondwet geregeld.

---

3   Zie ook Abeling, *Teloorgang en Wederopstanding van de Nederlandse Monarchie 1848-1898*, p. 11.

Wonderlijk genoeg stelt artikel 1 dat iedereen in Nederland gelijk is, om vervolgens doodleuk in artikel 24 te poneren dat alleen de wettige opvolgers van koning Willem I staatshoofd (koning dus) kunnen worden. Gelijkheid kent wel degelijk gradaties: de koning is gelijker dan zijn onderdanen.

De magische uitwerking van de monarchie, die tegelijkertijd – naar wordt beweerd – een zegen voor onze economie zou zijn, werkt ook door in het buitenland. Als de koning tijdens een buitenlands staatsbezoek wordt vergezeld door een handelsdelegatie, samengesteld uit vertegenwoordigers van het Nederlandse bedrijfsleven, gaan alle deuren, zo wordt ons in alle ernst voorgehouden, als bij toverslag open. Kampioen deuren-openen was ongetwijfeld prins Bernhard. Het was niet de enige mythe rondom Zijne Koninklijke Hoogheid.

Het huidige koningspaar laat zich evenmin onbetuigd. Het enthousiasme van Willem-Alexander - gecombineerd met de glimlach van Máxima - zou ons, of althans het Nederlandse bedrijfsleven, miljarden euro's aan contracten opleveren. Dat lijkt sterk op een godswonder en dat is het volgens het gelovige deel van de Oranje-aanhang ook. De niet-religieuze aanhang van het koningshuis heb ik evenmin ooit om enig bewijs horen vragen. Men lijkt er voetstoots van uit te gaan dat het nu eenmaal zo is. Als ware het een natuurwet.

Mensen met een religieuze overtuiging erkennen het koninklijk gezag, omdat ze er de hand van God in zien. Een befaamd (katholiek) staatsrechtgeleerde als prof. dr. A.A.H. Struycken schreef in een betoog over het koningschap:

> 'Aanvaardend dat alle gezag van God komt, aanvaarden wij ook het gezag van de Koning als zodanig in de erkenning, dat blijkbaar de menselijke samenleving hoofdzakelijk het gezagselement behoeft en dus door God is gewild.'[4]

Met de toenemende onkerkelijkheid is dat steeds minder een factor van betekenis, maar hij lijkt nog wel rudimentair aanwezig. Het is Gods wil dat er een koning boven ons is gesteld. Dat is trouwens zo met alle gezag volgens de Bijbel, want er is volgens Romeinen 13 geen ander gezag dan dat van God.

---

4   Struycken, 'Het koningschap' (1955).

Er ligt een behoorlijk dosis fatalisme en potentiële narigheid in die zin besloten, want moet je een dictator als Hitler of Stalin gewoon hun gang laten gaan? Puur en alleen omdat God ze boven ons zou hebben gesteld? Of was het misschien het werk van Satan?

In dit boek kijk ik met verbazing naar de drie eerste koningen: Willem I, II en III, drie koninginnen (Wilhelmina, Juliana en Beatrix) en tenslotte naar weer een koning: Willem-Alexander. Omdat de echtgenoten en echtgenotes van ons staatshoofd in de aanbidding van de Oranjes delen, krijgen ook zij de nodige aandacht.

Het koningschap van Willem I kwam uiteraard niet uit de lucht vallen. Om die reden ga ik eerst beknopt in op de achtergronden van het historische stadhouderschap waaraan de familie Van Oranje haar huidige positie heeft te danken. Hun macht en invloed als stadhouder varieerden nogal, maar daarop zal ik nauwelijks ingaan. Mij gaat het hier uitsluitend om een beperkte achtergrondschets en vooral hoe ze door het volk werden gezien. Soms hadden provincies verschillende stadhouders, maar de functies konden per provincie sterk verschillen (de provincies vormden gezamenlijk de Republiek der Zeven Verenigde Nederlanden). Ik stip uitsluitend een paar zaken aan, die nodig zijn voor de historische achtergrond van dit verhaal.[5]

Evenmin ga ik me verliezen in allerlei sociologische theorieën over hoe enthousiasme voor het koningschap ontstaat. Mijn eigen verwondering is mijn belangrijkste leidraad.

De enorme schare aanhangers van het koningshuis kent ook een tegenhanger, al zijn de republikeinen stevig in de minderheid. Ruim twee eeuwen Nederlandse monarchie hebben ook veel kritiek, hoon en spot jegens het Huis opgeleverd, want kritiek is er altijd geweest. Niet altijd even fijnzinnig, maar de verering van de Oranjes kent ook zijn minder fijnbesnaarde kanten.

De verering voor de leden van het koningshuis begint, in tegenstelling tot die voor popsterren, al bij de geboorte. Het volk jubelt, juicht en zingt *en masse* ter verwelkoming van het nieuwe koningskind en menig onderdaan ontkurkt een fles om een toost op de nieuwgeboren telg uit te brengen. Ook eventuele, na hem geboren, broertjes en zusjes

---

5   Zie voor een uitgebreide behandeling van het stadhouderschap: Israel, *De Republiek 1477-1806*, waarvan ik voor achtergronden van de familie Van Oranje ruim gebruik heb gemaakt.

kunnen op een warm onthaal rekenen. In dat opzicht zijn we een gul volk.

De volgende grote stap is de inhuldiging als koning. We vieren dan het begin van een nieuwe periode met een vers staatshoofd, die formeel weliswaar sinds de Grondwetshervorming van 1848 niets meer heeft te vertellen, maar die vanwege zijn plaats in het politieke bestel wel invloed kan uitoefenen. Een beetje vreemd is dat wel. Net als al die voorbeschouwingen bij hun inauguratie. Toen bijvoorbeeld Willem-Alexander aan zijn koningschap begon, hield menigeen zijn hart vast. Wat kon die man nou helemaal? Zeker als we hem vergeleken met zijn moeder Beatrix. Zij stond bekend als een harde werker en 'dossiervreter'. Willem-Alexander wekte vooral associaties met feesten, sport en bier. Later ook met water, toen hij zich op het watermanagement had gestort. Vooralsnog zagen we in hem niet een gedegen vorst.

Dat beeld kantelde snel en de heersende opinie is tegenwoordig dat hij het best 'goed doet'. De vraag rijst meteen: 'wat dan?' Wat hij denkt, doet, vindt en eventueel bepeinst, mogen we immers niet weten. De minister neemt hem alle verantwoordelijkheid uit handen.

Dat hij het zo 'goed doet' is een nietszeggende frase, vaak in de wereld gebracht door enquêtevragen in de trant van 'hoe vindt u dat de koning het doet?' Het gros van het publiek heeft er niet het geringste benul van wat de koninklijke taken feitelijk behelzen, maar het lijkt voor de enquêtebedenkers nooit een probleem om die vraag toch te stellen. Men neemt kennelijk aan dat iedereen die taken kent, terwijl het tegendeel het geval is.

Als Willem-Alexander professioneel zwaait en Máxima het volk haar beminnelijke glimlach (of schaterlach) schenkt, is het kennelijk al snel goed. Met hun populariteit - en dus het voortbestaan van de monarchie - zit het dan wel snor. Ze doen het immers goed?

Zelden staan we erbij stil, dat het voortbestaan van de monarchie de allerhoogste prioriteit van ieder vorstenhuis is. De Oranjes vormen op die regel geen uitzondering.

Hoeveel moeite heeft de familie zich niet getroost om Willem III, Wilhelmina en Juliana van een partner te voorzien, om het voortbestaan van hun geslacht te verzekeren? De echtgenoot van Beatrix dook plotseling op, nog voordat het onderdanendom zich zorgen kon maken over een troonopvolger. Maar bij haar moeder en grootmoeder was het een lastige aangelegenheid de juiste partner te selecteren, hoewel in beide gevallen moet worden geconstateerd dat 'juist' in dit verband een misplaatst woord is. Maar in ieder geval was het een partner, en daar ging het in essentie om.

Zonder partner geen kroonopvolger, hetgeen het einde van de monarchie zou betekenen. Het is de nachtmerrie van iedere dynastie. Ten slotte is koningschap hun broodwinning – erfelijk bovendien - en de basis van hun sterrenstatus. Het is een spel zonder einde, tenminste zolang de wieg minstens eenmaal met een nakomeling wordt gevuld.

Zo lijkt het althans, want het kan (weer die nachtmerrie) allemaal razendsnel veranderen. Aan de vooravond van de Eerste Wereldoorlog was Europa bezaaid met monarchieën. Alleen Zwitserland, Frankrijk en Portugal (sinds 1910) en niet te vergeten het minuscule San Marino waren republieken.

In deze eeuw is de situatie precies omgekeerd. De koninkrijken hebben slechts standgehouden in Scandinavië, Nederland, België, het Verenigd Koninkrijk en (sinds Franco) in Spanje. Verder is er nog wat klein grut in de vorm van hertog- en prinsdommetjes (Luxemburg, Monaco, Liechtenstein etc.), maar veel stelt het allemaal niet meer voor.

De verdiensten van de koningen en keizers die al lang in de mist van de geschiedenis zijn verdwenen, werden ooit hemelhoog geprezen. Dat geldt (en gold) ook voor het Huis van Oranje. Welke redenen zijn er eigenlijk om de monarchie te continueren, gemeten naar haar verdiensten en ontdaan van alle franje? Wat blijft er over als we het Huis van mythes ontdoen en het redeloze ophemelen vervangen door een kritische blik? Wanneer we alle vergoelijkingen, verdraaiingen en weglatingen van de orangistische historiografie verwijzen naar de wereld waar ze thuishoren: het sprookje? Of is dat juist de aantrekkingskracht van de monarchie?

In het laatste hoofdstuk ga ik in op de familie van Oranje en hun buitensporige geldbelustheid. Al sinds het aantreden van koning Willem I was 'geld en koningshuis' een heikel onderwerp, waar politici en ministers voor terugschrokken. Steeds wilden de Oranjes het onderste uit de kan: of het nu ging om de bekostiging van het paleismeubilair, dubieuze verkopen van kunst of dubbele vergoedingen. Steeds opnieuw kenmerkte hun gedrag zich door inhaligheid, waaraan een zeker dedain voor de gewone burger niet vreemd is. Evenmin houdt de familie zich verre van fiscale ontwijkingsmanoeuvres en belastingparadijzen. En wees op uw hoede voor hun 'schenkingen' in de vorm van vastgoed. Dat zijn namelijk geen schenkingen. Wat ze beogen is het afwentelen van hun onkosten op de staat en dus op de belastingbetaler.

De citaten in dit boek zijn letterlijk overgenomen uit het bronnen-materiaal.
    Eventuele taalfouten zijn niet aangepast.

1

Een stadhouderfamilie

In de 16e eeuw kregen onze voorouders voor het eerst met het Huis van Oranje te maken. Willem van Oranje ('Willem de Zwijger'), de stamvader van het huidige vorstenhuis kwam in 1533 in Duitsland ter wereld als zoon van graaf Willem van Nassau en zijn vrouw Juliana van Stolberg. De familie hing het protestantse geloof aan, maar Willem genoot ook (deels) een katholieke opvoeding.

Zijn overstap naar het katholicisme had te maken met de nalatenschap van zijn neef René van Chalon, die overleed toen Willem elf jaar oud was. Als voorwaarde voor het aanvaarden van de erfenis had Van Chalon bepaald dat Willem zich moest bekeren tot het katholieke geloof. In ruil daarvoor kreeg Willem het kleine prinsdom Orange in Frankrijk. Behalve de prestigieuze prinsentitel erfde hij ook een aanzienlijk bedrag aan geld en verwierf hij bezittingen in de Nederlanden, waar de erflater stadhouder was geweest van een aantal gewesten. Door zijn huwelijk met de schatrijke Anna van Egmond namen Willems belangen in onze contreien nog verder toe.

De titel, 'prins van Oranje' was van het grootste belang, want het bezit van het vorstendommetje in Zuid-Frankrijk, ongeveer ter grootte van de Achterhoek, maakte hem tot soeverein vorst. Dat betekende dat Willem aan niemand onderdanig was. Hoe klein zijn prinsdom ook was, het verleende Willem de status van gelijke aan bijvoorbeeld de koning van Frankrijk en de keizer van Duitsland. Het verschil was natuurlijk wel dat die laatste twee, in tegenstelling tot Willem, over veel macht en grondgebied beschikten.

Willem lag goed aan het hof van Karel V, die behalve koning van Spanje en keizer van Duitsland heer der Nederlanden was. Met Filips II, de zoon en opvolger van Karel V, kon hij het minder goed vinden, al stond dat in 1559 zijn benoeming tot stadhouder van Holland, Utrecht en Zeeland niet in de weg. Een stadhouder is vergelijkbaar met een gouverneur. Hij oefent als plaatsvervanger van een koning of keizer het gezag uit in een of meer gewesten. Als Filips Willem ergens anders in zijn rijk tot stadhouder had benoemd, zou Nederland zo goed als zeker nooit een Oranjedynastie hebben gehad. En had dit boek niet geschreven kunnen worden.

Willem de Zwijger

Omstreeks de tijd dat Willem het stadhouderschap aanvaardde, begon een aanzienlijk deel van de adel het protestantisme te omarmen, wat bij de streng katholieke Filips niet in goede aarde viel. Van enige tolerantie kon wat hem betrof geen sprake zijn. Als reactie op de protestantisering versterkte het centrale bestuur van de Lage Landen, dat zijn zetel in Brussel had, in opdracht van Filips zijn greep op de gewesten, wat ten koste ging van de macht van de stadhouder (en de adel die hem steunde). Een gevolg daarvan was dat de spanningen verder opliepen.

Toen protestanten in 1566 katholieke kerken aanvielen en talrijke heiligenbeelden vernielden (de Beeldenstorm), stuurde Filips de Hertog van Alva om orde op zaken te stellen. Een paar jaar later brak de Tachtigjarige Oorlog uit (1568-1648) waarin Willem een belangrijke rol zou spelen.

De Noordelijke Nederlanden zwoeren bij het Plakkaat van Verlatinghe (1581) Filips als landsheer af. Daarmee was de functie van stadhouder eigenlijk overbodig geworden, maar de Staten-Generaal (het college waarin vertegenwoordigers van de provincies bijeenkwamen) besloten het stadhouderschap van Willem van Oranje te handhaven. Ze brachten daarmee hun dankbaarheid voor zijn verdiensten tot uiting. Willem had veel betekend voor de totstandkoming van de Republiek der Zeven Verenigde Nederlanden in 1588. Daarnaast was er een praktische overweging: Willem was een man met veel invloed en daarvan hoopten de Staten te kunnen profiteren.

De oorlog met Spanje maakte Willem tot een centrale figuur in de opstand tegen Filips II, die hem uit woede vogelvrij had verklaard. In 1584 werd Willem door Balthasar Gerards in Delft vermoord.[6]

De geschiedenis van de Oranjedynastie in Nederland begint met Willem de Zwijger. Hij dankte die bijnaam overigens niet aan een zwijgzaam karakter. De Zwijger kon namelijk best spraakzaam zijn, maar in politieke kwesties liet hij vaak liever niet het achterste van zijn tong zien.

---

6   Zie voor literatuur over Willem de Zwijger bijvoorbeeld: A. van Deursen, *Willem van Oranje; een biografisch portret*, Hubrecht Klink, *Opstand, politiek en religie bij Willem van Oranje* of (beknopt) Jan en Annie Romein-Verschoor 'Willem van Oranje 1533-1584, de bevrijder', in: *Erflaters van onze beschaving*, pp. 105-130.

Willem de Zwijger in 1580, geschilderd door Adriaen Thomasz Key

Het leven van Willem de Zwijger is sinds zijn voortijdige dood omgeven met mythes.

Dat hij zijn befaamde laatste woorden – 'God, wees mijn ziel genadig
[…] God, ontferm u over dit arme volk' – ooit echt heeft gestameld, is
uitgesloten. Hij moet op slag dood zijn geweest, volgens het onderzoek

dat het forensisch onderzoeksbureau DelftTech tussen 2008 en 2012 met de modernste middelen uitvoerde.

Of hij zijn vermeende laatste woorden in het Frans, het Duits (zijn moedertaal) dan wel het Nederlands zou hebben gefluisterd, was eeuwenlang een punt van discussie. Mensen die geloofden dat hij die laatste woorden wel degelijk had gepreveld, wezen erop dat ze in de notulen staan vermeld van de Staten-Generaal, die een aantal uren na de moord hadden vergaderd. Overtuigend is het niet. De (Franse) woorden zijn evident op een later tijdstip in de marge en (gezien het handschrift) door een andere notulist toegevoegd. Ze maken evenmin deel uit van het eigenlijke verslag.

En dan is er nog de uitspraak van Morillon, de bisschop van Doornik. Een paar maanden na de dood van De Zwijger schreef Morillon in een brief dat Willem niet eens de kans kon hebben gehad iets te zeggen 'want de moord is na den maaltijd geschied, toen de Prins zijn wijn op had, en dan was hij altijd stomdronken'.[7]

De mythevorming rondom Willem is wel verklaarbaar: het land was in oorlog met Spanje en de belangrijkste aanvoerder was door moordenaarshand geveld. Dat schreeuwde om symbolen en verhalen, al was het maar uit het oogpunt van propaganda voor de goede zaak. Al spoedig groeide Willem, onder een deel van de bevolking, uit tot een held zonder weerga.

Historicus L.J. Rogier (1894-1974) heeft daarover zijn gedachten laten gaan. Rogier was een historicus met een fabelachtige kennis van het Nederlandse katholicisme in de zestiende en de zeventiende eeuw. Hij koesterde zelf ook bewondering voor Willem de Zwijger. Maar Rogier had een hekel aan gedweep en hij hield zich strikt aan de feiten. Heilige huisjes ging hij daarbij niet uit de weg. Rogier, zelf katholiek, wees erop dat de katholieken uit Willems tijd weinig van hem moesten hebben.

Datzelfde gold voor menige protestant, omdat ze in Willem een religieuze zwabberaar zagen. Als protestant was hij naar het katholieke

7   Van Kolfschoten, 'De cold case van Willem van Oranje', in *Koud Bloed*, nr. 15, 2011, pp.101-111. Zie voor verslagen van het onderzoek van DelftTech: http://www.delfttech.com/_old/pub/News/Kranten/collage_willem.png.
Voor de laatste woorden van de prins het verslag van de Staten-Generaal: http://www.geschiedenisvanzuidholland.nl/collecties/laatste-woorden-willem-van-oranje-1584-. In het Frans 'Mon Dieu, ayez pitié de mon âme. Mon Dieu, ayez pitié de ce pauvre peuple.' Het tweede 'Mon Dieu' is als correctie boven de regel toegevoegd. Zie voor het citaat van de bisschop: http://www.dutchrevolt.leiden.edu/dutch/geschiedschrijvers/Pages/Fruin%201895%202.aspx ('Je le tiens mentir de ce qu' auroit dit ledict Orangier estant féru, puisqu' il advint après boire, lorsqu' il estoit tousiours raoust.') (geraadpleegd op 12-07-2019).

geloof overgestapt vanwege een erfenis. Dat was niet zuiver. Later, toen hij grote belangen had opgebouwd in de Nederlanden, haalde hij dat religieuze overstapkunstje nogmaals uit door terug te keren naar het protestantisme. Niet geheel ten onrechte verdacht men De Zwijger van het nastreven van eigenbelangen.

Op zijn eretitel 'Vader des Vaderlands' viel volgens Rogier het nodige af te dingen. Het was 'de meest versleten gemeenplaats uit het humanistenjargon, de simpelste imitatie van de Romeinse keizercultus'. Sinds de tijd van keizer Augustus (hij stierf 14 na Christus) kregen alle keizers het predicaat *Pater Patriae* – Vader des Vaderlands – bij hun naam gevoegd. Zelfs de beruchte keizer Nero – zijn wreedheid was spreekwoordelijk en hij gedroeg zich allesbehalve als een vader voor zijn onderdanen – kon bogen op het 'Pater Patriae'. 'De generaties, die de Renaissance beleefden, plakten de titel klakkeloos achter alle vorsten-namen, zoals wij het "hoogachtend" onder elke brief zetten.'

De negentiende-eeuwse historicus Robert Fruin (1823-1899) maakte het meer dan bont toen hij schreef: 'zo lief had het volk van de lage landen *deze* prins, dat het voor *hem* deze vadernaam bedacht'.

Volgens Rogier hield Fruin zich niet aan de feiten en was zijn uitspraak over 'de rouw in de hutten en paleizen' naar aanleiding van Willems dood niet meer dan een legende. Buiten het gewest Holland (waar hij stadhouder was) kende vrijwel niemand de prins. Bij de calvinisten lag hij slecht en de grote katholieke meerderheid van het volk wantrouwde Willem van Oranje. Dat was ten onrechte, zoals we nu weten, maar zo lag het destijds wel.

Hoe stelde Willem zich de toekomst van de Lage Landen voor? We hebben geen idee. Hij streed voor vrijheid, maar de vrijheid die Willem voor ogen stond, was zeker niet synoniem met onafhankelijkheid en vrijheid, zoals wij die tegenwoordig zien. De democratie was nog niet geworteld. Hoe Willem die begrippen dan wél zag, weten we niet, al heeft een tamelijk tolerante houding jegens godsdienst vermoedelijk deel uitgemaakt van zijn instelling jegens de wereld.

Wat Rogier wel zeker wist, was dat historici door de eeuwen heen een beeld van Willem de Zwijger hebben gecreëerd, dat weinig met de werkelijkheid heeft te maken. Veel feiten die het suikerzoete Oranjebeeld konden ondermijnen zijn weggepoetst en er is veel vergoelijkt. Dat alles begon met de moord.[8]

---

8   Rogier, 'Oranje en de Nederlandse staat', in: *De Monarchie. Referaten gehouden op het historisch congres te Nijmegen 1966*, pp.37-58.

Judith Pollmann, hoogleraar vroegmoderne Nederlandse geschiedenis in Leiden, heeft ook haar gedachten over de rol van Willem de Zwijger laten gaan:

'Op het moment dat hij vermoord werd, was zijn leiderschap binnen de Opstand uiterst omstreden. Militair kreeg hij weinig meer voor elkaar, maar ook zijn politieke manoeuvres - zoals zijn aandringen om de Katholieke hertog van Anjou als soeverein vorst over de Nederlanden aan te stellen - maakten dat hij in korte tijd veel aanhang verloor. Maar de zaak van de Opstand was niet gediend bij reputatieschade voor Oranje. Dat Willem van Oranje door een geslaagde moordpoging om het leven kwam, kon de vijanden van de Opstand in de kaart spelen. De dood van Oranje is God's wil, hadden ze kunnen zeggen. Zie je wel dat God de opstand afkeurt! Mede omdat er op dat moment geen opvolger voor Oranje klaarstond, was het voor zijn aanhangers van groot belang om zijn reputatie te redden.'[9]

In die tijd was een mooi sterfbed erg belangrijk. De manier waarop je uit het leven stapte, gaf een indicatie: naar de hemel als goed mens of als verdoemde naar de hel. 'Iemand kon altijd een goed leven hebben geleid, maar als zo'n persoon met veel woede en verzet stierf, kon dat een teken zijn dat God's genade hem alsnog was ontvallen.'

Maar door Willem van Oranje in een officieel stuk zijn zogenaamde laatste woorden te laten zeggen en daarbij God aan te laten roepen, waarbij hij zich bekommert om zijn arme volk, had zijn aanhang hem een waardige dood bezorgd. Zijn missie moest in naam van God én het volk tot een goed einde worden gebracht. Volgens Pollmann bedreef De Zwijger tijdens zijn leven knappe politieke propaganda met zijn concept van een 'Nederlands vaderland'.

Maar de gewesten verschilden juist enorm van elkaar en ze waren daar nog trots op ook, eerder dan dat ze het als een probleem zagen. Maar Willem van Oranje probeerde ze in te prenten dat iedereen één gemeenschappelijke vijand had: de Spanjaarden.

In feite echter was de opstand tegen het Spaanse gezag een burgeroorlog met aan de ene kant de mensen die de Spaanse koning trouw wilden blijven en aan de andere kant degenen die onder leiding van Oranje van

---

9   https://www.nemokennislink.nl/publicaties/de-succesvolle-propaganda-van-willem-van-oranje/ (geraadpleegd op 20-11-2019).

hem af wilden. Willem liet daarom geen mogelijkheid onbenut om 'de Spanjaard' te verketteren.[10] We kunnen niet anders doen, dan constateren dat De Zwijgers oorlogspropaganda uitstekend heeft gefunctioneerd en tot op de dag van vandaag doorwerkt.

Ook eind negentiende eeuw waren er mensen die zich verbaasden over de adoratie van het koningshuis. Zoals Cosmopolitikus – zijn werkelijke naam is onbekend – in een brochure waarin hij zich keerde tegen de festiviteiten rondom de inhuldiging van Wilhelmina:

'Hoe kunnen verstandige menschen zoo'n onnozelheid nog toejuichen? Hoe is 't mogelijk, dat het aantal der verheerlijkers van het koningschap, nog zoo groot is!

Het oranjehuis in 't bijzonder tracht men te verdedigen door te zeggen dat Willem de Zwijger voor de vrijheid van ons land gevallen is. Over diens meerdere of mindere verdiensten willen we hier niet uitweiden, genoeg zij het te herinneren aan den moord, door een fanatiek zoon der roomsche kerk op hem gepleegd, omdat hij zich aan het hoofd van den opstand tegen Spanje had gesteld.

Maar moet men daarom zijn nageslacht van eeuwigheid tot eeuwigheid blijven vereeren? In den oorlog tegen Spanje zijn waarachtig wel meer menschen gesneuveld dan Willem de Zwijger, maar van de anderen, die hun leven lieten, om hun volk te verlossen van de dwang des Spaanschen konings en der roomsche kerk, wordt weinig of geen notitie genomen, omdat die niet van vorstelijk bloed waren.'[11]

Jan de Vries, een veelzijdig auteur die geschiedschrijving soms met satire combineerde en vooral in het midden van de negentiende eeuw actief was, keek evenmin door een roze bril naar De Zwijger, zoals de meesten van zijn tijdgenoten dat deden.

In religieus opzicht was De Zwijger met zijn opportunistische godsdienstwisselingen niet betrouwbaar, net zo min als zijn zedelijk gedrag door de beugel kon. Ook dronk hij te veel. 'Wij vragen nu of hij nog die vergoding en die hulde waardig is, welke hem het nageslacht bewijst?...' En zou zijn titel van 'Grondlegger onzer onafhankelijkheid' niet met

10   https://www.nemokennislink.nl/publicaties/de-succesvolle-propaganda-van-willem-van-oranje/ (geraadpleegd op 20-11-2019).

11   Cosmopolitikus, *De Aanstaande Kroningsfeesten*, pp. 3-4.

recht kunnen worden veranderd in 'Grondlegger van zijne eigene groot-
heid en van de magt en het aanzien van zijn geslacht?'[12]

Ook koningin Wilhelmina adoreerde de grondlegger van de Oranjedynastie en geloofde heilig in de propaganda die hij had verspreid.
Ze kreeg nooit genoeg van de mythes en heldenverhalen die over hem
de ronde deden. Ze geloofde alles wat er over Willem van Oranje werd
verteld, zelfs toen ze al volwassen was.

Robert Fruin kreeg van koningin Emma het verzoek haar dochter, de
jonge kroonprinses Wilhelmina, geschiedenisles te geven, maar de zeer
Oranjegezinde historicus weigerde. Met tegenzin mogen we aannemen.
Fruin was al op leeftijd en hij zag op tegen de reis van zijn woonplaats
Leiden naar paleis Het Loo. In zijn tijd nam die bijna een dag in beslag.
In Fruins plaats werd P.J. Blok benoemd, niet alleen een leerling van
Fruin maar ook de auteur van een biografie over Willem de Zwijger.[13]

Koningin Beatrix was de verering van haar grootmoeder voor De
Zwijger ook opgevallen. 'Een keer is zij zelfs met de wapenrusting van
Willem de Zwijger aan op een paard geklommen, zij kon heel goed
paardrijden, maar zij is er toen toch meteen vanaf gevallen.'[14]

Maurits

Na de dood van zijn vader werd prins Maurits stadhouder van Zeeland en Holland. Vijf jaar later, hij was drieëntwintig, kreeg hij ook
het stadhouderschap van Gelderland, Overijssel en Utrecht. De functie van Maurits was puur militair. De Staten hielden de prins verre van
het politieke bestuur van de Republiek. Dat kwam vooral door Johan
van Oldenbarnevelt, de sterke man van de jonge Republiek. Maurits had
als militair weinig op met vrede. Hij leefde als krijgsman van en voor
oorlog. Van Oldenbarnevelt daarentegen wilde geen oorlog. Oorlog was
slecht voor de handel en kostte bovendien veel geld.

In tegenstelling tot zijn vader had Maurits dus geen politieke macht
en dat zinde de prins niet. Maurits wist zich gesteund door de Oranjeaanhang, die ook vond dat hem politieke macht toekwam. Maurits
wist uiteindelijk zijn zin door te drijven. Van Oldenbarnevelt werd in
1619 door een speciale rechtbank (zodat het vonnis bij voorbaat vast-

---

12   De Vries, *Prinsen van Oranje. Gewogen maar te ligt bevonden*, pp. 10-11.
13   Fasseur, *Wilhelmina. De jonge koningin*, pp. 117-132. Zijn biografie verscheen nadat hij
Wilhelmina les had gegeven.
14   Fasseur, *Dubbelspoor*, p. 251.

Prins Maurits, portret van M. J. van Mierevelt

stond) ter dood veroordeeld en op het schavot onthoofd.[15] Om interventies te zijnen gunste te voorkomen, moest het vonnis al de volgende dag voltrokken worden.[16]

Het doodvonnis maakte veel los. Zoals bij Joost van den Vondel. Hij schreef een gedicht over de executie ('Het Stokske Van Johan van Oldenbarnevelt') waarin hij Maurits, die veel van de raadspensionaris had geleerd, vergeleek met keizer Nero die zijn leermeester Seneca tot zelfmoord had gedwongen ('Veroordeeld als een Seneca, Door Nero's haet en ongenâ'). De befaamde jurist Hugo de Groot, die ook kritiek had geleverd op Maurits, kreeg levenslange gevangenisstraf. Na enkele jaren wist hij in 1621 op spectaculaire wijze in een boekenkist uit Slot Loevestein, waar hij zijn straf uitzat, te ontsnappen.

Honderdzestig jaar later namen niet-Oranjegezinden Maurits de gerechtelijke moord op Van Oldenbarnevelt nog steeds kwalijk. In 1781 verscheen *Aan het Volk van Nederland* van Joan Derk van der Capellen tot den Pol. Dat de Overijsselse edelman de auteur van het boekje was wist destijds niemand. Uit vrees voor represailles verscheen het anoniem.

De auteur leverde harde kritiek op de Oranjes. Daarbij spaarde hij Willem de Zwijger enigszins. Die had zich tenminste verzet tegen de Spaanse overheersing, al hadden – gezien zijn bezittingen in de Nederlanden – eigenbelangen daarbij een rol gespeeld. Voor zijn nakomelingen had Van der Capellen weinig goede woorden over en voor Maurits al helemaal niet. Alle Oranjes waren er altijd op uit geweest hun eigen positie te verbeteren en meer macht te verwerven, maar prins Maurits had de kroon gespannen omdat hij Van Oldenbarnevelt door omgekochte rechters naar het schavot had laten sturen. In Maurits zag Van der Capellen tot den Pol

'een man van zeer slechte zeden, een wreedaard, een vals mens en een overmatig geile boef, die jacht maakte op elke schone vrouw – of ze nu maagd, getrouwd of weduwe was – om haar tot zijn boze lusten te verlokken. Op deze wijze liet hij dan ook verscheidene onechte kinderen na.'[17]

---

15 Zie voor het geschil tussen prins Maurits en Van Oldenbarnevelt Den Tex en Ton, *Johan van Oldenbarnevelt*. Voor een beknopte weergave Romein en Romein-Verschoor, *Erflaters van onze beschaving*, pp. 157- 182.

16 Israel, *De Republiek 1477-1806*, p. 506.

17 Van der Capellen tot den Pol, *Aan het volk van Nederland. Het democratisch manifest*, p. 75. Zie voor Van der Capellen tot den Pol bijvoorbeeld: Romein en Romein-Verschoor, *Erflaters van onze beschaving*, pp. p 541-565 en de inleiding van Wertheim en Wertheim-Gijse Weenink bij *Aan het volk van Nederland*, pp. 8-57.

Overdreven lof en extatische verering voor Oranje hadden echter meestal de overhand. Toen stadhouder Willem II in 1650 plotseling aan pokken overleed, hij was pas vierentwintig, beweerde een dominee vanaf de kansel 'dat de Staet was onthoofdet, datter geen Koningh in Israel [lees: Nederland] was; dat de State in twist, confusie, ende in duygen soude vervallen'.[18] Willem was een ambitieus man, die tijdens zijn korte leven geprobeerd heeft politieke macht naar zich toe te trekken door het plegen van een staatsgreep.[19]

Ruim een week na de dood van Willem II werd zijn zoontje geboren. Vanzelfsprekend was het in de ogen van de Oranjeaanhang een buitengewoon kind, maar om hem gelijk tot stadhouder te benoemen, was zelfs hen een brug te ver.

De regenten zagen toen hun kans schoon om zonder stadhouder door te gaan. Regenten hadden veel macht. Ze stamden uit een aantal vooraanstaande families en hielden elkaar de hand boven het hoofd. Ze wilden liever geen stadhouder, omdat ze hun macht met hem moesten delen. In de Republiek was er continu strijd tussen de aanhangers van de prins (prinsgezinden) en hun tegenstanders, de staatsgezinden. De Oranjes op hun beurt hebben, sinds de tijd van Willem de Zwijger, steeds getracht hun macht om te zetten in die van soeverein vorst.

De Staten-Generaal hadden, zoals we al zagen, Willem van Oranje zijn functie als stadhouder laten houden. Alle zeven provinciën achtten zichzelf echter volledig soeverein. De stadhouder was wel de belangrijkste hoogwaardigheidsbekleder van de Republiek, maar hij was en bleef de dienaar van de Staten. Hij was dus niet soeverein, dat waren de Staten.

Bij benoemingen had de stadhouder een belangrijke stem, wat hem in combinatie met zijn hoge militaire functies een vooraanstaande positie garandeerde. Hij had ook het recht de Staten-Generaal te adviseren en bepaalde ambtenaren te benoemen, waarbij hij moest kiezen uit een aantal geselecteerde namen. Onbeperkt was zijn benoemingsmacht dus niet. En ten slotte kon hij in noodgevallen 'de wet verzetten': hij kon dan het bestuur naar eigen inzicht veranderen.[20]

---

18 Krol, *Als de Koning dit eens wist...!*, p. 173; Israël als uitverkoren land van God werd graag vergeleken met de Nederlanden. Zoals God in het Oude Testament Israël zijn koningen had geschonken, had hij dat ook met Nederland gedaan.

19 https://www.historischnieuwsblad.nl/nl/artikel/10668/1650-stadhouder-Willem-II-pleegt-een-staatsgreep.html

20 Frijhoff en Spies, *1650. Bevochten eendracht*, pp. 95-99.

Stadhouderloos

De staatsgezinden zagen met de dood van Willem II hun kans schoon om het stadhouderschap op te doeken. Willems pasgeboren zoontje was te jong om het ambt uit te oefenen. Het Eerste Stadhouderloze Tijdperk, dat van 1650 tot 1672 zou duren, was een feit.[21]

De machtige raadspensionaris van de Republiek der Zeven Verenigde Nederlanden, Johan de Witt, had een belangrijk aandeel in de totstandkoming van het Eerste Stadhouderloze Tijdperk. Van de Oranjes moest hij, net als de regenten die het in de Republiek voor het zeggen hadden, om machtspolitieke redenen niets hebben. Zoals de meeste regenten minachtte ook De Witt de volkse aanhang van de Oranjes.

Met de Engelsen sloot hij na de Eerste Engelse Zeeoorlog een geheime afspraak: de Acte van Seclusie (1654). De Witt beloofde daarin dat het gewest Holland geen nakomelingen van Willem II tot stadhouder van Holland zou benoemen. De Engelsen hadden daar belang bij. Engeland was sinds 1649 een republiek onder leiding van Oliver Cromwell. Het Engelse koningshuis was verwant aan Oranje en daarom was Cromwell bang dat een nieuwe stadhouder de Engelse koninklijke familie zou steunen, wat zijn eigen positie in gevaar kon brengen. Van de gevallen koning Karel I had hij geen gevaar te duchten - hij was onthoofd - maar Cromwell diende uiteraard wel rekening te houden met Karels familie, die terug wilde op de troon.

Wat betreft de aanstelling van een stadhouder kwamen de wensen van De Witt met die van Cromwell overeen. De Republiek kon de Oranjes missen als kiespijn. Ze hadden geen enkele verdienste voor de Republiek en ze hadden alleen maar geld gekost. Sinds Willem de Zwijger hadden de Oranjes volgens Van Oldenbarnevelts berekeningen maar liefst twintig miljoen pond gekost. Een enorm bedrag, al blijft het lastig in te schatten hoeveel dat in hedendaags geld zou zijn.

Wat De Witt niet in de gaten had en evenmin aanvoelde, was dat de Oranjeaanhang in een mythe geloofde en helemaal niet geïnteresseerd was in wat de Oranjes in de praktijk hadden betekend. Daar ging het bij de Oranjeklanten niet om. Voor hen telden de magie en uitstraling van Willem de Zwijger en zijn nakomelingen. De prinsgezinden

---

21   Het Eerste Stadhouderloze Tijdperk duurde voor Holland, Zeeland en Utrecht van 1650 tot 1672 en voor Gelderland en Overijssel tot 1675. Friesland en Drenthe hadden wel een stadhouder. Het Tweede Stadhouderloze Tijdperk duurde voor Holland, Zeeland, Utrecht en Overijssel van 1702 tot 1747; voor Gelderland en Drenthe van 1702 tot 1722 en voor Friesland een drietal maanden in 1711. Voor de peuter-stadhouder in Overijssel: Frijhoff en Spies, *1650. Bevochten eendracht*, p. 82.

Stadhouder Willem II. Portret uit Atelier Gerard van Honthorst

geloofden dat alleen een Oranje het volk begreep en hen in moeilijke tijden kon behoeden voor rampspoed.

De opstelling van De Witt jegens hun Heldenfamilie zagen de prinsgezinden als een vorm van majesteitsschennis. De Witt heeft er zich de haat van het gewone volk (het 'grauw') mee op de hals gehaald, wat hij in het 'rampjaar' 1672 met de dood heeft moeten bekopen.

Frankrijk en Engeland verklaarden in dat jaar de Republiek de oorlog, wat er toe zou leiden dat 'het volk redeloos, de regering radeloos en het land reddeloos' was. Er ontstond blinde paniek en het 'grauw' schreeuwde om een Oranje die het land van de ondergang kon redden.

De Witt - in de ogen van de Oranjeaanhang de schuld van alle narigheid – werd, samen met zijn broer Cornelis, op beestachtige wijze vermoord.[22] Er is wel beweerd dat Willem III betrokken was bij de moord (hij zou het gepeupel hebben laten ophitsen), maar concreet bewijs daarvoor is er niet. Opvallend is echter wel dat de twee belangrijkste aanstichters van Willem III een royale en levenslange uitkering kregen.

In het rampjaar 1672, toen Engeland, Frankrijk en de bisdommen Keulen en Münster de Republiek belaagden, kwam er een einde aan het Eerste Stadhouderloze Tijdperk. Dankzij verwarring en paniek zagen de Oranjegezinden hun kans schoon en boden Willem III het stadhouderschap aan van Holland en Zeeland. Door zijn huwelijk met Maria Stuart II werd Willem III ook koning van Engeland, Schotland en Ierland.

Stadhouder/koning Willem III stierf in 1702 (in Engeland) aan complicaties na een val van zijn paard. Hij was de laatste stadhouder die direct van Willem de Zwijger afstamde. Hij had geen kinderen, broers of zussen. De directe manlijke lijn met Willem de Zwijger was daarmee definitief afgekapt. (Dit verhindert het huidige koningshuis overigens niet, zich nog steeds op hun afstamming van Willem de Zwijger te beroemen, hetgeen vanuit historisch oogpunt onzin is). De Staten van Holland en Zeeland namen de gelegenheid te baat om wederom geen stadhouder te benoemen en zelf weer de macht in handen te nemen. Het Tweede Stadhouderloze tijdperk zou duren tot 1747.[23]

De mythe regeert

Willem IV was kort na de dood van zijn vader in 1711 geboren. Zijn vader, Johan Willem Friso van Nassau-Dietz, was een achterneef van Willem III. Zijn claim dat hij de titel prins van Oranje van zijn achterneef had geërfd, was omstreden. Frederik I van Pruisen maakte ook aanspraak op de titel.[24]

Willem IV werd stadhouder dankzij de Oostenrijkse Successieoorlog

---

22   Krol, *Als de Koning dit eens wist...!*, p. 176-177 en Jan en Annie Romein-Verschoor, *Erflaters van onze beschaving*, pp. 371-396.

23   Het Tweede Stadhouderloze Tijdperk duurde niet in alle gewesten van de Republiek even lang. Prud'homme van Reine, *Moordenaars van Jan de Witt*, pp. 123-127

24   Uitputtend behandeld in: Peele, *Een uitzonderlijke erfgenaam. De verdeling van de nalatenschap van Koning-Stadhouder Willem III en een consequentie daarvan. Pruisisch heerlijk gezag in Hooge en Lage Zwaluwe, 1702-1755.*

die in 1740 uitbrak. Frankrijk, Spanje en Pruisen (en een aantal bondgenoten) betwistten het recht van Maria-Theresia op de troon van Oostenrijk en begonnen een oorlog tegen Oostenrijk.

Uit angst voor Frankrijk koos de Republiek de kant van Oostenrijk.
De Fransen reageerden meteen, en binnen luttele weken hadden Fran-
se troepen een belangrijk deel van Zeeuws-Vlaanderen bezet. Bergen op
Zoom, Nederlands sterkste vesting, viel in 1747.

En weer, precies als in het rampjaar, riep het volk om Oranje. Alleen
een stadhouder uit dat geslacht zou een ramp kunnen afwenden.

Het was een mythe, want met een adequate oplossing van de politieke
en militaire problemen van de Republiek had het niets te maken. Angst
voor Franse overheersing én weerzin tegen de macht van bestuurders
en regenten, die al eeuwenlang de belangrijke posities onderling ver-
deelden, lagen aan de roep om Oranje ten grondslag. Wie die macht van
de regentenkliek wilde breken, kwam als vanzelf bij een stadhouder uit.

Als enige kon Willem de 'wet verzetten' en zo de politieke macht van de
regenten breken of in ieder geval beperken. Vermindering van de regen-
tenmacht betekende anderzijds een grotere invloed voor de tegenpartij.
Politieke agitatoren hebben menigmaal behendig gebruik gemaakt van
de liefde voor Oranje om hun eigen doel te bereiken. Van Oldenbarnevelt, die de impact van het Oranjegevoel zwaar heeft onderschat, moest
zijn misrekening met de dood bekopen.

De regenten hadden in 1747, met de Fransen al in het land, geen
andere keus dan toe te geven aan de roep om Oranje. In de beide stadhouderloze tijdperken hadden de regenten zich vrijwel alles kunnen
permitteren. Het regentendom was synoniem met nepotisme en zelf-
zucht, de stadhouder (een koning in de ogen van het 'grauw') stond voor
oprechtheid en onzelfzuchtigheid. Ten slotte, meenden de regenten, zou
de situatie in de toekomst weer kunnen worden teruggedraaid. Zo was
het al eeuwen gegaan. De druk was ditmaal zo groot dat de regenten
zich gedwongen zagen het stadhouderschap *erfelijk* te maken. Zowel in
de mannelijke als de vrouwelijke lijn.

Omstreeks 1747 was het weer een en al Oranje wat de klok sloeg. Een
stroom van pamfletten voorspelde een gouden toekomst voor de Republiek, met een Oranje als stadhouder. Een vrouw die de prins op straat
aanschouwde, zou volgens de verhalen ter plekke dood zijn neergeval-
len, 'waarschijnlijk door de overstelping van een onmatige blydschap'.
Een mooie dood natuurlijk voor een fan, maar niet erg waarschijnlijk.

De oorlog verliep na de aanstelling van Willem IV als stadhouder niet anders dan daarvoor en de regenten uit het stadhouderloze tijdperk bleven gewoon zitten. Hoe kon dat?

Het antwoord was voor de Oranjeaanhang evident: de regenten saboteerden de veranderingen en al het andere goede dat de prins zich had voorgenomen te doen. Dat Willem zelf wars was van doortastend optreden, wilde zijn aanhang niet horen. De regenten kregen van alles de schuld; een Oranje faalde immers nooit.[25]

Willem IV was pas vier jaar stadhouder geweest toen hij in 1751 vroegtijdig stierf. Zijn zoon Willem V was net drie jaar en trad pas in 1766 aan, toen hij meerderjarig was verklaard. Hij presteerde, eveneens door gebrek aan daadkracht en willekeur, net zo slecht als zijn vader. Het vermolmde, oligarchische regentensysteem moest hoognodig worden aangepakt, maar hij greep niet in.

De opkomst van de zogenaamde patriotten ondergroef zijn toch al zwakke positie nog verder. Patriotten waren geraakt door de ideeën van de Verlichting. Ze wilden democratisering, een begrip dat in die tijd in de mode begon te raken en dat haaks stond op het oude oligarchisch-aristocratische bestuur van de Republiek. Ook burgers dienden een plek in het lands- en stadsbestuur te krijgen.

Toen bleek dat van Willem V niets viel te verwachten, wendden de patriotten zich van hem af en zocht contact met de anti-Oranjegezinde regenten. Een monsterverbond. Wat hen samenbracht was de afkeer van Oranje, al was die gebaseerd op verschillende gronden.[26]

In 1780 verklaarde Engeland de oorlog aan de Republiek, die wapens leverde aan de strijders van de Amerikaanse onafhankelijkheidsoorlog. De patriotten steunden uiteraard de opstandelingen die voor hun onafhankelijkheid van Engeland vochten. De oorlog had voor de Republiek een desastreus verloop. Willem V deed wat hij altijd had gedaan: aarzelen en eindeloos beslissingen uitstellen. Geen moment toonde hij zich opgewassen tegen zijn taak.

Zijn omgeving was evenmin vleiend over hem: net 'een groot kind'. Hij was dol op weelde en ceremoniën, liep over van zelfmedelijden, was argwanend en koppig en het was zeer de vraag of hij de staatszaken waarover hij ging wel goed begreep. In ieder geval wenste hij er nauwe-

---

25 Krol, *Als de Koning dit eens wist...!*, pp. 172-180. Voor de achtergronden: De Voogd, *De Doelistenbeweging te Amsterdam in 1748.*

26 Van der Giessen, *De opkomst van het woord democratie als leuze in Nederland*, pp. 57-58.

lijks tijd aan te besteden. De chaos regeerde en zijn administratie was van een onvoorstelbare slordigheid. Dat alles nam evenwel niet weg dat hij zichzelf onmisbaar achtte. Zijn hopeloze ambtsuitoefening was ook zijn zoon, de latere koning Willem I, niet ontgaan. Zoals hij ook

'onmogelijk doof kon zijn geweest voor de bijtende hoon waaraan zijn vader vanaf het begin van de jaren 1780 blootstond, beschimpingen waarin de stadhouder een tiran en een slapjanus tegelijk heette te zijn. De politieke crisis had het gezag van Willem V bij iedereen aangetast, ook bij zijn zoon.'[27]

In 1785 ontnamen de Staten Willem zijn militaire positie. Willem had toen het liefst het bijltje erbij neergegooid, maar zijn wél doortastende echtgenote, prinses Wilhelmina, vond dat onverteerbaar en reisde af naar Den Haag om de Staten te bewegen het ontslag van haar man ongedaan te maken. Onderweg werd ze door patriotten bij Goejanverwellesluis aangehouden.

Haar broer, koning Frederik Willem II van Pruisen, eiste genoegdoening voor de aanhouding van zijn zus (een schande) en rukte op naar de Republiek.

De harde Orangistische kern was ingenomen met de invasie, die als steun voor Willem werd beschouwd. De spanningen tussen Orangisten en patriotten liepen toen zo hoog op dat een burgeroorlog niet ondenkbaar was.

Terug in Den Haag nam Willem, van harte toegejuicht door zijn vrouw, represaillemaatregelen tegen de patriotten. Bezittingen werden verbeurdverklaard. Menig patriot nam uit voorzorg de wijk naar Frankrijk. In die tijd verscheen het beroemde pamflet van Van der Capellen tot den Pol waarin hij democratie voor het volk eiste.

Zijn geschrift had grote invloed op de snel groeiende patriottische beweging. Het pamflet werd in alle grote steden verspreid, maar ook onmiddellijk verboden. Zelfs het bezit was strafbaar, wat niet wegnam dat het vele herdrukken zou beleven.

Het schrijverschtpaar Jan en Annie Romein-Verschoor heeft geconstateerd dat de patriotten over het algemeen een slechte naam hebben in onze geschiedschrijving. Dat zou voor een deel liggen aan de tendenti-

---

27   Koch, *Koning Willem I*, pp. 37-38 en p. 71.

euze voorstellingen 'van een eng nationalistisch-orangistische geschied-schrijving' en voor een ander deel aan het feit dat de patriotten geen kerkelijke binding hadden, wat over het algemeen niet werd gewaardeerd. De orangistische geschiedschrijving hield zichzelf voor de enige ware en voerde het nationalisme hoog in het vaandel.[28]

Oranje slaat op de vlucht

In 1795 marcheerde het Franse leger de Republiek binnen. Willem V vluchtte naar Engeland, waar hij een paleis betrok in Kew, nabij Londen. Daar schreef hij zijn zogenaamde 'Brieven van Kew' waarin hij de gouverneurs van de Nederlandse overzeese gebiedsdelen bevel gaf hun gebieden aan de Engelsen over te dragen. Zo raakte de Republiek dertien posten kwijt, waaronder Malakka, Ceylon en De Kaap.

Willem schreef de brieven op verzoek van de Britten, die wilden voorkomen dat de gebieden in Franse handen zouden vallen. Begrijpelijk genoeg viel de beslissing in zijn oude vaderland helemaal fout. Nog afgezien van de vraag waar de verdreven stadhouder het recht vandaan haalde te beslissen over handelsposten van de zelfstandige Oost-Indische en West-Indische Compagnie, speelde ook mee dat hij de belangen van Nederland op het spel zette. Sommige rechtsgeleerden beschouwden het zelfs als hoogverraad dat met de dood zou moeten worden bestraft.[29]

Willem Frederik, de oudste zoon van Willem V (en toekomstig koning Willem I), begon onderhandelingen met Napoleon Bonaparte over het geconfisqueerde bezit van de Oranjefamilie. Hij claimde na uitputtend gecijfer en creatief boekhouden maar liefst 116.822.200 gulden als vergoeding. Zelfs zijn vrouw vond dat te gortig. In een brief aan haar echtgenoot schreef ze: 'Ik vind, dat gij de boog niet al te strak moet spannen, en onze naam voor altijd bij de natie gehaat maken door haar zo te plukken, nadat zij al zoveel geleden heeft door de Fransen.' Een buitensporig bedrag dus. Zeker als men bedenkt dat het inkomen van de Bataafse Republiek in 1798 net iets meer was geweest dan 20 miljoen, terwijl de uitgaven ruim 30 miljoen gulden hadden belopen.

Willem Frederik heeft er uiteindelijk maar een klein deel uitgesleept van wat hem aanvankelijk voor ogen had gestaan. Hij kreeg vooral landerijen en ander onroerend goed buiten Nederland. Daartegenover 'stond een akte van afstand van het stadhouderschap en van de domeinen'. Wil-

---

28 Romein en Romein-Verschoor, *Erflaters van onze beschaving*, p. 538.
29 Koch, *Koning Willem I*, p. 90 en p. 92.

De laatste stadhouder, Willem V, portret van Johann Georg Ziesenis

lem Frederik was er uitermate ontevreden over. Hij vond het een schamele schadeloosstelling, die op geen stukken na in de buurt kwam van de bijna 117 miljoen die hijzelf zo ijverig bij elkaar had gecijferd.[30]

---

30 Koch, *Koning Willem I*, p. 123-124 en pp. 134-136. Zie ook: Romein en Romein-Verschoor, *Erflaters van onze beschaving*, pp. 629-633.

De scheiding tussen Nederland en het Huis van Oranje leek na deze afwikkeling definitief. Willem Frederik, de toekomstige koning van Nederland, had laten zien dat hij er geen enkele moeite mee had de veel-geprezen en zogenaamd hechte band tussen het volk en Oranje te verbre-ken en zelfs te verkwanselen. Bij hem ging het a priori om geld en bezit. Verder was hij naarstig op zoek naar een mooie toekomst voor het Huis van Oranje. 'Ergens in Europa en in welke vorm dan ook.' Terugkeer naar Nederland leek definitief van de baan.[31]

Toen Willem V naar Engeland was uitgeweken, had zijn aanhang hem grotendeels laten vallen. Hij was geen man om voor te vechten. Hij combi-neerde 'standvastigheid in woorden met een maximaal afzien van daden'.[32]

In het jaar van Willems vertrek naar Engeland (1795) werd de Bataafse Republiek uitgeroepen. De nieuwe republiek onderhield nauwe banden met Frankrijk, maar de facto was het een vazalstaat. In 1806 maakte Napoleon zijn broer Lodewijk Bonaparte koning van Holland. In 1810 lijfde Napoleon het koninkrijk van zijn broer in bij zijn eigen keizerrijk. Napoleon vond namelijk dat Lodewijk de belangen van Nederland te veel boven die van Frankrijk had laten prevaleren. Na de val van Napo-leon keerde Willem Frederik in 1813 naar Nederland terug om soeve-rein vorst te worden.

De betekenis van Oranje voor Nederland

Terugkijkend op de tijd vanaf de komst van Willem de Zwijger tot de terugkeer in 1813 van Willem Frederik als koning Willem I, kunnen we vaststellen dat er vanaf het prille begin kritiek (naast heel veel lof) op de rol van de Oranjes is geweest. Willem de Zwijger nam een uitzon-deringspositie in: kritiek bleef hem min of meer bespaard. Het lukte de familie binnen twee generaties stevig voet aan de grond te krijgen in de Noordelijke Nederlanden. Opvallend is dat de reputatie en heldenstatus van Willem de Zwijger met de tijd toenemen en aanzwellen tot mythi-sche proporties.

Dat alles nam niet weg dat de katholieke bevolking, toch de meerder-heid, weinig van hem moest hebben. Een protestant die voor een erfenis katholiek was geworden, maar die dat later weer had ingeruild voor zijn oude geloof. Kon zo'n iemand wel deugen?

---

31   Hermans & Hooghiemstra, *'Voor de troon wordt men niet ongestraft geboren'*, pp. 20-23 en Koch, *Koning Willem I*, p. 577.
32   Koch, *Koning Willem I*, p.100.

Bij de gematigde protestanten was Willem een gevierd man. Weliswaar was hij even afgedwaald van zijn protestantse geloof, maar had hij later die 'fout' niet hersteld door opnieuw het protestantisme te omarmen? Dat Willem het had opgenomen tegen de Spaanse koning, de steunpilaar van het katholieke geloof, maakte hem in hun ogen onaantastbaar.

Hij was door moordenaarshand gestorven voor de vrijheid van Nederland. Dat maakte hem tot vrijheidssymbool, al had niemand enig benul hoe die vrijheid er in Willems ogen dan wel had uitgezien.

Protestantse predikanten van gematigden huize dweepten met Oranje in het algemeen en met Willem in het bijzonder. Willems veronderstelde onbaatzuchtigheid beperkte zich in hun ogen niet strikt tot hemzelf, maar straalde ook af op zijn nageslacht.

Kortom: Oranjes waren nobele, onbaatzuchtige mensen die zich altijd en overal bekommerden om het gewone volk en die altijd het beste met hen voorhadden. Geen kwaad woord over de Oranjes. De invloed van predikanten op mensen uit het 'gewone' volk was groot. Dat Willem, gezien zijn bezittingen en privileges, veel zou hebben verloren als hij Nederland de rug had toegekeerd, wilde zijn aanhang niet horen. Het deed er allemaal niet toe.

Dat de afstamming in rechte lijn van Willem de Zwijger was afgebroken met de dood van Willem III in 1702, deed er kennelijk evenmin toe. Toen Willem stierf aan de gevolgen van een val van zijn paard, was hij kinderloos. Zijn dood veroorzaakte een opvolgingsstrijd die werd gewonnen door een telg uit de Friese tak van Nassau-Dietz.

Willem IV was geboren als Willem Karel Hendrik Friso. Zijn bloedlijn met stamvader De Zwijger liep via zijn beide grootmoeders en was dus tamelijk onbeduidend geworden. Voor de Oranje-getrouwen was dat volgens historicus C.B. Krol geen probleem. Voor hen straalde:

'De glans van Willem's onbaatzuchtigheid (...) uit over zijn nageslacht. Oranje hoorde bij Nederland, Oranje had niets dan Nederland's belang op het oog, Oranje was door God aangesteld en met uitzonderlijke begaafdheid toegerust om Nederland's welvaart te bevorderen. Prins Maurits, zoon en opvolger van Willem I, bracht door gelukkige oorlogvoering het opstandige Nederland in veiligheid. Hij werd met eer en dank overladen, lofdichten roemden "de meer als menschelijcke volmaecktheden van Uwe Vorstelycke

39

Deuchden", Maurits' moed, verstand, kennis van zaken, de kracht en majesteit van zijn lichaamsbouw, zijn soberheid. Al wat hij zei had belang, maar hij was niet stijf, integendeel vol geestigheid. (…) Ook stadhouder Willem II, later, werd bovenmate geprezen: "een wonder deser eeuwe", een "Hoogwijsen, verre-sienden Vorst", edelmoedig, dapper, bescheiden, wars van vleierij. Dag en nacht bepeinsde hij Nederland's voordeel:

Die tot welvaert van ons Landt,
Alle moeyten neemt ter handt:
Die soo veele naere nachten,
Over-brenght met swaer gedachten'[33]

Het was zeker niet zo dat een stadhouder in de Republiek der Zeven Verenigde Nederlanden de positie van een vorst had, al wilde het 'gewone' volk dat maar al te graag geloven. De Oranjes vervulden in (vooral protestantse) ogen wel degelijk een koninklijke rol. Het was simpelweg de wens van God dat een Oranje zich in Nederland over het wel en wee van de bevolking ontfermde. Het Huis van Oranje was een geschenk van God. Wie dat niet inzag (of wilde inzien), was stekeblind. Zonder Oranje geen welvaart of welzijn. Het vertrouwen in Oranje had de vorm aangenomen van een geloof, en een geloof behoeft, zoals bekend, geen argumenten. Exact daarom is het een geloof.

De Oranje-aanhang maakte graag van een mug een olifant, ofwel eerde ook Oranjes die alleen al vanwege hun vroege dood weinig kónden hebben betekend. Neem Johan Willem Friso van Nassau-Dietz (1687-1711), stadhouder van Groningen en Friesland, die in het Hollands Diep verdronk toen zijn boot plotseling door een windvlaag omsloeg.[34]

Hij was nog maar vierentwintig en alleen daarom al had hij nauwelijks kans gehad zich te bewijzen. Wel had hij tijdens de Spaanse Successieoorlog deelgenomen aan de slag bij Malplaquet in Frankrijk (1709). Het was zijn eerste en tegelijk ook zijn laatste militaire operatie. De veldslag, die hij won, was een bloedbad en heeft aan zoveel soldaten het leven gekost dat je zou kunnen spreken van een Pyrrusoverwinning: een

---

33 Krol, *Als de Koning dit eens wist...!*, p. 172.
34 Johan Willem Friso van Nassau-Dietz was stadhouder van Friesland (1709-1711) en Groningen (1708-1711). De rest van de Verenigde Provinciën beleefde toen het Tweede Stadhouderloze Tijdperk.

slag die weliswaar is gewonnen maar gezien de enorme verliezen eigenlijk een nederlaag is.[35]

Niettemin herinneren - in postuum eerbetoon - nog steeds namen van lanen, straten, een militaire muziekkapel, een kazerne in Assen en Nederlands oudste infanterieregiment ons aan prins Johan Willem Friso.

Als we heel in het kort (en nog korter door de bocht) de balans opmaken, lijkt er weinig tot geen reden trots te zijn op 'onze' stadhouders. Prins Maurits heeft ervoor gezorgd dat een van de grootste staatslieden uit de vaderlandse geschiedenis, Johan van Oldenbarnevelt, op het schavot werd omgebracht. Willem II stierf op 24 jarige leeftijd en heeft in de korte tijd die hem was beschoren een staatsgreeppoging gedaan. Willem III wordt in verband gebracht met de lynchpartij van de gebroeders De Witt. Willem IV was maar vier jaar stadhouder en staat, net als zijn zoon Willem V, bekend om zijn besluiteloosheid.

Willem Frederik (de toekomstige koning Willem I) vluchtte naar Engeland uit vrees voor de Fransen. Hij had niets met Nederland, verwachtte ook niet hier ooit nog eens terug te komen, maar werd, tot zijn eigen verwondering, de eerste koning van Nederland. Daarmee was het eeuwenoude soevereiniteitsstreven van de Oranjes eindelijk in vervulling gegaan.

De pro-orangistische geschiedschrijving heeft onmiskenbaar een stempel gedrukt op onze historiografie en bijgedragen aan de mythevorming rondom het Huis van Oranje. Het heeft ons ook opgescheept met het begrip 'Stadhouderloos Tijdperk'. Alsof periodes zonder stadhouder een ramp zouden zijn en een aparte vermelding verdienen. Het protestantisme dat de nauwe band van de Oranjes met God steeds heeft benadrukt, heeft eveneens een belangrijke rol gespeeld in onze beeldvorming over het Huis van Oranje.

---

35   https://www.yumpu.com/nl/document/view/19949198/een-glorieuse-doch-seer-sanglante-bataille-malplaquet-collectie.

2
Koning Willem 1 1815-1840

De eerste Nederlandse koning kwam ter wereld in een van de schaarse republieken die Europa rijk was. In de vroege ochtend van 24 augustus 1772 kondigden 21 kanonschoten de geboorte aan van Willem Frederik, zoon van erfstadhouder Willem V en Wilhelmina van Pruisen. Dagenlang was er feest in Den Haag. Felicitaties stroomden binnen en van de Grote Kerk, het stadhuis en menig huis in de hofstad wapperde de Oranjevlag.[36] De vooruitzichten op een koningschap waren bij de geboorte van Willem Frederik nihil, maar niets is eeuwig; ook deprimerende vooruitzichten niet.

Dat bleek weer eens toen Willem Frederik als beoogd koning van Nederland in 1813 bij Scheveningen aan land ging. Hele generaties zijn sindsdien opgegroeid met muurplaten aan de wanden van hun klaslokaal, die dat moment in herinnering roepen. Ook tijdens de lessen vaderlandse geschiedenis kwam die memorabele landing in Scheveningen herhaaldelijk aan bod, vaak overgoten met een vurige Oranjesaus en verder op smaak gebracht met een pittige dosis opgeklopte nationalistische gevoelens. Een staaltje van puur protestants nationalistische geschiedschrijving.

Dat geïdealiseerde beeld van de landing, die het begin zou zijn geweest van de Nederlandse nationale eenheid, is lang blijven hangen: juichende mensenmassa's op het strand bij de aankomst van de aanstaande koning. Vanaf de duinen zou hij met driekleur en, niet te vergeten, Oranjewimpel zijn begroet. Opnieuw werd de mythe werkelijkheid en leek de trits vrijheid, natie en Oranje aan een soort van natuurwet te gehoorzamen. Zonder Oranje geen toekomst. Oranje was er altijd geweest en zou ook altijd blijven. Voor immer onscheidbaar.[37]

In 2013 begon een twee jaar durende viering van het tweehonderdjarig bestaan van het Koninkrijk der Nederlanden. Het Koninkrijk bestond

---

36   Koch, *Koning Willem I*, pp. 18-19.
37   Koch, *Koning Willem I*, pp. 231-233 en p. 571.

echter al sinds 1806 toen Lodewijk Bonaparte van zijn broer de kroon kreeg toebedeeld, maar dat zag het Nationaal Comité 200 Jaar Koninkrijk gemakshalve even over het hoofd. Dankzij onze gekleurde nationale geschiedschrijving is het kennelijk onmogelijk ons bij het Koninkrijk der Nederlanden iets anders dan het Huis van Oranje voor te stellen. Op dat punt is er sinds 1813 weinig veranderd.

We zullen in dit boek enkele malen stuiten op mensen die beweren geen monarchisten maar orangisten te zijn. Van de monarchie moeten ze niets hebben tenzij er een Oranje op de troon zit.

De wederopstanding van de mythe

Hoe kwam Nederland ertoe Willem Frederik te vragen uit ballingschap terug te keren? Hij had niets gedaan wat hem hier populair maakte, maar dat deed er - zoals we vaker hebben gezien - niet toe. In feite was het een herhaling van wat in vroeger tijden sommige stadhouders ook was overkomen: een smeekbede het land te redden van de ondergang. In dit geval lag de oorzaak bij Napoleon, die Nederland ontredderd had achtergelaten.

Het vertrek van de Fransen had een machtsvacuüm veroorzaakt, wat aanleiding was voor onrust en vrees voor de toekomst. Zouden Rusland, Engeland, Pruisen en Oostenrijk, als overwinnaars van Napoleon, niet proberen de Nederlanders een koning in de maag te splitsen? Dan maar liever een Oranje, meende de toch al orangistisch georiënteerde staatsman Gijsbert Karel van Hogendorp. Het was een beproefd recept, hoewel het telkens weer had bewezen niet te werken. Een benoeming van een Oranje is geen garantie dat rust en welvaart als vanzelf terugkeren. Dat de praktijk exact het tegendeel van die gedachte meerdere malen had bewezen, deed er niet toe. Mythes hebben een taai leven en met de werkelijkheid hebben ze al helemaal niets van doen.

Deze keer was het evenwel geen volksbeweging die Oranjes terugkeer wenste, maar was het een initiatief van het 'Driemanschap van 1813', ook wel bekend als het 'Voorlopig Bewind'. Engeland had zich al een groot voorstander betoond van de terugkeer van het Oranjehuis en dat had het Driemanschap, dat naast Van Hogendorp uit Frans Adam van der Duyn van Maasdam en Leopold van Limburg Stirum bestond, gestimuleerd tot actie over te gaan. Van Hogendorp had als leider van het Driemanschap een vlugschrift laten verspreiden met de wervende tekst:

'Oranje Boven!
Holland is vrij. (....)
Al het geledene is vergeeten
En vergeeven. (…)
Alle de aanzienlijken komen in de regering.
De regeering roept den Prins uit
Tot Hoge Overheid. (…)
Elk dankt GOD.
De oude tijden komen wederom.
Oranje Boven!'[38]

Dit alles ging geheel buiten de beoogde koning om. Willem Frederik wist van niets. Bovendien had hij een officiële akte getekend, waarin was vastgelegd dat hij afstand had gedaan van het stadhouderschap. Zijn kans op een toekomst in Nederland leek daarmee verkeken.

Gezanten uit De Haag togen naar Londen, de stad waarvan men aannam dat de prins er woonde, want zeker weten deed men dat toen niet. Voor de zekerheid had Van Hogendorp ook een afvaardiging naar Duitsland gestuurd. De gezanten hadden als opdracht Willem Frederik te verzoeken zich tot 'Hoge Overheid' te laten uitroepen. Van Hogendorp had bovendien een brief meegegeven waarin hij Willem Frederik liet weten: 'De natie is opgestaan, ze draagt Uw kleuren.'

Aanvankelijk stelde de beoogde vorst zich terughoudend op, maar dat was vooral onderhandelingstactiek. Met aarzeling of bescheidenheid had het weinig te maken. Wat hij wilde was in de eerste plaats dat het Huis van Oranje-Nassau op de kaart werd gezet als regerende dynastie, *ergens* in Europa. Het hoefde niet per se Nederland te zijn. Zijn Engelse gastheren hadden er om politieke redenen evenwel belang bij dat hij terug zou keren naar Nederland. En Nederland werd het.[39]

Was Nederland wel een aantrekkelijk land om te regeren? Als gevolg van de 'Franse tijd' leefde de bevolking in armoede en de economische ontreddering nam hand over hand toe. Kommer en kwel dus alom. Toch bleek de troon voor de beoogde koning onweerstaanbaar en de verleiding om als soeverein vorst te kunnen terugkeren, was te groot om te weerstaan. En was het ook niet eervol te worden teruggeroepen om het vaderland te redden? Was het niet opnieuw een bewijs dat Neder-

---

38 Geciteerd uit Koch, *Koning Willem I*, p. 225.
39 Koch, *Koning Willem I*, pp. 216-217 en pp. 226-228.

Koning Willem I in kroningsmantel

land het niet kon stellen zonder Oranje? Zo was het altijd gegaan sinds de zestiende eeuw. En zo ging het ook deze keer.

Er werd menig vreugdetraan geplengd bij Willems inhuldiging. Ook in Amsterdam, de stad die het vaakst met de Oranjes in de clinch had gelegen. Een ooggetuige:

'Dit heerlijk ogenblik vergeet ik nooit; grijsaards weenden tranen van blijdschap en verrukking: mannen voorheen van verschillende politieke richting, elkaar uit misverstand misschien vijandig geweest, verenigden zich tot één doel, tot één bestaan, tot één geest; jongelingen schenen te zweren dat zij goed en bloed en leven zouden opofferen, om hun vorst te verdedigen, hun vaderland te beschermen, en hun onafhankelijkheid te handhaven; vrouwen moedigden door de tranen, die in hun ogen schemerden, de brave Nederlanders tot duurzame plichtbetrachting aan, en het staatsgebouw was door eendracht gevestigd. (...) Eindelijk werd die voor mij en alle aanwezigen onvergetelijke dag met een algemene en luisterrijke verlichting van de gehele stad besloten: miljoenen lampions verdreven bij het gunstige avondweer de duisternis van de nacht, en de onafzienbare grachten en straten vertoonden een schakering van ontelbare vuurbollen: ook dit schouwspel vereerde de vorstelijke familie met haar tegenwoordigheid, terwijl het volk haar overal met ondubbelzinnig vreugdegejuich begroet en de dartelste blijdschap, met de grootste orde gepaard, nog laat in de nacht op alle straten heersende bleef.'[40]

Het kon niet op. Viel er dan geen enkele wanklank te beluisteren? Zeker wel, al was zelfs die dissonant een beetje oranje van kleur. Toen vanaf het paleis op de Dam bekend werd gemaakt dat Nederland een soeverein vorst kreeg in plaats van de oude, vertrouwde stadhouder, liet 'het gemeen van Amsterdam' - hoewel toch behept met een 'erfelijk gehechtheid' aan de Oranjes - weten daarvan niet gediend te zijn door het aanheffen van het oude volkslied:

'Al is ons Prinsje nog zo klein
Al evenwel zal hij Stadhouder zijn;'

Een stadhouder vond 'het gemeen' tot daar aan toe, maar een soeverein vorst? Dus werd voor de gelegenheid een nieuwe regel toegevoegd die door de ganse stad 'langs kaai en straten' schalde: 'Doch hoeft geen Soeverein te zijn.'[41] Voor de oude, rechtgeaarde republikeinen en patriotten, zo die er nog waren, moeten het sombere dagen zijn geweest.

---

40   Hermans & Hooghiemstra, *'Voor de troon wordt men niet ongestraft geboren'*, pp. 52-53.
41   IISG N 104/8, *Levensschets van zijne Majesteit Koning Willem Frederik*, pp. 57-59.

Willem I was maar ruim vijftien maanden soeverein vorst. Op 16 maart 1815, riep hij zichzelf uit tot koning van het Verenigd Koninkrijk der Nederlanden. De Europese grootmachten hadden op het Congres van Wenen besloten dat Willem de Zuidelijke Nederlanden (ruwweg België en Luxemburg) ook onder zijn gezag zou krijgen. Dat betekende pakweg een verdubbeling van zijn rijk.

De grote mogendheden wensten een sterke, direct aan Frankrijk grenzende staat als buffer, voor het geval dat de Fransen opnieuw last kregen van expansiedrift. Willem had op het besluit van het Congres alvast een voorschot genomen. Die besluiten lagen overigens al wel vast, maar ze waren nog niet officieel bekend gemaakt.[42]

Het zijn dus de toenmalige grootmachten geweest, met Engeland voorop, die hebben bepaald dat Nederland een koning moest krijgen. Dus niet het Nederlandse volk of het Driemanschap dat suggereerde namens het volk te spreken.

Zonder de Napoleontische oorlogen zou Willem Frederik in 1813 geen soeverein vorst zijn geworden, laat staan in 1815 koning van de Zuidelijke en Noordelijke Nederlanden.[43] De Nederlandse monarchie heeft zijn bestaan te danken aan toeval en oorlogen. Met persoonlijke verdiensten had het koningschap, dat Willem I in de schoot kreeg geworpen, niets te maken.

Een verlicht despoot

Voor welke staatsvorm de bevolking destijds zou hebben gekozen, is bij gebrek aan bronnen onmogelijk vast te stellen. De geestdrift voor Oranje bestond ongetwijfeld, maar het was een verschijnsel dat we vaker hebben gezien: een reactie op barre tijden. In 1813 zat Nederland als gevolg van de Franse tijd volkomen aan de grond. Van de economie was weinig over en veel mannen waren - gedwongen door de nieuwe dienstplichtwet van Napoleon - als soldaat in Rusland gesneuveld.

Nederland kende sinds 1798 een Grondwet 'Staatsregeling voor het Bataafsche Volk', wat niet wegnam dat Willem regeerde als een verlicht despoot. Dat kon en mocht overigens volgens de Grondwet die in 1814

---

42 De coalitie tegen Napoleon vergaderde in maart 1814 in het Franse stadje Chaumont. De Britse minister van Buitenlandse Zaken, Lord Castlereagh, was de drijvende kracht achter het Verdrag van Chaumont waarin de herindeling van Europa in geheime bepalingen (*Secret Articles*) werd vastgelegd: 'Holland, free and independent state, under the sovereignty of the Prince of Orange, with an increase of territory and the establishment of a suitable frontier.' Zie voor de tekst van het hele Verdrag: http://www.napoleon-series.org/research/government/diplomatic/c_chaumont.html (geraadpleegd op 12-08-2019).

43 Koch, *Koning Willem I*, p. 569.

was ingevoerd en waarmee hij zich intensief had bemoeid, vanwege de vraag welke macht de soevereine vorst en de verschillende staatsorganen toekwam. De Grondwet bood kansen, vond hij. Hij wilde met alle plezier de constitutionele vorst spelen, als het maar op *zijn* voorwaarden was. De Grondwet wekte de illusie van vrijheid en was een 'speeltje' voor het volk, terwijl hijzelf in de praktijk de dienst uitmaakte.[44]

Ministers hadden onder Willem I niets te vertellen. Zoals hijzelf in 1820 na een meningsverschil eens uitriep:

> 'Waarom beschuldigen zij de ministers? Wat zijn de ministers? Volstrekt niets... Ik kan zonder ministers regeren, of, wanneer ik het goedvind, wie mij goeddunkt aan het hoofd van de ministerieele departementen plaatsen, al was het ook een van mijne palfreniers: want *ik, ik* alléén ben de man die handel, en voor de daden der regering verantwoordelijk is.'[45]

Ministers waren ondergeschikt aan de wil en de nukken van de koning. Dat zijn regeringsperiode over het algemeen als overwegend positief wordt beoordeeld, komt vooral omdat hij zich heeft ingespannen de kwakkelende economie op de been te helpen. Het schrijversechtpaar Romein-Verschoor, beiden historicus van marxistische huize, geven Willem I een plaats in hun monumentale *Erflaters van onze beschaving. Nederlandse gestalten uit zes eeuwen* waarin ze portretten schilderen van belangrijke mensen uit de Nederlandse geschiedenis. Ze hebben overigens wel zitten dubben of ze hem in hun eregalerij zouden opnemen:

> 'Maar verdient hij [Willem I], (...) een plaats in deze cultuurgeschiedenis-in-portretten? De Oranjes en de cultuur is een hoofdstuk op zich zelf, dat zijn belang echter niet aan zijn omvang ontleent. Men is er bijster gauw over uitgepraat.'[46]

Het is evident dat Willem I zijn plaats in hun werk niet heeft gekregen op grond van zijn rol als beschermer of bewonderaar van kunst en cultuur. Als ze van die criteria waren uitgegaan, had Willem hun boek niet gehaald en ook zijn tijdgenoten zouden dat argument - volgens het echtpaar - wel hebben geaccepteerd.

---

44   Koch, *Koning Willem I*, pp. 244-246.
45   Krol, *Als de Koning dit eens wist...!*, p. 20.
46   Romein en Romein-Verschoor, *Erflaters van onze beschaving*, p. 622.

Wat tijdgenoten wel prezen in Willem was zijn harde werken, zijn matigheid en zijn eerbied voor godsdienst. Over Willems regering op zich, zijn de Romeins niet overmatig enthousiast:

> 'Maar indien dan 's konings politiek ideaal in die mate mislukt is, dat zijn regering, eerst in het Zuiden en vervolgens ook in het Noorden op een teleurstelling zowel voor hem zelf als voor zijn volk is uitgelopen, zózeer, dat hij in '40 [1840] in arren moede afstand van de troon heeft gedaan en zijn volk dat hem in '13 [1813] met zoveel vreugde had ingehaald, hem zonder rouw liet gaan; indien hij tijdens die betrekkelijk lange regering in het cultuurleven dan maar een zo bescheiden rol gespeeld heeft, dat die van Frederik Hendrik er als een lichtend voorbeeld bij afsteekt; indien, om kort te gaan, zijn betekenis derhalve noch in de politiek noch in de cultuur is gelegen, welke aanspraak kan hij dan op een plaats in deze rij van erflaters onzer beschaving doen gelden?'[47]

Slotsom: ja dat was mogelijk, maar uitsluitend op grond van zijn verdiensten voor de economie. Het echtpaar maakt nog wel een voorbehoud door zijn merites voor 's lands huishouding niet helemaal los te zien van Willems geldbelustheid, en brengt in dat verband zijn schadevergoedingsonderhandelingen met Frankrijk voor zijn verloren gegane bezittingen in de Republiek nog eens onder de aandacht. Zoals bekend was Willems echtgenote die geldzucht ook opgevallen, toen ze hem verweet dat hij het verarmde Nederland niet kaal moest plukken.[48]

Willems meest recente biograaf, Jeroen Koch, kan zich niet zo vinden in de typering van de Romeins. Hij vindt die te beperkt omdat hij een eenzijdig beeld oplevert. Zo laten de Romeins de autocratische bestuursstijl van de koning buiten beschouwing. De typering 'koopman-koning' is vooral terug te voeren op zijn nauwe banden met de Nederlandsche Handel-Maatschappij (N.H.M). Andere historici hebben gewezen op het ongrijpbare karakter van zowel zijn koningschap als zijn persoon. De vraag was zelfs of Willem zichzelf wel kende; of hij enigszins een idee had hoe hij zelf in elkaar stak.[49]

Willem bekommerde zich om de economie van het land en de staats-

---

47   Romein en Romein-Verschoor, *Erflaters van onze beschaving*, pp. 622-623.
48   Romein en Romein-Verschoor, *Erflaters van onze beschaving*, pp. 630-631.
49   Koch, *Koning Willem I*, pp. 338-339.

financiën, maar verloor nooit zijn eigen positie en de groei van zijn privévermogen uit het oog. Belustheid op (politieke) macht kon hem evenmin worden ontzegd. Hij eiste (en kreeg) het recht om verbonden af te sluiten buiten de Staten-Generaal om. Hij eiste (en kreeg) een Hogerhuis dat we in de Grondwet van 1815 terugzien als Eerste Kamer en waarvan de leden door de koning zelf voor het leven werden benoemd. Voorts eiste (en kreeg) hij in alle provincies een gouverneur (commissaris der koning) die hem op zijn wenken bediende. De gouverneurs werden, net als de Eerste Kamerleden, persoonlijk door hem benoemd. Ze hadden veel macht en konden namens de koning ingrijpen in de besluiten van de provincie, wat de machtsbasis van Willem aanmerkelijk verbreedde.[50]

Op financieel gebied eist hij het muntrecht voor zich op. Hij vond dat een vorst dat recht toekwam. Bij de begroting bedong hij dat er onderscheid werd gemaakt tussen tijdelijke en permanente uitgaven. De volksvertegenwoordiging kreeg alleen zeggenschap over de tijdelijke uitgaven; over de permanente ging Willem zelf. Wel stelde hij voor zijn 'bezoldiging' (tegenwoordig heet dat 'uitkering') terug te brengen van een miljoen naar 600.000 gulden per jaar.

Schuilde bij dit voorstel van de koopman-koning, die erg op de penning was, geen adder onder het gras? Zeker wel. Als genoegdoening eiste hij zijn oude domeinen terug (die Napoleon hem had afgenomen en waarvoor hij was gecompenseerd). Hij had berekend dat de domeinen hem ruim een miljoen per jaar zouden opbrengen.

'Wie op grond van deze 'wensen' verwachtte of zelfs vreesde, dat de soevereine vorst een man was die wist wat hij wilde, heeft zich niet vergist. En wat hij wilde was niet regeren, zoals de latere praktijk der parlementaire monarchie dat zou verstaan, maar besturen (...).'[51]

De verdienste van Willem is geweest dat hij zich verzette tegen de alom heersende malaisestemming, die in alle lagen van de bevolking was doorgedrongen. De koning probeerde die lethargie te doorbreken. Dat kostte tijd en het ging langzaam, maar het lukte uiteindelijk wel. De talenten, die Nederland nog wel degelijk in huis had, maar die eveneens waren ingedut, kreeg Willem zover dat ze bereid waren hem te steunen

---

50   Romein en Romein-Verschoor, *Erflaters van onze beschaving*, p. 636.
51   Romein en Romein-Verschoor, *Erflaters van onze beschaving*, p. 636.

bij zijn pogingen de economie uit het slop te halen. Natuurlijk diende Willems voortvarendheid ook zijn eigenbelang, maar dat neemt niet weg dat het landsbelang er ook mee was gediend. Willem heeft, kort samengevat, de aanzet tot de modernisering van Nederland gegeven.[52]

Hij liet kanalen en wegen aanleggen en nam het initiatief tot de oprichting van de Nederlandsche Handel-Maatschappij. Juist zijn nauwe betrokkenheid bij de N.H.M. leverde hem een plek op in *Erflaters*, maar de vraag is of hij die plaats wel heeft verdiend. Je kunt je afvragen of de Romeins zich niet teveel op één aspect van zijn beleid – het doorbreken van de lethargie – hebben geconcentreerd en zo het financiële wanbeleid dat onder zijn bestuur ontstond, uit het oog hebben verloren.

De koning was bovenmatig gefascineerd door geld. Biograaf Koch stelt het kort en bondig: 'Willem I was een dienaar van de mammon.' Als kind al was hij in de ban geweest van geld en toen zijn beeltenis op de nieuw geslagen guldens prijkte, moet hem dat enorm deugd hebben gedaan en voor hem meer dan symbolische waarde hebben gehad. Voor Willem I moet het, volgens Koch, van existentiële betekenis zijn geweest.[53]

In iedere troonrede hamerde Willem erop dat hij de welvaart wilde vergroten. Dat was zijn prioriteit. Vanuit economisch oogpunt gezien bestuurde hij het land als een groot bedrijf. Het wakker schudden van de ingedommelde economie vergde enorme investeringen. Geld was er in principe genoeg, maar eigenaars staken dat het liefst in staatsobligaties. Die garandeerden een vast en veilig inkomen. Maar uitsluitend beleggen in staatsobligaties had ook economische stagnatie tot gevolg, omdat er geen geld overbleef voor investeringen in handel en industrie. De Republiek had niet voor niets de reputatie een natie te zijn geworden van renteniers die iedere vorm van financieel risico meden.

Economie

Nederland kampte na de napoleontische tijd met een enorme staatsschuld, terwijl het op de been houden van het leger enorme uitgaven vereiste. Sanering van de schulden en uitgaven van de staat was broodnodig, maar ongelooflijk lastig uit te voeren. De schuldenberg was een erfenis uit de Franse tijd waaraan de koning geen schuld had.

In 1814 had Willem een aantal instrumenten voor het beheer van de openbare financiën in het leven geroepen (waaronder De Nederland-

---

52 Romein en Romein-Verschoor, *Erflaters van onze beschaving*, p. 638.
53 Koch, *Koning Willem I*, p. 401.

sche Bank en de Rijksmunt), maar ook die waren niet bij machte het probleem van de exorbitante staatsschuld op te lossen. Alleen economisch
herstel bood uitzicht op verbetering. Na verloop van tijd begon zich in
België nieuwe nijverheid te ontwikkelen, in het Noordelijke deel van
het koninkrijk ontwikkelde zich de handel, terwijl de koloniën dienst
gingen doen als zowel afzetmarkt als grondstoffenleverancier.[54] Overigens bracht dat grote ellende voor de inheemse bevolking van Nederlands-Indië met zich mee, een factor die bijna nooit in de beoordeling
van Willems beleid (of zijn opvolgers) wordt meegewogen.

De Nederlandsche Handel-Maatschappij, opgericht in 1824, speelde bij de handel en bedrijvigheid in de koloniën een centrale rol. In de
Franse tijd hadden de Britten Nederlands-Indië bezet, maar Willem
kreeg het reusachtige gebied in 1816 terug. Het beheer van de koloni-
en behoorde volgens de Grondwet van 1815 tot de bevoegdheden van
de koning. Willem stelde zich persoonlijk garant voor een jaarlijkse
rente-uitkering van 4.5 procent. In stukken van de N.H.M. komt Willem daarom vaak voor als 'de Garant'. Zelf tekende hij in voor vier miljoen gulden, waarmee hij de belangrijkste aandeelhouder werd. Het
startkapitaal van de N.H.M was begroot op een minimum van 12 miljoen en een maximum van 24 miljoen gulden. In 1827 kreeg Willem
het recht directeuren, de president en de secretaris te benoemen, waarmee zijn invloed op het reilen en zeilen van de maatschappij nog groter werd.[55]

Indië werd niet beschouwd als een zelfstandig deel van het Koninkrijk der Nederlanden, 'maar als een Staats-*bedrijf*'.[56] Het maakt duidelijk hoe Willem tegen het deel van zijn Koninkrijk in de Oost aankeek.

Het Amortisatie-Syndicaat, in 1822 bij wet opgericht, hield zich,
behalve met het afwikkelen van de staatsschuld, ook bezig met de financiering van openbare projecten, zoals de aanleg van wegen, kanalen
en polders. Het Amortisatie-Syndicaat was een schimmige instelling,
die geleid werd door een Permanente Commissie van zeven mannen
die door Willem waren benoemd. De Nederlandsche Bank en enkele
andere instellingen verzorgden ook kredieten om de economische
bedrijvigheid en infrastructuur te bevorderen, maar de grootste leningen kwamen bij het Syndicaat vandaan. Dat gebeurde zonder toestem-

---

54   Koch, *Koning Willem I*, pp. 401-402.
55   Van Zanden en Van Riel, *Nederland 1780-1914*, pp.139-140 en De Graaf, *Voor Handel en
Maatschappij. Geschiedenis van de Nederlandsche Handel-Maatschappij*, 1824-1964, p. 439.
56   Mansvelt, *Geschiedenis van de Nederlandsche Handel-Maatschappij*, deel 2, p. 212.

ming van de Staten-Generaal en ook de Algemene Rekenkamer werd er buitengehouden. Willem hield nu eenmaal niet van pottenkijkers en hij hield de openbare financiën steeds meer uit het zicht van de Staten-Generaal. Toen het Amortisatie-Syndicaat in 1840 werd opgeheven, bleek hoe belabberd de instelling had gefungeerd. Het had op geen stukken na het rendement opgeleverd dat men verwacht, dan wel gehoopt had. Het nagelaten tekort van maar liefst 113 miljoen gulden werd bij de staatsschuld gevoegd.

Vrijwel alles gebeurde in het geheim. Tekorten werden zorgvuldig weggepoetst, zodat ze voor het oog niet meer bestonden. Willem kon dus zijn gang gaan en dat deed hij ook. De staatsboekhouding liet hij zo manipuleren dat ze eruit zag als een evenwichtige staatsbegroting. In werkelijkheid gingen de openbare financiën steeds meer op een loterij lijken. Willems politiek stimuleerde risicovol gedrag van effectenmakelaars en beurshandelaren, die voortdurend op hogere winsten uitwaren. Willem, als grootaandeelhouder in menig Nederlands bedrijf, profiteerde er zelf ook van. Hij zou zelfs 'de meest onversaagde der speculanten' zijn geweest. Biograaf Koch merkt op:

'Het financiële beleid van de koning ging echter verder dan het prikkelen van de goklust van beleggers. Het werd gecomplementeerd met een administratie die welwillend als creatief boekhouden kon worden aangemerkt, maar die vanuit kritisch standpunt uitsluitend de naam bedrog verdiende.'[57]

En dan was er nog een probleem waardoor de chaos rondom de staatsfinanciën alleen maar groeide: het privékapitaal van de koning had zich, op een nog nauwelijks te ontwarren wijze, met dat van de overheidsfinanciën vermengd. Voor een deel was dat te danken aan de Grondwet, die op het gebied van financiën zo dubbelzinnig was dat de koning, als hij dat wilde, er allerlei rechten aan kon ontlenen. En Willem zou Willem niet zijn als hij dat gelaten had. Het ging immers om geld.[58]

Bij zijn abdicatie in 1840 liet hij een formidabele puinhoop na. Pas na zijn aftreden werd duidelijk met wat voor financiële en boekhoudkundige augiasstal hij de natie had opgescheept. Zo erg, dat het jaren van offers en inspanningen zou vergen een staatsbankroet af te wenden. In

---

57   Koch, *Koning Willem I*, pp. 401-406 (citaat op pp. 405-406). Voor de schuld van 113 miljoen: https://www.parlement.com/id/viq9dk77lsyc/minister_van_hall_voorkomt.
58   Koch, *Koning Willem I*, pp. 406-409.

1842 beliepen de rentebetalingen op de Nederlandse staatsschuld – de erfenis van Willem I - bijna de helft van de begroting.

Na zijn abdicatie kwam ook een discussie op gang over zijn persoonlijk vermogen. Geruchten deden de ronde dat hij over tweehonderd miljoen zou beschikken, terwijl hij hooguit zevenentwintig miljoen gulden op min of meer eerlijke wijze bij elkaar gesprokkeld zou kunnen hebben.[59] Geruchten zijn en blijven geruchten, maar het geeft wel aan hoe Willem door zijn tijdgenoten werd beoordeeld.

België

De Belgen hadden al spoedig hun bekomst van de samenvoeging met Nederland. Al na vijftien jaar, in 1830, kwam er een einde aan de eenheid, die nooit een echte eenheid was geweest. Voortaan gingen de Belgen hun eigen weg.

Willem heeft zich nooit bij de afscheiding kunnen neerleggen. Hij hield een groot en dus duur (maar onnodig) leger op de been, dat zwaar op de staatsbegroting drukte. Dat duurde ongeveer tien jaar en de situatie werd steeds meer onhoudbaar. Ze was bovendien onzinnig, want een hereniging - waar Willem op de een of andere manier op hoopte - heeft er nooit ingezeten. De Belgen hadden zich altijd tweederangs burgers in het Verenigd Koninkrijk gevoeld en daarin hadden ze geen ongelijk. Na veel morren en tegenstribbelen legde Willem zich uiteindelijk bij de afsplitsing van België neer.

De definitieve scheiding eiste een Grondwetsherziening. Zijn tegenstanders hebben van die wijziging gebruik gemaakt om de al veel te lang uitgestelde noodzakelijke hervormingen van het staatsbestel in gang te zetten. In 1840 trad Willem af, toen de scheiding met België was vastgelegd in een Grondwetsherziening, waarin hij zich niet kon vinden. Hij had veel van zijn macht moeten inleveren. Teveel naar zijn smaak. Bij zijn laatste opening van de Staten-Generaal bleek dat hij ook daar alle krediet had verspeeld: de gebruikelijke toejuichingen van de afgevaardigden bleven die keer achterwege.[60]

Willems vastklampen aan vrijwel absolute macht was - vergeleken met zijn collega-monarchen in Europa - tamelijk uniek. Zij hadden allang aangevoeld dat het vasthouden aan absolute macht tot het verleden behoorde. Wie als vorst wilde aanblijven en op een kwade dag niet op het schavot wilde eindigen, diende zich aan te passen aan de

---

59   Koch, *Koning Willem I*, p. 539, pp. 549-550 en p. 560.
60   Koch, *Koning Willem I*, pp. 483-489 en pp. 515-519.

veranderende tijden. Willem heeft dat nooit ingezien. Van inperking van macht wilde hij niet horen, van enig onderscheid tussen regeren en heersen evenmin.

'Integendeel: de eerste Oranjekoning wenste álles in eigen hand te houden. Heersen, regeren, besluiten, besturen – zelfs het administreren beschouwde hij als zijn taak, als een koninklijk prerogatief welhaast.'[61]

Nederlands-Indië

En dan was er ook nog Nederlands-Indië dat zich in de aandacht van Willem mocht verheugen, al was die aandacht slechts gericht op het maken van zoveel mogelijk winst. Hoe die winst werd gemaakt, deed er niet toe. Het lot van de Indische bevolking interesseerde hem niet. Het Cultuurstelsel, ingevoerd in 1830, was weliswaar zeer profijtelijk voor het 'moederland' maar voor de lokale bevolking was het niets minder dan een ramp. Het stelsel dwong de inheemse bevolking twintig procent van haar vruchtbaarste grond te gebruiken voor het verbouwen van koffie, thee, suiker, rubber, indigo en andere producten die allemaal bestemd waren voor de Europese markt.

De levering gebeurde in natura. Als vergoeding kregen de boeren een 'plantloon'. Wie niet in staat was de gewenste producten te leveren, moest maximaal 66 dagen per jaar voor het gouvernement werken. De Nederlandsche Handel-Maatschappij, waarin de koning zelf grootaandeelhouder was, vervoerde en verkocht de producten in Europa voor rekening van de Nederlandse regering.

Tegelijk met het cultuurstelsel voerde de regering een nieuw belastingstelsel in. Dat bepaalde onder meer dat belastingambtenaren volgens een commissiesysteem werden betaald, wat misbruik in de hand werkte. De lokale vorsten kregen betaald in zogenaamde cultuurprocenten: hoe meer hun gebied opbracht voor Nederland, hoe meer ze kregen uitgekeerd. Boven op dat alles kwamen nog hoge landrenten en gedwongen herendiensten, waarvan de inheemse vorsten, het gouvernement, maar ook corrupte ambtenaren misbruik maakten. Voor de lokale bevolking was dit alles een ramp. Haar uitbuiting had armoede en honger tot gevolg.[62]

---

61 Koch, *Koning Willem I*, p. 369.
62 Van Zanden en Van Riel, *Nederland 1780-1914*, pp. 142-144 en 'Het Cultuurstelsel in Nederlands-Indië (vanaf 1830)' in: *Historiek*: https://historiek.net/cultuurstelsel-nederlands-indie-gevolgen-kritiek/74608/ (geraadpleegd op 26-08-2019).

Na verloop van tijd begonnen Nederlanders zelf plantages en mij-nen aan te leggen en fabrieken te bouwen. Boeren werden toen op grote schaal van hun land verdrongen en gedegradeerd tot uiterst karig betaal-de arbeiders, die zich dankzij opiumgebruik koest hielden.[63]

Multatuli kwam in zijn befaamde *Max Havelaar of de Koffijveilingen der Nederlandsche Handel-maatschappy (1860)* tegen de koloniale mis-standen in het geweer. Tegenover de misère en de honger van de bevol-king stonden de fraaie winsten die de bedenkers van het Cultuurstelsel incasseerden. Het Cultuurstelsel had een positieve invloed op de Neder-landse economie.

'De ontwikkeling van de textielnijverheid, de scheepsbouw en de scheepvaart, de internationale handel, de suikerindustrie, het assurantiebedrijf en allerlei kleinere bedrijfstakken en bedrijven die direct of indirect afhankelijk waren van deze sectoren, werden gedomineerd door de protectionistische overheidspolitiek en de conjunctuur van de handel op Indië. De N.H.M. was de spil in dit web: de overheidspolitiek werd in belangrijke mate via dit lichaam uitgevoerd en zij profiteerde in zeer belangrijke mate van de bloei van het "koloniale complex".'[64]

Dat de N.H.M. profiteerde van de situatie in Indië (een 'staatsbedrijf') was voor Willem als grootaandeelhouder mooi meegenomen.

Waar in de regel weinig aandacht aan wordt besteed, is de opiumhan-del, waarin de N.H.M. een centrale rol heeft gespeeld en die een tijd lang zelfs de lucratiefste inkomstenbron van de N.H.M. is geweest. Historic-us Hans Derks heeft daarover een (lijvig) boek opengedaan met zijn *History of the Opium Problem* (2012).[65] Al eerder, in 1985, verscheen *Wettig Opium* van Ewald Vanvugt. In zijn voorwoord bij Vanvugts boek, merkt prof. dr. W.F. Wertheim op dat je haast de indruk krijgt dat er sinds begin 1900

'een stilzwijgend taboe rust op de behandeling van het Neder-

---

63   Derks, *Verslaafd aan Opium. De VOC en het Huis van Oranje als drugdealers*, p. 107.

64   Van Zanden en Van Riel, *Nederland 1780-1914*, pp. 144-145.

65   Zie van dezelfde auteur ook: *Verslaafd aan Opium. De VOC en het Huis van Oranje als drug-dealers* dat een samenvatting uit zijn hoofdstudie bevat m.b.t. de rol van de VOC en enkele leden van het Huis van Oranje in de opiumhandel. De rol van Willem I en de N.H.M. m.b.t. de opium-handel staat beschreven in hoofdstuk 18, pp. 307-318 van Derks' *History of the Opium Problem*.

lands-Indische opiumbeleid als een nog steeds uit het koloniaal verleden overgeërfd pijnlijk vraagstuk.'[66]

De handel in opium was toen niet verboden, maar een belangrijke vraag is natuurlijk of de handelaren op de hoogte waren van de verslavende werking van opium. Een oud oosters spreekwoord zegt dat opium, die voor veel ziekten een goed medicijn is, zelf een ziekte is. Het werd ook anders gezegd: 'Eerst eet de mens de opium, dan eet de opium de mens.'

Op Java was opiumgebruik al in het midden van de 17e eeuw ingeburgerd. Het was een bijverschijnsel van de toegenomen handel tussen China en India via Batavia. De Verenigde Oost-Indische Compagnie (VOC) verwierf het importmonopolie van opium op Java, waar het gebruik in de 17e eeuw razendsnel steeg. De VOC heeft - sinds ze invloed en gezag in de Indische archipel kreeg - er alles aangedaan om de opiumhandel op te voeren, vanwege de vette winsten die het opleverde. Niet de Republiek maar de VOC voerde het gezag over Indië.[67]

> Geldbeluste Willem I handelde in opium
> om arbeiders koest te houden.

Bij de oprichting van de Bataafse Republiek werd de VOC genationaliseerd. Sinds 1813 had koning Willem het in de Indische archipel voor het zeggen. In 1827 verwierf de N.H.M. van de staat het opiummonopolie voor Java en Madoera voor de tijd van drie jaar, wat bij afloop in 1830 meteen met drie jaar werd verlengd. De N.H.M. en Nederland hadden dringend geld nodig en dat kon het snelst met opium worden verdiend.

Uit stukken van de N.H.M. blijkt dat de maatschappij de effecten van opium kende en ook wist wat het met de mensen deed. Volgens het kantoor van de N.H.M. in Batavia was het 'verwoestend voor de zedelijkheid, werkzaamheid en vermenigvuldiging van de bevolking'. Maar opium was ook prima voor de winst en daar ging het tenslotte om. Opiumgebruik onder de bevolking werd ter wille van de winsten zelfs aangemoedigd. Toen een tijdlang voor de ondergang van de Handelmaatschappij werd gevreesd, sleepten de opiumwinsten de N.H.M. door die moeilijk periode - die tot 1834 zou duren - heen.[68]

De behandeling van de Javanen, toch ook onderdanen van koning

---

66   Vanvugt, *Wettig Opium*, p. 10.
67   Vanvugt, *Wettig Opium*, p. 40, 54, pp. 60-72 en p. 86.
68   Vanvugt, *Wettig Opium*, p. 159 en pp. 165-169. Mansvelt, *Geschiedenis van de Nederlandsche Handel-Maatschappij*, deel 2, p. 22 (over de aanmoediging van het gebruik van opium).

Willem, was allesbehalve menslievend. Willem speelde in de Oost zeker niet de rol van de Vader des Vaderlands. De vele doden die het bewind van de Oranjes in de Indische archipel (1816-1949) op zijn geweten heeft, zie je zelden in boeken en biografieën over hun respectievelijke levens vermeld. Ook over opium is in de literatuur weinig of niets terug te vinden. Evenmin als over de gruwelijke oorlogen die er werden uitgevochten. Toch was Willem I persoonlijk verantwoordelijk voor de bloedige koloniale Java-oorlog (1825-1830), die aan circa 200.000 Indonesiërs het leven heeft gekost. Aan Nederlandse kant vielen in deze koloniale oorlog ook nog eens 15.000 man. Willem heeft steeds een té rooskleurig beeld van de voortwoekerende oorlog op Java gegeven en hij verzette zich tegen vredesonderhandelingen met de opstandige prins Dipanagara.[69] 'Opstandig' vanuit Willems optiek uiteraard. De prins had weinig zin zich te onderwerpen aan het gezag van de Nederlandse koning.

Privéleven

Had Willem I een voorbeeldfunctie voor het Nederlandse volk? Het zou erfelijke staatshoofden sieren wanneer dat het geval zou zijn, maar dat was zelden zo. Hun 'voorlopers', de stadhouders waren dat niet geweest en Willem I zelf was evenmin een stralend voorbeeld van deugdzaamheid en bekwaamheid.

In de praktijk blijkt dat weinig uit te maken. De Oranjeaanhang is graag bereid vrijwel alle doen en laten (in de meest letterlijke zin van het woord), door de vingers te zien of te vergeven, zoals we in de loop van dit verhaal herhaaldelijk zullen zien. In de begintijd van de monarchie wist de bevolking natuurlijk maar weinig over haar vorst vanwege de gebrekkige nieuwsvoorziening. Hoewel tegenwoordig het tegenovergestelde het geval is, lijkt er op dat punt weinig te zijn veranderd.

Koning Willem was gehuwd met Wilhelmina van Pruisen ('Mimi'). Toen ze zeventien was, trouwde ze met haar volle neef. Het was een gearrangeerd huwelijk, zoals de meeste vorstelijke huwelijken dat in die tijd waren. Een huwelijk uit liefde kwam zelden voor, want dat leverde in de regel niets op. Mimi en Willem kregen drie kinderen. In zijn 'schaduwgezin', dat hij er tegelijkertijd op nahield, had hij er nog eentje meer. Met Julie von der Goltz, ooit de gouvernante van zijn vroeg gestorven dochter Pauline en langjarig hofdame van zijn echtgenote, kreeg Willem tussen 1807 en 1812 vier kinderen.

---

69   Hagen, *Koloniale oorlogen in Indonesië*, p. 829.

Koning Willem had het op het einde van zijn regeerperiode (1840) alles-behalve gemakkelijk. De staatsschulden waren onhoudbaar geworden, de definitieve scheidingsakte met België kwam onverbiddelijk naderbij en tevens was het duidelijk, dat de dagen van zijn vrijwel absolute macht voorbij waren.

Na de dood van zijn formele echtgenote, deed hij in mei 1839 tot verbijstering van Julie von der Goltz, de moeder van zijn vier buiten-echtelijke kinderen, een huwelijksaanzoek aan de twintig jaar jongere Henriëtte d'Oultremont de Wégimont. Wellicht heeft de leeftijd van Von der Goltz - ze was dertien jaar ouder dan haar Belgische rivale - een rol gespeeld bij de keuze van de koning.

Een ander heikel punt was dat d'Oultremont een Belgische was én rooms-katholiek.[70] Dat viel buitengewoon slecht in protestants Nederland.

De Britse krant *The Times* kwam als eerste met het bericht over Willems trouwplannen. Ruim twee weken later had het *Algemeen Handelsblad* voldoende moed verzameld om het bericht ook te publiceren. Niet als nieuws maar als een 'gerucht', omdat anders moeilijkheden met de censuur dreigden. Als extra veiligheidsmaatregel was het in de vorm van een 'ingezonden stuk' gegoten:

'Volgens mijne berigten althans is dat praatje van allen grond ontbloot, en schijnt het gevolg te zijn van die geheime woelingen, welke in andere landen worden aangewend om, kon het zijn, onzen eerbied voor onze koning te doen verminderen, en onrust en twee-dragt te zaaijen bij eene getrouwe en godsdienstige natie. Waar is de Nederlander, die gelooven zal, dat onze koning van het verheven standpunt, op hetwelk hij in de oogen van vriend en vijand staat, zal afdalen, om een huwelijk aan te gaan zoo ver beneden zijnen stand en waardigheid, en dat hij bij de afscheiding van België en de behoefte om aan de voorvaderlijke beginselen getrouw te blijven, zich op zijn 68ste jaar tot echtgenoot zal kiezen eene vrouw met Belgischen naam en hart, om van de godsdienst, welke zij belijdt, en wier leer omtrent de gemengde huwelijken bekend is, te zwij-gen. Neen! daarvoor beware ons de God van Nederland, welke tot nu toe de eendragt in ons land hielp bewaren!'[71]

---

70   Koch, *Koning Willem I*, pp. 539-542 en Roppe, *Een omstreden huwelijk*, p. 31.
71   Geciteerd uit: Roppe, *Een omstreden huwelijk*, p. 67.

Aanstichter van de rel was de kroonprins, de toekomstige koning Willem II. Het boterde absoluut niet tussen vader en zoon, en de grootste wens van de toekomstige koning was zo snel mogelijk de troon te bestijgen. Als hij daarvoor een hetze tegen zijn vader moest voeren om hem tot aftreden te dwingen, dan moest dat maar.

De kroonprins kon uiteraard niet zelf met zijn bericht bij het *Algemeen Handelsblad* aankloppen. Hij gebruikte daarvoor Regnerus van Andringa de Kempenaer, net als hijzelf een Waterloo-veteraan. De kroonprins genoot zelf de status van 'held van Waterloo'. Zijn vader kon dat niet verkroppen, want het leverde zijn zoon populariteit op, wat - naar hij meende - ten koste ging van die van hemzelf. Andringa de Kempenaer was een ras-afperser die er evenmin voor terugdeinsde Willem II te chanteren, zoals we nog zullen zien.

Het protestantse volksdeel veroordeelde de huwelijksplannen van Willem met de katholieke d'Oultremont en wendde zich tot hem met het verwijt:

> 'de vermoede huwelijksverbintenis van Uwe Majesteit met eene Roomsch Katholijke Vrouwe zal door geheel Nederland eene godsdienstige partijschap doen ontvlammen, waartoe de brandstoffe (gelijk Uwe Majesteit zelve maar al te wel weet) door Jesuiten-list allerwege gelegd is en kennelijk wordt aangeblazen.'[72]

De boodschap was helder. Zie af van uw huwelijk, anders wordt protestants Nederland door de katholieken onder de voet gelopen. Dat liet het katholieke deel op zijn beurt niet op zich zitten. Zo riep *De Noord-Brabander* zijn lezers op zich niet te laten ringeloren en zich teweer te stellen tegen de 'uw Geloof hatende Ambtenaren'. Het liberale blad maakte van de gelegenheid gebruik om zijn politieke wensen nog eens op een rij te zetten: rechtstreekse verkiezingen, vrijheid van onderwijs en godsdienst en - als klapstuk - ministeriële verantwoordelijkheid, wat de macht van de koning ernstig zou beknotten Allemaal punten waarmee de katholieken hun voordeel konden doen.

De kroonprins had dus succes met zijn hetze in de pers tegen zijn vader, maar hij speelde daarmee hoog spel, gezien de maatschappelijke onrust die ontstond. Het heeft wel tot gevolg gehad dat de koning zijn trouw-

---

72 Koch, *Koning Willem I*, p. 525.

plannen voorlopig opschortte, al ontkende hij zelf dat zijn besluit iets met maatschappelijke opwinding te maken had.

De kroonprins had zijn doel niet bereikt, maar hij had zijn vader wel een duwtje in de richting van diens abdicatie gegeven. Zo langzamerhand vatte de overtuiging post dat Willem I maar beter kon vertrekken.

De Staten-Generaal was zijn verzet tegen de nieuwe Grondwet - die zijn macht sterk zou beknotten - en zijn weerstand tegen de forse reducering van zijn 'uitkering' flink beu. Zijn Koninkrijk was met het vertrek van de Belgen zo ongeveer gehalveerd en dat zou onvermijdelijk gevolgen hebben voor de hoogte van zijn 'uitkering'.[73]

Toen de koning na zijn aftreden toch met d'Oultremont in het huwelijk trad (februari 1841), zorgde dat voor een storm van kritiek in Nederland. Willem was weliswaar naar Berlijn verhuisd, maar dat deed er weinig toe. Hij kreeg het verwijt zijn land te hebben bestolen om samen met zijn Belgische liefje in luxe in Berlijn te kunnen wonen. Spotnamen als 'monsieur Lhypocrite' en 'kapitein Kaas' deden de ronde, zijn eega heette in schotschriften en cartoons 'Jetje Oestermond' of 'Jetje Dondermond'.[74]

Om zijn vader via de pers in diskrediet te brengen, had de kroonprins (de toekomstige koning Willem II), behalve van jonkheer van Andringa de Kempenaer ook de hulp ingeroepen van Eillert Meeter, een Groningse journalist met onversneden republikeinse opvattingen. Bijzonder was dat de koning zelf de oorzaak was geweest van Eillerts overgang naar het republikanisme.

Kritiek

Toen de vorst in 1837 een bezoek aan Groningen bracht, had Meeter zich verbaasd over de toejuichingen van het publiek. Hij ervoer het gejuich als kritiekloos eerbetoon en besloot een republikeinse krant in het leven te roepen. Onafhankelijke kranten bestonden toen nauwelijks; de meeste kregen subsidie van de overheid, wat een kritisch debat over het functioneren van de staat niet ten goede kwam.

Vrijheid van drukpers was weliswaar verankerd in de Grondwet van 1815 (artikel 227), maar toen de kritiek op Willems beleid om en nabij de Belgische onafhankelijkheids-oorlog van 1830 aanzwol, zag Wil-

---

73   Koch, *Koning Willem I*, pp 519-527 en p. 541.
74   Koch, *Koning Willem I*, p. 541 en pp. 542-551. Zie voor een overzicht van zowel voor- als tegenstanders van Willem I en zijn huwelijk met d'Oultremont: Roppe, *Een omstreden huwelijk*, pp. 267-277.

lem - allergisch als hij was voor kritiek - zich genoodzaakt aanvullende perswetten te decreteren om zijn criticasters de mond te snoeren. De drukperswetten van 16 mei 1829 en 1 juni 1830 regelden dat 'hoon en laster' van de koninklijke waardigheid (zo onderging Willem kritiek op hem) voortaan konden worden bestraft met maximaal vijf jaar gevangenis.[75]

De wet van 1830 achtte de koning een noodzakelijke aanvulling op de perswet van het jaar daarvoor: in de praktijk bleek die namelijk 'ongenoegzaam te zijn tot bereiking van het daarbij beoogde doel'.[76] Niet ten onrechte vreesde Meeter dus, dat kranten die de monarchale staatsvorm op de korrel namen, weinig opschoten met de grondwettelijk gewaarborgde persvrijheid. Hij kreeg gelijk. De autoriteiten volgden zijn krant, *De Tolk der Vrijheid*, met argusogen en zochten naar een aanleiding om het blad te verbieden of op zijn minst te dwarsbomen.

De Tolk wilde meer vrijheid voor de burger, uitgebreider en rechtstreeks kiesrecht voor de Tweede Kamer, afschaffing van de Eerste Kamer - bezet door mensen van adel en door de koning benoemd - en meer verantwoordelijkheid voor de ministers, dus inperking van Willems macht. De krant besteedde veel aandacht aan de Haagse politiek, waarbij vooral het financiële beleid kritische aandacht kreeg. Voorts stelde Meeter herhaaldelijk de schrijnende armoede van de bevolking aan de kaak.

Wat hij gevreesd had, gebeurde inderdaad. Hij werd voor de rechter gesleept en veroordeeld tot vier jaar gevangenisstraf. Hij heeft zijn veroordeling niet afgewacht en vluchtte begin 1841 naar Parijs. Tijdens het bewind van Willem II, die hem gratie verleende (waarover verderop meer), keerde Meeter terug naar Nederland.[77]

Overlijden
Willem I stierf op 12 december 1843 in Berlijn door een beroerte. Drie

---

75   'Wet tot beteugeling van hoon en laster en andere vergrijpen tegen het openbaar gezag en de algemeen rust'. (Wet van 1 juni 1830, *Staatsblad* 1830, nr. 15), Artikel 1: 'Al wie boosaardiglijk en openbaar, op welke wijze ook, of door welk middel de waardigheid of het gezag van den Koning zal hebben aangerand of den persoon des Konings op gelijke wijze zal hebben gesmaad, gehoond of gelasterd, zal worden gestraft met eene gevangenisstraf van twee tot vijf jaren.'

76   Schneider, *De Nederlandse krant 1618-1978, Van 'nieuwstydinghe' tot dagblad*, p. 442; Schooneveld, *Het wetboek van strafregt (Code Pénal) met aanteekeningen*, pp. 257-258 en Janssens, *Strafbare belediging*, p. 34. Er waren drie soorten strafbare belediging: laster, hoon en 'eenvoudige belediging'.

77   Zie voor de rol van Meeter: Vinken, 'De kranten van Eillert Meeter (1818-1862)'; Robijns, *Radicalen in Nederland (1840-1851)*, passim; Sautijn Kluit, 'De Tolk der Vrijheid etc.' en http://socialhistory.org/bwsa/biografie/meeter (geraadpleegd op 22-08-2019).

dagen later bereikte het bericht van zijn overlijden Den Haag. De dag erna beierden in steden en dorpen de kerkklokken (drie maal daags, acht dagen lang), theaters gingen dicht en de viering van Oudejaarsdag werd een jaartje overgeslagen.[78]

Populair was hij bij zijn dood al lang niet meer en erg betreurd werd hij evenmin. Wat restte was protocollaire droefheid die ieder overleden staatshoofd ten deel valt.

De *Arnhemsche Courant* durfde het zelfs aan een kritisch stuk over de overleden staatsman te plaatsen:

'*Sic transit gloria mundi.* De vorst, eens in het bezit der grootste popolariteit, in welke zich misschien immer een gekroond hoofd verheugde, is onverwachts overleden, en ter naauwernood wekt zijn dood bij ieder, die niet tot de persoonlijk door hem beweldadigden behoort, eenig ander gevoel dan dat eene oogenblikkelijke nieuwsgierigheid. Wat is er geworden van die hooge achting, die, zoo het eenmaal scheen, onbegrensde liefde, welke de onderdanen met hunnen koning verbond? Waar is de geestdrift, welke meer dan eens zijne woorden wekten? Van dat alles is niets overig en weinig heeft er aan ontbroken of verachting, haat en smaad zou een leven, rijk in lotverwisselingen, bekroond hebben. In het eene geval was men even overdreven als in het ander. Aan den overledenen koning veel zaakkennis, rustelooze werkzaamheid, zucht voor de welvaart des lands te ontzeggen, zoude onbillijk zijn. Hoe weinig hebben die hoedanigheden gebaat? Ondanks deze werd een der schoonste koningrijken van Europa vaneengescheurd en, zien wij ons in eenen staat van ellende gedompeld, in welken wij overal heen vruchteloos naar redding rondzoeken.'[79]

Geboren in een republiek, eindigde Willem, dankzij de woelige tijden waarin hij leefde, als koning van zijn geboorteland. Aan die transformatie van republiek naar monarchie heeft hijzelf part noch deel gehad. Het koningschap was hem dankzij Europese oorlogen, revoluties, met steun van de Engelsen en een drietal mannen van de Nederlandse elite in de schoot geworpen.

Na zijn verdrijving uit de Republiek, had hij jarenlang door Europa gezworven. Voortdurend was hij op zoek geweest naar een toekomst

---

78 Koch, *Koning Willem I*, p. 567 en *Dagblad van 's Gravenhage*, 18-12-1843.
79 *Arnhemsche Courant*, 19-12-1843.

voor zijn Huis ergens in Europa. Dat het Nederland werd, was het gevolg van besluiten die buiten hem om waren gegaan.

Het is Willems verdienste geweest dat investeringen werden aangewakkerd om de economie wakker te schudden. Daarin heeft hij een groot aandeel gehad, al blijft het lastig uit te maken hoeveel. Zelf profiteerde hij ook van de toenemende economische bedrijvigheid.

Maar zijn investeringsdrift bracht het land ook op de rand van de financiële afgrond. Nederland dreigde bankroet te gaan. Willem manipuleerde de boekhouding van de regering naar believen. Voor de Kamer was er geen touw aan vast te knopen. Of hij zelf nog enig zicht op de financiële warboel had, is de vraag. Door zijn autoritaire stijl van regeren joeg hij de Belgen tegen zich in het harnas, met als gevolg een tweedeling (die hij nooit heeft kunnen verkroppen).

Voor Nederlands-Indië, althans voor de meeste, oorspronkelijke bewoners van de archipel, was zijn koningschap een ramp. Het ontbrak Willem aan inzicht en gevoel voor politieke verhoudingen. Hij was de baas, de rest van het land had maar naar hem te luisteren. Tegenspraak duldde hij niet. Een familieman, een voorbeeld voor de natie, was hij al evenmin. Hij minachtte zijn vader en hij verafschuwde zijn oudste zoon en troonopvolger, wat overigens wederzijds was.

Uiteraard probeerde de propaganda van zijn tijd het beeld te creëren van de Nederlandse natie 'als een hiërarchisch geordend huisgezin'. Dat lijkt onschuldige symboliek, maar dat was het volgens zijn biograaf niet:

'Het had onmiddellijke politieke en ideologische betekenis, positief en negatief. In positieve zin was de koning de patriarch van het nationale huisgezin, zoals hij ook aan het hoofd stond van de koninklijke familie, het emotionele brandpunt van het vaderland. In een permanente stroom van propaganda werd het de onderdanen voorgehouden. Het was een welbewuste illusie. De Oranjes vormden allesbehalve een harmonieus gezin. Botsende karakters waren één oorzaak, dynastieke lotsverbondenheid was een tweede.'[80]

Willem was een man zonder charisma en het ontbrak hem aan natuurlijk gezag. Dat bleek als hij zich bij tegenspraak vaak woedend liet

---

80   Koch, *Koning Willem I*, p. 574.

ontvallen dat hij de Koning van Nederland was. Die behoorde men niet tegen te spreken.[81]

Of hij zijn plaats heeft verdiend in de eregalerij van het echtpaar Romein-Verschoor lijkt bij nader inzien aanvechtbaar. De (postume) wetenschap echter dat hij - vergeleken met zijn beide opvolgers, Willem II en Willem III - op ongenaakbare hoogte stond, moet voor hem, als hij het had geweten, een troost zijn geweest.

---

81 Koch, *Koning Willem I*, p. 576.

3

Koning Willem II 1840-1849

Honderdeneen kanonschoten kondigden op 6 december 1792 de geboorte aan van Willem Frederik George Lodewijk, de toekomstige koning Willem II. Net als zijn vader zag hij het levenslicht in de Republiek, waar hij maar twee jaar zou doorbrengen voordat Franse troepen zijn ouders dwongen te vluchten. Met de populariteit van de familie ging het in die dagen rondom zijn geboorte niet goed, al belette dat de orthodox-protestantse dichter Willem Bilderdijk niet te kwelen:

'Lief Spruitjen, Neêrlands hoop, en bloed van zoo veel helden!
Wel hem, wiens Heldentoon uw deugden eens zal melden!
Uw deugden, door God zelv' uw stamhuis ingeplant,
En voorverordend tot het heil van 't Vaderland!
Wel hem, wien 't tot zoo lang vergund zal zijn te leven,
Dat de aarde in volle rust u op 't gestoelt' verheven,
En loutre weldaân af ziet vloeien van uw hand!
ô Welgelukkig dan, ô zalig Nederland!'[82]

In vervoering besloot Bilderdijk zijn juichdicht met: 'Neêrland kent geen nood, zoo lang Oranje leeft!'

Maar in werkelijkheid zag het er voor Oranje belabberd uit. Frankrijk, waar de revolutie hoogtij vierde, verklaarde stadhouder Willem V - dus *niet* het Nederlandse volk - de oorlog. De zittende stadhouder en grootvader van 'Lief Spruitjen', was verre van geliefd.

Het was de tijd van de patriotten. Het roemruchte pamflet *Aan het Volk van Nederland* van Van der Capellen tot den Pol schilderde de stadhouder zelfs af als tiran en landverrader. Zoals we al zagen, was zijn zwager, de koning van Pruisen, stadhouder Willem V te hulp gescho-

---

82 Uit: Willem Bilderdijks, 'Ter geboorte van Zijne Doorluchtige Hoogheid, den jonggeboren Heere Prinse van Oranje en Nassau. Opgedragen aan Zijne Doorluchtige Hoogheid, den Heere Erfprinse van Oranje en Nassau.'

ten, nadat de patriotten zijn zuster bij Goejanverwellesluis hadden vast-gehouden. De Oranjeaanhang was - in tegenstelling tot de patriotten - opgetogen over de Pruisische inval. Even dreigde een burgeroorlog. Veel patriotten ontvluchtten het land en zochten hun heil in Frankrijk.

Na de Franse oorlogsverklaring aan stadhouder Willem V in februari 1793, duurde het nog tot midden januari 1795, voordat de situatie zo benard werd dat de Oranjes besloten naar Engeland te vluchten.

Vorming en karakter

Na verloop van enige tijd, keerde Willem Frederik terug naar het continent. Om verwarring te voorkomen (bijna iedereen in de familie heet Willem) blijf ik hem - tot aan zijn inhuldiging als koning Willem II – Willem Frederik noemen. Zijn jeugd bracht hij grotendeels door aan het Pruisische hof van zijn grootvader in Berlijn, de stad waar hij ook zijn militaire opleiding kreeg. Hij diende in het Pruisische en Engelse leger voordat hij in 1813, samen met zijn vader, terugkeerde naar Nederland. Willem Frederik zou gaan trouwen met de Britse kroon-prinses Charlotte Augusta, maar de verloving hield geen stand. In 1816 trad hij in de echt met de Russische Anna Paulowna, een dochter van tsaar Paul I.

Bij Quatre-Bras en Waterloo had Willem Frederik tegen het leger van Napoleon gevochten, wat hem een heldenstatus had bezorgd. Pas op zijn 48e kreeg hij eindelijk waar hij jarenlang naar had gestreefd: de konings-kroon. Natuurlijk wist hij sinds 1813 dat hij zijn vader zou opvolgen, maar die bleef naar zijn zin veel te lang plakken op de troon. We zagen al dat Willem Frederik met een hetzecampagne in de pers getracht had de abdicatie van zijn vader te bespoedigen.

Twee maal, in 1818 en 1820, had hij een (onrealistische en dus kans-loze) gooi gedaan naar de Franse troon. In 1830 probeerde hij zich op te dringen als koning van België, een manoeuvre die al evenzeer tot mis-lukken was gedoemd.

Willem Frederik was zeer op zichzelf gesteld; zelfoverschatting en geldingsdrang waren in zijn karakter ingebakken. Met zijn vader leefde hij voortdurend op voet van oorlog. Zijn omgeving viel herhaaldelijk op dat hij zich wazig uitdrukte, zodat het vaak gissen was wat hij bedoelde. Ook slaagde hij er regelmatig in zichzelf binnen één zin tegen te spre-ken.[83] Hij sprak Nederlands met een Engels accent.

De historicus E.M. Kossman vond hem zo'n vage en tegelijk ook zo'n

---

83   Van Zanten, *Koning Willem II*, pp. 9-20 en pp. 275-278.

flexibele figuur dat iedereen zich wel - met een beetje goede wil - in hem kon vinden:

'Zo onduidelijk was zijn figuur dat op verschillende ogenblikken van zijn leven liberalen, katholieken, calvinisten en conservatieven allen in hem hun exclusieve geestverwant dachten te vinden. Men heeft uitgerekend dat hij ten minste acht keer van politieke kleur veranderd is.'[84]

Kossmann oordeelt voorts dat Willem iets had dat zijn vader had ontbeerd, namelijk:

'een zekere ruimheid van geest en gebaar die zonder twijfel vaak gelijk kwam met gebrek aan principes maar soms ook onbevooroordeeldheid en grootmoedigheid was. Zowel zijn buitenlandse als zijn binnenlandse politiek draagt het kenmerk van zijn aard. Een natuurlijk, dynastiek conservatisme, behoefte aan populariteit bij de liberalen onder zijn onderdanen en de wil om België terug te winnen, deze drie tegenstrijdige factoren verwarden zijn verhouding met Europa (…). Zijn optreden in Nederland zelf werd eveneens gecompliceerd door zijn aarzelingen en zijn onvoldoende zelfkennis.'[85]

De slechte verstandverhouding met zijn vader ging nog verder achteruit, toen hij Anna Paulowna trouwde. Na smadelijk te zijn afgewezen door zijn Engelse verloofde Charlotte Augusta, had hij voor de Russische prinses gekozen. Het stel had hun echtverbintenis een half jaar lang zo uitbundig gevierd, dat het geheel fout viel bij de koning, die bekend stond als een harde werker.

Hun keuze voor Brussel als woonplaats, de tweede hoofdstad van het Koninkrijk, zinde de koning evenmin. Willem I voorzag nog meer vertier en ledigheid voor het pas gehuwde paar, als hij niet permanent een oogje in het zeil zou houden. Zijn angst dat de kroonprins zich in Brussel als onderkoning zou gedragen, was niet helemaal ongegrond. Maar de koning was vooral bang dat de kroonprins populairder in België zou worden dan hijzelf. Dat verdroeg hij niet.

---

84   Kossmann, *De Lage Landen 1780-1890*, p. 156.
85   Kossmann, *De Lage Landen 1780-1890*, p. 156.

Uit Rusland had Anna Paulowna zo veel meubels, kleding, huisraad en andere spullen meegenomen dat haar echtgenoot zich gedwongen zag daar een passend onderkomen voor te vinden. Het paleis aan de Haagse Kneuterdijk werd hun winterpaleis, terwijl paleis Soestdijk als zomerpaleis ging dienst doen.

De geboorte van hun eerste kind, in 1817, kroonprins Willem Alexander Paul Frederik Lodewijk, de aanstaande koning Willem III, veroorzaakte een korte dooi in de verstoorde verhouding tussen vader en zoon. Toen Anna Paulowna en haar echtgenoot besloten hun zoontje te laten vaccineren tegen pokken, ging het alweer mis. De koning vond vaccineren - een gloednieuwe vinding - te riskant. Zijn wil was wet, vond hijzelf. In zijn ogen behoorde het kind, de kroonprins, toe aan de staat. Dus eigenlijk aan hem, koning Willem I. Hij immers was de staat. Die strijd verloor hij: het stel liet hun kind toch inenten.[86]

Afpersing

Kroonprins Willem Frederik was biseksueel. In zijn tijd stonden daar zware straffen op. Hoewel het bestaan van homo- en biseksualiteit praktisch werd ontkend en het liefst verzwegen, bestond het in het strafrecht wel degelijk. Er stonden zware straffen op homofilie en de publieke schande die ermee gepaard ging was groot. Wie zich aan de herenliefde overgaf, was daarom een gemakkelijk slachtoffer van afpersing, zoals de kroonprins in 1819, twee jaar na zijn huwelijk, ondervond.

Een afperser, die zich A. Vermeulen noemde, dreigde een pamflet te publiceren waarin de 'schandelijke en onnatuurlijke lusten' van Willem Frederik bloemrijk stonden beschreven. Tegen betaling van 63.000 gulden (ongeveer een half miljoen euro) kon hij de publieke schande en openbare vernedering afkopen. Niet alleen hijzelf, maar de gehele koninklijke familie dreigde door de affaire in opspraak te komen.

De politie slaagde erin 'A. Vermeulen' - alias voor Adam Adriaan Boers - en zijn Belgische medeplichtige Pierre Mathieu Marie Bouwens van der Boyen, te arresteren, maar een rechtszaak was vanzelfsprekend uitgesloten. Dan zou de zaak immers alsnog in de publiciteit komen. Het spreekt voor zich dat politie en justitie de zaak met de grootst mogelijke discretie hebben behandeld, om iedere vorm van ruchtbaarheid te voorkomen.

De koning besloot gebruik te maken van de drukperswet uit 1818, die hem in staat stelde iemand zonder strafrechtelijk proces te verban-

---

86   Van Zanten, *Koning Willem II*, pp. 251-256.

Koning Willem II, portret van Jan Adam Kruseman

nen. Om te voorkomen dat ze in hun ballingsoord niet alsnog zouden gaan praten, kregen de beide boeven een aanzienlijk bedrag aan zwijggeld mee. Daarnaast hadden ze recht op een maandelijkse toelage en ten slotte waren beiden voorzien van aanbevelingsbrieven, zodat ze op hun bestemming gemakkelijker een nieuw bestaan konden opbouwen. Het mocht allemaal niet baten.

Boers kreeg Suriname als bestemming toegewezen, de Belg ging scheep naar Batavia. Boers kwam niet ver. Voor de kust van Engeland leed hij schipbreuk, maar hij overleefde de ramp, vestigde zich in Parijs en zette van daaruit zijn chantagepraktijken voort. Na enige tijd werd hij door de Franse politie gearresteerd en opnieuw op transport naar Suriname gesteld.

Bouwens van der Boyen maakte in Batavia kennis met luitenant jonkheer Regnerus van Andringa de Kempenaer. We kwamen hem al tegen toen hij in opdracht van de kroonprins de huwelijksplannen van Willem I met Henriëtte d'Oultremont naar het *Algemeen Handelsblad* lekte.

Bouwens van der Boyen vertrouwde zijn kennis over het geheime seksleven van de kroonprins toe aan de jonkheer. Die wist er wel raad mee. Toen hij was terugverhuisd naar Nederland begon hij de koning te chanteren met het 'schandelijke' seksleven van Willem Frederik. Koning Willem I wenste geen schandaal en zag geen andere mogelijkheid dan de afperser te betalen.[87]

Als beloning voor zijn zwijgen, stelde de kroonprins Van Andringa de Kempenaer aan als 'geheim agent'; een functie die de afperser zou behouden toen Willem Frederik als koning Willem II op de troon zat. In dienst van Willem Frederik probeerde Van Andringa de republikeinse journalist Eillert Meeter te bewegen geen pro-republikeinse teksten te plaatsen in zijn blad *De Tolk der Vrijheid*. Daarnaast kreeg Meeter opdracht koning Willem I zo negatief mogelijk af te schilderen. Hoe zwarter hoe mooier. 'Schrijf zoveel als u goeddunkt tegen Willem I en zijn regering. Bekommer u niet om de gevolgen voor uzelf. U heeft *carte blanche*.'[88]

Vader en zoon konden elkaars bloed drinken, maar het blijft merkwaardig: de troonopvolger die een vrijbrief geeft de koning naar hartenlust te beschimpen.

---

87 Van Zanten, *Koning Willem II*, pp. 268-275 en idem, *Schielijk, Winzucht, Zwaarhoofd en Bedaard. Politieke discussie en oppositievorming 1813-1840*, pp. 94-100.
88 Meeter, *Willem I, Willem II. Kranten, kerkers en koningen*, pp. 37-39. Originele titel: *Holland: its Institutions; its Press, Kings and Prisons*, London, 1857. In dit boek is gebruikgemaakt van de Nederlandse vertaling. Zie ook Van Zanten, *Koning Willem II*, p. 354.

Ongeveer in dezelfde tijd dat Boers en Bouwens van der Boyen bezig waren met hun chantageplannen, speelde er ook een romantische relatie tussen de kroonprins en zijn adjudant Ernest Albéric A.H.M.J. graaf du Chastel de la Howarderie.

Vader Willem I maakte zich daarover grote zorgen. Om de zaak onder controle te houden, benoemde hij Chastel de la Howarderie tot zijn *aide de campe*. Willem Frederik was woedend over de gang van zaken en liet dat zijn vader per brief weten. Zonder resultaat overigens. De interventie van de koning had wél tot onbedoeld gevolg dat de band tussen beide minnaars nog hechter werd.[89]

Overigens beperkte Willem Frederiks aandacht voor vrouwen zich niet uitsluitend tot zijn echtgenote. En de chantage beperkte zich al evenmin tot het geval Boers en zijn kompaan. Toen Willem Frederik eenmaal op de troon zat, braken er prachtige tijden aan voor het afpersersgilde.

Afpersers verdienden goudgeld aan Willem Frederiks (bi)seksualiteit. In 1837, tijdens een van zijn wandelingen door nachtelijk Den Haag, deed zich het wellicht meest bizarre geval voor, op de Herengracht, waar een vrouw - in gezelschap van vijf of zes mannen - hem aansprak. Willem, altijd tuk op een seksuele versnapering, liet zich een huis binnenlokken.

Zijn belagers dreigden hem te castreren, als hij niet een aantal geldwissels zou ondertekenen. De (dan nog) kroonprins zag geen uitweg en deed wat zijn kwelgeesten verlangden. Na verloop van tijd dreigden zijn (uit België afkomstige) belagers een pamflet, voorzien van niets verbloemende illustraties, te verspreiden over het voorval op de Haagse Herengracht.

Een van de schurken, B.C. de Bast , die zich voordeed als orangist, speelde een dubbelrol in de affaire. Hij wierp zich op als onderhandelaar tussen Willem Frederik en zijn afpersers (waarvan hij er zelf dus een was) en speelde de rol van redder in nood. De kroonprins had De Bast eerder ontmoet en kende hem als een orangist, wat zijn verhaal voor Willem Frederik des te aannemelijker maakte. De Bast overtuigde de kroonprins ervan dat het schotschrift binnenskamers zou blijven, mits Willem Frederik - wanneer hij eenmaal koning was - de beloften zou nakomen die hij hem eerder vanuit Londen had gedaan. Welke toezeggingen Willem Frederik De Bast zou hebben gedaan blijft een raadsel, maar vast staat dat die tot 1841 door is gegaan met zijn chantage. Na

---

89   Van Zanten, *Koning Willem II*, pp. 268-269.

een laatste betaling van 100.000 franken zou het schotschrift ten slotte worden vernietigd.

Willem heeft weinig van die affaire geleerd. Zijn contacten met hoeren en andere, op seks gerichte ontmoetingen, zou hij nooit hebben opgegeven. Maar waar of niet waar, het had tot gevolg dat zijn reputatie er ernstig onder had te lijden.[90]

Eindelijk koning

Als koning kreeg Willem II een welwillende ontvangst. Toen zijn vader in oktober 1840 eindelijk aftrad, had menigeen een zucht van verlichting geslaakt. Het werd tijd.

'Het Nederlandse volk reikhalsde niet alleen naar een nieuw gezicht op de troon, maar ook naar een ander koningschap. "Willem den lang gewenschte", zo geloofde het gewone volk, zou voor vernieuwing en verjonging zorgen, ook al was hij bijna vijftig.'[91]

Het blijft opmerkelijk hoe het 'gewone volk' de moed er in blijft houden. Als de ene Oranje niet bevalt of deugt, zal de volgende het wel beter doen, is steevast de gedachte. Ook in de tijd toen ze nog stadhouders waren deed dat wonderlijke, nergens op gebaseerde, idee opgang.

De nieuwe koning heeft bij zijn aantreden ongetwijfeld geprofiteerd van de impopulariteit van Willem I. De oude koning had zijn laatste restje goodwill door zijn huwelijk met d'Oultremont verspeeld. In dat licht gezien, kon Willem Frederik eigenlijk alleen maar schitteren. In ieder geval bij aanvang van zijn koningschap.

Overigens was het niet zo, dat iedereen welwillend tegenover Willem II stond. Bij het 'gewone volk' lag hij inderdaad goed. Dat was min of meer traditie. Onder het katholieke deel van de bevolking kon hij ook, in tegenstelling tot zijn vader, op steun rekenen. Maar de boven- en middenklassen, zowel de politieke als economische, waren er vooralsnog niet erg gerust op. Wat zou zijn koningschap brengen en hoe zou de nieuwe Grondwet onder hem uitpakken? De Grondwet, waartegen zijn vader zich zo heftig had verzet?

Goed, Willem II stond bekend als sympathiek, hij was innemend en kon grootmoedig zijn, maar woog dat wel op tegen zijn 'bij tijd en wijle

---

90 Van Zanten, *Koning Willem II*, pp. 351-353 en pp. 450-451.
91 Van Zanten, *Koning Willem II*, pp. 367-368.

vreemde voorkomen en impulsieve gedrag'? Men wist eigenlijk niet goed wat men van de nieuwe koning mocht verwachten.

Die twijfel was niet alleen ingegeven door 's konings onberekenbaarheid. Nederland verkeerde toen hij aantrad in crisis. Daar had de nieuwe koning overigens part noch deel aan gehad; het was een erfenis van zijn vader, die het koninkrijk op de grens van een financiële catastrofe had gebracht. De staat was zo goed als bankroet, de nationale schuldenlast beliep twee miljard gulden en de helft van de nationale uitgaven ging op aan rente op de enorme staatsschuld.

Economisch stond Nederland er al evenmin florissant voor. De nog jonge industrie leidde een kwijnend bestaan en dreigde bij het buitenland (nog verder) achterop te raken. Op de beurs was het vertrouwen zoek en de prijzen voor de eerste levensbehoeften rezen de pan uit. Ook het inkomen uit de koloniën liep terug. Het Cultuurstelsel had in de eerste tien jaar van zijn bestaan veel geld opgebracht, maar de opbrengsten waren in 1840 door misoogsten en economische malaise op Java sterk verminderd.

De armoede in Nederland had onrustbarende vormen aangenomen. Naar schatting een kwart van de bevolking leed honger en leefde van de bedeling wat het spookbeeld van een revolutie steeds aannemelijker maakte. Politici met visie waren dun gezaaid; een erfenis van het bestuur van Willem I die alles zelf had bedisseld, terwijl de weinige politici die wel over visie beschikten, over het algemeen weinig invloed hadden.[92]

Willem II was de laatste koning die zeggenschap had over de koloniën. Sinds de Grondwet van 1848 was de koning niet langer verantwoordelijk, maar de ministers. Het parlement controleert sindsdien de regering. De regering bestaat weliswaar uit de ministers én de koning, maar de koning draagt niet langer verantwoordelijkheid. Dat doen de ministers.

Willem liet zich eenmaal per week voorlichten over de stand van zaken in de koloniën. Prijsontwikkelingen op de veilingen voor koloniale waren hield hij nauwlettend in het oog. De staat had daar belang bij, maar hijzelf ook als grootaandeelhouder van de NHM.

Willem was een overtuigd voorstander van de militaire expedities naar Bali, die in 1846 begonnen en in 1849 eindigden. Ze waren bedoeld om de onwillige Balinezen aan het Nederlandse koloniale bestuur te onderwerpen. Bij de eerste 'expeditie' tegen Bali sneuvelden aan Neder-

---

92   Van Zanten, *Koning Willem II*, pp. 368-370.

landse kant zeventien man, terwijl de verliezen aan Balinese zijde vermoedelijk in de honderden liepen. Ook eiste Nederland 300.000 gulden
aan oorlogskosten van de Balinezen.[93]

Bij de tweede 'expeditie' in 1848 vielen aan Nederlandse zijde tweehonderd doden, aan Balinese zijde meer dan tweeduizend. Huizen en
tempels werden geplunderd. Voor aanvang van de expeditie hadden de
kanonnen van drie oorlogsschepen havens, dorpen en desa's onder vuur
genomen. Mensen op de vlucht werden door spervuur neergemaaid.

's Avonds lag het strand bezaaid met lijken.

Willem had graag gezien dat zijn zoon Alexander gouverneur-generaal van Bali zou worden, maar dat heeft de verantwoordelijke minister
hem uit zijn hoofd gepraat. Zijn tweede zoon, Hendrik ('de Zeevaar-
der'), was de enige Oranje die ooit een reis naar het koloniale Nederlands-Indië heeft gemaakt. Hendrik was grootaandeelhouder van de
Billiton Maatschappij, die zou uitgroeien tot een van de belangrijkste
exportbedrijven van erts, bauxiet en tin van Indonesië. Bij zijn dood in
1879 liet Hendrik een vermogen na van twaalf miljoen gulden.[94]

Van de heersende malaise was bij de inhuldiging niets te merken. Het
Amsterdamse stadsbestuur bereidde de nieuwe vorst een groots welkom.
Op verschillende plaatsen in de hoofdstad sloeg de bevolking aan het
feesten. Ook in de Nieuwe Kerk, waar de inhuldiging plaatsvond, had
het stadsbestuur groots uitgepakt en niet op een paar centen gekeken.

Pracht en praal alom, ondanks de economische misère.

Willem had volgens zijn echtgenote de eed op 'verheven' wijze afge-
legd, terwijl zijn 'ridderlijke voorkomen' de toeschouwers zou hebben
ontroerd. Zijn schoondochter, Sophie van Wurtemberg (de echtgenote
van de aanstaande koning Willem III), had de inhuldiging een pijnlijke
en ridicule vertoning gevonden. Haar schoonmoeder Anna Paulowna
was zo overdadig met diamanten behangen dat ze er haar koninklijke waardigheid door had verloren. Willem II zelf had zijn inhuldiging
beleefd als een persoonlijke, esthetische, historische en religieuze
sensatie.[95]

Voor een kritische noot zorgde De Tolk der Vrijheid van Eillert Meeter.
De Tolk bracht wel vaker nieuws over gebeurtenissen die andere kranten links lieten liggen. Zoals het bericht dat tijdens de inhuldiging in de

---

93 Hagen, *Koloniale oorlogen in Indonesië*, p. 350
94 Hagen, *Koloniale oorlogen in Indonesië*, p. 351 en p. 830.
95 Van Zanten, *Koning Willem II*, pp. 370-377.

Kalverstraat - vanwege de grote volksoploop - vijf mensen waren dood-gedrukt, waaronder een meisje van twaalf en twee zwangere vrouwen.[96]

Overigens was de berichtgeving over de inhuldiging in de kranten-kolommen in termen van jubelend taalgebruik, opvallend gematigd.[97]

Na zijn inhuldiging trok Willem II met zijn gezin door de provin-cies om zijn populariteit te bestendigen of - nog beter - aan te zwenge-len. Overal werd hij enthousiast ontvangen, klonken er toejuichingen en verrees er menige triomfboog als herinnering aan de held van Waterloo. De nieuwe koning toonde zich belangstellend, en wie kenbaar maakte steun nodig te hebben, kreeg dat zonder morren en uit een ruim hart. Willem begreep hoe hij de decoratieve, symbolische en populistische componenten van de monarchie kon inzetten om zijn populariteit te vergroten. Maar volgens zijn biograaf speelde er ook nog iets anders een rol:

'Willems romantische natuur, zijn onzekerheid en vaak geëxal-teerde gemoeds-toestand zorgden ervoor dat hij soms hunkerde naar aandacht, affectie en bevestiging. Dat hij als koning enorme hoeveelheden cadeaus, titels en koninklijke onderscheidingen uitdeelde, was dan ook niet vrij van eigenbelang.'[98]

De methode van Willem II kreeg navolging in de familie. Konin-gin Emma reed met haar dochter Wilhelmina stad en land af (na het overlijden van de impopulaire Willem III) en in onze tijd bezochten Willem-Alexander en Máxima eveneens alle provincies. Ook vergaten ze tijdens hun charmeoffensief niet de overzeese gebiedsdelen met een bezoek te vereren.

Een financiële chaos

Volgens het schrijversechtpaar Romein-Verschoor was men wat betreft het onderwerp Oranje en cultuur 'bijster gauw' uitgepraat. Daarmee doen ze Willem II geen recht. Hij was een van de weinige Oranjes die cultuur waardeerde, kunst verzamelde en bovendien kunstenaars steun-de door ze opdrachten te geven.[99] Daarmee neemt hij binnen de familie een unieke plaats in.

---

96   *De Tolk der Vrijheid*, 03-12-1840.
97   In de onvolprezen krantendatabank *Delpher* van de Koninklijke Bibliotheek (KB) is weinig opvallends te vinden.
98   Van Zanten, *Koning Willem II*, pp. 379-382.
99   Van Zanten, *Koning Willem II*, p. 388.

Een andere passie van Willem II was architectuur. Zijn paleizen liet hij in neogotische stijl aanpassen. Zo ook het paleis aan de Haagse Kneuterdijk, waarin hij speciaal voor zijn imponerende verzameling schilderijen de Gotische Zaal liet bijbouwen. Al lang voordat hij de troon besteeg, verzamelde hij oude meesters als Rembrandt, Meindert Hobbema en Jacob van Ruysdael. Hij had ook beroemde Vlamingen als Jan van Eyck, Hans Memling en Quinten Massijs in zijn collectie. Befaamde Italianen als Raphaël, Da Vinci, Michelangelo en Titiaan ontbraken evenmin.

Toen Willem II in 1849 stierf, liet hij voor Nederlandse begrippen een ongekende collectie na: 354 schilderijen, waaronder 123 oude meesters. Zijn zoon koning Willem III zou de formidabele verzameling binnen de kortste keren verpatsen aan de hoogste bieders, zoals we zullen zien.[100]

De vraag waar Willem het 'allemaal van deed', valt nauwelijks te beantwoorden. Hij leefde al zijn leven lang op veel te grote voet, maar na zijn troonsbestijging liep het nog verder uit de hand en stapelden zijn schulden zich nog hoger op dan voorheen. Zijn boekhouding was een chaos - in dat opzicht leek hij op Willem I - zijn schuldenlast was enorm en zijn renteverplichtingen liepen de spuigaten uit, maar hoe al die schulden en verplichtingen precies in elkaar staken was voor iedereen, inclusief de koning zelf, een raadsel.

Jaarlijks ontving hij anderhalf miljoen gulden van de staat. Vanwege de economische crisis kreeg Willem het dringende verzoek met minder genoegen te nemen. Met alleszins begrijpelijke tegenzin ging hij akkoord met 600.000 gulden per jaar. Het waren moeilijke tijden voor Nederland; ook voor de koning. Het land kreeg tot overmaat van ramp ook nog te kampen met misoogsten en als gevolg van de economische crisis doken de beurskoersen naar beneden. Dat betekende dat Willems inkomsten uit beleggingen en de domeinen ook afnamen. Niettemin bleef hij veel geld steken in zijn kunstcollectie, bouwprojecten, vastgoed en liefhebberijen als planten- en dierencollecties. Het gros van die uitgaven financierde hij met hypotheken en leningen. Zijn gulle karakter droeg evenmin bij aan de beperking van zijn uitgaven. Hij schonk grote bedragen aan mensen in nood. Het maakte hem gelukkig als hij anderen gelukkig kon maken.[101]

Jaarlijks spendeerde hij enorme bedragen aan geheime betalingen. Daarmee betaalde hij zijn 'geheime agenten', zoals Van Andringa de Kem-

---

100   Hinterding en Horsch, *A Small but Choice Collection: The Art Gallery of King Willem II of the Netherlands (1792-1849)*.

101   Van Zanten, *Koning Willem II*, pp. 583-584 en passim. Zie ook Meeter, *Willem I, Willem II. Kranten, kerkers en koningen*, pp. 130-133.

penaar, maar ook de vele afpersers die hem veelvuldig tot betalen dwongen. Orangisten in België kregen ook geld.[102] Hoopte hij - tegen beter weten in - dat de beide rijken ooit weer zouden worden samengevoegd?

Willem had voorts een aantal journalisten op zijn loonlijst staan. Die kregen betaald om hun mond te houden. De koning betaalde zwijggeld om venijnige pennen te laten rusten en kritiek te doen verstommen. Preventief, want het ging (althans in de meeste gevallen) niet over een of ander schandaal of liefdesaffaire die de koning wilde toedekken voor het grote publiek. Het was afkopen van kritiek op zijn beleid. Op voorhand. Meeter was een van die journalisten.

Een republikein als protegé van de koning

Meeter had zijn veroordeling voor majesteitsschennis in hoger beroep (1841) niet afgewacht, maar had op tijd de benen genomen naar Parijs, waar hij een baan vond op de ambassade. Toen de Gezant in een Nederlandse krant over zijn proces las, wilde hij van hem af; ook vanwege de republikeinse contacten die Meeter in Parijs aan het opbouwen was en waar alleen maar narigheid uit voort kon komen. De Gezant kreeg het voor elkaar dat Willem II (de koning en Meeter kenden elkaar) gratie verleende.

In september 1841 meldde Meeter zich ten paleize in Den Haag, alwaar de koning hem 'uiterst beminnelijk' ontving. En niet alleen dat: Willem II kende hem een uitkering toe in het vertrouwen dat hij 'een juist gebruik zou maken van de talenten die de natuur hem had geschonken'. De republikein Meeter was nu dus een koninklijke protegé, maar lang duurde dat niet, want al na een jaar verslechterde hun relatie.[103] De reden was tamelijk bizar.

Meeter had in het Brabantse Heeze een dame zwanger gemaakt. Cornelia Vogel was een mooie vrouw, twintig jaar jong en haar gezicht was volgens Meeter 'van een prettige, maar ernstig aandoende symmetrie'. Ze had de uitstraling van een dame uit de hogere klasse, had een uitstekende opvoeding genoten, sprak vloeiend vijf talen en speelde prachtig piano. Vrolijk was ze zelden. Integendeel. Ze was een geboren 'misantrope' die weinig om het aardse bestaan gaf en haar leven 'meer als het vervelende gevolg van een voorbijgaande hartstocht van haar verwekker dan als een geschenk van de hemel' beschouwde.

---

102   Van Zanten, *Koning Willem II*, pp. 584-585. Zie voor meer chantagegevallen: pp. 447-461.
103   Vinken, 'De kranten van Eillert Meeter (1818-1862).

Van hartstocht jegens Cornelia was volgens Meeter nooit sprake geweest, van Cornelia's zijde jegens hem al evenmin. Dat nam niet weg dat zij een kind van hem verwachtte. Meeter wist toen nog niet dat Cornelia een buitenechtelijke dochter van Willem II was.[104]

Hij begreep daarom aanvankelijk niet wat Anthon ridder van Rappard, de directeur van het Kabinet des Konings, bezielde toen die hem dringend verzocht met Cornelia in het huwelijk te treden. Cornelia zelf had nooit toespelingen gemaakt op een echtverbintenis en na zijn vertrek uit Heeze had hij haar niet teruggezien. Van Rappard had, behalve het huwelijk met Cornelia, ook al een woonplaats voor het echtpaar in gedachten: het Gelderse Wijchen 'teneinde daar gelukkig en teruggetrokken te wonen'. Als Meeter akkoord ging met zijn voorstel zou hem:

'voor het leven een zeer ruim jaargeld toegekend en regelmatig worden toegestuurd, zonder dat ik er verder om hoefde te vragen. Als ik niet akkoord zou kunnen gaan met die redelijke schikkingen, zouden er, vreesde hij, niet langer subsidies kunnen worden verstrekt.'[105]

Meeter weigerde, waarop Willem zijn uitkering liet stopzetten. Voor zijn inkomen was hij weer aangewezen op journalistiek werk.[106] Meeter was ervan overtuigd dat Willem hem met het huwelijksvoorstel zo ver mogelijk uit de buurt van Den Haag had willen houden. In Wijchen had hij dankzij de koninklijke toelage een rustig leventje kunnen leiden en hopelijk geen aandrang meer gevoeld om de koning, dan zijn schoonvader, kritisch te volgen.

Meeter reageerde op het verlies van zijn zwijggeld met de uitgave van een nieuwe oppositie-krant, *De Onafhankelijke*, bedoeld als spreekbuis voor republikeinen. Het eerste, gratis, proefnummer verscheen op 15 mei 1843 en bevatte het beginselprogramma van zijn krant: meer democratie, rechtstreekse verkiezingen en minder voorrechten voor de rijken, die toch al zoveel privileges genoten.[107]

---

104   Meeter, *Willem I, Willem II. Kranten, kerkers en koningen*, pp. 133-139.

105   Meeter, *Willem I, Willem II. Kranten, kerkers en koningen*, p. 149.

106   Vinken, 'De kranten van Eillert Meeter (1818-1862) en Meeter, *Willem I, Willem II. Kranten, kerkers en koningen*, p.139.

107   Vinken, 'De kranten van Eillert Meeter (1818-1862)'. Zie voor *De Onafhankelijke* ook *Radicalen in Nederland (1840-1851)*, pp. 154-161.

Eillert Meeter

Meeter wist ongetwijfeld veel over het doen en laten van zowel Willem I als Willem II.

> ### Paleispersoneel klapte uit de school over seksuele escapades WILLEM II.

Na zijn terugkeer uit Parijs had hij in Den Haag een tijdlang kamers gehuurd bij de gepensioneerde lakei T. Eijffingen. De man had jarenlang aan het hof van Willem I gewerkt en had daar veel opgevangen over de koning en de kroonprins. Zo nu en dan ging Meeter met hem uit eten en 'liet dan een extra fles bordeaux aanrukken, die de oude spraakzaam maakte.' Wat de bejaarde lakei had te melden, was schokkend, zeker voor die tijd.

'Hij was verscheidene malen getuige geweest van uitbarstingen van haat tussen Willem II en zijn koninklijke vader. Hij had de koning als prins van Oranje zijn moeder, de overleden koningin der Nederlanden, op zijn knieën om geld zien smeken. Hij gaf mij de naam van meer dan twintig mensen van wie hij zeker was dat zij verdachte betrekkingen met Willem II hadden onderhouden. De schokkende lijst begon al in 1828 in Brussel. De uitvoerige aanduiding van de begeleidende omstandigheden maakte op mij soms een moeilijk te beschrijven indruk; maar hoewel ik geen reden had aan de geloofwaardigheid van de oude lakei te twijfelen, kon ik toch niet geloven dat Zijne Majesteit Willem II er zijn Antinoüssen op na hield en gruwelen beging die de laatste eeuwen met de dood op de brandstapel werden gestraft.'[108]

Met Antinoüssen bedoelde Meeter homoseksuelen. Antinoüs was een beeldschone jongen van Griekse komaf, die al vanaf omstreeks zijn twaalfde de minnaar was van de Romeinse keizer Hadrianus. Gezien de leeftijd van de knaap moet de keizer niet geheel vrij zijn geweest van pedofiele gevoelens. De 'gruwelen' waar Meeter het over heeft, slaan op het seksuele verkeer van homo's onderling, waarop tijdens de Middeleeuwen bizarre straffen stonden.

De grote vraag is natuurlijk of Meeter als bron betrouwbaar is. Hoe

---

108   Meeter, *Willem I, Willem II. Kranten, kerkers en koningen*, p. 146.

zit het met het waarheidsgehalte van zijn artikelen en het boek, dat hij in ballingschap in Wales schreef? Aanvankelijk trokken velen zijn betrouwbaarheid ten zeerste in twijfel en het was zonder meer zo dat Meeter de eerste honderd jaar na zijn overlijden in 1862 een ronduit slechte reputatie had.

'Onder historici, aanhangers van de monarchie, stond hij tot voor kort te boek als een "schendschrijver", een "roddeljournalist", een "leugenaar", een "beruchte intrigant", een "gewetenlooze schotschrijver", een "verlopen scribent", en, nog in 1978, wordt hij door de Utrechtse geschiedenishoogleraar Boogman beschreven als iemand van "bedenkelijk allooi".'[109]

Meeter dankte zijn slechte naam in de eerste plaats aan orangistische historici. In de jaren zestig van de vorige eeuw, toen provo's de monarchie ter discussie begonnen te stellen, veranderde dat.[110] Pershistoricus J.J. Giele noemt Meeter een 'radicale democraat' en de 'voorman van de Nederlandse radicalen'.[111]

Meeter schreef inderdaad over zaken die aanhangers van de monarchie hem niet in dank afnamen. De homoseksuele kant van Willem II was hen zonder meer een gruwel.

De oude lakei Eijffingen was trouwens niet Meeters enige bron. Onder het paleispersoneel van de koning, de kroonprins en de 'entourage' van prinses Marianne (de vrijgevochten dochter van Willem I) had Meeter diverse informanten geworven. Dat had hem niet eens veel moeite gekost; mensen bleken graag bereid hun hart bij hem uit te storten over hun werkgever, onder meer omdat ze slecht werden betaald.

Men zou in alle redelijkheid kunnen stellen dat Meeter de koninklijke familie liet bespioneren. Maar zelf werd hij ook permanent door agenten van de koning in de gaten gehouden zodat hij, naar zijn overtuiging, niets anders deed dan zijn kwelgeesten met gelijke munt terugbetalen. Uit 'wraakzucht' zoals hij schreef, want

'Mijn gedragingen in mijn privéleven waren, merendeels nog vals en leugenachtig ook, gerapporteerd en ik deed stellig niet te veel

109   Vinken, 'De kranten van Eillert Meeter (1818-1862)'.
110   Vinken, 'De kranten van Eillert Meeter (1818-1862)'.
111   Giele, *De pen in de aanslag. Revolutionairen rond 1848*, p. 9. Uiteraard was de herwaardering niet unaniem. M.J.F. Robijns schrijft in 1967 in zijn proefschrift *Radicalen in Nederland (1840-1851)* nog steeds zeer negatief over Meeter; zie bijv. p. 98 e.v.

terug wanneer ik de onthullingen van de geheimen en *faits et gestes* van zulke verheven individuen overbracht tot stichting van het publiek.'[112]

Wraakzuchtig dus, maar toch ook terughoudend. Het verhaal dat ene Petrus Jansen hem op een winterdag in het begin van 1845 voorschotelde, heeft hij pas in 1857 in zijn boek opgenomen, omdat hij zijn twijfels had over het verhaal. Hij maakte er dus niet direct een artikel van. Durfde hij het, nog afgezien van zijn twijfels over het waarheidsgehalte, toen niet te publiceren vanwege de beladenheid van de affaire Jansen, of was hij wellicht bang voor smaad te zullen worden vervolgd?

In het kort kwam het verhaal van Petrus Jansen erop neer dat hij tijdens een nachtelijke wandeling de koning had ontmoet, die hem had uitgenodigd de volgende dag naar het paleis te komen. Het is bekend dat Willem II 's nachts wel vaker door Den Haag zwierf. Jansen gaf gehoor aan de uitnodiging. 'Na wat gepraat over koetjes en kalfjes' begon Willem avances te maken en had hij Jansen bij de hand gepakt, zo 'dat het leek of ik de hand van een wellustige minnares vasthield'. Toen begon Willem hem te kussen en beloofde ervoor te zorgen hem, Jansen, tot een 'staatsman' en 'een groot man' te maken.

Jansen vertelde volgens Meeter dat Willem compleet hoteldebotel van opwinding was geweest en had gezegd:

> '"kijk hier Jansen, ik zal je een orde op je borst spelden" (hij drukte me nu aan zijn hart en kuste me inniger dan daarvoor) "en, als je dat wilt" (en hierbij maakte hij, zwaar hijgend, de orde los die hij op zijn eigen borst droeg) "kun je deze krijgen; maar kom dan, beste Jansen - doe wat ik wil." Bij deze woorden strekte hij zijn hand uit en .. '"

Meeter beëindigt het relaas van Jansen met een suggestieve cliffhanger die weinig aan de verbeelding overlaat.[113]

---

112   Meeter, *Willem I, Willem II. Kranten, kerkers en koningen*, p. 169.
113   Meeter, *Willem I, Willem II. Kranten, kerkers en koningen*, pp. 175-176. Peter Jansen komt ook wel voor als Petrus Janssen. Ik heb hier 'Jansen' aangehouden. Zie voor een verslag over Jansen: Dutillieux, *24-25 Februarij 1848: Vervolg en Slot der Hoogst Ernstige Zaak waarvan "le Courrier Batave" en "De Burger", benevens "de Volksbode" melding hebben gemaakt.*

> Willem II betaalde ieder jaar tonnen
> zwijggeld aan afpersers en journalisten.

Willems meest recente biograaf Van Zanten heeft nader bronnenonder-
zoek gedaan en komt tot de conclusie dat het verhaal van Meeter niet uit
de lucht is gegrepen en dat de kern van het verhaal wel klopt. Het zwijggeld dat Willem II heeft betaald in verband met de affaire Jansen liep
in de tienduizenden guldens. Willem was er kennelijk veel aan gelegen
dat zijn verhaal het publiek niet bereikte. Jansen emigreerde onder druk
naar Amerika en ontving daarvoor als compensatie 1300 gulden ineens.
Verder was hem een jaarlijkse uitkering toegezegd van 150 gulden.[114]

Willems geheime betalingen en uitkeringen (al dan niet preventief)
aan journalisten, Belgische orangisten, geheim agenten en afpersers
vergden tonnen per jaar.[115]

Een tijdlang was Meeter zelf een vrij regelmatige bezoeker van het paleis.
Beveiliging was er in die tijd nauwelijks. Volgens zijn beschrijving kon
hij zonder veel moeite de privévertrekken van Willem binnenlopen en
daar een blik werpen op de particuliere correspondentie die de koning
liet rondslingeren.[116]

Dat Meeter door zijn informanten binnen de paleizen, maar ook uit
eigen waarneming, veel wist van de koninklijke familie staat vast. Ook
dat hij er met plezier over publiceerde. Maar toch bestond de hoofd-
moot van zijn journalistieke werk uit stevige politieke kost. Hij schreef
over sociale wantoestanden, honger, slechte huisvesting, werkeloosheid,
gebrek aan democratie en vrijheid, maar hij schuwde evenmin de rampzalige landsfinanciën aan de kaak te stellen.

In een van zijn bladen, *De Ooyevaar*, pleitte hij voor een grondwetswijziging om de macht van de koning te beknotten. Meeter besefte dat
bladen met uitsluitend politiek nieuws moeilijk aan de man te brengen
waren. De verkoop liep veel beter als hij zijn krant opleukte met smeüig
nieuws over de koninklijke familie en allerlei hoogwaardigheidsbekle-
ders. Een vorm van marketing dus.

Dat zijn krant de aandacht van het publiek trok, maakte Meeter
gehaat bij de autoriteiten. Toen Willem II hem in 1846 een tamelijk riant

114 Van Zanten, *Koning Willem II*, p. 546 en pp. 551-552.
115 Van Zanten, *Koning Willem II*, p. 585.
116 Meeter, *Willem I, Willem II. Kranten, kerkers en koningen*, pp. 122-123.

jaargeld van 850 gulden aanbood als hij het land permanent zou verlaten, ging hij daar op in en verhuisde naar Antwerpen.

Koning Willem III zette echter - toen hij in 1849 de troon besteeg - alle toelagen aan journalisten stop (Meeter was bepaald niet de enige). Meeter keerde terug naar Nederland en zette zich weer aan de journalistieke arbeid, maar moest al in 1850 weer voor de rechter verschijnen wegens smaad (wat in wezen slechts ongewenste kritiek op het overheidsbeleid was).

Meeter heeft verschillende keren (soms in voorarrest) achter de tralies gezeten, maar een vonnis afwachten, deed hij bij voorkeur niet: hij verkoos de vlucht. Dat was zo gegaan in 1841, toen hij naar Parijs uitweek, en zo ging het ook in 1850, toen hij naar Briton Ferry in Wales vluchtte, waar hij zijn boek schreef en waar hij in 1862 overleed.[117]

De pers

Het zal duidelijk zijn dat het met de persvrijheid in het Koninkrijk van Willem II slecht was gesteld. Officieel bestond ze wel, maar in de praktijk kwam er weinig van terecht. De rechter kon kritiek op het beleid van de koning uitleggen als 'hoon' en 'laster' en de criticus tot maximaal vijf jaar gevangenisstraf veroordelen. Sinds 1881 bepaalt het Wetboek van Strafrecht dat het belasteren van de koning strafbaar is: de zogenaamde wet op de majesteitsschennis.

Journalisten die kritiek op het regeringsbeleid wilden uiten, moesten inventief te werk gaan, wilden ze niet achter de tralies belanden. De autoriteiten hadden het niet op kranten die armoe, werkeloosheid, honger, slecht financieel beleid of abominabele huisvesting aan de kaak stelden.

Kranten waren extreem duur door het dagbladzegel dat in 1812 was ingevoerd. Dat was met opzet. Alleen de elite - die weinig te klagen had - kon zich een krant permitteren. Het dagbladzegel (een soort belasting) was een maatregel die bedoeld was om kritiek op de koning en het regeringsbeleid in te dammen.

Sommige kranten, die de regering wel goedgezind waren, genoten zelfs financiële steun van de staat. Discussie was duidelijk niet welkom in het Koninkrijk van de Oranjes. Om het zegelrecht te ontlopen kwamen de 'lilliputters' in de mode; krantjes van 10 bij 16 centimeter.

---

117   'Inleiding' bij Meeter, *Willem I, Willem II. Kranten, kerkers en koningen* (2002), pp. 9-21 en 'Inleiding' bij Meeter, *Holland, Kranten, Kerkers en Koningen* (1966), pp. 5-11. Beide boeken zijn een vertaling van E. Meeter *Holland: its Institutions, its Press, Kings and Prisons*, London 1857.

Ze droegen niet alleen wezenlijk bij tot een grotere verspreiding van nieuws, maar ze zorgden ook voor het aanjagen van politieke debatten. Een belangrijk deel van de minikranten bestond weliswaar uit roddel en sensatie, maar dat was de enige manier, zoals Meeter heel goed besefte, om een krant bij de doorsnee burger aan de man te brengen.

Wat de krantjes ook deden, was wijzen op de enorme verschillen in de samenleving. Moesten de burgers daar genoegen mee nemen? 'Nee' riepen de lilliputters. 'Kom in actie!' De minikranten waren vaak gratis te lezen in koffiehuizen en cafés. Het kwam menigmaal voor dat iemand ze voorlas, zodat ook mensen die de kunst van het lezen niet machtig waren toch van de inhoud kennis konden nemen.[118]

De opkomst van het krantengrut begon in 1843. Binnen twee jaar bestonden er al veertien lilliputters. Hun gezamenlijke oplage lag ergens tussen de 10.000 en 15.000 stuks wat, vergeleken met de gewone kranten, erg hoog was. Die populariteit was de overheid ook niet ontgaan. Door een wetswijzing in 1846 vielen de lilliputters voortaan ook onder het dagbladzegelrecht. De meeste hielden toen op te bestaan; ze waren te duur geworden. Maar met hun verdwijning verdween niet de oorzaak van de kritiek: de alledaagse, mensonterende misère waarin het gros van de bevolking moest leven. De kritiek op het verlichte despotisme van koning Willem II liet zich evenmin de mond snoeren.[119]

Halverwege de regeerperiode van Willem II, in 1845, begonnen de voedselprijzen in Europa, - dus ook in Nederland - snel te stijgen. Dat kwam vooral door de aardappelziekte *phytophthora infestans*. Binnen een mum van tijd ging driekwart van de aardappeloogst verloren. De aardappel was tot aan het uitbreken van de ziekte het enige volksvoedsel dat enigszins betaalbaar was. Ook de opbrengst van andere oogsten, waaronder tarwe, bleef ver beneden de verwachting, en tot overmaat van ramp volgden enkele koude winters elkaar op, brak er een griepgolf uit en sloeg in 1848 en 1849 de cholera toe. Als gevolg van de almaar voortdurende misère braken in de noordelijke provincies rellen uit. De honger veroorzaakte voorts plunderingen van voedselvoorraden.

Ook in Amsterdam - vooral in de Jordaan waar de armoe en honger het ergst was - steeg de spanning en braken ongeregeldheden uit. Tot

---

118   De Rooy, *Republiek van rivaliteiten. Nederland sinds 1813*, p. 38 en pp. 51-52.
119   Robijns, *Radicalen in Nederland (1840-1851*, pp. 192-194; Van Wijnen, *De macht van de Kroon*, pp. 141-145 en Giele, *De pen in de aanslag. Revolutionairen rond 1848*, pp. 11-12.

overmaat van ramp verlaagde de regering de uitkering voor behoeftigen die van de 'bedeling' moesten rondkomen. Mensen dus die toch al niets hadden en van heel weinig naar een nog kleinere toelage afzakten. Ruim vijftien procent van de Nederlandse bevolking leed honger; in Amsterdam had ongeveer een derde van de bevolking te weinig te eten.

De lilliputters en kranten met een radicale inslag, zoals de *Vlissingse Courant,* deden verslag van de armoe, de sociale onvrede en de hongeroproeren. Het kwam de populariteit van Willem II niet ten goede. De pers ging met haar berichtgeving omzichtig te werk, want frontale kritiek op de koning of de regering was te riskant.

Willem II heeft zich het lot van de hongerende bevolking overigens wel degelijk aangetrokken. Hij liet in Duitsland grote partijen pootaardappels die niet door de ziekte waren aangetast opkopen en verdeelde die onder landbouwers. Maar dat gebaar van welwillendheid vermocht de kritische journalistiek niet te vermurwen.[120]

'Koning Ripipiep', in de *Vlissingse Courant* van 1 december 1847, is een voorbeeld van hoe de oppositionele pers de koning onder vuur nam. De krant laat de naam van Willem II weliswaar achterwege, maar uit de inhoud viel voor tijdgenoten uitstekend op te maken wie de krant met 'koning Ripipiep' op de korrel nam.

'De koning Ripipiep, of de Absolute

(op een vrolijke voice)

Ik ben de koning Ripipiep,
En kweek mijn deugden in 't geniep:
Ik ben haast als een os zoo stom,
En zie nooit naar mijn natie om:
Champagne ci, champagne la,
Ik ben een koning! Tra la la.

Ik vocht eens met Napoleon,
Hij zag me en ging van schrik
Weg schuilen in een eenzaam oord
't Was maar een oogenblik.
Ik had toen wel zoo veel gedaan,

---

120   Giele, *De pen in de aanslag. Revolutionairen rond 1848,* pp. 50-52; Robijns, *Radicalen in Nederland (1840-1851,* passim en Van Zanten, *Koning Willem II,* pp. 496-499.

Dat ik voor goed ter rust kon gaan!
Ik ben, enz.

In arbeid had ik nimmer lust,
Maar wel in tijdverdrijf;
Ik reed, gelijk een dolleman,
Mijn maagre knokken stijf.
Deug 'k soms als koning ook geen zier,
Ik was geweest een best – courrier!
Ik ben, enz.

Waar ik ook over klagen moog,
Mijn volk is best van aard.
Ik sneed het neus en oren af;
't Bleef rustig en bedaard:
En dankte me even zoet en tam,
Dat ik het ook zijn staart niet nam!
Ik ben, enz.

'k Verknoei mijn tijd zoo dag aan dag,
Verreis een grote som,
En ga niet kunstenaars, en – fideel
Met muzikanten om
Voorts word ik meestal elken nacht
Zeer zalig naar de koets gebragt.
Ik ben, enz.

Het volk wordt arm, en wijt men 't mij,
Dan kwetst het wel mijn trots;
Maar 'k denk dan weer: wat raakt het mij?
'k Ben vorst bij gratie Gods!
Een koning heeft genoeg gedaan,
Als hij zijn volk niet dood laat slaan!
Ik ben, enz.

Ik ben de koning Ripipiep,
En kweek mijn deugden in 't geniep:
Ik ben haast als een os zoo stom,
En zie nooit naar mijn natie om:

Champagne ci, champagne la,
Ik ben een koning! Tra la la.'[121]

In de lilliputters werd Willem wel vaker weggezet als een excentrieke, decadente losbol die alle contact met de werkelijkheid had verloren.

Zijn afnemende populariteit was goed merkbaar bij de opening van de Staten-Generaal in 1845. Op de weg naar het Binnenhof juichte aanzienlijk minder publiek hem toe dan voorheen. Sommigen riepen zelfs om herziening van de Grondwet, een onderwerp waarover in kranten al langer werd geschreven.

Willem moest niets van een grondwetswijziging hebben. Hij vond toch al dat hij teveel macht had moeten inleveren bij de herziening van 1840. De koning joeg de oppositionele pers in 1845 nog verder in de gordijnen met de mededeling dat hij geen reactie ('Adres van Antwoord') van de Eerste en Tweede Kamer op zijn troonrede wenste te horen. Reden: het Adres van het jaar daarvoor had zijn woede opgewekt wegens de kritiek die er in had doorgeklonken. Willem voelde zich zo beledigd dat hij aanvankelijk heeft geweigerd de troonrede van 1845 uit te spreken. Het kwam zijn toch al slechte democratische imago niet ten goede.[122]

De democratisch gezinde bladen hadden er geen goed woord voor over dat Willem de reactie van het parlement niet op prijs stelde. Zo maakte hij de volksvertegenwoordiging monddood.

Die kritiek kwam de *Arnhemsche Courant* en *De Staatkundige Tooverlantaarn* op een aanklacht wegens smaad en opruiing te staan. De uitgever van *De Staatkundige Tooverlantaarn* kreeg twee jaar gevangenisstraf. Carel Albert Thieme van de *Arnhemsche Courant* kreeg aanvankelijk ook twee jaar, maar de Hoge Raad was het daarmee niet eens: kritiek op het regeringsbeleid raakte de koning niet *persoonlijk*. Die koninklijke onschendbaarheid ligt sinds 1848 in de Grondwet verankerd.[123] Met wat voor kritiek had de *Arnhemsche Courant* zich in zijn publicatie van 4 november 1845 de strafvervolging op de hals gehaald? Met

---

121   Krantenbank Zeeland. Vlissingse Courant, 1847, 1 december 1847, pp. 2 Online beschikbaar:
https://krantenbankzeeland.nl/issue/vco/1847-12-01/edition/0/page/2?query=Zie%20het%20 Lam%20Gods&sort=issuedate%20ascending%20 (bezocht op 16-09-2019).
122   Van Zanten, *Koning Willem II*, pp. 499-500.
123   Van Zanten, *Koning Willem II*, p. 500.

een ingezonden stuk onder het kopje 'Vreemde dingen', van de hand van 'D.D.'. Een anoniem stukje dus.

Het was niet eens tegen de koning zelf gericht, want het begon met 'Wien het hart warm klopt voor vorst en vaderland, moet de jongste troonrede diep gegriefd hebben.' Kennelijk ook 'D.D.' persoonlijk, want hij zet zijn relaas voort met:

'Ons heeft [de troonrede] zoo zeer geschokt, zoo diep verontwaardigd, dat onze *volksrede*, zoo zich dat zeggen laat, heeft plaats gemaakt voor een verslagen stilzwijgen [...]. Dwaas, wie het geloove; ja, geen minister, zelfs de blinde vledermuizen niet, die het gelooven [...]. Niet enkel de vrije pers, evenwel, heeft zich de ongelukkige troonrede aangetrokken; ook de gehuurde pennen hebben menig stuk onschuldig papier bezoedeld met den zwadder des lasters; want wij noemen het *laster*, eene troonrede als de tegenwoordige te willen doen doorgaan voor een staatsstuk, hetwelk achting verdient [...]. Het geheele stuk ademt de onkieschheid, de verwatenheid, de wijsbegeerte, de onbeschoftheid, den transactie-geest van den verdediger der slechte grondwet en der bedorven aardappelen. [...]. Wil men die troonrede lezen zonder stuiptrekkingen of flaauwten, – men houde de azijnflesch in de eene, de troonrede in de andere hand.'

De publieke opinie raakte stevig in beroering door de processen tegen beide kranten. Er was verontwaardiging over de ongelijke straf. Hoe kon de een twee jaar krijgen en de ander vrijspraak?

De drukker van *De Staatkundige Tooverlantaarn* kreeg twee jaar gevangenisstraf, maar net zo min als Thieme (tenzij die zich heeft bediend van het alias 'D.D.') was hij de schrijver van het kritische stuk. Maar ook drukkers en uitgevers konden bij gebrek aan een aanwijsbare dader worden aangepakt. De auteur was, net als de auteur in de *Arnhemsche Courant*, zijn beschouwing begonnen met de verzekering dat hij de koning persoonlijk niets kwalijk nam. Vermoedelijk was dat om zich in te dekken, wat waarschijnlijk ook het geval is geweest bij 'D.D.'. *De Staatkundige Tooverlantaarn* schreef:

'Wij stellen Hem niet, wiens mond ze uitsprak, verantwoordelijk voor de woorden die anderen Hem ingaven; vooreerst, omdat het geheel in strijd is met alle constitutionele begrippen, dat eenige aansprakelijkheid op het hoofd des Staats ruste ... ; en ten andere, omdat aan dit Staatstuk onze Koning zeer stellig geheel vreemd is ... De Koning *kan dat stuk niet gesteld hebben;* in de eerste plaats omdat hij Koning is; en ten tweede, omdat Zijne Majesteit de Hollandsche taal niet genoeg magtig is, om zoo vele ronde volzinnen te kunnen samenstellen.'[124]

De opmerking dat Willem II slecht was in het Nederlands (hij sprak inderdaad beter Engels en Duits) deed de drukker in de gevangenis belanden.

Een van Willems felste tegenstanders was de gedreven, satirische publicist Jan David de Vries. De Vries heeft in zijn blad *De Hydra,* dat in augustus 1847 voor het eerst verscheen, de koning meermaals duchtig de oren gewassen. In *De Hydra* trok De Vries onverbiddelijk ten strijde tegen het gebrek aan vrijheid van meningsuiting, de persbreidel, de belastingdruk, de uitbuiting van de Javanen en de onwenselijkheid van het 'onrechtvaardige, onnatuurlijke koloniale stelsel', de rap stijgende voedselprijzen, klassenjustitie, lijfstraffen en de doodstraf (die in 1870 zou worden afgeschaft). De koning was een slapjanus (De Vries schreef het omfloerst op, om uit de gevangenis te blijven, maar het stond er wel degelijk), omdat hij alles op zijn beloop liet.[125]

De autoriteiten lieten hem aanvankelijk begaan. Pas onder Willem III greep justitie in naar aanleiding van zijn satirisch pamflet *Een standbeeld in een zak* dat zich bezig hield met het beeld dat als postume hulde voor Willem II was opgericht, maar dat men vergeten was te onthullen. Ik kom daar op terug.

Het broeide en gistte dus overal in Willems koninkrijk en dat leverde hem een steeds slechtere pers op. De roep om democratie zwol aan, maar Willem wilde er niet van horen. Hij gaf zich pas gewonnen, toen hij inzag dat het niet langer ging. Niet dat hij geen sympathie had voor het liberalisme, maar er waren grenzen aan zijn waardering.

In de beginjaren van zijn koningschap had hij enkele vooruitstrevende maatregelen genomen, maar dat sproot niet voort uit liberale gedrevenheid. Eerder had het te maken gehad met zijn verlangen naar populariteit. Willem wilde het liefst iedereen zoveel mogelijk te vriend houden.[126]

---

124   Geciteerd uit: Krol, *Als de Koning dit eens wist...!,* p. 66.
125   Vinken, 'Jan de Vries, pamflettist, 1819-1855', pp. 111-112.
126   Van Zanten, *Koning Willem II,* p. 405 en p.501.

Het verhaal wil dat Willem in één nacht van conservatief liberaal zou zijn geworden, maar dat is ongeloofwaardig. Daarvoor waren zijn weigeringen de Grondwet aan te passen te vaak voorgekomen. Willems ergste probleem was dat zijn populariteit gevaarlijk daalde. Niet alleen in Nederland, maar overal in Europa was het onrustig. Er dreigde revolutie als gevolg van honger, werkeloosheid en andere sociale misère.

In Amsterdam hingen revolutionairen aanplakbiljetten op met 'Leve de Republiek! Weg met de koning, de ministers en de Staten-Generaal!' Zijn angst voor revolutie en dus mogelijke afzetting, maar ook het feit dat hij door zijn biseksualiteit uiterst chantabel was, hebben hem uiteindelijk doen besluiten het onvermijdelijke te accepteren en in te gaan op de roep de Grondwet te wijzigen waardoor hem zijn macht grotendeels zou worden ontnomen.[127] Tenslotte was het verkieslijker macht in te leveren dan een koninkrijk te verliezen.

De chantabele koning

Willem overleed tamelijk onverwacht op 17 maart 1849 in zijn geliefde Tilburg; luttele maanden na de invoering van de nieuwe Grondwet die hij zo graag had willen tegenhouden. De wijziging was overigens ook tot groot verdriet van de kroonprins, de aanstaande koning Willem III, doorgevoerd. Als gevolg daarvan had hij laten weten zijn vader niet op te willen volgen. De nieuwe Grondwet beknotte zijn macht, naar zijn smaak, al te zeer.

Willem II was de laatste koning met grip op het staatsbeleid. De Grondwetswijziging van 1848 heeft een einde gemaakt aan de vrijwel onbeperkte macht van de koning. De grote praktische veranderingen die dat met zich meebracht, heeft Willem II zelf door zijn plotselinge overlijden niet meer hoeven meemaken.

Willem II had bij zijn aantreden een bijna failliet land aangetroffen. Toen hij overleed was de situatie iets verbeterd, maar wat zijn aandeel daarin is geweest blijft duister. Economisch, financieel of politiek inzicht ontbeerde hij. Zijn erfgenamen liet hij op financieel gebied een onbeschrijfelijke chaos na.

Historici hebben een harder oordeel over zijn prestaties geveld dan zijn eigen tijdgenoten. Biograaf Van Zanten concludeert dat zijn politieke opvattingen samenhangender en consequenter waren dan veel historici altijd hebben gedacht. De vraag is wat het land daaraan heeft gehad. Met zijn daadwerkelijke politieke optreden is Nederland weinig of niets

---

127   Van Zanten, *Koning Willem II*, pp. 523-534 en p. 554.

opgeschoten. Op het gebied van de binnen- en buitenlandse politiek 'ontbrak het hem aan bestuurskracht.' Dat is - zou men denken - toch wel het minste wat je van een vorst - bekleed met macht - mag verwachten? Of in ieder geval mag hopen.

Dat het een aardige en vaak ook goedaardige man was - de Balinezen zullen die mening niet hebben gedeeld - is natuurlijk fijn, maar telt niet mee als je Willem op zijn daden beoordeelt. Natuurlijk heeft hij zijn handtekening onder de Grondwet van 1848 gezet, waardoor het land de democratische weg insloeg. Maar was dat wel een verdienste of een daad waaraan we – althans in Willems geval – een groot gewicht moeten toekennen en mee moeten laten tellen in de beoordeling? Met andere woorden: kunnen we zijn bereidwilligheid wel écht op zijn conto schrijven? De revolutionaire tijdgeest in het rumoerige Europa van toen liet hem geen andere keus. En behalve het revolutiespook was er de chantage vanwege zijn manier van leven, die hem dwong overstag te gaan. Nederland kreeg een nieuwe Grondwet omdat zijn koning bang en chantabel was. Hij had geen keus.

Van Zanten concludeert dat Willem zijn ministers de ruimte gaf om de democratische veranderingen in gang te zetten, gedwongen '- mede door revolutie en chantage -.'[128] Dat 'mede' lijkt overbodig. Als Willem II was blijven weigeren, had het er voor zijn koningschap - juist omdat hij chantabel was en revolutie dreigde - vermoedelijk belabberd uitgezien en had de toekomst van de Oranjedynastie wellicht aan een zijden draad gehangen.

Een chantabele koning hoort geen (redelijk) positieve beoordeling te krijgen. Chantagegevoeligheid is een reëel gevaar voor het systeem van erfelijke troonopvolging. Afpersing kan lang doorwoekeren en stopt vaak niet bij aftreden of overlijden. Ook volgende generaties willen de naam van hun Huis immers niet laten besmeuren. Ook zij blijven gevoelig voor omkoping, ook al ligt de oorzaak in het verleden.

Het is met goede reden dat gekozen staatshoofden in onze tijd maar een beperkt aantal jaren mogen aanblijven. De kans op vriendjespolitiek en gevoeligheid voor zowel het verlenen van gunsten als voor omkoopbaarheid door eigen daden (of die van nauw betrokkenen) neemt in de loop der jaren alleen maar toe.

Het overlijden van Willem stond uiteraard in alle kranten, maar de toon

---

128   Van Zanten, *Koning Willem II*, pp. 579-594.

was overwegend zakelijk. Dagblad *De Tijd* schreef dat de schepen op het IJ de vlag halfstok hadden gehesen. Kerkklokken hadden op 19 maart een begin gemaakt met het luiden van de doodsklok. Het gebeier zou acht dagen lang, drie maal daags, een uur lang te horen zijn. Loftuitingen op Willem II zijn er in de krant nauwelijks te vinden. Wel een zakelijke opsomming van waar en wanneer hij was geboren, de datum van zijn huwelijk met Anna Paulowna en het aantal kinderen dat het echtpaar had gekregen.[129] De bastaarden bleven uiteraard buiten zicht.

Het Utrechtse blad *De Nederlander* eerde hem als mens, kunstminnaar en krijgsheld. De Grondwetswijziging kreeg hij ook op zijn conto geschreven. Dat was het wat dat blad betrof wel zo ongeveer, al werd hij uiteraard betreurd. Zijn krijgsroem, verworven bij Waterloo en Quatre-Bras, keerde in vele krantenkolommen terug.[130]

Een standbeeld

Na zijn dood rees al snel de gedachte een standbeeld voor de ontslapen vorst, de Held van Waterloo, op te richten.[131] Lezers kibbelden in kranten over de plaats waar het beeld zou moeten verrijzen. Brabanders vonden dat Tilburg, waar hij was overleden, de voorkeur verdiende. Sommige Amsterdammers vonden de Dam de meeste geschikte plek.[132] Uiteindelijk werd het Den Haag, al was dat tijdelijk. In 1924 verhuisde het beeld naar de Heuvel in Tilburg.

Het standbeeld van Willem II kent een bizarre geschiedenis. Voor Jan de Vries, de meest gevreesde polemist van zijn tijd, was het aanleiding zijn satirische pamflet *Een standbeeld in een zak* (1854) te schrijven. Hij deed dat onder het pseudoniem 'Asmodée'. Het pamflet vond gretig aftrek en beleefde drie drukken.

In juni 1854 stond De Vries voor de rechter wegens majesteitsschennis. Hij kreeg drie jaar gevangenisstraf. Het vonnis hield stand voor de Hoge Raad, maar De Vries was toen voor alle zekerheid al naar België uitgeweken. Voor de rechtbank voerde De Vries zijn eigen verdediging. Maar vanwaar de opwinding over een afgedekt standbeeld? Een standbeeld in een zak?

Het beeld, financieel mogelijk gemaakt door 'Bijdragen van een dankbaar volk', was op zijn sokkel geplaatst op het Buitenhof in Den Haag.

---

129   *De Tijd*, 20-03-1849.
130   *De Nederlander. Nieuwe Utrechts Krant*, 20-03-1849. Zie voor berichten over het overlijden van Willem II de krantendatabank Delpher.nl, periode 18-03-1849 – 21-03-1849.
131   *Algemeen Handelsblad*, 29-03-1849.
132   *Opregte Haarlemsche Courant*, 21-03-1829 en *Algemeen Handelsblad*, 11 april 1848.

Het hoofd van het beeld was met een zak afgedekt - wat de titel van het pamflet verklaart - maar de autoriteiten hadden verzuimd een dag vast te stellen waarop het beeld zou worden onthuld. Het beeld stond maar te staan, geblinddoekt als het ware, totdat het satirische geschrift van De Vries er de aandacht op vestigde.

De Vries laat in zijn satire 'Asmodée' aan het woord; een door hem bedacht mank lopend duiveltje met bijzondere gaven. Zo kan hij moeiteloos door daken zien (en horen) wat er zich in huizen (en uiteraard paleizen) afspeelt.[133] Voor Asmodée bleef niets verborgen.

Toen het duiveltje op een van zijn vele tochten door nachtelijk Den Haag, al strompelend natuurlijk want hij was kreupel, op het Binnenhof het standbeeld met de zak over het hoofd zag, kon hij zijn nieuwsgierigheid niet bedwingen.

Hij gluurde onder de zak en riep 'Wat zie ik, koning Willem II, de held van Waterloo, de edelmoedige ridderlijke vorst!' Het beeld herkende hem ook: 'Zijt gij het, Asmodée?' 'Om u te dienen', antwoordde het kreupele duiveltje, waarna hij begon te vertellen hoe Nederland na Willems dood in zwarte rouw was gedompeld: 'Menige welgemeend geschreide traan blonk in de oogen van de velen door u beweldadigd'.

Asmodée vertelde verder dat hij een gesprek van Willems weduwe met haar zoon (Willem III) had afgeluisterd. Daaruit was zonneklaar gebleken dat Anna Paulowna - maar ook Willem III - hem zo snel mogelijk wilde vergeten.[134] De Vries noemt geen namen in zijn pamflet, maar voor zijn tijdgenoten was uit zijn beschrijving goed op te maken wie hij bedoelde.

Het beeld raakte totaal van slag toen het hoorde dat bijna niemand iets had willen bijdragen aan zijn standbeeld. Een paar centen hadden sommigen wel willen geven, maar niet veel meer dan dat. Iedereen was te druk bezig om in het gevlij te komen bij zijn opvolger, koning Willem III. Dat had de hoogste prioriteit. Maar iets doneren voor een herinnering aan de Held van Waterloo? Nee, 'het hof was met een standbeeld niet gediend!'[135]

De bijzetting van Willem II was sober gehouden en de ceremonie in de Nieuwe Kerk te Delft duurde maar kort. Langs de route waren duizenden mensen op de been geweest.

---

133   De kunsten en listen van Asmodée staan beschreven in het satyrische blad *Asmodée* van 3 mei 1854, waarvan De Vries de uitgever was.

134   De Vries, *Een standbeeld in een zak*, pp. 8-9.

135   De Vries, *Een standbeeld in een zak*, p. 10.

Willem liet een ontredderd land achter en een enorme berg aan persoonlijke schulden. Dat kon de dichter Hendrik Tollens natuurlijk niet weten en wellicht had hij het ook helemaal niet willen weten. Het laatste vers van zijn gedicht ''s Konings Begrafenis' laat zien dat hij diep onder de indruk was van de overleden koning. Geheel zoals de traditie dat wil.

'Hij zeeg in 't graf. 't Gewelf wordt digt gesloten. -
o God, die op ons nederziet!
Verlaat het rouwend Neerland niet,
Noch tweeden Willems landgenooten.
Geef in den zoon - ons dierbaar zoo als hij -
Een koning weer, een voorbeeld aller troonen,
Een steun des rijks, een vader onzer zonen:
Met deze bede keeren wij.'[136]

---

136   Tollens, Gezamenlijke Dichtwerken. Deel 10-12, p. 159 (Uitgave DBNL, 2009: https://www. dbnl.org/tekst/toll003geza06_01/toll003geza06_01_0110.php.

4

Koning Willem III 1849-1890

Op 20 februari 1817, een dag na de geboorte van kroonprins Willem Alexander Paul Frederik Lodewijk, galmde klokgelui over Brussel en klonk het gebulder van honderdeneen kanonschoten. Een welkomstgroet aan de toekomstige koning Willem III. Een dag later herhaalde zich dat ritueel in Den Haag. Berichten namen in die dagen nog tijd om hun bestemming te bereiken. De afstand tussen de beide residenties van het Koninkrijk nam te paard ongeveer een dag reizen in beslag.[137]

In Den Haag werd 'deze aangename tijding in den Schouwburg afgelezen en met onophoudelijk vreugde-gejuich, onder het aanheffen van geliefkoosde vaderlandsche Aria's, ontvangen.' Overal gingen de vlaggen uit, niet alleen bij overheidsgebouwen, maar ook bij particulieren.[138]

Er was meteen ook een gezant naar St. Petersburg gestuurd 'ten einde aldaar eene zoo belangrijke gebeurtenis aan te kondigen. Het is onmogelijk, de vreugde en geestdrift, welke in dit oogenblik, alhier heerschen, uit te drukken; het is een wezenlijk algemeen familie-feest', schreef de *Arnhemsche Courant*. Volgens de *Rotterdamsche Courant* was 'de wensch der Natie vervuld'.[139] Vreugde alom dus. Niemand kon toen voorzien dat de zo hartelijk verwelkomde pasgeborene als de meest impopulaire vorst de geschiedenis zou ingaan.

De volwassen Willem bleek geen aangenaam mens. Niet voor zijn omgeving, niet voor het personeel, niet voor zijn vader en al helemaal niet voor zijn echtgenote, Sophie van Wurtemberg, met wie hij in 1839 in het huwelijk trad en waarmee hij drie zoons kreeg. Geen van hen zou hem overleven.

---

137   Van der Meulen, *Willem III*, p. 27.
138   *Arnhemsche Courant*, 25-02-1817.
139   *Nederlandsche Staatscourant*, 22-02-1817 en *Rotterdamsche Courant*, 22-02-1817.

Karakter en Moraal

Evenmin als zijn vader en grootvader, had Willem III huwelijkstrouw hoog in het vaandel staan. Zijn relatie met Sophie was vanaf het begin van hun huwelijk buitengewoon slecht. Sophie heeft daar regelmatig, en meestal onverbloemd, verslag van gedaan. Behalve ontrouw was Willem gewelddadig, onberekenbaar, onredelijk, wreed en hij had aanvallen van razernij.

Daar stond tegenover dat hij zich soms innemend kon gedragen en zo nu en dan zijn empathische kant toonde. Sophie verzweeg de huwelijksperikelen evenmin tegenover haar schoonvader, koning Willem II.

In 1842 klaagde ze in een brief dat haar man haar mishandelde en bedreigde. Hij dwong haar zelfs 'tot schandalige handelingen die de zeden en de waardigheid kwetsen van iedere vrouw'. Het was, zo liet ze weten, niet om vol te houden.

Kroonprins Willem zelf zag het anders, wat volgens zijn biograaf Dik van der Meulen onder meer verklaard kan worden uit het feit dat zelfreflectie niet zijn kenmerkendste eigenschap was. Sophie bleef het liefst zo ver en ook zo lang mogelijk bij hem uit de buurt.

Gearrangeerde huwelijken zijn meestal niet de gelukkigste, omdat er een element van dwang in zit, maar wat evenmin hielp, was dat de kroonprins aan drank verslingerd was. Volgens zijn echtgenote was hij voorts 'een geestelijk gestoord mens' alsook 'een onberekenbaar mengsel van absurditeit, onmenselijkheid en dwaasheid'. Hij kon wreed zijn tegen zowel mensen als dieren. Was hij maar volslagen krankzinnig, verzuchtte ze al vroeg in haar huwelijk, dan kon hij tenminste worden opgesloten. 'Beestachtig' en 'dierlijk' waren de woorden waarmee Sophie het gedrag van haar echtgenoot samenvatte.[140]

Het zou nog tot 1855 duren totdat het echtpaar scheidde van tafel en bed, maar dat betekende allerminst dat Willem zich sindsdien van vrouwen onthield. Naar het aantal van zijn maîtresses blijft het gissen en hoeveel buitenechtelijke kinderen uit zijn activiteiten zijn voortgekomen, is evenmin precies bekend. Van acht kinderen staat evenwel vast dat Willem de vader was.

Net als zijn vader en grootvader probeerde hij die kinderen zoveel mogelijk uit het zicht te houden. In een aantal gevallen liet hij de aanstaande moeder van zijn kind tegen een financiële tegemoetkoming én tegen

---

140   Van der Meulen, *Koning Willem III, 1817-1890,* pp. 134-141, pp. 299-300 en p. 303

betaling van zwijggeld met een man trouwen. Sommige kinderen bracht de familie Van Oranje onder in Drentse veenkoloniën, terwijl weer anderen een thuis vonden in het buitenland. Het gebeurde ook wel dat Willem naar pleegouders op zoek ging om ze daar onder te brengen.

Bevolkings- en kerkregisters zijn gemanipuleerd om sporen naar het vorstenhuis uit te wissen. Genealogen krijgen in die gevallen te maken met uitgescheurde bladzijden of onleesbaar gemaakte namen. Daarnaast maken zowel naam-vervalsingen als vervalste geboortedata deel uit van het beproefde arsenaal aan middelen dat werd ingezet om banden met het Huis van Oranje te verhullen.

J.G. Kikkert, Oranjekenner en auteur van diverse boeken over de koninklijke familie, schreef in zijn inleiding bij *Oranje bastaarden* van Hanno de Iongh, dat zijn opa belast was met het uitbetalen van toelagen aan bastaardzonen van Willem III. Over onechte dochters had hij opa nooit horen spreken, 'al waren die er natuurlijk ook' in het Noord-Hollandse Zijpe, waar de koning zo nu en dan konijnen en hazen kwam schieten. 'Maar hun jachtinstincten strekten zich ook uit tot het vrouwelijk schoon in de dorpen en verspreide boerenwoningen in de omgeving.'

In de familiekring vertelde men elkaar graag bijzonderheden over 'Willems wellust' die in Zijpe en omgeving algemeen bekend was.

'Velen hielen angstvallig hun dochter binnenshuis als de Oranjes en hun entourage in aantocht waren. Maar anderen zetten hun aantrekkelijke dochters en dienstmaagden schaamteloos te kijk bij de nadering van het hoge gezelschap. En dat gebeurde niet zonder gevolgen.'[141]

De opa van Kikkert had als taak iedere eerste maandag van de maand de geldelijke gevolgen van 's konings buitenechtelijke seksuele uitstapjes te verrekenen. Hij deed zijn werk voor de koning ambtshalve (hij was gemeentesecretaris en tegelijk gemeenteontvanger).[142]

Over zijn buitenechtelijke affaires deed Willem tegenover Sophie allerminst geheimzinnig. Hij had ook omgang met 'courtisanes', zoals luxe prostituees toen werden genoemd. Tegenwoordig heten ze 'call girls' of 'escorts'. In hoeverre alle klachten van Sophie over haar echtgenoot

---

141 Kikkert in zijn voorwoord bij De Iongh, *Oranjebastaarden*, pp. 9-10.
142 Kikkert in zijn voorwoord bij De Iongh, *Oranjebastaarden*, p. 10.

Koning Willem III

gegrond zijn, staat niet vast. Wel mogen we er vanuit gaan dat Willem, eufemistisch uitgedrukt, geen ideale echtgenoot was.

Sophie van haar kant zou door haar voortdurend geklaag over haar eenzaamheid, haar ongelukkige leven en door haar meer dan eens geuite verzuchtingen de dood te verkiezen boven haar kommervolle bestaan, geen enkele moeite hebben gedaan de spanningen in hun huwelijk te verlichten. Van bijna iedereen met wie de van oorsprong

99

Duitse in Nederland omging, had ze een afkeer.[143] Maar het kan natuurlijk ook zo zijn dat ze die pogingen wel degelijk heeft ondernomen, maar dat ze die wegens volstrekte uitzichtloosheid op verbetering heeft opgegeven.

Afkeer van democratie

Bij Willems inhuldiging op 12 mei 1849 was de stemming over zijn koningschap nog hoopvol, getuige onder andere deze 'uitboezeming':

> 'De Koning zweert, gansch Neêrland is aandachtig,
> De Koning zweert: "Zoo help' mij God almagtig!"
> Hij zweert en geeft aan 't volk zijn eer ten onderpand,
> Dat hij zijn leven wijd aan 't heil van 't Vaderland.'[144]

De Amsterdamse koopman-historicus-dichter J.A. Alberdingk Thijm kreeg de hele voorpagina van *De Tijd* tot zijn beschikking, om in maar liefst twaalf verzen Willem III als nieuwe koning te verheerlijken. Rooms-katholiek tot in zijn tenen, was hij niettemin een vurig Oranje-fanaat:

> 'De zoon van WILLEM - WILLEM-zelf-
> De dierbre spruit van 't trouw Oranje –
> (Wat volksgril dweep in 't dol Germanje!)
> Neemt plaats in onze Koningswelf;
> Neemt plaats op onzen Vorstenstoel:
> En 't Alziend Oog slaat dáar hem gade:
> Doorziet zijn hart, zijn woord, zijn dade,
> Met strengen blik, maar vol genade:
> Dáarvan heeft WILLEM 't ziels-gevóel.
> En zou hij, daar de Heer hem ziet,
> Gods wet vergeten? - Neen! dat niet!'[145]

Voorts repten de kranten uit die dagen - vrijwel zonder uitzondering gezagsgetrouw - van de gezellige drukte in de straten van Amsterdam, het mooie weer op de dag van inhuldiging en de opgetogenheid van het volk over de nieuwe koning.

---

143   Voor de huwelijksperikelen en de scheiding van koning Willem III met Sophie van Wurtemberg: Van der Meulen, *Koning Willem III, 1817-1890*, pp. 308-313 en pp. 134-144. Voor de buitenechtelijke kinderen: De Iongh, *Oranjebastaarden*, pp. 80-96.

144   *Provinciale Overijsselsche en Zwolsche courant*, 15-05-1849.

145   *De Tijd*, 14-05-1849.

Maar wat in alle lofzangen ook doorklonk, was weemoed en heimwee naar de gestorven koning, de Held van Waterloo, die zich – het had lang geduurd, maar toch – gevoelig had getoond voor de maatschappelijke wens tot verandering. Dat klopte weliswaar niet, zoals we nu weten, maar die opvatting leefde toen wel degelijk. De invoering van de nieuwe Grondwet is immers vooral te danken geweest aan zijn levensstijl die hem chantabel maakte. En natuurlijk hebben de revolutionaire spanningen in het omringende Europa een belangrijke rol gespeeld.

De wat melancholieke stemming bij zijn inhuldiging kan ook te maken hebben gehad met sombere voorgevoelens. Hoe stak hij in elkaar? Wat was zijn aard en over welke capaciteiten beschikte de zoon van de ontslapen held? Willem III zelf ging allesbehalve door voor een held. Wél was hij een helden*zoon*, maar of dat voldoende was voor een succesvol koningschap?[146]

Als kroonprins was hij niet populair. Hij was verzot op jagen en feestvieren. Dat hij in enorme driftbuien kon uitbarsten en ontrouw was aan zijn vrouw, was ook tot de buitenwereld doorgedrongen. Zijn kinderlijkheid verbaasde iedereen met wie hij regelmatig in contact kwam; ook zijn ouders en zijn echtgenote hebben die eigenschap met verbijstering aangezien.[147]

Een probleem was voorts dat hij de nieuwe Grondwet, waarmee zijn vader had ingestemd - weliswaar tegen heug en meug - verafschuwde. Iedere burger met enige belangstelling voor politiek wist dat. Wat hielden die veranderingen eigenlijk in?

De kernpunten waren dat de Eerste Kamer voortaan werd gekozen door de Provinciale Staten (wat vóór de wijziging het privilege van de koning was geweest) en dat de ministeriële verantwoordelijkheid werd ingevoerd. Artikel 53 'De Koning is onschendbaar; de ministers zijn verantwoordelijk', was het heetste hangijzer omdat het een einde maakte aan de (bijna) almacht van de vorst. De koning maakte nog wel deel uit van de regering, maar niet hij maar de ministers bepaalden voortaan het beleid, waarvoor ze verantwoording verschuldigd waren aan het parlement. De koning kon niet langer op het regeringsbeleid worden aangesproken, de ministers waren verantwoordelijk voor diens handelen en uitspraken. De koninklijke onschendbaarheid bestond ook vóór 1848, maar hield toen in dat de koning zich niet voor zijn besluiten hoefde te

---

146 Van der Meulen, *Koning Willem III, 1817-1890*, p. 217.
147 Van der Meulen, *Koning Willem III, 1817-1890*, pp. 150-151.

verantwoorden omdát hij de absolute macht had. Verder garandeerde de nieuwe Grondwet vrijheid van godsdienst, onderwijs, meningsuiting, vereniging, vergadering en drukpers.

Willem was mordicus tegen de nieuw constitutie, omdat ze in zijn ogen was gebaseerd op 'staatsgevaarlijke beginselen', als gevolg waarvan hij een onherroepelijke ontwrichting van het landsbestuur voorzag. De liberale nieuwlichterij van de nieuwe Grondwet kon hij niet met zijn geweten verenigen, zo had hij zijn zuster Sophie in een brief laten weten. Daarom zag hij af van zijn troonrechten.

Toen Willem II van Sophie hoorde wat zijn oudste zoon van plan was, toonde hij zich ontzet. Het koningschap was door God gegeven en de kroonprins kon als uitverkorene van God de kroon onmogelijk weigeren. Willem II heeft diverse pogingen gedaan zijn zoon op andere gedachten te brengen, maar al zijn gesoebat mocht niet baten.

Ook het beroep op de wil van de Allerhoogste, dat hij koning *moest* worden, vermocht de kroonprins niet te vermurwen. Met die vermaledijde nieuwe Grondwet was voor hem de lol er af. Eind januari 1849 vertrok hij voor een rondreis van drie maanden naar Engeland. Alleen. Zijn echtgenote Sophie van Wurtemberg bleef thuis met haar twee kinderen.

Toen zijn vader overleed, verbleef Willem in een hotel in Londen. Zijn reis had in het land tot veel speculaties geleid. Dat hij het niet eens was met de concessies die zijn vader had moeten doen, was een publiek geheim. Toen Willem II op 17 maart 1849 in Tilburg stierf, was het dan ook allerminst zeker dat de kroonprins hem daadwerkelijk zou opvolgen.

Om hem tot andere gedachten te brengen, reisde een delegatie naar Engeland. Aanvankelijk zonder succes. Willem bleef volharden in zijn weigering de kroon te aanvaarden, hoewel hij sinds het overlijden van zijn vader officieel koning was. Hij vond dat zijn oudste zoon, Wiwill, hem maar moest opvolgen. Uiteindelijk bezweek de kroonprins door de pressie die op hem werd uitgeoefend. Hij was toen al weer terug in Nederland. De aanvaarding van zijn koningschap ging dus allerminst van harte.[148]

Er waren ook andere dan politieke overwegingen waarom Willem geen zin had zijn vader op te volgen. Hij was getrouwd met zijn volle nicht Sophie van Wurtemberg, maar zijn grote liefde - althans in 1849 - was de operazangeres Louise-Rose Rouvroy. Ze zong bij de Koninklijke Schouw-

---

148   Van Zanten, *Koning Willem II*, pp. 571-573 en pp. 580-581.

burg in Den Haag. Toen Willem naar Engeland vertrok, was de offici-
ele reden voor zijn reis het bestuderen van Britse instellingen. Volgens
Sophie evenwel was de ware reden dat hij met Louise-Rose samen wilde
zijn. Ze was zwanger van hem en ze was volgens Sophie naar Engeland
vertrokken. Wat de locatie betrof had ze het mis, maar dat Louise-Rose
zwanger was van Willem klopte. Dat blijkt uit een vlammende liefdesbrief
aan zijn maîtresse, waarin de kroonprins zich voor de verandering uitermate vroom opstelt. Alsof niet hij maar God zelf Louise had bezwangerd.

'als het Opperwezen in zijn oneindige wijsheid en goedheid heeft
gewild dat je moeder zult zijn, nu hij in jou de kiem heeft geplant
waardoor je het zult worden, zal die oneindige en almachtige goedheid je zonder twijfel de kracht geven om alle pijnen te dragen, als
je hem nederig om zijn almachtige hulp vraagt.'[149]

Uit Willems brief komt ook naar voren dat ze aan zelfmoord had
gedacht. Willem was die gedachte een gruwel. Hij had een voorstel. Als
ze naar een klein buitengoed vlakbij haar geboorteplaats Lille, Frankrijk, zou verhuizen, zou hij bij haar intrekken. Het koningschap kon
hem gestolen worden. Zij, Louise, was het enige doel van zijn bestaan
en hij droomde ervan zijn verdere leven met haar op het Franse platteland te slijten. Geen koning, maar herenboer. Het is er niet van gekomen. Louise heeft later haar zangcarrière in Parijs voortgezet. Over het
lot van hun beider kind is niets bekend.[150]

Willem III etaleerde in kleine kring zonder schroom zijn weerzin
tegen politiek. L.A. Lightenvelt, minister in het kabinet van Willem II,
noteerde dat hij ministers haatte en dat hij met de Staten-Generaal niets
te maken wilde hebben. Volgens Lightenvelt lagen aan Willems gedrag
vooral egoïstische motieven ten grondslag, extra gestimuleerd door zijn
seksbelustheid:

'ik verdenk hem ervan dat zijn afkeer van de politiek alleen maar
gespeeld is en dient om zijn schaamteloze vrijheidsdrang te maske-
ren die maakt dat hij zich nergens iets aan gelegen laat liggen; om
die te bevredigen zou hij met liefde zijn positie en zijn reputatie
offeren, kortom dat wat een mens in de ogen van zijn medemen-

---

149   Van der Meulen, *Koning Willem III, 1817-1890*, pp. 186-187.
150   Van der Meulen, *Koning Willem III, 1817-1890*, p. 188.

sen belangrijk maakt: de seksualiteit is van grote betekenis voor zijn verlangen naar vrijheid.'[151]

Na zijn inhuldiging kreeg de nieuwe koning, in verband met de nalatenschap van zijn vader, direct te maken met diens imposante kunstcollectie.[152] Niemand had na het overlijden van Willem II enig inzicht in diens (financiële) administratie. De overledene had dat zelf evenmin gehad, laat staan zijn nabestaanden.

Kunst in de uitverkoop

Willem III stelde een Commissie ter Vereffening van de Nalatenschap in, om klaarheid te scheppen in de administratieve en financiële chaos die zijn vader had nagelaten. De conclusie liet niet lang op zich wachten. Willem II had een waardevolle kunstschat nagelaten, maar nog veel meer schulden, door de Commissie geraamd op ongeveer viereneenhalf miljoen gulden.

Een jaar voor zijn dood had Willem II van tsaar Nicolaas I een miljoen gulden geleend. Onderpand voor die lening was zijn kunstcollectie, waarvan hij de waarde op twee miljoen gulden had geschat.

De nieuwe koning, zelf niet noemenswaardig in kunst geïnteresseerd,[153] had vanwege de schuldenlast weinig trek de erfenis te aanvaarden, Hij zou dan immers ook die schulden op zijn nek krijgen. Anna Paulowna, de weduwe van Willem II, schreef in wanhoop een brief aan haar broer tsaar Nicolaas 'Wij vragen u, lieve broer en vriend, om in deze barre nood Willems schilderijenverzameling te kopen, die u zo graag zou willen bezitten en die al aan u is verpand.'[154]

Nicolaas had er wel oren naar. Hij wilde de verzameling graag hebben voor de Hermitage in Sint-Petersburg. De erven hoopten op grond van Willems schatting twee miljoen gulden voor de kunstcollectie te krijgen. Als de lening van Nicolaas was vereffend, zouden ze nog een miljoen over houden. Om dat te bereiken zou de hele collectie onder de hamer moeten.

---

151   Geciteerd uit Van der Meulen, *Koning Willem III, 1817-1890*, p. 195.
152   Tenzij anders vermeld is voor de beschrijving van Willem II's kunstcollectie gebruik gemaakt van Hinterding en Horsch, *A Small but Choice Collection: The Art Gallery of King Willem II of the Netherlands (1792-1849)*.
153   Van der Meulen, *Koning Willem III, 1817-1890*, pp. 449-452.
154   Van Zanten, *Koning Willem II*, p. 585.

Beroemde musea verrijkten zich door veiling van kunst Van Oranje.

De erven waren primair geïnteresseerd in geld, om kunst gaven ze weinig. Dat een unieke collectie aan het nationale kunstbezit zou worden onttrokken, is op geen enkel moment een punt van overweging geweest. Uiteraard keek men daar in die tijd iets anders tegenaan dan tegenwoordig, maar een bepaald besef was er toch toen ook al wel. Er gingen stemmen op de collectie voor Nederland te behouden. Het Koninklijk Nederlandsch Instituut van Wetenschappen Letterkunde en Schoone Kunsten riep de regering op de collectie te kopen. Ook deed het Instituut een oproep aan de Tweede Kamer, maar de motie die het verzoek aankaartte, werd met vijftig stemmen tegen en acht voor verworpen.[155]

Maar veel illusies koesterde men niet. 'Wie zou iets anders kunnen verwachten dan: *naar buitenlands is hunne bestemming.*' Het *Algemeen Handelsblad* vond het wel een troost dat het buitenland dan beter kennis zou kunnen nemen van 'de roem onzer voorvaderen.'[156] Maar kritiek leveren op de verkoop, zou kritiek op het koningshuis zijn geweest en dat was een stap te ver. Zover ging de Kamer noch een gezagsgetrouwe krant.

De schilderijen hadden een geweldige aanvulling kunnen zijn op de collectie van het Rijksmuseum in Amsterdam. Daar was plaats genoeg. De collectie van het 'Rijks' was toentertijd aan de schrale kant, wat overigens vooral te wijten was aan het beleid van Willem II. Hij had alle kunstsubsidies voor de rijksmusea afgeschaft. Dat had een privéreden: hijzelf had dan minder concurrentie bij aankopen voor zijn eigen collectie.

Dankzij de familie Van Oranje vond in augustus 1850 de kunstveiling van de eeuw plaats. De top van de internationale kunstwereld toog naar Den Haag om niets van het evenement te missen, maar ook om zijn slag te slaan. Vanaf de zijlijn sloeg het Rijksmuseum - zonder noemenswaardig budget - het verkoopspektakel gade. Vooral tsaar Nicolaas haalde mooie stukken binnen, maar ook het Louvre en het Städel Museum in Frankfurt konden hun collecties voor een relatief klein bedrag uitbreiden.

---

155 *De Tijd*, 21-06-1850.
156 *Algemeen Handelsblad*, 15-07-1850 en Van der Meulen, *Koning Willem III, 1817-1890*, p. 210.

De opbrengst van de veiling viel bitter tegen. De beoogde twee miljoen gulden werd op geen stukken na gehaald. Er was niet meer dan 771.059 gulden binnen gekomen. Een tweede veiling in september 1851 draaide met een opbrengst van 60.694 gulden eveneens uit op een fiasco. Maar buitenlandse musea voeren er wel bij. Dankzij koning Willem III en zijn familie konden ze hun musea, de Hermitage voorop, op een koopje verrijken met Hollandse meesters uit de Gouden Eeuw.

Het meest wrange is nog dat de verkoop niet eens nodig was. Met de nagelaten landerijen, huizen en ander vastgoed ter waarde van negen miljoen gulden, hadden alle schulden moeiteloos vereffend kunnen worden.

Het maakt een weinig koninklijke indruk, dit verpatsen van een unieke vaderlandse collectie. De stukken die na de veiling nog over waren - toch een beetje van het tweede garnituur - bleven in bezit van de erven Van Oranje. Maar ook dat restant zou grotendeels uit Nederland verdwijnen. Wat de koninklijke familie rest, is een handjevol stukken van een eens roemruchte verzameling.

Chantage

Willem III wachtte bij zijn aantreden nog een financieel probleem dat opgelost diende te worden: wat moest hij aan met het afpersersgilde dat zijn vader jarenlang zwijggeld had afgedwongen vanwege diens seksuele escapades? De omvangrijke chantage had grote invloed gehad. Niet alleen was het persoonlijk leven van de biseksuele koning - want daar draaide het meestal om - erdoor beïnvloed, maar het had ook zijn uitwerking gehad op staatszaken. Het was bovendien een kostbare aangelegenheid, aangezien het zwijgen werd gekocht van lieden die er een gemakkelijke en continue manier van geld verdienen in zagen. Sommigen hoefden er helemaal niets voor te doen, omdat ze gevraagd was - tegen betaling - kritiek op de koning voor zich te houden. Het betaalde goed om niet-publicerend republikein te zijn.

Petrus Jansen meldde zich ook weer na de dood van Willem II. In een brief aan Anna Paulowna dreigde hij allerlei brisante feiten uit het leven van haar overleden echtgenoot publiek te maken. Maar als ze hem financieel tegemoet kwam, was hij bereid zijn mond te blijven houden. Ook Van Andringa de Kempenaar bood Willem III aan te blijven zwijgen over het scabreuze leven van zijn vader, mits hij met geld over de brug kwam.

En dan was er nog de radicale journalist Adriaan van Bevervoorde, die geld wilde omdat ook hij wist wat er zich tussen Willem II en Petrus Jansen had afgespeeld.

Aan al die dwangbetalingen maakte de nieuwe koning een abrupt einde. Ook de betalingen aan Belgische orangisten liet hij stopzetten, wat erop wees dat hij niet, zoals zijn vader en grootvader, geloofde in een her-eniging met België.

Op 29 maart 1851 ondertekende Willem een document, waarin hij verklaarde alle contacten met de afpersers van zijn vader te verbreken. De maatregel trof ook Eillert Meeter, die weer naar Nederland was terug-gekeerd na het overlijden van Willem II. De nieuwe koning had ove-rigens wel ontzag voor de journalist, die Nederland na zijn terugkeer opnieuw bestookte met artikelen. Ditmaal in zijn *De Star der Hoop,* die vanuit Nijmegen opereerde. Dat Willem bang voor Meeter was, blijkt uit zijn verzoek aan de minister van Justitie om Meeter in het oog te houden.

Willem achtte de denkbeelden die de journalist uitdroeg communis-tisch en socialistisch en daarom gevaarlijk. Maar aangezien de vrijheid van drukpers in de nieuwe Grondwet was opgenomen, had Justitie maar weinig mogelijkheden tegen Meeter op te treden.[157]

Het stopzetten van de afpersbetalingen bracht aanzienlijke risico's met zich mee. De naam van het Huis dreigde bezoedeld te raken. Toch weigerde Willem te betalen. Waarom staat niet vast. Interesseerde de naam van zijn Huis hem gewoon te weinig, of kon hij niet goed inschat-ten wat de gevolgen zouden kunnen zijn?

Zijn weigering te betalen paste overigens geheel bij zijn karakter. Willem trok zich van niemand iets aan. Zo heeft hij zijn eigen seksu-ele ongeremdheden nooit verbloemd, en hij heeft evenmin veel moeite gedaan die voor het Nederlandse volk verborgen te houden. Verstandig was dat niet, want de tijd dat vorsten zich alles konden veroorloven, was al lang voorbij. Monarchen uit Willems eigen tijd werden geacht een keurig gezinsleven te leiden, net als hun onderdanen. Een koning dien-de een voorbeeld te zijn voor zijn volk.[158]

Als Willem III al iets was, dan zeker geen voorbeeld voor het volk. Het ligt voor de hand te constateren dat hij zich niets aantrok van de afpersers die munt probeerden te slaan uit de affaires van zijn vader. Als het over zijn eigen buitenechtelijke escapades (en hoerenbezoek, of net-ter gezegd 'omgang met courtisanes') ging, kende hij evenmin schaam-te. Waarom zou hij zich dan beschaamd hebben gevoeld over de daden van zijn vader?

---

157   Van der Meulen, *Koning Willem III, 1817-1890,* pp. 225-227.
158   Van der Meulen, *Koning Willem III, 1817-1890,* p. 622.

Een sopraan als maîtresse

Toen koningin Sophie in 1877 stierf, lag voor Willem de weg open naar een nieuw huwelijk. Toen Sophie nog leefde, tamelijk in het begin van hun huwelijk, had hij een intense affaire gehad met Louise-Rose Rouvroy, voor wie hij graag zijn koningschap had willen opgeven, om samen met haar op het Franse platteland zijn dagen te slijten.

Na de dood van Sophie had hij het weer op een operazangeres voorzien: ditmaal de Frans-Algerijnse sopraan Émilie Ambre, die in 1877 tot vreugde van Willem in Den Haag optrad. Tussendoor had hij talrijke andere maîtresses en 'courtisanes' gehad, waarvan de opvallendste Madame Musard was; een violiste van Amerikaanse komaf die furore maakte in Parijs, al was dat meer om haar opwindende uiterlijk dan haar vioolspel.

Het verhaal ging dat Émilie de koning aan zich had gebonden met de smoes dat hij haar zwanger had gemaakt. Het maakte Willem dol van vreugde en hij zou hebben geroepen dat hij eindelijk vader zou worden. Hij suggereerde daarmee, niet de vader te zijn van prins Wiwill en diens mensenschuwe broer prins Alexander. Zijn tweede zoontje, Maurits, was toen al overleden.

Om zijn nieuwe liefde meer allure te verschaffen, noemde hij haar gravin ofwel Comtesse d'Ambroise. Émilie was achtentwintig jaar, Willem al zestig.[159] Volgens minister A.W.P. Weitzel, de minister van Oorlog, was Émilie niet van onbesproken gedrag en zou ze net zo'n seksuele veelvraat zijn als haar koninklijke minnaar. In zijn geheime dagboek schreef hij:

> 'Deze dame die moeite zou hebben het getal harer vroegere minnaars met juistheid op te geven, wist zich zoodanig van het hart en van de zinnen des Konings meester te maken dat hij haar – hoewel zonder medewerking van een Nederlandsch minister – een adelbrief gaf als Comtesse d'Ambroise en een morganatisch huwelijk met haar wilde sluiten.'[160]

Niets was goed genoeg voor Émilie. Willem kocht voor haar een huis in Parijs, al is het niet uitgesloten dat hij dat al had aangeschaft voordat hij Émilie kende, om daar in alle rust Franse prostituees te kunnen ontvan-

---

159   Van der Meulen, *Koning Willem III, 1817-1890*, p. 391 en pp. 525-527.
160   Weitzel, *Maar Majesteit!*, p. 87.

gen. Om die reden had hij destijds ook Villa Richelieu aan het meer van Genève gehuurd.

De affaire zette het aanzien van Willem, zo dat al mogelijk was, nog meer op het spel, omdat de zangeres werd beschouwd als een 'vrouw van zekere reputatie'. En dat alles nauwelijks een maand na de bijzetting van koningin Sophie.[161]

Een Frans weekblad schreef dat Willem na de dood van Sophie geen tijd had verspild 'met nutteloze fijngevoeligheden'. Maar ja, het was immers 'een oude koning' die bekend stond om zijn 'liefdesavonturen met een jonge zangeres'. Het zingen van La Ambre kon 'worden vergeleken met een roos, en wat haar schoonheid betreft, met een nachtegaal'.[162]

Omdat het gemak de mens dient, had Willem voor Émilie ook een huis in Rijswijk voor haar aangeschaft. Minister Weitzel noteerde in zijn dagboek:

'De Comtesse kwam en nam haren intrek op Welgelegen, een buitengoed nabij Rijswijk door den Koning voor grof geld aangekocht en haar ten verblijve ingericht. Toen konden de ingezetenen van 's-Gravenhage hun Koning dagelijks, in vliegende vaart, tussen zijn paleis en Welgelegen zien heen en weer ijlen. Men verbaasde, men ergerde en men verontrustte zich over dergelijke abnormale verschijnselen bij hun ruim 60-jarige grijsaard, maar gelukkig duurde de roes niet lang.'[163]

De ministers zagen met zorg aan dat Willem zich met zijn nieuwe geliefde demonstratief in Parijs, Zürich en natuurlijk in Rijswijk vertoonde. Die bezorgdheid van het kabinet nam nog toe, toen Willem liet weten met Émilie te willen trouwen. Uiteindelijk zou dat niet doorgaan, maar voor de ministers was de tijd dat Willem op vrijersvoeten met Émilie verkeerde een nachtmerrie, vooral omdat de reputatie van het koningshuis door het gedrag van de nauwelijks te sturen Willem op het spel stond.[164] Dat zou in het uiterste geval een constitutionele crisis kunnen veroorzaken, en als ministers ergens een hekel aan hebben is het aan een dergelijke crisis.

161   Van der Meulen, *Koning Willem III, 1817-1890*, pp. 527-529.

162   Weitzel, *Maar Majesteit!*, p. 96 en p. 246.

163   Weitzel, *Maar Majesteit!*, p. 94.

164   Van der Meulen, *Koning Willem III, 1817-1890*, pp. 530-535.

Kritiek van links

Ministers in de tijd van Willem III hadden het niet gemakkelijk. Niet alleen met de koning zelf, maar ook met diens linkse politieke tegenstanders hebben ze heel wat te stellen gehad.

Socialisten, communisten en hun geestverwanten waren de regering een doorn in het oog. Ze stelden sociale misstanden aan de kaak en eisten daarvoor een oplossing. De overheid beschouwde linkse critici in de eerste plaats als raddraaiers die ze het liefst zo snel mogelijk wilde opsluiten. Maar vanwege de vrijheid van meningsuiting en persvrijheid - beide in de Grondwet vastgelegd - kon dat niet. Voor dat probleem werd in 1881 een oplossing verzonnen. Als uitlatingen van communisten en socialisten konden worden opgevat als 'hoon en laster' gericht tegen de koning, konden de daders - desnoods met een uiterst ruime en fantasievolle uitleg van het begrip 'hoon en laster' - op grond van het nieuwe artikel 111 in het Wetboek van Strafrecht voor maximaal vijf jaar naar de gevangenis worden gezonden.

En daarmee was de persvrijheid - sinds 1848 in de Grondwet verankerd - via een achterdeur toch weer een beetje om zeep geholpen. Artikel 111 (in de wandeling bekend als de wet tegen majesteitsschennis) is door de regering herhaaldelijk misbruikt om linkse activisten achter de tralies te zetten.[165]

De oppositionele pers werd steeds venijniger. Dat was al begonnen in de nadagen van Willem II. Tijdens Willem III kwam ze tot bloei, zij het niet op een altijd even subtiele wijze. Maar ze slaagde er wel in haar boodschap over te brengen. Het doet wel eens denken aan het proza uit de provotijd van de jaren zestig van de vorige eeuw, al waren de teksten uit de tijd van Willem III opmerkelijk harder en provocerender.

De Amsterdamse journalist Jan David de Vries, die de autoriteiten regelmatig zat te sarren, kwam al eerder ter sprake met zijn blad *De Hydra* en zijn pamflet *Een Standbeeld in een zak*. Naast journalist en pamflettist was hij roman- en toneelschrijver, maar ook vertaler en auteur van historische werken. Hij stond op de bres voor de arme onderklasse en hamerde erop dat de vele werkelozen en armen van Nederland een menswaardiger bestaan verdienden. Hij trok regelmatig van leer tegen de monarchie als een falend instituut en sta-in-de-weg voor een democratie, maar pleitte nooit openlijk voor een republiek. Waarschijnlijk deed hij dat bewust,

---

165   Zie voor de geschiedenis van artikel 111 WvS ('majesteitsschennis') Aalders, *Weg met de koning! Twee eeuwen majesteitsschennis in Nederland.*

om niet in de gevangenis te belanden. Hij was tenslotte al eens vanwege zijn pamflet *Een standbeeld in een zak* in 1854 tot drie jaar gevangenisstraf veroordeeld.

In zijn roman *Verborgenheden van Amsterdam* legde De Vries schrijnende sociale misstanden bloot. Een uitzichtloze situatie die niet langer mocht voortduren, was zijn boodschap. Amsterdam telde veel armen, de huisvesting was er belabberd en de werkeloosheid schrikbarend hoog, wat weer honger, kou en armoe tot gevolg had.

In *De Hydra*, die op 4 augustus 1847 voor het eerste verscheen, toog De Vries week na week op oorlogspad tegen de autoriteiten. Van de koning – zowel Willem II als Willem III – moest hij niets hebben, maar zijn mikpunt bij uitstek was minister Floris van Hall, de kille, hardhandige saneerder van de overheidsfinanciën.

Weekblad *De Hydra* telde vier pagina's op folioformaat. De naam was ontleend aan de negenkoppige monsterslang uit de Griekse mythologie, die gedood werd door Herakles. Het monster doden zou onmogelijk zijn. Je kon wel een van de negen koppen afhakken, maar de slang kreeg er direct twee nieuwe voor terug. Herakles schroeide echter de plek waar hij een kop had afgehakt zo razendsnel dicht dat het monster geen kans kreeg twee nieuwe koppen te laten groeien.

Het bloed van de Hydra was giftig; net zoals de inkt giftig was waarin De Vries zijn pen doopte. Bij de Vries staat de Hydra voor de regering, de overheid, de bureaucratie en niet te vergeten de monarchie. In zijn blad trok hij ten strijde tegen alle vormen van onrecht: de almacht van de staat, te hoge belastingen, gebrek aan (pers)vrijheid, het koloniale stelsel en de steeds maar verder stijgende prijzen van levensmiddelen.

Daarnaast wond hij zich op over klassenjustitie, lijfstraffen en de doodstraf. De Vries vond de koning een slapjanus, al zei hij dat in andere bewoordingen om niet in de cel te belanden. Aanvankelijk had Willem II op wat meer begrip kunnen rekenen dan zijn voorganger de koopman-koning. Voor Willem III had vrijwel niemand een goed woord over. De Vries al helemaal niet:

'Indien het zwakheid is, die den Vorst dwingt aan den leiband van Ministers te lopen, uit gebrek aan kracht om zelf te kunnen gaan, dan doet hij afstand van den troon, liever dan langer den schepter te

zwaaijen, die hem te zwaar is, ten verderve van den Natie, tot ondergang des Volks.'[166]

Tijdens zijn proces vanwege de publicatie van *Een Standbeeld in een zak*,
dat hij beschreef in *Asmodée voor de regtbank* ,'onthulde' De Vries dat
Willem III het standbeeld van zijn vader het liefst op het Buitenhof zou
hebben laten staan met een zak over het hoofd.

Met veel gevoel voor drama neemt hij het op voor de 'eenmaal zoo
geliefden Koning' die maar op het Buitenhof stond te staan met een zak
over zijn hoofd. Die schande verdiende de overleden koning, de Held
van Waterloo, niet. Tot in het buitenland aan toe werd het schandalig
gevonden.

De Vries doet zich hier voor als monarchist. Eigenlijk verdient hij
dank, dat het beeld dankzij zijn brochure is onthuld. In plaats daarvan
moest hij terechtstaan. De Vries had een nog grotere hekel aan Willem
III dan aan diens vader Willem II. Door nummer II te bewieroken, haalt
hij het aanzien van Willem III verder naar beneden. Voor de rechtbank
begon hij zijn betoog met:

'Reeds meermalen viel mij de onaangename eer ten deel, voor Uwe
regtbank terecht te staan. Altijd wegens drukpers-delict, en altijd in
mijn kwaliteit van Redacteur van een weekblad, wegens uit andere
bladen overgenomene, of door andere geschrevene, ter plaatsing
ingezondene stukken.'[167]

Dit was de eerste keer dat hij terechtstond voor een stuk dat hij zelf had
geschreven. Even had hij nog gedacht dat Willem III persoonlijk opdracht
had gegeven hem te vervolgen, maar bij nader inzien had hij die gedachte
verworpen: 'Neen! tot zulk eene lage wraak kan Tweeden Willems zoon
niet in staat zijn!... Zóó verre valt de vrucht niet van den stam!...''

Tijdens zijn proces citeert hij een fragment uit *Een standbeeld in een zak*.
Zijn tijdgenoten herkenden daarin moeiteloos de koningin-weduwe
Anna Paulowna en haar zoon koning Willem III:

'Ik zag een vrouw van naar ik giste vier en vijftig jaren oud, rijzig van
gestalte, blond en met een trotsch gelaat en gebiedende houding. Zij

---

166   Vinken, 'Jan de Vries, pamflettist, 1819-1855'.
167   De Vries, *Asmodée voor de regtbank*.

droeg de weduwen-rouw. Tegenover haar was een man gezeten, grof en onbehouwen van gestalte, wiens gemeen voorkomen nog meer uitkwam door den woesten baard en knevel dien hij droeg. Hij was in uniform gekleed en droeg een star op de borst. Op zijn gelaat stond ruwe brutaliteit te lezen, en zijne lange haarlokken, à la Ezau, hingen hem verward om het hoofd.'[168]

Het was een gesprek dat het kreupele duiveltje Asmodée had afgeluisterd. Asmodée was ontsproten aan het brein van de schrijver. Hoe konden de rechters nou in Asmodée's beschrijving, nota bene een fictieve figuur, de onbehouwen, grove en slechtgemanierde man koning Willem III herkennen? De Vries stond perplex. Hoe beledigend moest dat niet zijn voor Willem III, om als een 'ruw, onbeschaamd, liederlijk' mens te worden gezien? De rechters moesten zich schamen.

De Vries had in zijn pamflet slechts de onverschilligheid ten aanzien van de nagedachtenis van de Held van Waterloo onder de aandacht willen brengen. Hoe kon dat in hemelsnaam worden opgevat als 'hoon en laster' ten opzichte van het koningshuis? Hij zag zijn vrijspraak met vertrouwen tegemoet.[169]

De Vries, onverbeterlijk als altijd, kwam na de onthulling van het beeld met een nieuwe brochure *Een Standbeeld uit een zak*. Ook ditmaal knoopt Asmodée een gesprek aan met het beeld. Het was toch erg, vonden het beeld en het duiveltje beiden, dat er nauwelijks publiek op was afgekomen. Ontluisterend was dat. Op de vraag van het beeld of zijn zoon, Willem III, nog enig teken van ontroering had gegeven bij de onthulling, was het antwoord dat de koning erg bleek had gezien. Maar dat was niet van ontroering, of omdat hij zich zo had ingespannen voor staatszaken. Nee, hij had in de nacht voor de onthulling urenlang gedanst. Willems graf in Delft had hij nooit bezocht. Anna Paulowna wel. Maar 'het schijnt wel dat de doorluchtige Weduwe meer van Uwe doodskist, dan van Uw standbeeld houdt'.[170]

Zoals bekend, kreeg De Vries drie jaar cel voor zijn pamflet, maar voordat de Hoge Raad in 1854 zijn vonnis had bevestigd, zat De Vries al hoog en droog in België. Daar werd hij gearresteerd en alsnog vastgezet,

---

168 De Vries, *Asmodée voor de regtbank*.
169 De Vries, *Asmodée voor de regtbank*.
170 De Vries, *Een standbeeld uit een zak*.

wegens een openstaande schuld. Vanuit de gevangenis bleef hij schrijven voor *Asmodée*. In 1855, op 10 oktober, kwam hij vrij. Drie dagen later stierf hij aan tuberculose, nog maar 35 jaar oud. *Asmodée* bleef voortbestaan tot 1911.[171]

Na de dood van De Vries kreeg *Asmodée* nog drie andere redacteuren. De bekendste was mr. A.A. van Brussel, schrijversnaam voor Adolphe A.T. Visscher. Alle drie kwamen ze op voor de belangen van de sociaal lagere klassen, en voortdurend stelden ze onrecht en het in hun ogen desastreuze regeringsbeleid aan de kaak. *Asmodée* gaf er regelmatig blijk van tegen het koningshuis te zijn.

In koffiehuizen en kroegen werd het gretig gelezen (en voorgelezen). *Asmodée* was vooral populair bij de kleine burgerij en arbeiders. In debatten speelde het een niet te onderschatten rol. Minister van Financiën Van Hall moest het regelmatig ontgelden. Het was pas nieuws als Van Hall eens *niet* in het blad voorkwam. Zo stelde *Asmodée* op 2 augustus 1854 zijn lezers gerust 'Mijnheer van Hall komt in dit Nommer voor'. De reden daarvoor was dat hij in het vorige nummer een keer *niet* was genoemd.

Als satirisch blad publiceerde *Asmodée* verzonnen 'wetsontwerpen' die voorzagen in forse straffen voor mensen die de koning hadden beledigd. Iemand die de koning in geschrifte 'mishaagde' kon volgens het 'wetsontwerp' van *Asmodée* rekenen op een celstraf van ten minste tien en ten hoogste twintig jaar. Tussen hoon en laster werd geen onderscheid gemaakt, zolang het binnen de perken bleef. Wie de koning (of zijn verwanten) echt hoonde of belasterde, kreeg de doodstraf en diens roerende en onroerende goederen werden volgens het 'wetsontwerp' verbeurd verklaard en verkocht 'ten behoeve van de konijnenfokkerij en de vischteelt op het Loo'(twee hobby's van Willem III).[172]

Asmodée publiceerde ook 'Koninklijke Besluiten' en gebruikte dan woorden die deden denken aan echte Koninklijk Besluiten.

> 'Wij Asmodée I, bij de gratie Lucifers, Prins van het Helsche Rijk, beschermduivel der journalisten, enz. enz. Aan allen, die dezen zullen zien ofte komen staan te hooren lezen, goeden morgen of goeden avond!'[173]

---

171   Vinken, 'Jan de Vries, pamflettist, 1819-1855'.

172   *Asmodée*, 23 mei 1885. Zie voor de koninklijke hobby's: Van der Meulen, *Koning Willem III, 1817-1890*, pp. 441-449.

173   *Asmodée*, 21-12-1859.

Met dit 'KB' kondigde *Asmodée* aan in de nabije toekomst geïllustreerd te zullen verschijnen. In april 1862 kwam het blad met een tip voor de koning. Het was bekend dat Willem III Amsterdam zelden bezocht, hoewel hij beweerde dat graag te willen. Wat was het probleem? vroeg hoofdredacteur Van Brussel zich af. Er reden toch treinen! Onder het kopje 'Een herinnering voor den koning' schreef *Asmodée*:

'Men vertelt dat Z.M. tijdens zijn verblijf in Amsterdam, den burgemeester verzekerde, dat hij zich steeds met zoo'n bijzonder genoegen in de hoofdstad des rijks bevond. Wij kunnen niet ontkennen, dat die verzekering ons enigszins bevreemdde, ons bedenkende, dat Z.M. de hoofdstad jaar in jaar uit slechts eenmaal, en wel gedurende den schoonmaaktijd te 's Hage komt bezoeken. Maar de koning sprak en wij moeten Z.M. gelooven. Wij veronderstellen dus, dat de koning niet bekend is met de gemakkelijke communicatie tusschen Amsterdam en 's Hage en nemen derhalve de vrijheid Z.M. mede te deelen, dat hij dagelijks 4 maal per spoor van Den Haag naar Amsterdam kan komen, ad. f. 1,50; zoodat hij zich, voor het bagatel van f. 3, het buitengewoon genot kan verschaffen heel dikwerf te zijn in het midden zijner beminde Amsterdammers, een genoegen 'tgeen hij den burgemeester zeide, niet genoeg te kunnen smaken... Wellligt kan 't nog goedkoper en treft de administratie van den spoorweg een accoordje met den beminden Vorst...'[174]

Geld en Oranje. Het was een item dat ook toen al in de belangstelling stond en op de hak werd genomen. Sommige dingen veranderen nooit.

Willem III was volgens het blad een ezel, zonder echter de koning expliciet te noemen. Dat zou hoon of laster zijn geweest en dat betekende straf. Het verschil tussen gewone en koningsezels was volgens *Asmodée* niet zo moeilijk te zien, omdat koningsezels er dommer en gemener uitzagen dan gewone ezels. Men sprak de koningsezel (*Asinus asinorum*) aan met 'Uwe Majesteit' en maakte daarbij een diepe buiging. 'Uwe Majesteit' wilde eigenlijk zeggen 'Uwe Ezelachtigheid' of 'Uwe Dierlijkheid.' Als de koningsezel zijn paleis verlaat, doet hij dat in de regel met een stoet andere ezels, waaronder de aristocratische ezel (*Asinus diplomaticus*), de hofezel (*Asinus lacaii*) en de mode-ezel (*Asinus pomadicus*).

---

174   *Asmodée*, 09-04-1862.

De Europese koningsezel had een opvallend kenmerk: hij lag geregeld overhoop met zijn gemalin, wat gepaard ging met schoppen en bijten 'iets wat voor die ezelinnen allesbehalve plezierig is'. Die zoeken dan van de weeromstuit troost bij een lagere ezel, maar dat leidt er weer toe dat de koningsezel dan de 'allerliederlijkste ezelinnen' het hof gaat maken.

Een ander kenmerk van de *Asinus asinorum* is dat hij niets anders doet dan slapen, eten en drinken. De beide laatste genoegens uiteraard op kosten van de gewone ezels. Maar ja, die zijn ook zo ongelofelijk stom dat ze 'bij sommige gelegenheden om 't luidst: leve de koningsezel! (…) schreeuwen'.[175]

'Physiologieën' worden ook tot de oppositionele pers gerekend. Ze hadden het formaat van de minikranten (lilliputters), maar waren dikker. Ze oogden als kleine boekjes. Ze oefenden kritiek uit op sociale misstanden, te hoge belastingen, armoe, honger, werkloosheid en economische uitbuiting. De physiologieën namen geen blad voor de mond en 'leverden ongezouten kritiek waar nog nooit kritiek gehoord was'.[176]

In *De Waarachtige Physiologie van Amsterdam* (1845), portretteert P.J.W. (Peter) de Vos, een Amsterdamse ambtenaar, koning Willem II en troonopvolger Willem III, zonder ze bij naam te noemen. De schrijver beschrijft Willem II als een drankzuchtige, geile slapjanus, en bovendien is hij van een 'vadzige lusteloosheid', eeuwig en altijd uit op een seksueel pleziertje.

Als de koning (Willem II dus) een boerderij binnengaat, in de hoop een boerendochter te verschalken, ziet hij een hardop biddende oude vrouw. Hij luistert met verbazing naar haar gebed, waarin ze de vele soorten malaise in het land beweent. Willem wist daarvan wel af, maar zijn ministers hadden hem wijselijk nooit verteld wat de echte oorzaak was. Het volk zou zelf schuldig zijn, omdat het oproerig was 'ten einde de zwakke Vorst, daardoor nog meer van het zelf besturen der zaken af te schrikken'. De aloude mythe dus van 'als de koning dit zou weten, dan…'.

Het besje smeekte God de koning een lang leven te geven en haar te laten sterven vóórdat zijn opvolger op de troon kwam. Willem II - incognito zoals gezegd - vroeg waarom ze zo vurig voor het leven van de koning had gebeden. Als arme onderdaan had ze daartoe toch geen reden? Het oudje was het daarmee eens en begon vervolgens de lof van

---

175   *Asmodée*, 07-09-1865.
176   Giele, *De pen in de aanslag. Revolutionairen rond 1848*, pp. 13-14.

de stamvader - Willem de Zwijger - te zingen. Die was nog zo slecht niet geweest, maar de stadhouders en koningen die na hem kwamen, waren stuk voor stuk een stelletje 'bloedzuigers'. Het enige wat ze wilden, was meer macht en geld 'ten koste van ons zweet en bloed'. Maar nu zag ze zich gedwongen te kiezen uit twee kwaden.

De troonopvolger was nog vele malen erger dan de regerende koning: de kroonprins was 'een beest der beesten' die zijn vrouw sloeg en iedereen beledigde. Het kwam erop neer dat ze niet uit liefde voor een lang leven voor Willem II had gebeden, maar puur uit angst voor zijn opvolger Willem III, die het ergste van alle Oranjes was.[177]

En dan was er nog *Recht voor allen*, het blad dat op 1 maart 1879 voor het eerst verscheen. Aanvankelijk niet partijgebonden, werd het later het orgaan van de Sociaal-Democratische Bond (SDB). De autoriteiten vonden *Asmodée* irritant en vervelend, maar een blad van socialistische huize was eigenlijk ook een stap te ver.

Verbieden mocht niet volgens de Grondwet, maar majesteitsschennis bood in dit geval het gewenste handvat. Wie een aanklacht wegens majesteitsschennis aan de broek kreeg, maakte bij de rechter, mits die uit het juiste oranjehout was gesneden, een goed kans op een veroordeling. 'Hoon' en 'laster' zijn lastig te omschrijven begrippen en daarmee hoopte de overheid in dit geval haar voordeel te kunnen doen. Het spreekt voor zich dat de hoofdredacteur van *Recht voor allen*, Ferdinand Domela Nieuwenhuis, evenmin kon bogen op sympathie in Den Haag.

Domela Nieuwenhuis hing in 1879 zijn toga - hij was predikant - voorgoed aan de wilgen, om zich geheel aan het socialisme te wijden. Overal in het land gaf hij drukbezochte lezingen over sociale vraagstukken. Hij pleitte voor gelijkberechtiging van mannen en vrouwen, was een fel pleitbezorger van algemeen kiesrecht en een vurige antimilitarist. Zijn geloof in de kerk had hij volledig verloren.

Hij was tegen drank, omdat hij zag wat voor ellende alcohol bij de door honger en werkeloosheid geteisterde onderklasse kon aanrichten. Bij al zijn spreekbeurten ageerde de voormalige dominee daarom tegen een of meer van de 'vijf K's' waartegen hij een uitgesproken weerzin had: Kapitaal, Koning, Kerk, Kroeg en Kazerne.[178]

---

177   IISG, ZO 17709, *De Waarachtige Physiologie van Amsterdam* (1845), pp. 255-256.
178   Zie voor het leven van Domela Nieuwenhuis: Stutje, J.W, *Ferdinand Domela Nieuwenhuis: een romantische revolutionair*.

Asmodée maakte al eens melding van Willem III's jaarlijkse voorjaars-
bezoek aan Amsterdam. Die gebeurtenis vond ook in 1886 plaats. 'De
koning komt!' kondigde *Recht voor allen* op de voorpagina aan:

> 'De groote bladen delen ons mede dat in de volgende week de koning
> zijn jaarlijksch bezoek aan de hoofdstad zal brengen. Wij zullen dus
> weder getuige kunnen zijn van de malle vertooning, genaamd de
> aankomst van Z.M. aan het afgezette station en de verschijning van
> Z.M. met vrouw en dochtertje op het balkon van 't paleis op den
> Dam. De groote bladen zullen weder lange verhalen doen en liegen
> van de liefde van het huis van Oranje voor 't Nederlandsche volk en
> van de geestdrift van genoemd volk voor zijn vorst.'[179]

Recht voor allen wees erop dat de gezagsgetrouwe kranten het volk alsmaar
aanspoorden hun ontembare liefde voor Oranje te belijden. Nooit hadden
ze iets interessants over de koning te melden. De lezers van die kranten weten dat hij jonge vogeltjes heeft gekocht, graag lange wandelingen maakt en in blakende gezondheid verkeert, maar 'toch ieder jaar tot
herstel van die blakende (?) gezondheid een lange kuur in een buitenland-
sche badplaats doet'.

Het blad komt met nog een reeks van voorbeelden, om tot slot te concluderen dat het altijd 'slechts zinnelooze en zoutelooze berichten [zijn]
omtrent handelingen van Z.M. die noch eerbied, noch toewijding, noch
eenige geestdrift kunnen uitlokken voor iemand die zo weinig van zijn
baantje maakt'.

Recht voor allen hekelt hier de bekrompen berichtgeving en schijnhei-
ligheid van de koningsgezinde kranten, maar het OM beschouwde het
stuk als opruiend. Het is ook mogelijk dat het OM het artikel in opdracht
van de koning (of zijn directe omgeving) zo moest zien. Hoe een aanklacht
wegens majesteitsschennis tot stand kwam, of wie daartoe opdracht gaf,
blijft raadselachtig. De aanklacht vindt op 'ambtelijke' wijze plaats.

Hoofdredacteur Domela Nieuwenhuis moest voor de rechter verschijnen, omdat zijn opmerking 'iemand die zo weinig van zijn baantje maakt'
niet door de beugel zou kunnen. Volgens het OM was dat niets minder
dan het 'boosaardig en openbaar smaden, honen en lasteren van de persoon des konings'.[180]

---

179   *Recht voor allen*, 24-04-1886.
180   Meyers, *Domela, een hemel op aarde: leven en streven van Ferdinand Domela Nieuwenhuis*,
p. 130.

De rechters in Den Haag gaven het OM gelijk en stuurden in juni 1886 Domela Nieuwenhuis voor een jaar naar de gevangenis. Zijn vrienden adviseerden hem naar het buitenland uit te wijken, zoals anderen voor hem dat hadden gedaan, maar Domela weigerde. Hij ging wel in hoger beroep, maar het gerechtshof in Den Haag, en in laatste instantie ook de Hoge Raad, bekrachtigden het vonnis.[181]

Vrouwe Justitia bleek verre van blind, wat Domela Nieuwenhuis en socialisme in het algemeen betrof. Maar wel doelgericht. Net als de regering leek het OM verblind door angst voor links. Socialisten die kritiek uitoefenden op de monarchie, konden zelden op begrip rekenen. De vrije meningsuiting telde dan kennelijk niet. Bovendien klopte het dat Willem III niet 'veel van zijn baantje' maakte. Zijn minister van Oorlog, Weitzel, kwam in zijn geheime dagboeken regelmatig tot een gelijke conclusie.[182]

Anti-socialisten werden haast automatisch ingedeeld bij de orangisten, wat een onbetrouwbaar beeld oplevert van het aantal monarchisten destijds.

De schrijver Multatuli (pseudoniem voor Eduard Douwes Dekker), een vriend van Domela Nieuwenhuis, schreef openhartig in een brief dat weinigen zo'n minachting voor Willem III koesterden als hij. En niet alleen Willem III. Hij noemde 'het heele huis van Oranje 'n 'vuile troep, te beginnen met den algemeenen Vader d.v. [des Vaderlands] die zoo byzonder goed zwijgen kon – wat niet eens waar is! Goed, onze koning is 'n lor.'[183]

Domela kreeg na zeven maanden gratie. Hij was ervan overtuigd dat hij was veroordeeld vanwege zijn socialistische ideeën. Het begrip majesteitsschennis was gebruikt om hem op te sluiten.[184] Zijn veroordeling zorgde voor onrust in het land en de protesten tegen zijn vonnis bleven maar aanhouden. Het lijkt er sterk op dat zijn vervroegde vrijlating aan die protesten te danken is geweest. De enige manier om die in te dammen was Domela te laten gaan.[185]

Tijdens Domela Nieuwenhuis' gevangenschap (in 1887), bleef *Recht voor allen* onverminderd doorgaan met spuien van kritiek op Willem III en het blad bleef erop hameren dat hij zo weinig van zijn baantje had gemaakt. Baan en beloning waren geheel uit balans:

---

181 Ramaer, 'De Gorilla-oorlog. Anarchisten en de Oranjemonarchie'.
182 Weitzel, *Maar Majesteit!*, passim.
183 Van der Meulen, *Koning Willem III, 1817-1890*, p. 574.
184 Domela Nieuwenhuis, *Van christen tot anarchist*, p. 150, p. 162 en p. 221.
185 *De Tijd. Godsdienstig-staatkundig dagblad*, 17-09-1886.

'15-22 Mei. [1886]

Geleverd werk:	Genoten loon:
????	f. 20.000
's lands geld verteerd in het buitenland, uit wandelen geweest en uit rijden, gegeten, gedronken, geslapen enz.	minstens, met vrije woning en toebehooren.
29-30 Mei.	
????	f. 20.000
's lands geld verteerd in het buitenland, uit wandelen geweest en uit rijden, gegeten, gedronken, geslapen enz.'[186]	minstens, met vrije woning en toebehooren.

Wekenlang ging dat zo door. In mei 1886 plaatste *Recht voor allen* een ingezonden brief van 'ene Hugenoot' die zijn ongezouten mening gaf:

'Toen ik dezen morgen in de Engelsche bladen las dat onze partij-genoot F. Domela Nieuwenhuis wegens hoogverraad voor de rechtbank gedagvaard was, dacht ik bij mijzelven: Hoe weinig is de wereld toch vooruit gegaan sedert den tijd der eerste Romeinsche keizers. Waarlijk het vervolgen van iemand wegens het ruiterlijk uitkomen voor de waarheid is de daad van een Tiberius of Caligula waardig. Even als toen worden de vlijers en kruipers van onze dagen met eerbewijzen overladen, terwijl al degenen die het wel meenen met het volk en die de maatschappij pogen te hervormen tot boete of gevangenisstraf voor hun edel streven beloond worden.'[187]

Domela Nieuwenhuis was de bekendste socialist die gevangenisstraf kreeg omdat hij de koning had beledigd, maar hij was niet de eerste. Bart van Ommeren, notarisklerk en lid van de Sociaal-Democratische Bond, was hem in 1885 voorgegaan omdat hij een *Buitengewoon staatsblad van het Koningrijk der Nederlanden* ('No. 1, Besluit van den 21 Mei 1885, houdende ons Staatsrechtelijk Testament') zou hebben aange-plakt. Daarin stond het 'aftreden' van Willem III aangekondigd:

---

186   Domela Nieuwenhuis, *Van christen tot anarchist*, p. 147.
187   *Recht voor allen*, 29-05-1886. 'Hugenoot' zou zijn brief vanuit Londen hebben geschreven, dus veilig buiten het bereik van de Nederlandse justitie.

'Wij Willem de laatste, bij de gratie Gods Koning der Nederlanden, Prins van Oranje-Nassau, Groot-Hertog van Luxemburg, enz. enz.

Op de voordracht van den Raad van Ministers, van 11 Mei 1885;
    Overwegende, dat Wij, Ons einde voelende naderen, zooveel mogelijk wenschen goed te maken, alle ongerechtigheden, kuiperijen en knoeierijen, door Ons of in Onzen naam bedreven, geduld of bestendigd, ten einde, zoo mogelijk, Onze zondige ziele hier namaals te redden uit de klauwen des Satans;

Hebben goedgevonden en verstaan:

1. Met het oog op de diepe ellende waarin het volk is gedompeld, **afstand te doen van ons jaarlijksch tractement van f. 600.00**0, zoomede van de inkomsten uit de Domeinen, en van al wat verder uit het zweet en bloed der arbeiders afdruppelde op Ons en Onze bedorven hofhouding.
2. **Vrede te sluiten met Atjeh, af te schaffen het staande leger en in te voeren Algemeene Volksbewapening;**
3. Alle vroegere besluiten en benoemingen in te trekken, ten einde een eind te maken aan de familieregeering van Onze vriendjes;
4. **Afstand te doen van de Kroon voor onze nakomelingen:**
5. **Te ontbinden de beide Kamers der Staten-Generaal en een beroep te doen op het geheele Nederlandsche Volk ter beslissing over den Regeeringsvorm en ter verkiezing van nieuwe Kamers;**
6. Met een diep gevoelen van schaamte Onzen nederigen dank te brengen aan het lieve Nederlandsche Volk, dat zoo geduldig en lankmoedig Ons met Onze familie en verderen nasleep heeft gevoed en onderhouden! (…)'[188]

Was 'getekend': 'Willem', Karlsblad, 23 mei 1885.

De politie lichtte Van Ommeren van zijn bed op verdenking van majesteitsschennis. Dienders hadden hem regelmatig geschaduwd vanwege zijn linkse voorkeuren. De bewijslast tegen Van Ommeren was uiterst mager, de strafeis daarentegen moddervet: twee jaar cel. De aanklager

---

188   IISG, *Buitengewoon Staatsblad*, BG, B18/623.

sprak van 'laster, hoon en aanranding door beklaagde tegen het vorstelijk stamhuis, waaraan ons volk zulke grote verplichtingen heeft, bedreven'. Dat zei letterlijk alles over het motief van de aanklager.

Het Amsterdamse publiek, althans een deel, was verontwaardigd over de gang van zaken en protesteerde buiten het gerechtsgebouw. De politie joeg het toegestroomde volk met de blanke sabel uiteen. De eis van twee jaar cel werd niet gehonoreerd. De Hoge Raad vond uiteindelijk een jaar cel voor Van Ommerens belediging van de koning genoeg.

Recht voor allen kwam tot de slotsom dat het Amsterdamse publiek over meer gevoel voor recht beschikte dan de politie en justitie samen.[189]

Er was echter ook waardering voor vonnissen die socialisten troffen. Ze vonden dat socialisten over de schreef gingen met hun beledigingen aan het adres van de koning. Er dienden daarom maatregelen te worden genomen hen de mond te snoeren. Het was in hun ogen ontoelaatbaar dat 'een bende onruststokers zich straffeloos aan beleediging en belastering van den Koning' schuldig kon maken. Hard optreden was de boodschap. 'Het venijnig monster, 't welk zijne kaken durft opsperren, om zoo mogelijk alles en alles in te verzwelgen' zou door krachtig optreden vermorzeld moeten worden.[190]

Recht voor allen had geen goed woord over voor het Amsterdamse hof: het waren 'gerechtelijke handlangers' van de regering. Maar dat viel volgens het blad te verwachten van een college, samengesteld uit leden van de bourgeoisie en de adel.[191]

Tanende macht

Willem III was geen luie man. Hij las veel staatsstukken en voorzag die van aantekeningen en aanwijzingen. Hij voerde regelmatig besprekingen met ministers en woonde soms vergaderingen bij. Hij was het met veel dingen niet eens, en menig minister botste met hem, maar er werd wel naar hem geluisterd. Dat betekende echter niet dat hij zich met de Grondwet had verzoend.

De Grondwet van 1848 wordt algemeen beschouwd als het begin van het stelsel dat we heden ten dage nog hebben: een parlementaire democratie met een erfelijk koningschap. Toch is er ook een wereld van

---

189   Ramaer, 'De Gorilla-oorlog. Anarchisten en de Oranjemonarchie' en http://socialhistory. org/bwsa/biografie/ommeren. Voor het citaat van de officier van justitie: *Algemeen Handelsblad*, 08-08-1885.

190   Van der Meulen, *Koning Willem III, 1817-1890*, p. 573.

191   *Recht voor allen*, 31-10-1885 (in de zaak tegen Anton Belderok die voor majesteitsschennis terechtstond).

verschil. Waar de macht van de koning tegenwoordig vrijwel geheel is teruggedraaid - niet zijn invloed, die is nog steeds opmerkelijk groot - was die in de tijd van Willem III, in weerwil van de ministeriële verantwoordelijkheid, nog steeds aanzienlijk. Slecht een klein deel van de bevolking had stemrecht. Iemand kreeg pas stemrecht als hij een minimumbedrag aan belasting betaalde. Vrouwen mochten op geen enkele manier meedoen.

Men hield er toen natuurlijk, net als nu, allerlei meningen op na, maar politieke partijen bestonden nog niet. Er waren wel kiesverenigingen, soms met een partijpolitieke kleur, maar soms ook niet. Een partij als politieke organisatie was in de ogen van velen een bedenkelijke zaak. De leden van de Tweede Kamer werden individueel gekozen om wie ze waren en wat ze vonden. De kiezer verwachtte dat ze zich daarnaar zouden gedragen. Een politieke indeling naar ideologie was nog nauwelijks te maken.

Evenmin regeerde Den Haag op basis van programma's. De ministers stemden hun beleid af op afzonderlijke kwesties. Landelijke verkiezingen bestonden niet. Mensen met stemrecht stemden op heren die zich in hun district verkiesbaar hadden gesteld. De koning zag zich dus niet tegenover een hechte ministersploeg gesteld, maar tegenover individuele ministers waarvan de een belangrijker was dan de ander.

In zo'n situatie kon de koning, als hij de zaken maar slim genoeg aanpakte, nog steeds veel macht uitoefenen. Ook voor ministers was de verandering die 1848 met zich had gebracht groot; net zo goed als voor de koning. Het kwam menigmaal voor - macht der gewoonte - dat ministers de koning nauw bij het bestuur betrokken, hetgeen de koning veel potentiële macht verschafte. Sommige ministers gaven de koning wel eens al te snel zijn zin.

Dat gold overigens niet voor J.R. Thorbecke, de man die zo'n belangrijk aandeel had in de herziening van de Grondwet. Een factor van betekenis was ook dat de koning, op grond van artikel 73 Grondwet, zijn ministers naar welgevallen kon benoemen en ontslaan. Ook bij kabinetsformaties speelde de koning een doorslaggevende rol.

Aan de andere kant diende de koning in de praktijk - in tegenstelling tot voor 1848 - wel degelijk rekening te houden met allerlei factoren. Vooral de Tweede Kamer, waaraan de ministers verantwoording schuldig waren, had een belangrijke rol gekregen waarmee Willem terdege rekening moest houden. In het begin van zijn regeerperiode deed hij dat echter nog nauwelijks. Zo wees hij veelvuldig ministers aan die niet op steun uit de Kamer konden rekenen. Van liberale ministers, die hij associeerde met de nieuwe Grondwet, moest hij niets hebben. Het gevolg daarvan was dat er vaak behoudende kabinetten aantraden die geen steun hadden in de Kamer en daardoor weinig tot stand brachten. De koning had in die gevallen een remmende werking op het bestuur van het land.

Willem klaagde vaak dat hij onvoldoende in een regeringsvoornemen was gekend, wat steevast gepaard ging met een koninklijke woedeaanval, maar uiteindelijk - hij had geen keus - legde hij zich toch neer bij het besluit van de ministers.[192] 'De koning lag voortdurend dwars en bruuskeerde zijn ministers, maar uiteindelijk zette hij altijd weer zijn paragraaf.'[193] Willem kon zich over alles boos maken. Lang niet altijd had dat te maken met belangrijke staatkundige kwesties.

De bijna altijd humeurige koning ontmoette zijn ministers zo weinig mogelijk. Dat kwam ook omdat hij het liefst op Het Loo bij Apeldoorn verbleef. Vaak maandenlang. Ook was hij vaak op privéreis in het buitenland. Maar waar en wanneer hij maar kon, bestookte hij de ministers met schriftelijke verwijten en terechtwijzingen. Vaak had dat niet het beoogde effect. Het gevolg van zijn handelswijze was namelijk dat ministers, moe van het eindeloze bakkeleien met de koning die hen tomeloos leek te haten, steeds meer een hechte eenheid tegen de koning gingen vormen. Ze waren het ook moe letterlijk alles te moeten bevechten, voordat Willem de vereiste handtekening zette.[194]

Willems afkeer van de Grondwet zat zo diep dat hij er in feite nooit echt gewend aan is geraakt en daarom herhaaldelijk heeft gespeeld met de gedacht te abdiceren, zodra zijn oudste zoon, kroonprins Wiwill, achttien werd. Maar niemand achtte hem al rijp voor de troon. Wiwill zelf had er trouwens ook geen zin in.

Op de langere duur begon de invloed van de koning vanwege de ministeriële verantwoordelijkheid toch te tanen. Wat aanvankelijk nog wel was gelukt, het tegenhouden van een in zijn ogen ongewenste ministersploeg, werd steeds lastiger.

De invloed van de Tweede Kamer, die de ministers moest controleren, kon hij steeds minder negeren. In de jaren na 1868 leek het besef

---

192   Van der Meulen, *Koning Willem III, 1817-1890*, pp. 224-225, 227, 229, 230, pp. 231-239 en p. 626.

193   Van der Meulen, *Koning Willem III, 1817-1890*, p. 245.

194   Van der Meulen, *Koning Willem III, 1817-1890*, pp. 259-261 en p. 461.

van zijn tanende invloed langzaam tot hem door te dringen.[195] Hij was ook té vaak niet bereikbaar. Willem verbleef vaak op Het Loo, bezocht regelmatig een kuuroord in het buitenland, of hij hield zich op aan het meer van Genève. In al die gevallen hield hij zich zo goed als onbereikbaar. Dat was lastig omdat er in die tijd nogal wat kabinetscrises waren. Zijn aanwezigheid was dan vereist, omdat alleen hij ministers kon benoemen en ontslaan.

Toen in 1874 een minister zich gedwongen zag ontslag te nemen en er een kabinetscrisis ontstond, was Willem weer eens zoek. Hij was in Den Haag noch op het Loo te vinden, maar hield zich op in het Zwitserse Montreux. Nadat hij was opgespoord, liet Willem vanaf zijn vakantie-adres weten het ontslag in beraad te houden. Het landsbelang vereiste echter dat de kabinetscrisis zo snel mogelijk werd opgelost, maar dat ging niet als de koning feestvierde in Zwitserland.

Uiteindelijk stuurde Den Haag oud-minister van Binnenlandse Zaken Jan Heemskerk naar Montreux om de kwestie met de koning te regelen. Zo werd in Zwitserland het fundament gelegd voor een kabinet onder leiding van Heemskerk.

Wat Willem deed, kon niet. Hij verdween onaangekondigd en bleef net zolang weg als het hem beliefde. Een van zijn ministers was ervan overtuigd dat Willem weinig voor Nederland over had, maar dat Nederland wel alles voor hem over moest hebben. Het ging er steeds meer op lijken dat Willem er geen zin meer in had. Zo hij dat ooit al gehad had.

Zijn leven lang al was hij grillig geweest en had hij last gehad van een korte spanningsboog. Hij kon zich wel eens enthousiast en vol ijver op iets storten, maar in de regel duurde dat - een uitzondering daargelaten - nooit lang. Maar ook die uitzonderingen - zijn belangstelling voor landbouw en militaire zaken - waren geen eeuwig leven beschoren, al duurden ze wel beduidend langer dan zijn interesse voor andere zaken en staatsaangelegenheden.[196]

Willem de Naakte alias Koning Gorilla

Willem verbleef graag aan het meer van Genève, waar hij in de buurt van Montreux voor vijf jaar de gemeubileerde Villa Richelieu, een optrekje met vijftien kamers, had gehuurd. Niet lang nadat hij in 1875 het huur-

---

195   Van der Meulen, *Koning Willem III, 1817-1890*, p. 337 en p. 439.
196   Van der Meulen, *Koning Willem III, 1817-1890*, p. 479 en p. 484.

contract had afgesloten, regende het klachten bij de eigenaar over lawaai van brekend glaswerk en omvallend meubilair.

Bij inspectie bleek de schade enorm. 'Meubels, keukengerei, lampetkannen en zelfs een toiletpot: geen voorwerp scheen veilig voor de koning en zijn gevolg.' Het ijzeren tuinmeubilair was voor de helft zoek, vermoedelijk had het een laatste rustplaats gevonden op de bodem van het meer.

Maar de grootste ravage had Willem in de keuken en de eetzaal aangericht. Talloze schalen, borden, kommen en glazen lagen aan diggelen.

Willem kwam aan het meer van Genève in aanvaring met de politie. Niet vanwege de schade die hij in zijn huurhuis had aangericht, maar vanwege beschuldigingen van naaktloperij. Hij zwom naakt in het meer en zat naakt op het terras van zijn villa, tot ergernis van passagiers op boten en in treinen die zicht hadden op de villa.

Willem ontkende niet, maar beriep zich op zijn koninklijke status, wat inhield dat hij onschendbaar was. Justitie kon hem, de koning van Nederland, niets maken. Nederland noch Zwitserland had belang bij een politieke rel en men besloot de boel de boel te laten.[197]

Willems 'liederlijke gedrag' aan het meer van Genève was de directe aanleiding voor de publicatie van het pamflet *Uit het leven van Koning Gorilla*. De koning had de pech dat de links georiënteerde publicist en vrijdenker S.E.W. Roorda van Eysinga zich aan het meer van Genève had gevestigd. Hij hoorde daar uit de eerste hand de verhalen die over Willem de ronde deden. De aanleiding voor het schrijven van *Koning Gorilla* was het proces tegen Domela Nieuwenhuis.

In *Recht voor allen* haalde Roorda van Eysinga in een serie van vier artikel onder de titel 'Fijne Beschuit' (wat zoveel wil zeggen als 'fijne manieren') hardhandig uit naar de koning en hoge autoriteiten. De naam van de koning noemde hij niet. Dat had een aanklacht wegens majesteitschennis kunnen opleveren. Roorda woonde weliswaar buiten bereik van justitie, in Zwitserland, maar Domela Nieuwenhuis had het artikel waarvoor hij terechtstond ook niet zelf geschreven. De auteur van het stuk was anoniem en daarom had het OM de hoofdredacteur aangepakt.

De reeks 'Fijne Beschuit' was een reactie op een artikel van F. Baron van Hogendorp, die het betreurde dat iemand van eenvoudige komaf tot

---

197   Van der Meulen, *Koning Willem III, 1817-1890*, pp. 479-483.

Kamerlid was gekozen. En dat was dan een man van adel; een man dus met 'fijne manieren'?

Roorda maakte in zijn serie gehakt van de koning, waarbij hij sappige anekdotes allerminst schuwde. De meeste daarvan speelden in Zwitserland. Na 'Fijne Beschuit' publiceerde *Recht voor allen* een anoniem geschreven verhaal 'Heldendaden van een Doorrooker', met anekdotes die zich afspeelden aan het hof en in het leger (waar Willem zich graag mee bemoeide). Een 'doorrooker' stond in die dagen voor losbol, dronkenlap en ook wel 'oude snoeper'.[198]

Het schotschrift *Uit het leven van Koning Gorilla* is gebaseerd op bovengenoemde artikelen in *Recht voor allen*. Het kwam uit ter gelegenheid van Willems zeventigste verjaardag en was bedoeld als tegenhanger voor de officiële jubelschriften, die onvermijdelijk - ongeacht wat de vorst had gepresteerd - verzadigd zouden zijn van overtrokken en kruiperige huldeblijken.

Recht voor allen haalde alles uit de kast om de spanning rondom het verschijnen van *Koning Gorilla* op te voeren:

'Gorilla! Gorilla! Gorilla! Het Leven van KONING GORILLA! GAAT TER PERSE. Het leven van Koning Gorilla! bevat niet alleen een uittreksel uit "Fijne beschuiten", maar is bewerkt uit tal van gegevens verstrekt, door personen die aan 't Hof van Gorilla hebben verkeerd. De met zorg bewerkte uitgave bevat mede het sierlijk uitgevoerde portret van Koning Gorilla.'[199]

Een week later werd in een advertentie gemeld dat *Koning Gorilla* ter perse was gegaan '**met welgelijkend portret!!!**' Voor drie cent kon men alvast een exemplaar bestellen.[200]

Roorda heeft zelf altijd ontkend dat hij de auteur van *Koning Gorilla* was. Wel tekende hij voor de stukken die eerder als 'Fijne Beschuit' waren gepubliceerd en door hem waren ondertekend.

Roorda verwachtte geen problemen met het OM, omdat hij een 'wolk van getuigen' had die allemaal bereid waren te getuigen hoe Willem aan het meer van Genève de beest had uitgehangen. Het OM was volgens Roorda niet gek: er was geen gebrek aan bewijzen voor Willems wange-

---

198 Bos, *Willem III. Koning Gorilla*, p. 43.
199 *Recht voor allen*, 09-02-1887.
200 *Recht voor allen*, 16-02-1887, vet in het origineel.

drag tijdens zijn vakanties in Zwitserland, dus keek het OM wel uit een proces te beginnen.

Van wat hij over 'Gorilla' in 'Fijne Beschuit' (aflevering 2 en 4) had geschreven, nam hij niets terug. Daarvoor had hij bewijzen. *Uit het leven van Koning Gorilla* is waarschijnlijk door meer dan één auteur samengesteld. Verschillende voorvallen die in *Koning Gorilla* staan kloppen wel degelijk, maar een aantal is verzonnen.

Het pamflet was een afspiegeling van de verhalen die toentertijd over Willem III rondzongen. Het verhaal van zijn exhibitionisme in Clarens aan het meer van Genève was waar. Het schofferen van mensen - wie het ook waren, en of hij ze wel of niet kende - is een historisch feit. Dat hij een vadermoordenaar zou zijn, was klinkklare onzin. Maar alles, althans het meeste, had best waar *kunnen* zijn. Dat was een probleem voor het OM.

Uit het leven van Koning Gorilla begon met:

> 'Koning Gorilla, uit wiens misdadig leven wij ons voorstellen hieronder eenige tafereelen te schetsen, was de oudste zoon van een vorst, die denzelfden naam droeg en behoorde tot een Gorilla-geslacht dat door wanbestuur en knevelarij het volk diep ongelukkig had gemaakt en dan ook door dat volk herhaalde malen werd weggejaagd doch zich telkens, steunend op vreemd geweld, weer op den troon wist te herstellen.
>
> Reeds in zijn jongelingsjaren openbaarde zich bij onzen Gorilla de bedorven aard van zijn geslacht door een liederlijk leven, uitsluitend aan Venus en Bachus gewijd.
>
> Bij herhaling vond men hem dronken in de goten zijner residentie, waarop hij als een zwijn door zijn aanstaande onderdanen werd thuis gebracht. Bij dergelijke gelegenheden maakte hij het meermalen zo bont dat de toekomstige vorst dikwijls een welverdiend pak slaag opliep, waarbij het soms meer geluk dan wijsheid was dat hij zijn leven er nog afbracht (…).'

Willems naam valt nergens, maar dat hij het was die op de hak werd genomen, begreep iedereen. Zijn rampzalige huwelijk was een publiek geheim en kwam dan ook uitgebreid ter sprake. Het geschrift is een aaneenschakeling van tirades van een agressieve, vloekende, scheldende, godslasterende, hoererende, wellustige, wrede, schofterige en schofferende, beledigende, mishandelende, inhalige, geldzuchtige en immer zuipende koning.

Waarom heeft het OM niets ondernomen? Het zou niet moeilijk zijn geweest de rechter te overtuigen dat hier sprake was van hoon en laster jegens Zijne Majesteit. Roorda aanpakken was lastig, omdat hij in Zwitserland woonde. De schrijver van 'Heldendaden van een Doorrooker' was anoniem, net als de auteur(s) van *Uit het leven van Koning Gorilla.* De redactie van *Recht voor allen* was in dat geval strafrechtelijk verantwoordelijk. Domela Nieuwenhuis dus. Maar die was al aangeklaagd voor majesteitsschennis, wat de nodige maatschappelijke beroering had veroorzaakt vanwege de straf die hij kreeg opgelegd.

Roorda beweerde veel getuigen voor het wangedrag van Willem in Zwitserland te hebben. Dat Willem zich in Zwitserland had misdragen, wist ook de regering drommels goed.

Wat betreft 'Doorrooker' gold ongeveer hetzelfde. Het OM zou de waarheid hebben moeten onderzoeken en dat zou haast onvermijdelijk tot de constatering hebben geleid dat een aantal van die zogenaamde anekdotes inderdaad klopte. Die hadden dan van Justitie een soort 'echtheidsverklaring' gekregen en daar zat de overheid bepaald niet op te wachten.

De pers negeerde het schotschrift grotendeels. Het godsdienstig-staatkundige dagblad *De Tijd* noemde het wel en heeft zich mateloos geërgerd. De krant bood in zijn kolommen een alternatief voor het socialistische strijdlied 'De rooden boven! Leve Nieuwenhuis!' *De Tijd* zag dat graag veranderd in: 'Oranje Boven! Leve Willem III!'

'Hoezee, hoezee voor onzen Koning!
Hoezee, hoezee voor **Willem Drie!**
't Is een dag voor vreugdbetooning,
't Is een dag voor harmonie! (bis).
Want Willem Drie bleef zeventig jaren
Voor 't lieve Vaderland gespaard.
Oranje blijft ons alles waard!
Moog' God nog lang den Koning sparen!
Hoezee uit volle borst!
Heil den Oranjevorst!
Met hart en hand

Zijn wij verpand
Aan Vorst en Vaderland.

't Is feest, 't is feest, voor alle standen;
Hij is de vorst van arm en rijk;
Hij is de vorst der Nederlanden;
In zijn bezit zijn wij gelijk (bis).
De vreemdling mag ons vrij benijden;
Oranje blijft de sterke band,
Die saambindt elken rang en stand,
Aan wien elk burger zich moet wijden.
Hoezee uit volle borst!
Heil den Oranjevorst!
Met hart en hand
Zijn wij verpand
Aan Vorst en Vaderland!'[201]

Alexander Cohen, corrector bij *Recht voor allen*, riep op een dag, toen het rijtuig van de koning hem passeerde: 'Leve Domela Nieuwenhuis! Leve het socialisme! Weg met Gorilla!' Binnen de kortste keren stond hij voor de rechter. Cohen voerde met humor zijn eigen verdediging. Hij probeerde de rechtbank wijs te maken dat hij zijn kreet 'Leve Domela Nieuwenhuis! Leve 't Socialisme! Weg met Gorilla!' niet behoorlijk af had kunnen maken. 'Plotseling werd ik op zeer onzachte wijze gestuit in de uiting van m'n gevoel en voordat ik den climax van begeestering bereikte die mij had willen doen eindigen met den kreet: 'Leve Willem III', omklemde 'n hand m'n keel en toen ik tot bewustzijn kwam, bemerkte ik dat die hand aan 'n arm bevestigd was en dat die arm 'n deel uitmaakte van 'n heer die zeide: 'wat roep je daar?' Ik antwoordde hierop dat ik geroepen had: 'Leve D.N.! Leve 't Socialisme! Weg met Gorilla!' waarop hij repliceerde: 'Ja, dat heb je ook geroepen en dat zal je *niet* roepen, ten *minste* niet als de koning voorbijkomt'. Ik was, zooals gij, edelachtbare heeren, wel zult begrijpen, zeer verbaasd, daar ik meende dat in de residentie allen met evenveel geestdrift bezield waren voor ons geliefd vorstenhuis, als ik zelf was. Naar aanleiding van dien uitroep maakte die

---

201 Volgens Delpher, de krantendatabank van de Koninklijke Bibliotheek, verschenen er tot 31-08-1887 slechts zeven artikelen over *Uit het leven van Koning Gorilla*. Het gedicht staat in *De Tijd* van 25-02-1887.

heer, die zeide inspecteur van politie te zijn, proces-verbaal tegen
me op, met het gevolg dat ik heden voor u, edelachtbare heeren
verschijn, beschuldigd van "Zijne Majesteit den koning der Nederlanden opzettelijk te hebben beleedigd door met luider stemme te
roepen: 'weg met de gekroonde Gorilla' toen Z.M. in mijne onmiddellijke nabijheid was".[202]

Cohen veinsde zich beledigd te voelen, want hoe was het mogelijk te
veronderstellen dat met:

'Gorilla, Z.M. de koning der Nederlanden bedoeld is? Zoude niet
het Openbaar Ministerie hier voor uw achtbaar college als beschul-
digde gedaagd moeten zijn omdat 't beweert dat Z.M. Willem III
beleedigd wordt door het woord 'Gorilla'? Is niet de veronderstel-
ling alleen daarvan, reeds majesteitschennis? Maar het Openbaar
Ministerie tracht zelfs geen schijn van poging aan te wenden om
het bewijs te leveren dat deze aanklacht zou wettigen! Het is onge-
rijmd mij van majesteitschennis te beschuldigen, daar waar niet
de minste beleedigende bedoeling in m'n uitroep lag opgesloten.
Misschien vraagt ge naar 't verband tusschen de woorden van dien
uitroep onderling. Welnu, edelachtbare heeren, niets is me aangenamer en gemakkelijker tevens, dan u m'n gedachtengang in dezen
te verklaren.

Gij weet, hoe onlangs den heer Domela Nieuwenhuis verkor-
ting van den duur der hem aangedane kwelling werd verleend,
door de bizondere goedheid van den koning en ofschoon deze
laatste gedurende z'n roemrijke, voor ons land zoo vruchtbare
regeering, reeds ontzaggelijk veel groote daden tot stand heeft
gebracht, te veel om hier op te sommen, toch overtreft deze daad
in mijne oogen alle overigen, zelfs Z.M.'s heldenmoedig gedrag bij
de bewuste watersnood, waardoor hij zich bij 't volk den eeretitel
van 'de Goede' verwierf. Deze grootsche daad viel me plotseling in,
toen ik den koning aanschouwde en met bliksemsnelheid kwam
't idée in me op, dat den vorst zeker geen naam aangenamer in de
ooren zou klinken, dan juist die van den man, die evenals Zijne
Majesteit zelf, steeds alles opofferde voor de belangen van 't volk
en dan ook waarschijnlijk om *die* reden, op Zijner Majesteits last
uit de gevangenis werd ontslagen, ter gelegenheid van de verjaar-

---

202 Cohen, *Uiterst links. Journalistiek werk 1887-1896*, p. 71.

dag van het lieftallig dochtertje van Hare Majesteit, onze beminde koningin. Vandaar m'n uitroep: 'leve Domela Nieuwenhuis'. Wat de tweede uitroep: 'leve 't Socialisme' betreft, misschien klinkt het u vreemd dat ik dezen bezigde in tegenwoordigheid des konings en toch, niets natuurlijker dan dit. Immers, de koning heeft m.i. bewezen 'n open oog en hart te hebben voor de belangen en behoeften van al de landskinderen, niet alleen voor de zonen maar zelfs en vooral voor de dochteren, en in *dat* opzicht zeer zeker den eernaam van vader verdient, hem door zoo velen in den lande, met recht gegeven. 't Socialisme nu, wil ook niets anders dan de behartiging van de belangen en behoeften van allen, zonder onderscheid.

Door de bevrijding van Domela Nieuwenhuis heeft de koning m.i. op ondubbelzinnige wijze z'n vorstelijke sympathie getoond voor de volkszaak, d.i. voor 't Socialisme, en *daarom* ook verbond ik aan den jubelkreet: 'leve Domela Nieuwenhuis!' den uitroep: 'leve 't Socialisme!'"[203]

Na deze verklaring, waarin hij handig refereerde aan Willems betrokkenheid bij de watersnood van 1861, al een kwart eeuw geleden, komt Cohen tot de kern van de zaak: 'weg met Gorilla!' Kort daarvoor had hij *Uit het leven van koning Gorilla* gelezen.

'De schrille tegenstelling tusschen dien ellendigen Gorilla, en onzen grijzen, voortreffelijken vorst schoot me plotseling in de gedachte toen ik de eer had Z.M. te aanschouwen en deed me uitroepen 'weg met Gorilla!' (selbstverständlich op den koning in 't bewuste boekje doelende), en juist wilde ik verder uiting geven aan 't gevoel dat me bezielde, door uit volle borst te juichen: 'Leve Willem III!', toen ik daarin verhinderd werd, op de onzachte wijze waarvan ik hierboven melding maakte. Nog is het me 'n raadsel, hoe het mogelijk was eenig verband te vinden tusschen Gorilla en Z.M. Willem III, gelijk 't Openbaar Ministerie zeer oneerbiedig schijnt te doen en wat in *mijn* brein in de verste verte niet zou kunnen opkomen. Ik zou wel eens willen weten welke overeenkomst er toch bestaat, tusschen 't geëerbiedigd hoofd van onzen gezegenden staat en 'n Gorilla. Eilieve, edelachtbare heeren, m'n zoölogische kennis strekt zich waarschijnlijk niet zoover uit als die van 't Openbaar Ministerie, maar toch meen ik me te herinne-

---

203   Cohen, *Uiterst links. Journalistiek werk 1887-1896*, pp. 72-73.

ren, dat het apenras zich hoofdzakelijk van het *genus homo* onderscheidt, doordien de vertegenwoordigers van dat eerste ras op vier handen loopen. Dit nu zag ik nooit van Willem III ... en 't Openbaar Ministerie?'[204]

Gorilla's woonden in Afrika en kwamen toch niet in Nederland voor? Hij 'smeekte' het OM hem te helpen want zijn eigen geringe 'zoölogische en geografische kennis' bleek ontoereikend, wat hem in verwarring bracht. Had het Openbaar Ministerie

'ooit 'n Gorilla in 'n staatsiekoets [zien] zitten, met 'n koetsier op den bok, die op 'n met goud omzet *rood*, ja *rood* kleedje zat? Heeft het ooit gehoord dat men 'n aap in 'n paleis huisvestte, en dat men 'n paardenstal voor hem bouwde, die honderdduizende guldens kostte, terwijl 't volk omkwam in de bitterste ellende?

Deed ooit 'n aap z'n feestelijke intocht in 'n stad, waar men dan groote sommen gelds verkwistte voor versieringen – en nog grooter sommen uitgaf aan jenever, *om 't verknochte* volk kunstmatig te begeesteren en tot alcoholische liefdesbetuigingen te dwingen? Zag het ooit – doch waartoe meer; 't zal overbodig zijn nog meer bewijzen bij te brengen, om u te overtuigen (indien ge er ooit aan getwijfeld mocht hebben, wat ik niet denk) dat 'n Gorilla geen koning en allerminst onze nobele, uitstekende koning kan zijn. Door slechts te *beweren* dat hij beleedigd zou kunnen zijn door den uitroep 'Weg met Gorilla' beleedigt het O.M. zelf onzen vorst en van dat oogenblik af heb ik en heeft ieder het recht, datzelfde O.M. aan te klagen van majesteitschennis.'[205]

Cohen eiste vrijspraak maar de rechter veroordeelde hem tot een half jaar gevangenisstraf.[206]

Cohen vluchtte naar België maar werd op verzoek van de Nederlandse regering na negentien dagen uitgewezen. Frankrijk legde het Nederlandse verzoek om uitwijzing naast zich neer. 'Hij is daardoor geworden als een vervolgd stuk wild', zei een sympathisant in de Tweede Kamer. 'Wanneer men nu zegt dat Cohen zijne pen doopt in gif en gal, dan

---

204 Cohen, *Uiterst links. Journalistiek werk 1887-1896*, p.73.
205 Cohen, *Uiterst links. Journalistiek werk 1887-1896*, p.74.
206 Cohen, *Uiterst links. Journalistiek werk 1887-1896*, pp. 14-15.

erken ik dat hij verbazend galachtig kan zijn, maar de gal is hem als het 't ware op die manier toebereid.'[207]

Het beleid van het OM inzake majesteitschennis blonk niet uit door rechtlijnigheid.

De 'zingende rooie smeris' Piet de Ruijter, die om zijn sociaaldemocratische ideeën uit het korps was gegooid, componeerde in 1886 ongestraft:

'D'r was eens een koning Gorilla genaamd
Een prachtexemplaar van een koning
Hij was om zijn zuipen en vloeken befaamd
Hij had zich nog nooit om z'n ondeugd geschaamd
En vreesde voor straf noch onttroning
Dat monster verkoos zich een Duitse prinses
Beroemd door talenten en gaven
Als eega, maar hij sloeg haar meer met de fles
Dan zich aan haar deugden te laven
Terwijl hij zijn huwelijkse plichten vergat
Zocht hij in bordelen verstrooiing
O, wat een pracht van een koning was dat
O, wat een pracht van een koning'[208]

De Ruijter schreef meer (protest)liedjes, die graag en veel werden gezongen in de roerige jaren tachtig van de negentiende eeuw, toen honger en werkeloosheid alom aanwezig waren en de huisvesting erbarmelijk was. Zijn opruiende teksten, die vaak hun oorsprong vonden in de ellende van alledag, waren meezingers. Met het 'Gorillalied' kwam hij weg, net als met 'Sire, ons hart verkrijgt gij nooit', maar toen hij bij de vrijlating van Domela Nieuwenhuis een welkomstlied componeerde, waarin hij de minister van Justitie voor een 'lage koningsknecht' uitmaakte, moest hij vier maanden de cel in.[209]

Een zilveren jubileum

Gezien zijn prestatie en bizarre gedrag was er geen reden Willems vijfentwintigjarig koningsjubileum in 1874 uitbundig te vieren. Toch gebeurde dat: in de steden, op het platteland, tot in de koloniën aan toe. Op de

---

207   Tweede Kamer, 21e vergadering, 07-12-1898, p. 739.
208   'Willem III: 'Koning Gorilla', in: *Historiek*: http://historiek.net/willem-iii-koning-gorilla/39316/ (bezocht op 12-11-2019).
209   https://onsamsterdam.nl/het-tragische-leven-van-een-rode-liedjeszanger.

dag van zijn jubileum toog Willem met koningin Sophie naar Amsterdam, waar hem een uitbundig welkom wachtte.

Het had niet veel gescheeld of dat feest was er nooit gekomen. Willem had het stadsbestuur tot enkele weken voor zijn komst in het ongewisse gelaten of hij wel zou komen opdagen. Hij had namelijk een onmogelijke voorwaarde gesteld: verhoging van zijn jaarlijkse toelage. Maar dat ging niet volgens de Grondwet.

De ministers hebben wel onderzocht of het parlement met een speciale regeling zou willen instemmen, maar dat bleek niet het geval. Het feit dat de ministers in ieder geval hadden geprobeerd zijn eis in te willigen, deed de koning met de hand over zijn hart strijken en zo maakte hij toch zijn opwachting in Amsterdam.

Zijn koningschap werd bij zijn jubileum geestdriftig geroemd. De persen draaiden overuren om jubelschriften te drukken, dichtaders vloeiden rijkelijk om de lof van de koning te zingen en de gezagsgetrouwe kranten puilden uit van de lovende artikelen.

Zijn goedheid, zelfopoffering en medeleven met zijn volk werden geroemd. Dat laatste kwam vooral door Willems belangstelling voor overstromingen. Voor een watersnood kon je de koning uit zijn bed halen. Slachtoffers steunde hij daadwerkelijk met giften. De grote overstromingen van 1855 en 1861 maakten Willem, althans gedurig enige tijd, zo populair bij de bevolking dat ze zouden leiden tot jubelzangen op 'Willem de Goede'.

Het kleinere watersnoodwerk had trouwens ook zijn belangstelling, zoals Weitzel opmerkte. Zo was de koning helemaal vol van een kleine overstroming in 1878. Natuurlijk, het ging niet zonder ellende gepaard, maar er was niemand, zelfs geen koe of varken, bij omgekomen. 'Niettemin wordt er een ophef van gemaakt alsof geheel Nederland door een groote ramp is getroffen.'

Willem kwam direct in actie: 'De Koning die het zijne roeping acht zich vooral bij watersnoden te doen gelden, heeft zich met de Koningin [Emma] aan het hoofd eener watersnoodloterij gesteld. (…) Zijn vader werd door het volk genoemd: *de Held van Waterloo*; hij thans: *de Waterheld van het Loo*.'

Maar zelfs als de boel niet blank stond, had hij af en toe - niets duurde lang bij deze koning - belangstelling voor de noden van zijn onderdanen en tastte hij in de buidel om de misère te verzachten. Zijn vader en grootvader hebben dat overigens ook gedaan.

Het gros van de commentaren schreef de maatschappelijke en staatkundige veranderingen op zijn conto, alsof hij die hoogst persoonlijk tot stand had gebracht.[210] Het *Algemeen Handelsblad* opende zijn kolommen met 'Wij staan aan den vooravond van een heerlijk nationaal feest.' Geheel Nederland bereidde zich eenstemmig en opgewekt voor op de viering van het jubileum. Volgens de krant was dat het 'ondubbelzinnigste bewijs' van de hechte verbondenheid van de natie met haar 'Vorstelijk Stamhuis.'

Spontaan? Volgens het blad wel: al dat feestgedruis en lof 'zijn niet de uiting van een op hoog bevel, voorgeschreven schijnvertoon; zij vloeien voort uit het hart, uit de innige overtuiging van ieder, dien het kleine land tusschen Schelde en Eems dierbaar is'.

De vraag rijst of de jubilaris het met de volgende zin eens zou zijn geweest: 'Overal vereenzelvigt de Nederlander, als door instinct geleid, het *Koningsfeest* met de *Grondwet*, die naar eer en geweten door den Oranjevorst is gehandhaafd!' De koning krijgt persoonlijk alle eer voor de ontwikkeling die Nederland had doorgemaakt.

'Bij zijn troonsbestijging vond hij een natie, die langs wettigen weg, onder de leiding van zijn wettigen Vorst, een vrijer regeeringsvorm had tot stand gebracht en een nieuw leven was ingetreden. Welk een ontwikkeling, welk een vooruitgang op schier elk gebied, in de vijf en twintig jaren, die sedert zijn voorbijgegaan! De gemeenten overgelaten aan eigen besturen, door volkskeus ingesteld, en wedijverende in de zucht om de belangen der ingezetenen te bevorderen; - het Rijk, bij *voortdurenden vrede in Europa*, zich ongestoord wijdende aan de afschaffing van hinderlijke banden, de invoering van nuttige regelingen, de bevordering van middelen van gemeenschap, - het volksonderwijs verbeterd, - de nationale rijkdom ontzaglijk toegenomen, - de wetenschap vermeerderd, - en de kunst onder 's Konings hooge bescherming in eere!'[211]

Het ging inderdaad niet slecht met de Nederlandse industrie in opkomst, er werden spoorlijnen aangelegd, telegraafverbindingen tot stand gebracht en polders aangelegd. Ook op bestuurlijk gebied waren verbeteringen tot stand gekomen, maar om dat alles op het conto van

---

210   Van der Meulen, *Koning Willem III, 1817-1890*, pp. 484-488. Voor watersnoodrampen: p. pp. 315-320, p. 355 en p. 361 en Weitzel, *Maar Majesteit!*, p. 106.

211   *Algemeen Handelsblad*, 12 en 13-05-1874.

Willem III te schrijven is onzin. Men zou met evenveel (of meer) recht kunnen stellen, gezien zijn gedrag, dat al die ontwikkelingen ondanks de koning tot stand waren gebracht.

Overigens liepen de ontwikkelingen in Nederland, vergeleken met de omringende landen, achter. Veranderingen en industrialisering kwamen hier later op gang dan in bijvoorbeeld België en Duitsland.

Over Nederlands-Indië en de oorlog die Nederland in 1873 aan Atjeh had verklaard, en die dertig jaar zou duren, spraken de jubelschriften niet. Willem had volgens artikel 59 van de Grondwet 'het opperbestuur der koloniën en bezittingen van het Rijk in andere werelddeelen', maar volgens de Grondwet van 1848 waren de ministers verantwoordelijk. Wel liet Willem op allerlei manieren zijn enthousiasme blijken voor het leger. Militairen die al dan niet verminkt uit Indië terugkeerden, konden sinds 1862 terecht op het landgoed Bronbeek dat Willem als rustoord had geschonken.[212]

De dwarse koning kreeg onterecht veel te veel lof toegezwaaid, maar de gezagsgetrouwe pers van die dagen had niet de gewoonte kritiek op de koning uit te oefenen. Gejubel over de buitengewone prestaties van de Oranjes, vergoelijken of desnoods het verzwijgen van affaires waren min of meer standaard. Die gewoonte heeft lang standgehouden. In de tijd van de huwelijkscrisis tussen koningin Juliana en prins Bernhard (meestal aangeduid als de 'Greet Hofmans-affaire'), in de jaren vijftig van de vorige eeuw, zweeg de vaderlandse pers, op het communistische dagblad *De Waarheid* na, op verzoek van minister-president Willem Drees in alle talen over de gebeurtenissen op paleis Soestdijk.

Pas ten tijde van de 'Lockheed-affaire' in de jaren zeventig - toen bleek dat prins Bernhard steekpenningen had aangenomen - veranderde dat, zij het met mate. Maar ook nog tegenwoordig bestaat er een grote mate van terughoudendheid in de berichtgeving over het koningshuis.[213]

Je kunt je afvragen of de pers niets in de gaten heeft gehad van de strubbelingen tussen de koning en zijn ministers. Ze moeten toch kennis hebben genomen van de inhoud van de satirische bladen, die juist géén blad voor de mond namen.

Hun teksten werden echter meestal weggewuifd als kwaadaardig of

---

212 Hagen, *Koloniale oorlogen in Indonesië*, p. 830.
213 Zie voor voorbeelden: Aalders, *Het Lockheedschandaal* en idem *Het Instituut*. Zie ook Weitzel, *Maar Majesteit!*, p. 59.

onbehoorlijk (wat ze deels óók waren), maar ze stelden ook sociale en staatkundige misstanden aan de kaak die er werkelijk toe deden. De gezagsgetrouwe pers hield de monarchie echter het liefst permanent uit de wind en ze vergoelijkte wat er aan gerechtvaardigde kritiek op het vorstenhuis naar buiten kwam, áls er al melding van gemaakt werd.

Wie de dagboeken van Willems minister van Oorlog A.W.P. Weitzel leest, kan zich nauwelijks voorstellen dat een krant als het *Algemeen Handelsblad*, hierboven geciteerd, zich zo lovend over de koning uitliet. Maar het was nu eenmaal de norm. Kritiek op het koningshuis was taboe.

Was Weitzel met al zijn kritiek een anti-monarchist? Integendeel. Hij schreef: 'De eerbied (...) die ieder onderdaan verschuldigd is aan het Hoofd van den Staat en de plicht die op hem rust om zoveel doenlijk gevolg te geven aan de wenschen der Kroon, brachten voor mij mede om met 's Konings verlangen ernstig rekening te houden.'

Over zijn motieven was hij eerlijk: 'Dit werd ook gevorderd door mijne persoonlijke belangen of liever door die van mijn gezin.' Een concessie van een minister aan de koning beschouwde Willem als een vorm van plichtsbetrachting, terwijl een weigering de koning kwaad maakte. En aangezien Willem het recht had ministers naar believen aan te stellen of te ontslaan, probeerde Weitzel een beetje tussen de klippen door te zeilen. Hij kon zich niet altijd permitteren voet bij stuk te houden.[214]

Hij noteert: wat een werkelijk 'constitutioneel denkende koning niet zou hinderen krenkt den autocratisch gezinden Willem III.' De hem verschuldigde eerbied ligt hem na aan het hart. Té na. Weitzel noemt het ziekelijk. En al deed hij nog zo zijn best de koning de verschuldigde eerbied te bewijzen, het lukte hem niet altijd, waarop de koning zich dan weer hevig gekrenkt voelde. Dat hoorde je, dat voelde je, maar je zag het ook aan zijn gelaatsuitdrukking. Het bloed steeg hem dan plotseling naar het hoofd, zijn wenkbrauwen fronsten zich, op zijn voorhoofd zwollen aderen op en zijn neusvleugels zetten zich uit. Het resultaat was een voorkomen 'geschikt om vrees aan te jagen', tenminste voor wie hem niet kende.

Sommige ministers sliepen nachtenlang niet voor een geplande vergadering met Willem, vanwege diens woedeaanvallen. Soms kon die woede echter op slag veranderen in een prima humeur, maar dat gebeurde nooit als men het '*IK* de Koning' had gekrenkt.

Vanwege Willems bemoeizucht werd besloten de ministerraadnotu-

---

214   Weitzel, *Maar Majesteit!*, pp. 46-47.

len zo beknopt mogelijk te houden. Dat verminderde de kans op ruzie en uitbarstingen van verbaal geweld. In de notulen stond nooit iets over beraadslagingen, voorstellen en dergelijke. Men kon er alleen de uiteindelijke besluiten in aantreffen.[215]

Het 'IK' van de koning was buitengewoon snel gekrenkt. Willem, van zijn kant, had er echter geen moeite mee, zijn al dan niet vermeende tegenstanders tot in hun ziel te kwetsen. Hij scheen daar een wellustig genoegen in te scheppen. Die karaktereigenschappen waren ook onder het volk bekend. En uiteraard bij krantenredacties.

Waarom er dan toch zo laaiend enthousiast bij zijn jubileum over Willem werd geschreven, blijft voor mensen die niet met een overmaat aan Oranjegenegenheid zijn behept, een moeilijk te doorgronden raadsel van welhaast religieuze proporties.

Aan de andere kant: een koning kan niet worden afgezet omdat hij driftig, ruw, wreed, lomp of seksueel ongeremd is. De Grondwet laat dat niet toe. En dus bleef Willem 41 jaar zitten waar hij zat. Ondanks alles wat tegen hem pleitte.

De uitbundigheid waarmee het zilveren jubileum werd gevierd, bezorgde biograaf Van der Meulen het onbehaaglijke gevoel dat er een toneelstuk was opgevoerd. De koning ging zijn onderdanen immers zoveel mogelijk uit de weg, had voortdurend bonje met zijn ministers, en de verhalen over zijn liederlijke leven waren zeker niet onbekend bij de massa en gingen er in veel gevallen in als Gods woord in een ouderling. En dat alsmaar noemen van die watersnoodrampen had volgens de biograaf 'iets pijnlijks'. Was dat werkelijk het enige waaruit zijn populariteit viel af te leiden? Maar wel of geen rollenspel, is zijn conclusie, het grootste deel van het volk had dan misschien niet zoveel met de *koning,* maar hun verbondenheid met het *koningshuis* was niet gespeeld.[216]

Dat Willem vijanden had, wist hij, maar hij verwaardigde zich niet om zich over hen uit te laten. Hoe hij over hen dacht, valt echter wel te reconstrueren. Voor de liberalen, die via de Grondwet zijn bevoegdheden hadden ingeperkt, had hij nooit een grein waardering kunnen opbrengen. Hoe moet hij dan niet over socialisten hebben gedacht, die het koningschap wilden afschaffen? Want socialisten, anarchisten, communisten - soms ook liberalen - namen hem behoorlijk op de hak in hun kranten en satirische bladen.

---

215   Weitzel, *Maar Majesteit!,* pp. 58-61.
216   Van der Meulen, *Koning Willem III, 1817-1890,* p. 492.

Wiwill. De kroonprins die het asfalt sierde

Als we alle verhalen over het buitenechtelijke seksleven van Willem III mogen geloven - en dat zijn er heel veel - zou hij een seksueel roofdier zijn geweest, voor wie geen meisje of vrouw veilig was. Maar ondanks al zijn testosteron-gerelateerde uitspattingen, zag het er voor de toekomst van de Oranjedynastie niet best uit.

Kroonprins Wiwill had - net zomin als zijn vader vroeger - zin om koning te worden. Hij had zich teruggetrokken in Parijs, waar hij een leven leidde dat veel op dat van zijn vader leek. Wiwill was een bron van zorg, maar zijn jongere broer Alexander was een nog groter zorgenkind in de meest letterlijke zin van het woord.

Nog minder dan zijn broer Wiwill, hield hij de belofte in de dynastie voort te zullen zetten. Hij leidde een teruggetrokken leven en naar vrouwen keek hij niet om. Beide zonen hadden een uitgesproken slechte band met hun vader, wat in de familie Van Oranje eerder regel dan uitzondering leek te zijn.

Kroonprins Willem ('Wiwill') was in 1840 in Den Haag geboren. Hij studeerde twee jaar in Leiden en werd voor zijn minimale prestaties beloond met een eredoctoraat. Zijn vader misgunde hem dat ten zeerste, want hem was in zijn tijd de titel *doctor honoris causa* niet beschoren geweest. Toen hij achttien was, kwam de kroonprins formeel in aanmerking voor de troon. Soms zag het er naar uit dat hij al op jonge leeftijd koning zou worden, als zijn vader weer eens met aftreden dreigde.

> ## Kroonprins Wiwill prefereerde een terrasstoel in Parijs boven de troon in Den Haag

Net als Willem III was Wiwill onvoorspelbaar in zijn doen en laten - eigenlijk erger nog dan zijn vader - en zijn belangstelling voor wat dan ook (behalve vrouwen en drank) was zo ongeveer nul. Het leger en de marine, traditionele aandachtgebieden van de Oranjes (en trouwens de meeste vorstenhuizen), konden hem evenmin boeien, wat overigens niet verhinderde dat hij al op zijn 22e tot luitenant-admiraal en generaal van de infanterie werd benoemd.

Zeven jaar later, in 1870, bracht hij het tot opperbevelhebber van het leger te velde.

Op het oog doorliep hij een schitterende militaire carrière, maar de werkelijkheid was dat het hem allemaal niets kon schelen en dat hij niets uitvoerde.

Al jong omringde hij zich met 'valsche vrienden', nietsnutten en klaplopers uit Den Haag. Pogingen om hem aan een dochter van een Europees vorstenhuis te koppelen, waren op niets uitgelopen. Wiwill zag er niets in. Waar hij wel wat in zag, was het leven in Parijs, waar hij regelmatig verbleef.

Sinds 1870 woonde hij permanent in de Franse hoofdstad, waar hij zich omringde met een onbetrouwbare vriendjeskliek. Net zoals hij dat in Den Haag had gedaan. De prins was een veel geziene figuur in het Parijse uitgaansleven, dat hij steevast in gezelschap van een of meer vrouwen - maar vrijwel nooit dezelfde - bezocht. Hij werd ook gesignaleerd in gezelschap van destijds befaamde 'courtisanes': prostituees met klanten in de hogere kringen.

Wiwill vierde elke dag feest met zijn maîtresses en courtisanes. Nederland verdween steeds meer achter de horizon. Wat hem nog wel bond, was zijn staatstoelage als kroonprins, maar die bleek niet eens voldoende om zijn manier van leven te bekostigen.

De Parijse schandaalpers had moeite al zijn avontuurtjes, schandalen, feesten en uitspattingen bij te houden. Aan trouwen dacht hij blijkbaar niet en dat verontrustte niet alleen zijn ouders - met het oog op de voortzetting van de dynastie - maar ook de ministers, die Willem III een brief stuurden waarin ze het precaire onderwerp in uiterst voorzichtige bewoordingen aanroerden.

In hun inleiding roemden ze eerst de voorspoed die Nederland aan Oranje had te danken, om vervolgens ter zake te komen:

'Voorzeker, Sire, komt het in niemands gedachten, dat de gehechtheid van het volk aan het dierbaar Vorstenhuis of de liefde van Oranje voor het Nederlandsche Volk ooit zou verflauwen, maar juist die gehechtheid doet het volk met ongeduld het oogenblik verbeiden, waarop de geliefde Prins van Oranje door eene echtverbintenis, onder de hooge goedkeuring van Uwe Majesteit gesloten, het uitzigt openen zal, dat Uw roemrugtig geslacht in stand blijve, en ook onze nakomelingen zich zullen mogen verblijden in het voorrecht een telg uit Uwer Majesteits huis aan het hoofd van Neêrlands volk te zien.'[217]

---

217   Van der Meulen, *Koning Willem III, 1817-1890*, pp. 511-515.

Wiwill wilde wel trouwen, maar *niet* met de kandidates die zijn ouders voor hem hadden uitgezocht. Minister Weitzel noteerde dat de kroonprins best tot een huwelijk bereid was, maar alleen met freule Anna Mathilde ('Mattie') gravin van Limburg Stirum. 'Mattie' was weliswaar van adel, maar ze was geen prinses en daar zat de moeilijkheid.

De koning wilde er niet van horen. Dat was niet consequent, als we kijken naar zijn eigen plannen om te trouwen met de operazangeressen Louise Rouvroy en Émilie Ambre. Maar ook de opeenvolgende kabinetten tussen 1874 en 1879 keurden een huwelijk tussen Wiwill en Mattie ten zeerste af.

Ze bemoeiden zich zo intensief met Wiwills partnerkeuze, omdat zijn huwelijk een zaak van landsbelang was. De mogelijkheid dat een buitenlands familielid van de Oranjes de troon zou gaan bezetten, was toen zeker niet uitgesloten en daaraan moesten de ministers niet denken. Het moest een in Nederland geboren en getogen Oranje zijn. 'De hooge wenschelijkheid om tot gemalin van den Prins van Oranje te kiezen een Prinses werd door iedereen boven alle twijfel geacht', schreef Weitzel.

Een gewone 'onderdane' was uitgesloten. Oranje zou zichzelf dan ten opzichte van buitenlandse vorstenhuizen isoleren. Alleen een prinses was aanvaardbaar. Een van de gevaren was dat familie van Mattie mogelijk invloed op de koning zou kunnen krijgen en lag nepotisme dan niet op de loer? En stel dat koningin Sophie Willem III zou overleven en de 'hooggeachte en algemeen beminde Koningin' weduwe zou worden? Dan kreeg ze - oh gruwel - te maken met een koningin 'die eenmaal hare onderdane was geweest'. Zo'n situatie was volstrekt ondenkbaar.

Maar Wiwill gaf geen krimp en zijn vader en diens ministers waren evenmin bereid tot een compromis. En dus bleef Wiwill in Parijs waar hij het erg naar zijn zin had.[218]

In het late voorjaar van 1879 kreeg de prins een 'borstaandoening'. Op 11 juni overleed hij. De Franse krant *Le Figaro* maakte in haar necrologie duidelijk dat Parijs hem node zou missen:

'Met de prins van Oranje verdwijnt een van de merkwaardigste verschijnselen van Parijs. Men ziet niet elke dag een genaturaliseerde hoogheid die zich zo goed thuis voelt in deze stad, dat hij de voorkeur geeft aan een ijzeren terrasstoel (...) boven alle kastelen van zijn vaderland. De prins was in feite een van de meest Parijse

---

218   Weitzel, *Maar Majesteit!*, p. 108 en pp. 110-119.

figuren geworden die het asfalt de laatste twintig jaar hebben gesierd.'[219]

Wiwill had het gezien zijn karakter en instelling vermoedelijk niet in zich gehad een koning met verdiensten te worden. Net zo min als zijn vader, maar het schijnt het Oranjevolk allemaal niet uit te maken, gedreven als ze wordt door blinde liefde.

Ook volgens minister Weitzel was het niet eens nodig zich geliefd te maken bij het volk. Een Oranje kon zo'n beetje doen en laten wat hij beliefde. Ingewijden wisten hoe weinig 'een telg uit het Huis van Oranje in Nederland behoeft te doen, zelfs om een verloren populariteit te herwinnen en door den volke op de handen te worden gedragen.'[220]

De kroonprins hoefde alleen maar te overlijden om de hondstrouwe Nederlandse pers weer in ronkende bewoordingen over hem te laten schrijven.

'(…) schoon Zijn te-korte levenstijd Hem geen gelegenheid bood om met Zijn talenten en deugden te schitteren, is toch Zijn smartelijk afsterven een zware slag voor het Vorstenhuis, zwaar ook voor het Vaderland, vooral in de toekomst.

Bezield met den edelen geest der Oranje-Nassaus, begaafd met een helder doorzicht en toegerust met uitmuntende hoedanigheden, Hem ingeprent door Zijn onvergetelijke Moeder — zou de Kroonprins, eenmaal als Willem IV aan het hoofd van den Staat geroepen, gewis een goed Vorst zijn geweest — een Koning, Zijn Voorzaten waardig. Gods ondoorgrondelijke wijsheid besliste anders. Buigen wij daarvoor in stille berusting het treurende hoofd! De Almachtige sterke ook bij dezen slag het Koninklijke Huis en schikke alles ten beste van ons dierbaar Vaderland.'[221]

Voorts meldde het blad, direct onder een rouwdicht van vijf verzen: 'Het aangezicht van het lijk is kalm.' Hij had dan wel 'veel slapelooze nachten doorgebracht, maar niet veel geleden.' Dat klopte, maar niet zoals de krant het beschreef: zijn 'slapelooze nachten' hadden - zoals we weten - niets met zijn ziekte van doen, maar alles met het nachtleven van Parijs.

---

219   Van der Meulen, *Koning Willem III, 1817-1890*, pp. 511-523 (citaat uit *Le Figaro* op p. 522.)

220   Weitzel, *Maar Majesteit!*, p. 100.

221   *Provinciale Noordbrabantsche en 's Hertogenbossche courant*, 14-06-1879.

Het satirisch blad *Asmodée* constateerde dat vrijwel alle Nederlandse kranten de kroonprins bejammerden, maar zijn gedrag onbesproken lieten, en dat ze ook nalieten erop te wijzen dat de ontslapene weinig binding met Nederland had gehad en al jaren in Parijs woonde. Zij bezingen wel zijn 'aangeboren eigenschappen van hart en geest' en 'roemen (…) zijn helderen geest, zijn talenten op velerlei gebied, zijn gemeenzaamheid en ridderlijk voorkomen'. Voor de echte achtergronden van het leven van de jong gestorven prins, moest je volgens *Asmodée* bij buitenlandse bladen zijn; die schreven wel waar het op stond.

Omdat Wiwill nog niet was bijgezet in Delft wilde *Asmodée* geen stukken uit de buitenlandse pers aanhalen, maar het blad wilde wel kwijt dat de prins niets voor het vaderland had betekend. Hij had alleen maar geld gekost. Twintig jaar lang had hij een uitkering genoten van honderdduizend gulden per jaar, wat in totaal neerkwam op een bedrag van twee miljoen gulden. Al dat geld had hij verbrast; het was opgegaan aan drank, feesten en vrouwen.[222] Het werd hem in het land nauwelijks kwalijk genomen. Zoals Weitzel al eens in 1878 opmerkte:

> 'Men kan in Nederland veel kwaad zeggen van Jezus Christus, van den Heiligen Geest, zelfs van den Goeden God, zonder dat iemand het u ernstig kwalijk neemt, maar het Huis van Oranje staat eenige sporten hoger in de openbare mening.'[223]

Een nieuw gezin

Prins Alexander was nu kroonprins, maar hij was net zo min als zijn broer in het koningschap geïnteresseerd. De nieuwe kroonprins ging door voor een zonderlinge, mensenschuwe figuur die nauwelijks zijn huis uitkwam. Zijn gezondheid was zwak en in vrouwen, heel belangrijk in verband met de continuering van de dynastie, leek hij niet geïnteresseerd. In niets trouwens, volgens *Asmodée* die hem volstrekte lethargie toedicht:

> '[…] ik houd mijn gemak, en doe even alsof ik volstrekt geen kroonprins-plichten te vervullen heb. Het is al mooi, dat ik mijn hand wil ophouden voor de 100.000 gulden, die ik jaarlijks ontvang. Het volk moppert er wel over, en de pers doet alle mogelijke moeite, om mij uit den hoek te doen schieten, maar daar-

---

222   *Asmodée*, 19-06-1879
223   Weitzel, *Maar Majesteit!*, p. 237.

H.M.Koningin Moeder

Koningin Emma

over bekommer ik mij in 't minst niet. Ik zit waar ik zit, en een knappe jongen, die er mij vandaan krijgt. Wat raakt het mij, of een kroonprins van Engeland al zoo dwaas is, om een visscherij-ten-

145

toonstelling, of een kroonprins van Duitschland, om een hygiè-
ne-tentoonstelling te openen? Ik open niets – zelfs niet eens mijne
ooren en oogen voor de gegronde opmerkingen, die men maakt
over de wijze, waarop ik mijne toekomstige onderdanen verwaar-
loos. Papa's ministers en het Parlement laten mij mooi met rust, en
meer verlang ik niet.'[224]

Gezien de houding, voorkeur en het karakter van prins Alexander was
het niet onlogisch dat Willem III na de dood van Wiwill op zoek ging
naar een nieuwe echtgenote. Sophie was in 1877 overleden. Van Alexander viel weinig te verwachten. Toen ook hij jong - hij was 32 - stierf
aan tyfus (1884), had hij sinds 1880 een halfzusje: prinses Wilhelmina,
dochter van Willem III en Emma van Waldeck-Pyrmont.

Toen Alexander overleed was zijn vader (weer) op vakantie, ditmaal
in Duitsland. Net zo min als voor Wiwill had hij vaderlijke gevoelens
gekoesterd voor Alexander. Hij keerde dan ook niet gelijk terug bij het
horen van de doodstijding van zijn laatste zoon. 'De prins was toch
dood, waarom zou hij haast maken?'[225]

Kort na afloop van de affaire met Émilie Ambre, vertelde Willem aan een
vertrouweling dat hij naar een huiselijk leven verlangde. De aanleiding
van die ontboezeming was dat hij opnieuw wilde trouwen. En ditmaal
geen dame uit de burgerij, al dan niet door Willem van een fraaie adellijke titel voorzien, maar met een heuse prinses ergens uit Europa. Zoals
het hoorde in een nette koninklijke familie.

Wederom toog Willem dus op vrouwenjacht, maar ditmaal had hij
serieuze bedoelingen. De belangrijkste voorwaarde waaraan zijn bruid
moest voldoen, was dat ze jong genoeg was om een kind te baren. De
achterliggende gedachte was dat het met kroonprins Alexander toch
nooit wat zou worden.

Willem maakte contact met enkele prinsessen die zijn goedkeuring konden wegdragen, maar die beliefden op hun beurt de grijze,
oude koning niet. Ongeveer een jaar na de affaire met 'La Ambre' - na
een noeste speurtocht langs grote en kleine Europese hoven - leerde
hij Emma van Waldeck-Pyrmont kennen. Ze had drie oudere zusters,
maar al snel koos de eenenzestigjarige Willem voor Emma, twintig len-
tes jong. Ze trouwden op 7 januari 1879. Emma bleek een vruchtbare

224 Asmodée, 07-06-1883.
225 Van der Meulen, Koning Willem III, 1817-1890, p. 589.

keuze: op 31 augustus 1880 beviel ze van haar eerste en enige kind, de toekomstige koningin Wilhelmina.

Willems vaderschap is vaak ter discussie gesteld. Door zijn veelvuldige escapades zou hij een geslachtsziekte hebben opgelopen en daarom onvruchtbaar zijn. Niet Willem maar Emma's particulier secretaris S.M.S. de Ranitz zou de biologische vader van het prinsesje zijn.

Willem had met zijn gedrag weinig vrienden gemaakt bij de Europese hoven. De reacties op zijn huwelijk waren niet mals, al werden ze natuurlijk niet in het openbaar geuit. Koningin Victoria van Engeland noteerde in haar dagboek 'Hoe monsterlijk en walgelijk is het, dat dit arme jonge Waldeck-meisje trouwt met die verschrikkelijke dronken koning, die eenenveertig jaar ouder is dan zij.'[226]

Gemeenteraden, verenigingen, kerkgenootschappen, enzovoort stuurden plichtmatig - het hoorde nu eenmaal zo - hun gelukwensen naar Het Loo. Een enkel vers of een feestmars kon er hier en daar ook nog wel af, maar alles bij elkaar genomen was de oogst aan felicitaties en lofbetuigingen voor de grijsaard en zijn bruidje aan de wat schrale kant. Zelfs Nicolaas Beets, die zich graag te buiten mocht gaan aan uitbundige lofdichten op Oranje zodra de gelegenheid zich voordeed, liet bij deze gelegenheid zijn pen rusten.[227]

Asmodée kon niet nalaten op te merken dat zelfs gevestigde dichters zwegen als het graf. Dus had het blad zelf maar een aantal verzen in elkaar geflanst:

'O Emma, Emma mein.
Was soll ich glucklich sein
Mit meiner .... in dein. *(bis)*
O schenk ein bisschen ein.'

Om enkele verzen verderop door te gaan met:

'O liebster, süsser Mädchen,
Du hällst mir an dein drädchen
Ach, schenk nur sechsmal ein. *(bis)*

---

226 Abeling, *Teloorgang en Wederopstanding van de Nederlandse Monarchie 1848-1898*, p. 92.
227 Van der Meulen, *Koning Willem III, 1817-1890*, p. 546.

Ach, wär es neun von Janüar,
Dann waren wir ein glücklich Paar!
Und essen Züürkool met mêkâar. *(bis)'*[228]

De derde regel van het eerste vers ('met mijn … in jouw') had gemakkelijk kunnen leiden tot een aanklacht wegens majesteitsschennis, maar justitie liet het gaan.

In de winter van 1887-1888 ging de gezondheid van de koning snel achteruit en begin 1889 was hij volstrekt onhandelbaar. In oktober 1890 zette het kabinet de procedure in gang om Willem 'buiten staat' te stellen. Hij was op en zijn denkvermogen stelde nog zo weinig voor dat hij niet meer in staat was ('buiten staat' dus) om te regeren. Op 20 november legde Emma de eed af als regentes.

In de nacht van 20 op 21 november kreeg Willem voor de laatste maal een helder moment. Hij sloeg de dekens terug om op te staan. Toen een lakei hem aanspoorde weer te gaan liggen, brak nog eenmaal zijn oude karakter door en snauwde hij 'Wie beveelt hier, gij of ik.' Het waren zijn laatste woorden.[229]

Willem III stierf op 23 november 1890. Omdat kroonprinses Wilhelmina nog maar tien jaar was, werd Emma voor de tweede maal regentes, ditmaal als waarnemer van haar dochter Wilhelmina tot die achttien zou zijn. Volgens de wet was ze dan oud genoeg om te regeren. Alleen monarchieën, en wellicht dictatoriaal geregeerde landen, accepteren een tiener als staatshoofd.

Overlijden

De krantenberichten bij de dood van Willem III waren voorspelbaar. De bladen repten van een eerbiedwaardige koning, onder wiens bewind veel goeds tot stand was gekomen. Er werd niet bij vermeld dat veel daarvan niet de instemming van Willem had gehad. Zijn aandeel werd in het midden gelaten.

Maar ontegenzeggelijk waren in zijn tijd de industrialisering van de grond gekomen, de handel sterk vooruitgegaan en het onderwijs en de infrastructuur sterk verbeterd. Oorlog was aan Nederland voorbijgegaan, alleen op Atjeh werd – zonder veel succes - strijd gevoerd.

Een enkel voorbeeld uit de *Delftsche Courant* geeft een indruk hoe

---

228   *Asmodée*, 19-12-1878.
229   Van der Meulen, *Koning Willem III, 1817-1890*, pp. 606-613.

Willem bij zijn overlijden in de Oranjegezinde pers werd herdacht. Het is ook kenmerkend voor de valse voorstelling van zaken, gezien het leven dat Willem had geleid en de matige populariteit die hij genoot:

'Onder Hem werden de vrijzinnige beginselen der grondwet van 1848 in wetten vervat en wij huldigen in Hem den constitutioneelen Vorst, die daaraan zijne koninklijke sanctie gaf. Dankbaar erkennen wij wat wij in dit opzicht aan Koning Willem III zijn verschuldigd, die, zich stellende boven de staatkundige partijen, op zoo edele, onbaatzuchtige wijze zijn taak als constitutioneel Koning vervulde. Eerbiedige hulde brengen wij ook aan zijne nagedachtenis bij de herinnering aan hetgeen Hij persoonlijk deed om de welvaart van zijne onderdanen te bevorderen; aan zijn moed en toewijding zoo dikwijls gevaren en rampen ons troffen; aan zoo menige daad, getuigende voor zijn streven om kunst en wetenschap beschermen. Weldra zal Zijn stoffelijk overschot rusten bij dat Zijner doorluchte Vaderen. Zoo wij de krijgsmanstalenten en het staatsbeleid van deze bewonderen, niet minder zal ons en de geslachten, die na ons komen, dankbaarheid, eerbied en hooge waardeering vervullen bij de herinnering aan de groote offers, die Willem III aan de Kroon en Zijn volk heeft gebracht, dat onder Zijne regeering een tijdperk van vrede, welvaart en rustige ontwikkeling mocht genieten als onder geen Vorst vóór hem genoten werd.
Vrede en eer en dank zij Zijne nagedachtenis.'[230]

Wat heeft Willem tot stand willen brengen? Zo hij dat al heeft willen doen? Zijn biograaf Van der Meulen komt er niet uit. Hij wilde meer zeggenschap, maar deed in de praktijk weinig om dat te bereiken. Eigenlijk was dat na 1848 ook een gepasseerd station. Het ontbrak Willem gedurende zijn regeerperiode aan geduld en doorzettingsvermogen. Zijn spanningsboog was kort, of het nu om staatszaken, spoorwegen, landbouw, muziek, beeldende kunst, politiek of geldzaken ging. Eigenlijk kon hij zich in de praktijk maar op drie dingen focussen: 'jagen, vrouwen en het krijgsbedrijf'.

Zijn voornaamste staatkundige verdienste was volgens Van der Meulen 'de eerste Nederlandse koning te zijn in een land dat door anderen werd bestuurd.'[231] Men kan zich afvragen of dat een verdienste is.

---

230 *Delftsche Courant*, 25-11-1890.
231 Van der Meulen, *Koning Willem III, 1817-1890*, pp. 627-628.

Met Willem III was het Huis van Oranje-Nassau uitgestorven. Althans in de manlijke lijn; Wilhelmina was de laatste die de naam Oranje-Nassau droeg. Met haar dood zou ook de familienaam Van Oranje-Nassau definitief tot het verleden behoren want het doorgeven van namen ging volgens de wet in manlijke lijn.

Recht voor allen zag dat zeker niet zo. Het blad zag bij Willems overlijden zijn kans schoon nog eenmaal uit te halen. 'Het leven van koning Willem III den Groote, in al deszelfs hooge betekenis voor het Volk geschetst', heette het 'artikel' op de voorpagina waarmee Willem III werd uitgeluid.

Het 'artikel' bestond slechts uit een kop, met daaronder een lege kolom. Aan het einde van het blanco stuk, dat dus eigenlijk geen stuk was, stond venijnig: 'Vervolg hiernamaals.'[232] Treffender kon het leven van iemand die 'zo weinig van zijn baantje' had gemaakt niet worden beschreven.

Op de voorpagina van die dag stond ook 'Troostregelen aan treurende kinderen op het vernemen van 's vaders dood'. Een echt treurdicht was het zeker niet want het begon zo:

'Juicht en jubelt – want uw vader
Heeft de groote reis aanvaard;
En zijn heengaan is bevrijding
Van 't geneesloos leed der aard.'[233]

Het twaalfde vers van 'Troostregelen', ondertekend door 'W. Gorilla', sloot af met:

'Wuift hem wel een afscheid tegen
Boven u is hij welkom.
Maar ik bid u: wensch uw vader
Hier, op aarde, nooit weêrom.'[234]

De toeloop bij Willems begrafenis was groter dan verwacht. Treinen reden af en aan en een opgewonden menigte vulde de straten. Het waren niet allemaal koningsgezinden; veel mensen kwamen vermoedelijk

---

232 *Recht voor allen*, 26-11-1890.
233 *Recht voor allen*, 26-11-1890.
234 *Recht voor allen*, 26-11-1890.

gewoon uit nieuwsgierigheid of misschien zelfs op zoek naar vertier.[235]

Asmodée heeft ook verslag van de bijzetting gedaan. De enorme toeloop zat *Asmodée* duidelijk niet lekker, maar het blad zag toch ook enkele republikeinse lichtpunten: bewoners van Den Haag en Delft hingen al rokend en drinkend uit hun ramen naar de begrafenisstoet te kijken. Van enige respect was geen sprake:

> 'Ja, de stemming was over het algemeen zoo weinig plechtig, zoo weinig bij de gelegenheid passend, dat zoo er maar een de stoutmoedigheid had gehad om te gaan hossen, hij door honderden en honderden zou zijn gevolgd.
>
> Nooit of te nimmer hebben wij bij vroegere vorstelijke begrafenissen zoo weinig gevoel van betamelijkheid en zoveel onkieschheid bij het publiek opgemerkt, als bij het overbrengen der laatste overblijfselen van Willem III naar het Mausoleum te Delft.'[236]

De pers gedroeg zich voorspelbaar. Zijn voorliefde voor watersnoodrampen of desnoods rampjes werd veelvuldig van stal gehaald. Vast onderdeel van de mythe - en daardoor ook van de berichtgeving in de gezagsgetrouwe pers - was dat hij, ondanks zijn hoge geboorte, zo gewoon was gebleven. Een man die een hekel had aan zijn ministers, maar het uitstekend kon vinden met boeren, gewone burgers en buitenlui.

Kortom de mythe van de goede koning die door zijn ministers permanent wordt bedonderd, want als hij van wantoestanden zou hebben geweten, had hij onmiddellijk ingegrepen. Het is een eeuwenoud cliché, maar wel een gemeenplaats die werkt en door de eeuwen heen weinig aan kracht heeft ingeboet. De mythe van de gewone koning leeft ook anno nu nog steeds voort. Het koningschap kan bestaan, omdat koningen en koningen zo bijzonder zouden zijn. Ál te gewoon ondermijnt de mythische uitstraling die voor velen – nog steeds – van de monarchie uitgaat.

Dat Willem driftig en onbeheerst was, zou aan zijn Russische bloed dat hij van zijn moeder Anna Paulowna had meegekregen, hebben gelegen. Ook zijn dochter, de eveneens - net als haar vader - kortaangebonden en knorrige koningin Wilhelmina, beriep zich als verklaring voor haar gedrag graag op het Russische bloed dat van oma's zijde door

---

235   Van der Meulen, *Koning Willem III, 1817-1890*, pp. 617-618
236   *Asmodée*, 11-12-1890.

haar aderen kolkte. Alsof alle Russen onbeheerst en driftig zijn. Het is al evenzeer een mythe als die van de goede koning.

Dat hij de Grondwet van 1848 niet pruimde, omdat die de koninklijke macht had ingeperkt, was algemeen bekend, ook bij het hem adoreren- de Oranjevolk, maar kijk toch eens hoe knap hij daarmee was omge- gaan. Daarvoor alleen al verdiende hij hulde, vond de Oranjeaanhang.

De visie van liberale en linkse radicalen, zoals uitgedragen in *Asmodée, Recht voor allen, Uit het leven van Koning Gorilla* en de diverse 'lilliput- ters', 'physiologieën' en pamfletten, werd wel gehoord - dat kon ook niet anders door de sensationele rechtszaken die wegens majesteitsschen- nis werden gevoerd - maar vermocht de verstokte Oranjeaanhang niet te beïnvloeden. Al sneed ze in veel gevallen wel degelijk hout, zoals de oplettende burger en de gezagsgetrouwe pers zelf konden zien en constateren.

Maar dergelijke boodschappen waren aan dovemansoren gericht. Aan feiten die het koningschap konden ondermijnen, ging de aanhang het liefst voorbij, en als ze toch werden genoemd, gebeurde dat vrijwel altijd in vergoelijkende zin. De koning zelf kan er nooit iets aan doen. Hij is per definitie onschuldig. Die houding is heden ten dage nog steeds aanwezig. Ook bij iemand als premier Mark Rutte, zoals nog aan de orde zal komen.

5

Wilhelmina 1890-1948

Wilhelmina was nog maar tien jaar toen haar vader stierf. Te jong om als koningin te worden ingehuldigd. Wel was ze formeel koningin. De inhuldiging in Amsterdam vond plaats toen ze achttien was, nog steeds een tiener, maar volgens de Grondwet meerderjarig en oud genoeg om als staatshoofd aan te treden.

Gewone burgers bereikten de meerderjarigheidstatus pas op hun drieëntwintigste. Iedereen is voor de wet gelijk, maar alleen 'onder gelijke omstandigheden', zoals het in artikel 1 van de Grondwet staat, en de omstandigheden zijn nu eenmaal niet gelijk zodra de familie Van Oranje in het spel is.

Emma

De weduwe van Willem III, koningin Emma, fungeerde gedurende de tijd dat Wilhelmina minderjarig was, als regentes. Haar regentschap (maar ook het aantreden van Wilhelmina als tiener-staatshoofd) deed me denken aan de uitspraak van Brandt Corstius die ik in de inleiding aanhaalde: 'Koning-zijn is de enige maatschappelijke functie waarvan grondwettelijk vaststaat dat iedereen, zelfs de domste mens, haar op zich kan nemen.'

Niet dat Emma dom was, helemaal niet, maar toen ze de taak van regentes - waarnemend koningin - op zich nam, had ze net zoveel benul van staatszaken als een tiener van achttien. Je hoeft niets te weten of te kunnen om staatshoofd van Nederland te zijn. Je moet alleen in de juiste wieg zijn gelegd. Emma had tijdens haar huwelijk de traditionele taken van de koningin-echtgenote op zich genomen: aanwezig zijn bij publieke gebeurtenissen, dames uit de hogere standen ontvangen en zich bekommeren om liefdadigheidswerk. Ze had daarnaast beschermvrouw-functies van haar voorgangster koningin Sophie overgenomen.

Op de ministers en leden van de politieke elite had ze geen noemenswaardige invloed, de adel bezag haar (evenals haar hofhouding) met een kritische blik: ze was weliswaar prinses, maar ze kwam uit een piepklein

Duits vorstendom. Binnen de 'Internationale der monarchieën' telde ze nauwelijks mee.[237]

Emma leidde een geïsoleerd bestaan. Ze zag het als haar belangrijkste taak de Oranjedynastie - na de rampzalige jaren onder haar echtgenoot - weer aanzien te geven en populair te maken bij het volk. Irène Diependaal komt in haar proefschrift over Emma tot de conclusie:

> 'De regentes diende de dynastie Oranje-Nassau: de kostbare erfenis van de Oranjes, het Nederlandse koningschap, overbrengen van de ene op de volgende generatie en haar dochter zo goed mogelijk voorbereiden op het uitoefenen van aankomende taken als koningin.'[238]

Emma's kamerheer Maarten Iman Pauw van Wieldrecht - zelf van adel, wat zijn indruk van Emma negatief heeft beïnvloed - schetste haar als

> 'Eene parvenue, ontzettend ambitieus, beredeneerd, dril- en heerszuchtig, bemoeial en nieuwsgierig, met een gewone dosis goed verstand, met een vriendelijke inborst die echter, wanneer haar eigenbelang in het spel komt, geheel op den achtergrond kan worden geschoven. Van aard gierig, kwalijk nemens en zeer egoïstisch. Daarentegen echter hoogst praktisch, onvermoeid werkzaam, minutieus, zeer leergierig, vol van plichtsbesef, courageus en kranig, nooit tegen vermoeienissen noch last opziende, wanneer zij meent dat zulks voor het een en ander van belang kan zijn, majestueus in voorkomende gevallen, een goede (maar mijns inziens te drilzuchtige) moeder en eene voortreffelijke echtgenoote, die het voorrecht om Koningin te zijn duur betaald heeft maar ook zonder klagen en met de meeste toewijding moeielijke en zware dagen doorleefd heeft. Eene vrouw van karakter, met één object steeds voor oogen, het hooghouden van de Koninklijke waardigheid.'[239]

Een vat vol tegenstrijdigheden dus: drilzuchtig, heerszuchtig, egoïstisch en ga zo maar door, maar toch ook met een 'vriendelijke inborst' (die ze naar believen kan uitschakelen), onvermoeibaar en altijd op de bres voor de Koninklijke waardigheid. Met haar dochter, een schattig koningin-

---

237 Diependaal, *Geconserveerd koningschap: Regentes Emma en Wilhelmina's erfenis*, pp. 110-111, p. 228, p. 229 en p. 240.

238 Diependaal, *Geconserveerd koningschap: Regentes Emma en Wilhelmina's erfenis*, p. 245.

239 Diependaal, *Geconserveerd koningschap: Regentes Emma en Wilhelmina's erfenis*, pp. 1-2.

netje, reisde ze stad en land af om de monarchie weer aanzien te geven. Want het zou wel eens mis kunnen gaan met de dynastie. Daarvan waren genoeg, ook bloedige, voorbeelden in de geschiedenis te vinden. Ze wist ook dat haar echtgenoot, 'Koning Gorilla', geen lichtend voorbeeld was geweest voor het volk en dat hij het aanzien van de monarchie forse schade had toegebracht. Dat alles moest worden hersteld.

Er zijn maar liefst zestigduizend exemplaren van het Gorilla-schotschrift over de toonbank gegaan. Voor de aanhangers van de monarchie moet dat een verontrustend aantal zijn geweest. In de hogere kringen lag Willem III ook slecht en in het internationale netwerk van vorstelijke families ging hij, maar ook Emma, behoorlijk over de tong.

Zijn ministers hadden het laatste beetje respect voor hem, dat hun eventueel nog restte, al lang verloren. Het Nederlandse koningschap was niet meer zo vanzelfsprekend als het lange tijd was geweest. De links-liberaal Sam van Houten sprak al in positieve zin over een republiek. In 1881 had hij gewaarschuwd: 'De monarchie vergisse zich niet in haar kracht. Is de stamboom van Oranje reeds enigermate ontbladerd, hij is ook voor een goed deel reeds ontworteld.'[240]

In kringen van politici en liberale juristen was het toen al een aantal jaren *bon ton* zich wat laatdunkend over de monarchie uit te laten.[241] De strijd voor uitbreiding van het kiesrecht en meer democratie die in deze jaren opkwam, zou op de wat langere duur ook het einde van de aristocratie inluiden, en het zou zeker niet onlogisch zijn geweest 'als de monarchie, altijd nauw gelieerd aan de adel, mee ten onder was gegaan. Die mogelijkheid was toentertijd in ieder geval niet uitgesloten.'

Ook Abraham Kuijper, bekend als oprichter van de Anti-Revolutionaire Partij (ARP) en de Vrije Universiteit in Amsterdam, was druk bezig de stoelpoten onder de monarchie weg te zagen. Nog toen Willem III op zijn sterfbed lag, had hij gezegd 'het huis van Oranje als een aflopende zaak' te beschouwen. Een meisje als opvolger? Kuijper vond het maar niets.[242]

Emma was in haar begintijd verre van populair in het land. Wat moest die jonge meid met zo'n oude kerel? De Oranjegezinde schrijver Conrad Busken Huet schreef in een Indische krant (onder zijn pseudoniem 'Fantasio') dat Emma veel vijanden had:

240   Abeling, *Teloorgang en Wederopstanding van de Nederlandse Monarchie 1848-1898*, pp. 92-93 en p. 121.

241   Van Sas, '*Fin-de-siècle* als nieuw begin. Nationalisme in Nederland rond 1900', p. 601.

242   Abeling, *Teloorgang en Wederopstanding van de Nederlandse Monarchie 1848-1898*, p. 121.

'Hare Duitsche afkomst is velen een doorn in het oog. Zij kunnen het niet verkroppen, dat deze *berooide* jonge vrouw, die zij zonder omwegen eene *Keulsche pottemeid* noemen, hare jeugd uit eerzucht heeft weggeworpen aan een afgeleefd man. Voor de kleine prinses Wilhelmina wordt niets gevoeld.'[243]

Emma had het verre van gemakkelijk. Haar critici waren vaak grof en onredelijk. Dat had ook te maken met het feit dat ze als jong meisje met die 'Gorilla' was getrouwd. Dat vorstenhuizen onderling trouwden om politieke, familiaire en strategische redenen, was een eeuwenoud gegeven, maar dat het meisje Waldeck-Pyrmont die ouwe, nare, zuipende en vreemdgaande bullebak had getrouwd, vonden velen onbegrijpelijk. Zoiets viel eigenlijk alleen te verklaren, vanuit de mentaliteit van wat tegenwoordig een 'golddigger' heet.

Roorda van Eysinga noemde Emma ooit een 'verachtelijke hoer', die alleen maar met die 'afgeleefden, verzopen en verzwijnden vorst' was getrouwd om zijn geld. Toen iemand dat te ver vond gaan, citeerde hij met instemming een van zijn vrienden: 'Zij moest met de zweep worden geranseld.'[244]

Maar ook een man als Weitzel, ondanks al zijn kritiek wel degelijk koningsgezind, had bezwaren, zij het van een heel andere aard. Hij was bang dat Wilhelmina het gedrag van haar vader had geërfd. Hij verwees daarbij naar haar Russische voorouders tsaar Peter III en tsaar Paul I, die beiden hadden geleden aan 'partiële krankzinnigheid'. Met hun 'zonderlinge karakter' zouden ze een 'erfelijk stempel' op de Oranjes hebben gedrukt.

Willem III was niet helemaal bij zijn verstand geweest en Weitzel was bang dat Wilhelmina die trek had overgenomen en dat ze daarom dus ook niet helemaal spoorde. Hij verwerkte zijn ideeën in een artikel dat hij aanbood aan *De Gids,* die er, zoals viel te verwachten, niets in zag. Weitzel vond het vervelend dat het befaamde tijdschrift zijn waarschuwing in de wind had geslagen. In 1891 kreeg hij zijn stuk onder de titel 'Twee Keizers' alsnog (ergens anders) gepubliceerd.[245]

---

243   *Bataviaasch handelsblad*, 28-04-1986.
244   Roorda van Eysinga, *Uit het leven van Koning Gorilla*, p. 4.
245   Weitzel, *Maar Majesteit!*, p. 240. *Psychiatrische Bladen*, een tijdschrift van de Nederlandsche Vereniging voor Psychiatrie, heeft Weitzels stuk gepubliceerd.

De Roode Duivel en zijn weerzin tegen het koningshuis

Als het op kritiek en kwetsen aankwam, moest iedereen in die tijd het afleggen tegen Louis Hermans, die op 1 augustus 1892 zijn nieuwe 'humoristisch satiriek weekblad' *De Roode Duivel* had gepresenteerd. 'Ontmaskering! Geen Genade!' schreeuwde het logo op de voorpagina de lezer toe; later in het jaar nog uitgebreid met de kreten 'tegen troon!, tegen beurs!, tegen altaar!' Aan de monarchie, het kapitaal en de kerk was alle misère in de maatschappij te wijten. Nooit eerder in Nederland was er op dergelijke wijze tegen het koningshuis tekeer gegaan. Krenkender, grievender en grover trouwens ook niet.

Bijna in zijn eentje schreef, rijmde en tekende Hermans *De Roode Duivel* vol. Er was wel een aantal 'medewerkers' die onder pseudoniem in zijn blad schreven, maar het vermoeden is gerechtvaardigd dat Hermans zelf achter het merendeel van die namen schuil ging.[246]

Herhaaldelijk wees hij in zijn blad op het exorbitante inkomen van het koningshuis, waarbij hij nooit naliet tegelijkertijd te wijzen op de honger en het gebrek waaronder veel Nederlanders gebukt gingen. Hij plaatste de armoede van de bevolking consequent tegenover de veronderstelde drank- en vraatzucht van de koningin-moeder. Emma en haar dochter Wilhelmina leefden in luxe, terwijl het voor de bevolking elke dag opnieuw kommer en kwel was. Zelden was er voldoende te eten. De 'beide koninginnen' kregen er in *De Roode Duivel* voortdurend van langs, iets waarvoor hij trouwens al in het eerste nummer had gewaarschuwd onder het kopje 'Dichterlijke uiteenzetting onzer beginselen':

'Ik zal mijn blad als zweep hanteeren, en hem die hier 't kwaad verricht krijgt van mij, wie het ook mag wezen, een slag in 't fieltrig aangezicht. Mijn taak zal spottend, hard ja wreed zijn, ik ben tot bitterheid gezind, men dwong wreedaardig mij tot haten, ik heb te veel, te lang bemind.'[247]

Hermans hield woord. Hij heeft met een aan zekerheid grenzende waarschijnlijkheid ook het verhaal in de wereld gebracht dat de particulier secretaris van Emma, S.M.S. de Ranitz, de vader van Wilhelmina zou zijn. Door Willems veelvuldige bordeelbezoek en zijn talloze andere

---

246   Zie voor het leven van L.M. Hermans: Hendriks: 'De Geschiedenis van de Roode Duivel' en http://socialhistory.org/bwsa/biografie/hermans-l.

247   *De Roode Duivel*, 01-08-1892.

amoureuze contacten, had de koning - zo suggereerde Hermans - een geslachtsziekte opgelopen en was hij onvruchtbaar geworden, waardoor hij onmogelijk Wilhelmina kon hebben verwekt.

De Ranitz, die als stand-in voor de koning zou zijn opgetreden en daarom de biologische vader van Wilhelmina moest zijn, duikt herhaaldelijk op in *De Roode Duivel* als 'sjikkeretaris' of 'Jonkheer van 't Rasphuis' (soms afgekort tot 'Raspie'). In het eerste nummer is hij nog wel gewoon de 'partikulier sekretaris'.

Hermans noemde De Ranitz nooit bij naam. Dat hoefde ook niet, want zijn lezers wisten maar al te goed wie hij met 'sjikkeretaris' en 'Raspie' bedoelde. En zo was het ook met de 'Koningin van het Kikkerland'. Dat kon alleen maar Emma zijn.

Onder het pseudoniem 'Lucifer' schreef hij in dichtvorm dat de 'Koningin van het Kikkerland' vreemd was gegaan met een 'hooggeboren heer'. Er is weinig fantasie voor nodig om te begrijpen dat het rijmpje refereert aan Koning Gorilla ('den ouden aap'), Emma ('moffen-weduwvrouw') en dat de 'hooggeboren heer' alleen maar 'sjikkeretaris' De Ranitz kan zijn:

'Een koningin ons welbekend,
Een moffen-weduwvrouw
Die gaf aan 't hof een heerlijk feest,
Na 't eindigen der rouw.

Haar man was dood, den ouden aap
Steeg op naar 's Hemels sfeer
En de koningin zag zich getroost,
Door een hooggeboren heer.

Zij had een kind, doch zoo men zei,
Was dat van d'ouwe niet
Nu zoo iets is aan menig hof
Zoo'n groot mirakel niet.'[248]

Een verwijzing naar Willems geslachtsziekte vinden we in 'Wie is papa? Samenspraak tusschen Mama en Heintje', bijeen gerijmeld door iemand die zich voor de gelegenheid Caro Knutselgraag noemde, maar ongetwijfeld Hermans in eigen persoon was:

---

248   *De Roode Duivel*, 13-02-1893.

'O neen, dien ouden lompen vent,
Die zelfs zijn keukenmeid
Vol wellust haalde in zijn bed
Die raakte indertijd
Door dat gestoei aan lager wal
En toen-ie als vrouw mij nam,
Was uw mama er zeker van
Dat er toch niets van kwam.' [249]

Het domme volk, dat alles voetstoots aanneemt wat de pers aan mooie verhalen over het koningshuis voorschotelt, krijgt ook een veeg uit de pan van Caro Knutselgraag. Het volk stelt nooit vragen, gelooft alles en laat zich inpakken met alcohol, geloof in God en een beter leven in het Hiernamaals.

'Bij gratie van die "Domheid" dus,
O Heintje, heerschen wij
En al wat schurftig is en vuil
Staat ons getrouw ter zij,
De geldzak helpt gestaag ons met
Jenever en geloof,
Zoo houden wij 't volk, godlof
Voor recht en rede doof.

Heintje

Begrepen Ma, ik vat de kneep,
U hebt, 't dient gezegd,
Het indertijd verbazend knap
En handig overlegd,
En als 't later mij gebeurt
Dat ik ouder wordt en huw,
Ook zoo'n snijboon van 'n vorst,
Dan … doe ik net als u.'[250]

'Ma' is hier uiteraard Emma en 'Heintje' staat voor Wilhelmina. In de begintijd van *De Roode Duivel* schreef Hermans al eens te hopen dat

---

249   *De Roode Duivel*, 02-10-1893.
250   *De Roode Duivel*, 02-10-1893.

Wilhelmina zich snel bij haar vader in de hemel zou voegen. Vreemd eigenlijk, want je zou Koning Gorilla eerder in de hel dan de hemel verwachten. Maar ja, zo'n onschuldig meiske naar de hel sturen, was ook zo wat.

Weekblad *De Roode Duivel* bezorgde Wilhelmina een jonkheer als vader, Emma's secretaris De Ranitz.

Al in de prille begintijd van *De Roode Duivel* had Hermans in: 'Hulde aan de Koningin van het Kikkerland' gesuggereerd dat jonkheer De Ranitz de vader van Wilhelmina was.

> 'O, lieve jonge spruit, uw vaders edele trekken
> Spreken uit uw lief gezicht, hoe meer er men naar kijkt
> Al zeggen sommigen uit lage zucht tot lasteren
> Dat g' op een jonkheer lijkt.'

Om te besluiten met:

> 'O, fiere koningsloot, gij zijt te rein voor de aarde
> En ook een beetje duur, stijg op naar Abram's schoot,
> Ga maar gerust uw pa, voor goed gezelschap houën
> En ga maar heel gauw dood.'[251]

Het probleempje dat Wilhelmina toch wel op haar vader leek, was volgens *De Roode Duivel* prima verklaarbaar. Onder het pseudoniem 'Kraai. Aanspreker en Lijkbezorger van groote mannen' (vermoedelijk Hermans zelf) doet deze verslag van de fictieve begrafenis van De Ranitz onder de kop: 'De begrafenis van Jonkheer van 't Rasphuis, in leven: Particulier Secretaris en Chef van het nachtwezen aan het hof van de Koningin-Regentes van het Kikkerland. 's Lands opvreter, trooster van verlaten weduwen enz. enz. enz.'

Nadat Emma had gesproken nam een souteneur het woord. Hij prees de secretaris als een knappe kerel, want wie van de aanwezigen kon zeggen dat zijn dochter later op de troon zou zitten? Na enig gemompel: 'Ja, op den troon, zeg ik.' Maar die gelijkenis dan tussen 'lieve blonde Heintje' en 'den ouwe'? Ze leek toch op koning Willem III?

De souteneur/redenaar beaamde dat, maar zei ook dat dat geen bewijs

---

251 *De Roode Duivel*, 29-08-1892.

was. Toen zijn moeder zwanger was van zijn broertje, was ze net voor de bevalling vreselijk geschrokken van een varken. Dat was de reden dat ze een zoon had gekregen met een varkenskop. Was dat varken dan de vader van zijn broertje? Domme vraag. Nee, natuurlijk was dat varken niet de vader. Maar het was nu toch wel duidelijk hoe Wilhelmina aan de gelaatstrekken van de koning kwam? 'Onze Koningin is van de ouwe Gorilla geschrokken en daarom lijkt Heintje op hem, maar hij is net zo onschuldig aan haar geboorte als Tak gelooft dat zijn Kieswet er door komt.' Die eigentijdse vergelijking zegt ons niets meer, maar ze kwam erop neer dat dingen nu eenmaal zijn zoals ze zijn.[252]

Hermans deed zijn belofte uit het openingsnummer dat hij de zweep zou hanteren en hard en wreed zou optreden gestand. 'Wat is een regentes?' vroeg hij zich af in *De Roode Duivel*. Antwoord:

'Het liefje van hare partikuliere sjikkeretaris. – Een prostituée die men toejuicht. – De weduwe van een aap en de moeder van een apenkind. (....) Eene verschijning die men lief noemt, ondanks haar alom bekende leelijkheid. – Een kuische weduwe die half-naakt in de schouwburg komt. (....) Een boerenmeid die op de troon is gekomen, omdat zij dikke armen en dito kuiten heeft. (...) Een vrouw die zich voor geld verkocht heeft en toch voor een toonbeeld van deugd doorgaat.'[253]

Het rare was dat het OM niet onmiddellijk ingreep en *De Roode Duivel* drie jaar lang zijn gang liet gaan. Het lijkt haast of Hermans het OM bewust heeft uitgelokt hem te vervolgen toen hij schreef:

'We hebben in de drie jaren die achter ons liggen ontelbare malen majesteitsschennis gepleegd. (...). We hebben de draak gestoken met alles wat vuil en slecht was, al droeg het ook een koningskroon, en we loopen tot heden vrij rond.'[254]

In september 1895 kwam het OM in actie, maar niet duidelijk is waarom en pas toen. Aanleiding was een cartoon, hoewel Hermans zich herhaaldelijk (nog) grover en grievender over de 'beide koninginnen' had uitge-

---

252   *De Roode Duivel*, 05-12-1892.
253   *De Roode Duivel*, 24-04-1894. Zie voor de lichaamsvormen van Emma ook *De Roode Duivel*, 18-06-1894, waar ze met een schip wordt vergeleken.
254   *De Roode Duivel*, 29-07-1895.

laten dan in de gewraakte spotprent.

Hermans had Emma en haar dochter afgebeeld als twee acrobaten in een dansrokje met de tekst 'Gaat dat zien! Gaat dat zien! Eenig in geheel Nederland!' Daaronder:

> 'De wereldberoemde firma Wilhelmina en Compagnie, opvolg-ster van het eveneens zoo goed bekende huis Willem III, maakt bij deze bekend aan alle Nederlandse uilskuikens, stommerikken, idio-ten, losloopende gekken en meer lui, die over een minimum van hersens te beschikken hebben, dat zij ter gelegenheid van haar vijf-tienden verjaardag weder een triumphtocht zal houden door een gedeelte des lands. (…). Der burgerij wordt verzocht – als bewijs van totaal afwezigheid van een greintje gezond verstand – zich met een oranje-strik op te sieren en zich een extra-ordinair ferm stuk in den kraag te drinken. Zij, die zich nuchter op straat begeven, zullen beschouwd worden als vijanden van het roemruchte huis van oranje. Tot verhooging van de feestvreugde is het van hooger hand geoorloofd bij bekende socialisten de ruiten in te werpen, de inboe-dels te vernielen en hunne vrouwen en kinderen te mishandelen.'[255]

Hermans ging voor straf een half jaar 'de doos' in. De rechtbank die hem veroordeelde, had opvallende banden met Oranje: het waren ex-kamerheren van de beide koninginnen en ook zat er een voormalige rentmeester van het Kroondomein bij. Dat het alcoholmisbruik op de Oranjefeesten, die menigmaal ontaardden in aanvallen op socialisten, Hermans (net als trouwens de socialistische voormannen van die tijd) dwars zit, blijkt ook hieruit:

> 'Overal, in alle steden van ons land zullen tot meerdere
> eere van de koningin, verschillende dronkemansfeesten
> worden georganiseerd. De diverse smerissen en oppersmerissen
> zullen tot verhooging der feestvreugde lazerus bezopen zijn en
> voor de variatie verschillende andersdenkende met builen en
> bloedneuzen versieren. In 't algemeen wordt iedereen afgeraden,
> dien dag zich nuchter op straat te vertoonen, want hij of zij die op
> koninginnedag niet minstens een halve brom in heeft is den
> eernaam van Nederlander onwaard, men bedenke dat de Regen-

---

255 *De Roode Duivel*, 02-09-1895.

tes in dit geval een goed voorbeeld geeft'.[256]

Bij zijn vrijlating - waarvan hij verslag heeft gedaan in *Ideeën van een gevangene. Zes maanden celbewoner* - kreeg hij van zijn aanhang een feestelijk onthaal in het afgeladen Paleis voor Volksvlijt, waar hij werd toegejuicht en gehuldigd.[257]

Over zijn veroordeling schrijft hij zelf in *Ideeën van een gevangene* 'Veroordeeld om een beuzeling, om een nietigheid, om een ongerijmd-heid ....'. Op 1 mei 1896, de dag van de arbeid, speet het hem dat hij niet op bijeenkomsten kon zijn waar het krioelde van partijgenoten en geest-verwanten. 'De ontwaakte proletariërs zullen weder getuigenis afleggen van hunne deelneming aan de strijd, aan de propaganda voor het socia-lisme.... En ik zit hier opgesloten!'[258]

Hermans was lid van De Sociaaldemocratische Bond (DSB). Hij was vanwege zijn humor een graag gehoorde spreker op bijeenkomsten van de DSB. Als 'Max' schreef hij ook voor *Recht voor allen*. Later stapte hij over naar de Sociaal-Democratische Arbeiderspartij (SDAP), maar ingetogen zou hij nooit worden, en ook zijn socialistische collega's over-laadde hij met hoon en spot als hij dat nodig achtte.[259]

Uit zijn artikelen en andere publicaties - die overigens nog steeds (eeneneenkwart eeuw later) uitstekend leesbaar zijn - blijkt zijn afkeer van de monarchie. Maar zijn weerzin tegen de monarchie verheerlijken-de pers was zo mogelijk nog groter.

Met evenveel spot en venijn keerde Hermans zich tegen de kerk en het kapitalisme. Eens plaatste hij een spotprent van een vrome priester - de handen gevouwen in gebed - op de openingspagina van *De Roode Duivel*. Links en rechts van de priester is een vrouw afgebeeld. Onder de

---

256   *De Roode Duivel*, 28-08-1893.

257   *De Roode Duivel*, 04-11-1895, 14-09-1896 en 02-12-1895. Hermans, *Ideeën van een gevangene. Zes maanden celbewoner*. Zie ook Hendriks: 'De Geschiedenis van de Roode Duivel', pp. 183-186 en Bos, *Willem III. Koning Gorilla*, p. 74. De rechtbank die Hermans veroordeelde, bestond uit een aantal heren met nauwe Oranjebanden: de officier van justitie in deze zaak was mr. G.J.Ph. graaf Schimmelpenninck (1851-1929), kamerheer van Wilhelmina en zoon van oud-minister mr. Rutger Jan graaf Schimmelpenninck (1821-1893), grootmeester van het Huis des Konings, opperkamerheer; twee broers van de officier van justitie waren mr. F.D. graaf Schimmelpenninck (1854-1924), kamerheer i.b.d. van Wilhelmina en ter beschikking gesteld van de koningin-moeder, en Lodewijk Hieronymus graaf Schimmelpenninck (1858-1942), rentmeester van het kroondomein. Vonnis wijzend president van de rechtbank was mr. A. Wichers Hoeth (1840-1921), zie: http://nl.wikipedia.org/wiki/Louis_Maximiliaan_Hermans (geraadpleegd op 13-11-2019.).

258   Hermans, *Ideeën van een gevangene. Zes maanden celbewoner*, p. 133.

259   https://socialhistory.org/bwsa/biografie/hermans-l.

(nog) slanke vrouw links op de tekening stond: 'Vóór de Biecht'; onder de dame rechts, met hoogzwangere buik: 'Na de Biecht'.[260] Wie de huidige berichtgeving over de schandalen in de rooms-katholieke kerk volgt, moet constateren dat er sinds Hermans' tijd weinig is veranderd.

Hermans kan er maar niet over uit - en ik deel zijn verbazing - hoe de (voornamelijk) niet-socialistische pers de monarchie verheerlijkt, bejubelt en bewierookt ook als daarvoor geen enkele rationele grond is. Sinds de tijd van Hermans is er ook op dat punt weinig veranderd. Veel huidige bladen (en niet te vergeten de televisie) doen met hun uitgebreide verslagen over alles wat met de *royals* te maken heeft - ook als er in feite niets te berichten valt - niet onder voor die van eind negentiende eeuw. Verderop in dit boek zullen we dat verschijnsel vaker zien.

De beide koninginnen trokken, in het kader van het weer populair maken van de monarchie, regelmatig door het land en bezochten om die reden openbare gelegenheden. Hermans schreef over het gedweep van de pers met het koningshuis:

'Als de Koninginnen hier of daar heen gaan is er steeds een troep jankende honden. Aan deze reis verbonden, die ook wel onder de naam van pest- oftewel perslui bekend staan. En die uitvoerig vermelden waarheen de beide dames gaan, en die immer en altijd het hoezeegeroep hooren, terwijl elk teeken van afkeuring voor hen gaat verloren.'[261]

Kortom, zoals hij in een ander nummer stelt: 'Kolommen vol gewuif, gejuich en gejubel'.[262]

Of het offensief van Hermans tegen het koningshuis enig succes heeft gehad, is twijfelachtig. De leiding van de sociaaldemocraten was tegen de monarchie, die aan top van de aristocratische piramide stond en daarvan de belichaming was. Maar de aanhang van de sociaaldemocratie, zeker de gewone arbeider, was vaak koningsgezind en dat bleef hij, ondanks alle pogingen van Hermans (en natuurlijk de voormannen van links zoals Domela Nieuwenhuis, Frank van der Goes en iets later Pieter Jelles Troelstra) hem op andere gedachten te brengen.

Toen Wilhelmina op 6 september 1898 de troon besteeg, bestond *De*

---

260 *De Roode Duivel*, 23-10-1893.
261 *De Roode Duivel*, 24-02-1895.
262 *De Roode Duivel*, 12-07-1897. Zie ook 24-05-1897.

Rooie Duivel niet meer.

Geheel onverwacht had Hermans in het nummer van 13 december 1897 aangekondigd dat de duivel ging sterven. Hij was moegestreden, niet door één grote 'verpletterende slag', maar door vele speldenprikken. 'Mijn einde nadert ... ik voel het ... Schuif de gordijnen dicht, de komedie is uit.'

Jeugd en inhuldiging

Een kindertijd was voor Wilhelmina niet weggelegd. Ze leefde in een geïsoleerde wereld, waarin geen plaats was voor vriendinnetjes om mee te spelen. Ze had bijna uitsluitend volwassen mensen in haar omgeving die haar, zoals Emma had bepaald, dienden aan te spreken met 'Uwe majesteit, 'hoogheid' of op zijn minst met 'mevrouw'. Wilhelmina sprak, wanneer ze het over haar jeugd had, van een kooi waarin ze was opgegroeid. Ze had zich opgesloten gevoeld; gekooid. Het 'kooigevoel' zou ze nooit vergeten, en ze wilde niet dat haar dochter Juliana in dezelfde geïsoleerde sfeer zou opgroeien Dat zou maar ten dele lukken.

Wilhelmina bleef haar leven lang een vrouw die weinig van de wereld begreep.

Dat lag grotendeels aan haar opvoeding in isolement en het onderwijs dat ze kreeg van haar privéleraren. Tegenspraak kreeg ze nooit, net zo min als koningin Emma, want dat was verboden.

In haar eenzame bestaan kreeg ze nooit de kans de sociale gedragsregels aan te leren, die je meekrijgt wanneer je samen met andere kinderen opgroeit. Ze heeft die simpelweg nooit geleerd. In *Eenzaam maar niet alleen*, haar boek waarin ze terugblikt op haar leven, beschrijft ze hoe ze naar vrijheid had verlangd. Ze heeft onder haar afzondering geleden, maar uit plichtsbesef ook geleerd die te aanvaarden. Het was de prijs die ze als koningin moest betalen. Dat was ze naar haar vaste overtuiging aan haar onderdanen en Nederland verplicht.[263]

Straf kreeg ze zelden of nooit: stel je voor dat paleisbezoekers een 'schreiend koninginnetje' tegen zouden komen. Dat was ondenkbaar. Bij Wilhelmina's opvoeding draaide alles om tucht, tucht en nog eens tucht. In Wilhelmina's kinderjaren werd op bevel van Emma alles ondergeschikt gemaakt aan de voorbereiding op het koningschap. Werkelijk alles stond in het teken van de taak die haar wachtte zodra ze was ingehuldigd. Het was niet zomaar een taak, maar een heilige - door God zelf

---

263 Fasseur, *Wilhelmina. De jonge koningin*, pp. 101-107 en Wilhelmina, *Eenzaam maar niet alleen*, passim. Ze noemt in haar autobiografie een keer of twintig de 'kooi' en de 'kooisfeer' waarin ze opgroeide.

gegeven - opdracht. Wilhelmina nam dat letterlijk.[264]

Emma had zelf een onderwijsplan voor haar dochter opgesteld. Daarin was veel ruimte voor vaderlandse geschiedenis; uiteraard vanuit een strikt orangistische visie, al probeerde haar onderwijzer Fredrik Gediking daar wel enige nuance in aan te brengen en kun je niet zeggen dat hij in zijn streven heeft overdreven. Via de geschiedenis moest Wilhelmina haar eigen achtergrond en die van het Nederlandse volk leren kennen en dan vooral de verbondenheid die er al eeuwen tussen Oranje en het Nederlandse volk had bestaan.

> 'Aan het begin van de serie lessen op het niveau van de lagere school werd eerst haar eigen toekomstige positie uiteengezet: een vorst was het beste hoofd van het bestuur van een land omdat hij of zij werd opgeleid met het doel eens te gaan regeren. Maar afkomst verplichtte! "Een vorst is ook veel meer verplicht, alles te doen wat in zijn vermogen is voor 't welzijn des volks: "De roem onzer voorvaderen is de onze niet, tenzij wij hen navolgen".'[265]

Het is geen wonder dat de kleine Wilhelmina tijdens haar lessen een grote bewondering voor Willem de Zwijger, de overige stadhouders en de drie Willems Van Oranje en hun al dan niet vermeende grote en grootse koninklijke daden, opbouwde.[266] Bij de hersenspoeling, waaraan Emma haar dochter onderwierp, was weinig aan het toeval overgelaten.

Moeder Emma selecteerde hoogst persoonlijk de docenten voor haar dochter. Ze zullen allemaal goed in hun vak zijn geweest, maar een brede opleiding heeft Wilhelmina niet gehad. Op haar achttiende zat ze immers al op de troon. Algemene ontwikkeling stond in haar onderwijs voorop: veel (vaderlandse) geschiedenis, staatsrecht, talenkennis (Frans, Duits, Engels) en aardrijkskunde, waarbij uiteraard ook de koloniën enige aandacht was beschoren. Ze zou er overigens (net als de drie Willems vóór haar en haar dochter Juliana ná haar) nooit van haar leven één stap zetten.

Wilhelmina genoot degelijk maar beknopt, op de praktijk afgestemd,

---

264 Booy, *Het is stil op het Loo*, p. 92 en passim.
265 Diependaal, *Geconserveerd koningschap: Regentes Emma en Wilhelmina's erfenis*, pp. 15-16. Diependaal spelt de naam van de onderwijzer als Gedeking. Ik hou hier de spelling aan van het *Nieuw Nederlandsch biografisch woordenboek*, Deel 1, p. 918: Gediking.
266 Diependaal, *Geconserveerd koningschap: Regentes Emma en Wilhelmina's erfenis*, pp. 19-41.

middelbaar onderwijs. Latijn en Grieks maakten geen onderdeel uit van haar lespakket en ook het onderwijs in exacte vakken kwam nauwelijks aan bod, al probeert Wilhelmina-biograaf Cees Fasseur daar een positieve draai aan te geven. Maar Gediking - hij was onderwijzer - zal nauwelijks op hoog niveau les in de exacte vakken hebben kunnen geven. De lessen algebra en meetkunde beperkten zich trouwens tot maar twee winters.

Ze 'wierp' zich volgens Fasseur ook op het schrijven van het Maleis met Arabische karakters, maar kwam nooit verder dan het spellen van haar eigen naam, wat toch een beetje in tegenspraak is met 'werpen op'. Om enig inzicht te krijgen in de Indische archipel selecteerde de minister van Koloniën persoonlijk 'enkele boekwerken uit de bibliotheek van zijn departement die de jeugdige koningin een goed beeld konden geven' van Nederlands-Indië.

Met Duits had ze - ondanks haar Duitse moeder - de meeste moeite, hoewel dat later verbeterde dankzij haar contacten met haar Duitse schoonfamilie. Na de Tweede Wereldoorlog, die ze in Londen doorbracht, moest ze niets meer hebben van de Duitse taal. Toen ze na de oorlog een tentoonstelling over verzetsliteratuur bezocht, waar zij werd gewezen op een bundel met in het Duits vertaalde verzetspoëzie, riep ze uit: 'Ik wil die prachtige gedichten niet lezen in die afschuwelijke taal.'[267]

Ze had een dergelijke opmerking ook al eens in Londen gemaakt, tegenover de schrijver A. den Doolaard (pseudoniem van C.J.G. (Bob) Spoelstra). Ik ga daar nader op in, omdat het veel zegt over haar karakter en haar leefwereld.

Nadat ze in 1940 naar Engeland was gevlucht, had Wilhelmina een hekel gekregen aan alles wat Duits was, hetgeen bezet Nederland - dat wist ze - erg waardeerde. Een gezantschapsattaché in Genève had een aantal verzen uit het *Geuzenliedboek* in het Duits vertaald om de Zwitsers kennis te laten maken met die bijzondere vorm van Nederlandse dichtkunst. De originele Nederlandse tekst stond naast de Duitse vertaling. Wilhelmina kreeg een aan haar opgedragen exemplaar toegestuurd van iemand die meende haar daarmee een plezier te doen, maar dat bleek een ernstige misrekening.

Hare Majesteit ontstak in woede en de gulle gever had het voor immer bij haar verbruid. Tijdens een van haar gesprekken met Den Doolaard was ze plotseling opgestaan terwijl ze uitriep: 'Nu moet ik u iets ver-

---

267   Fasseur, Wilhelmina. De jonge koningin, pp. 117-138.

schrikkelijks laten zien.' Ze had de Duitse vertaling van de gedichten 'soms nogal onhandig, beplakt met schots en scheef afgeknipte stukken van kruidenierszakjes'. Met van woede overslaande stem had ze geroepen: 'Vindt u het niet *ongelófelijk*, dat deze Zwitserse onverlaat zich heeft durven vergrijpen aan onze *heilige* verzetsgedichten, door ze te vertalen in de taal van *die man*?', waarmee ze natuurlijk Adolf Hitler bedoelde.

Boos stelde ze vervolgens Den Doolaard een vraag waarop hij verondersteld werd met 'jazeker' te antwoorden: 'Ongelofelijk onkies, niet waar, dat vindt u toch ook?' Maar Den Doolaard liet zich – als een van de weinigen – niet de mond snoeren en sputterde tegen dat Duits de voertaal was in een deel van Zwitserland. En het Duits was niet alleen de taal van Hitler 'maar ook van Goethe en Schiller, Kant en Schopenhauer, Hölderlin en Kleist….'

Toen besefte Den Doolaard dat hij maar beter zijn mond kon houden 'want ik zag in haar ogen dat die laatste namen haar niets zeiden.' De tegenspraak had haar boos gemaakt en ze had het onderhoud abrupt afgebroken.[268]

Het voorval zegt, behalve over Wilhelmina's leefwereld en opvattingen, ook iets over het door Emma uitgestippelde onderwijs. Hoewel zelf Duitse van geboorte, had ze het kennelijk niet nodig geacht haar dochter een behoorlijke kennis van de Duitse literatuur bij te brengen. Als koningin van Nederland had ze dat niet nodig.

Niet dat het allemaal veel verschil maakte, want literatuur had toch al niet Wilhelmina's belangstelling. Biograaf Fasseur vond dat logisch. Ze las behalve massa's staatsstukken ook veel religieuze lectuur; voor literatuur bleef dan maar weinig tijd over.[269]

Voorstanders van de monarchie beweren graag dat een koning het ideale staatshoofd is omdat hij zich gedegen - soms wel een half leven lang - kan voorbereiden op zijn taak. Die taak is vanuit staatkundig oogpunt weinig omvattend, zoals ik in de inleiding al uiteen zette, dus de vraagt rijst, waarop die voorbereiding zich dan toespitst. Bij Wilhelmina in ieder geval niet op sociaal gedrag of inzicht in het niet-koninklijke leven.

Hoe dan ook, één bron stelt vast dat, toen ze achttien was en de troon besteeg, 'zij volkomen op de hoogte [was] gebracht van alles, wat het

---

268   'Inleiding' van Den Doolaard bij: Van der Ham, *Wilhelmina in Londen 1940-1945*, pp. 7-11. De cursiveringen zijn van Den Doolaard. Zie ook 'Op de thee bij de oude dame' van A. Den Doolaard in: Udink, *Wilhelmina. Een portret in herinneringen*, pp. 160-167.
269   Fasseur, *Wilhelmina. Krijgshaftig in een vormeloze jas*, p. 521.

staatkundige en maatschappelijke leven kenmerkt.'[270] Dat lijkt op zijn zachtst gezegd zwaar overdreven.

Bij haar inhuldiging in de Nieuwe Kerk te Amsterdam, op 6 september 1898, zong ze de lof van haar vader. Voor een dochter is dat natuurlijk alleszins begrijpelijk, maar of het verstandig was dat te doen, gezien de staat van dienst van Willem III, is een tweede. Ook op dat punt liet haar (geschiedenis)onderwijs kennelijk te wensen over. Overigens beging Beatrix exacte dezelfde fout bij haar inhuldiging, zoals we nog zullen zien.

Voordat ze de eed aflegde, las ze haar zelfgeschreven rede voor. Volgens biograaf Fasseur 'kristalhelder' en 'zonder enige hapering'.[271] Ook staatsrechtdeskundige dr. E. van Raalte toonde zich onder de indruk en liet niet na erop te wijzen dat Wilhelmina haar rede 'geheel [zelf had] ontworpen'. Het speechje, dat met zoveel lof werd overladen, bestond uit 267 woorden. Of dat een prestatie is, mag iedereen voor zichzelf uitmaken, maar men dient wel te bedenken dat ze er zich letterlijk jarenlang op heeft kunnen voorbereiden.

Haar hele opvoeding en onderwijs waren toegespitst geweest op het koningschap en dit was het eerste zicht- en hoorbare resultaat: kristalheldere dictie en geen gestotter. Alles wat de leden van het koningshuis doen - of niet doen - is in de ogen van hun aanhang nu eenmaal altijd indrukwekkend. Of iedereen ook werkelijk meende wat hij zei, is een ander verhaal en vrijwel onmogelijk na te gaan. Zoals premier N.G. Pierson, die als ministerieel verantwoordelijke de tekst vooraf ter inzage had gehad. Hij had geen enkele aanmerking gehad; 'enkel lof'.[272]

Net als Pierson wees staatsrechtgeleerde Van Raalte erop 'dat de Koningin hare Toespraak zelve gemaakt had'. Dat 'bleef geen geheim en deed haar opeens positie nemen, het verhoogde haar aanzien...'[273] De bron van alle lof was deze rede:

'Mijne Heeren, Leden der Staten-Generaal. Reeds op jeugdigen leeftijd heeft God Mij door het overlijden van Mijnen onvergetelijken Vader tot den Troon geroepen, dien Ik onder het zoo wijze en zegenrijke Regentschap Mijner innig geliefde Moeder beklom.

---

270   *Persoonlijkheden in het Koninkrijk der Nederlanden in woord en beeld*, p. 10.

271   Fasseur, *Wilhelmina. De jonge koningin*, p. 170.

272   De Beaufort, *Wilhelmina 1880-1982*, p. 42 en Van Raalte, *De werkelijke betekenis en functionering van het Nederlandse koningschap*, p. 9.

273   Raalte van, *Staatshoofd en Ministers*, p. 168.

Na de vervulling van Mijn achttiende levensjaar heb Ik de Regeering aanvaard; Mijne proclamatie heeft dit aan Mijn dierbaar Volk bekend gemaakt.

Thans is de ure gekomen, waarop Ik Mij, te midden van Mijne trouwe Staten-Generaal, onder aanroeping van Gods Heiligen Naam, zal verbinden aan het Nederlandsche volk, tot instandhouding van zijn dierbaarste rechten en vrijheden. Zoo bevestig ik heden den hechten band, die tusschen Mij en Mijn volk bestaat, en het aloud verbond tusschen Nederland en Oranje opnieuw bezegelt. Hoog is de roeping, schoon de taak, die God op Mijne schouders gelegd heeft. Ik ben gelukkig en dankbaar het Volk van Nederland te mogen regeeren, een volk klein in zielental, doch groot in deugden, krachtig door aard en karakter. Ik acht het een groot voorrecht, dat het Mijne levenstaak en plicht is, al Mijne krachten te wijden aan het welzijn en den bloei van Mijn dierbaar Vaderland. De woorden van Mijnen beminden Vader maak ik tot de Mijne: "Oranje kan nooit, ja nooit genoeg voor Nederland doen." Bij de vervulling van Mijne taak heb ik Uwe hulp en medewerking noodig, Mijne Heeren der Volksvertegenwoordiging. Ik ben overtuigd, dat Gij Mij die in ruime mate zult verleenen. Laat ons samen arbeiden voor het geluk en den voorspoed van het Nederlandsche volk. Dat zij Ons aller levensdoel. God zegene Uwen en Mijnen arbeid, dat hij strekke tot heil van Ons Vaderland.'[274]

Historicus en tijdgenoot professor dr. H. Brugmans slaagde er in zijn *Geschiedenis van Nederland onder de regering van Koningin Wilhelmina* evenmin in een objectief verslag van de inhuldiging te geven. Brugmans is lyrisch:

'In den letterlijken zin van het woord bestijgt nu de vorstin den troon; zij neemt daarop plaats, gehuld in den koninklijken mantel, met de edele bevalligheid, die haar altijd eigen is geweest. De jonge Koningin, symbool van jeugdige reinheid en vorstelijke majesteit, maakte op alle aanwezigen den indruk van een heerlijk sprookje, meer, van een edelen droom.'[275]

---

274 Brugmans, *Geschiedenis van Nederland onder de regering van Koningin Wilhelmina*, p. 17.
275 Brugmans, *Geschiedenis van Nederland onder de regering van Koningin Wilhelmina*, p. 16. Zie voor een meer eigentijdse weergave van de inhuldiging: Bank en Van Buuren, *1900. Hoogtij van burgerlijke cultuur*, pp. 21-32.

In haar speech, gedeclameerd met haar 'volle, welluidende stem' en bovendien op 'even krachtige als teedere wijze' zo jubelt Brugmans voort, sprak Wilhelmina ('deze verheven jonge vrouw') 'imposante, in hun juistheid zoo doorvoelde woorden'. Hij gaf haar speech in zijn boek onverkort weer, want hij zou het Nederlandse volk tekort hebben gedaan 'indien wij poogden hier te schrappen'.[276]

Wilhelmina's stem maakte heel wat los. Een republikeins gezind Kamerlid sprak (spottend?): 'Ik moet die stem (…) niet te vaak horen. Ik zou gevaar lopen mijn principes ontrouw te worden.'[277]

Net als minister-president Pierson liet ook de minister van Buitenlandse Zaken, W.H. de Beaufort, in zijn beschrijving van de inhuldiging zijn emoties de vrije loop. Een armbeweging van Wilhelmina was voor altijd in zijn geheugen gegrift:

'Ik zal nooit vergeten de waardige en tegelijk natuurlijke wijze waarop de koningin onder den breeden mantel den arm ophief ten hemel; geen actrice had het haar kunnen verbeteren, zoo bevallig en tegelijk ongekunsteld was hare beweging.'[278]

Je mag toch hopen dat hier sprake is van enige overdrijving: een minister die volkomen van de kook raakt bij het zien van een tienermeisje dat haar arm opheft. Ook op premier Pierson en alle andere aanwezigen had de zo koninklijk geheven arm een magische uitwerking: 'Toen zij daar met opgeheven hand stond, werden allen als geëlectrificeerd.'[279]

De pers haalde, zoals gebruikelijk bij koninklijke aangelegenheden, alles uit de kast. Volgens De Tijd was door Wilhelmina het bewijs geleverd dat de monarchie een superieure staatsvorm was:

'Men ziet het daar vóór zich, dat de Vorst niet door eigen verdiensten, maar krachtens het door geboorte verkregen recht met de hoogste Macht is bekleed, en omdat hij niet is als wij en zijn plaats door geen der onzen kan worden ingenomen, stemt de plechtig-

---

276 Brugmans, *Geschiedenis van Nederland onder de regering van Koningin Wilhelmina*, pp. 16-17.

277 Geciteerd uit Hermans, *Wie ben ik dat ik dit doen mag*, p. 164.

278 Geciteerd uit: Huijsen, *Nederland en het verhaal van Oranje*, p. 96. Huijsen geeft in zijn boek, behalve over de inhuldiging, vele voorbeelden van onversneden Oranje-emoties.

279 De Beaufort, *Wilhelmina 1880-1982*, p. 45.

heid, waarbij het geheele volk hem trouw zweert, tot dien verheven eerbied, welken men geen ander dan den Vorst bewijzen kan.'[280]

Wat vond Wilhelmina zelf? Ze wilde er in *Eenzaam maar niet alleen* niet veel over kwijt omdat de lezer kon kiezen uit een stortvloed van reportages in de pers, maar ze was wel behoorlijk zenuwachtig geweest. Ze merkte ook op dat het haar toen aan levenswijsheid en levenservaring had ontbroken.[281]

Zoals te verwachten viel, rapporteerden kranten dat het volk jubelde en dolenthousiast was.[282]

Cees Fasseur schrijft over die geestdrift van de Oranje-aanhang met de nodige relativering: 'het publiek is bijna altijd heel geestdriftig in dit boek, maar het is nu eenmaal niet anders.'[283]

> Troelstra vond *erfelijkheid* iets voor stamboekvee, niet voor de monarchie.

Er waren uiteraard wat linkse tegengeluiden. De beide Tweede Kamerleden van de SDAP, Henri van Kol en de bekende voorman Pieter Jelles Troelstra (en de onafhankelijke socialist G.L. van der Zwaag), waren bewust niet in de Nieuwe Kerk komen opdagen vanwege hun afkeer van de monarchie. Zij hadden een hekel aan de irrationele onderdanigheidsbetuigingen en de kritiekloze verering van het vorstenhuis.

Maar links hield zich verder rustig en heeft ook niet de intentie gehad de 'feestelijkheden' - alleen het woord al - te verstoren.[284] Troelstra heeft eens kort en krachtig uiteengezet wat hij vond van de monarchie:

'Erfelijkheid moge een geschikt leidend beginsel zijn voor paard- en rund-veestamboeken, voor het bekleeden van publieke ambten kan het nu eenmaal geen leidraad geven.'[285]

---

280   *De Tijd*, 07-09-1898.
281   Wilhelmina, *Eenzaam maar niet alleen*, pp. 91-92.
282   In krantendatabank *Delpher* zijn daarvan vele voorbeelden te vinden onder de trefwoorden 'inhuldiging' en 'Wilhelmina'.
283   Fasseur, *Wilhelmina. De jonge koningin*, p. 231.
284   Troelstra, *Gedenkschriften*, Deel II. Groei p. 169.
285   *Handelingen Tweede Kamer 1921-1922*, p. 317. De Kamer sprak toen over een Grondwetsherziening.

Troelstra vond dat zijn aanhang de kroningsfeesten links moest laten liggen, maar hij begreep dat dat niet realistisch was:

'Wij weten wel dat de arbeider in zijn vreugdeloos bestaan behoefte gevoelt om eens een enkele maal zorg en kommer opzij te zetten en zich te werpen op den roes der feestvreugde. Vandaar dat de groote massa waarschijnlijk zal behooren onder degenen die feest vieren.'[286]

Hij kreeg gelijk. Het Oranjegevoel vierde inderdaad hoogtij. Emma had haar werk goed gedaan. Op haar verzoek danste het feestende volk zelfs op kousenvoeten op de Dam. Wilhelmina overnachtte namelijk in het paleis en zo jong als ze was; ze had wél haar nachtrust nodig. Iedereen begreep dat.[287]

God en wetenschap

In *Eenzaam maar niet alleen* zet Wilhelmina uiteen hoe je haar autobiografie - die volgens haar geen autobiografie was, evenmin trouwens een 'politiek of historisch relaas'-, moest duiden. Haar boek bewoog zich op een geheel ander niveau dan politieke of historische werken. Daarom verzoekt ze de lezer in haar inleiding zich te verplaatsen in haar hogere 'plan'. Daarmee bedoelde ze een hoger niveau dan doorgaans in biografieën en politieke of historische werken wordt aangetroffen.

Wat zij wilde was Gods leiding in de Nederlandse geschiedenis, die was begonnen met Willem de Zwijger, nadrukkelijk aan de orde stellen. Ze benadrukt dat in cursief: '*Wat hier aan de orde is, is het door God geleid zijn van ons volk, in verleden, heden en toekomst.*'

Wat dan volgt zijn woorden die je eerder van een theocratisch staatshoofd dan van een constitutioneel monarch zou verwachten:

'In zoverre ik daarin tijdens mijn regering betrokken was, wil ik in dit boek Zijn bestel over mijn leven trachten te beschrijven. In die Leiding lag in zijn diepste grond de band tussen ons volk en mij. De verbondenheid tussen het Nederlandse volk en de Vader des Vaderlands en ook mij vindt in diepste wezen haar oorsprong in gemeenschappelijk vertrouwen in, en in een openstaan voor die Leiding, die ons leven tot zijn bestemming brengt.'[288]

---

286 Geciteerd uit: Bank en Van Buuren, *1900. Hoogtij van burgerlijke cultuur*, p. 31.
287 Wilhelmina, *Eenzaam maar niet alleen*, p. 88.
288 Wilhelmina, *Eenzaam maar niet alleen*, p. 15.

Kerk en staat zijn weliswaar gescheiden in Nederland, maar hier hebben we een staatshoofd dat zich primair liet leiden door haar geloof. Religieuze geschriften zijn moeilijke en vaak ondoorgrondelijke kost voor lezers die niet in alle gebeurtenissen Gods sturende hand zien. Het streven om haar boek naar een hoger, metafysisch plan te tillen - waar de lezer haar moet proberen te volgen - komt de leesbaarheid niet ten goede. Daar komt nog bij dat Wilhelmina een belabberd auteur was. Dat wist ze zelf ook. Om die handicap te ondervangen, had ze de hulp ingeroepen van haar particulier secretaris Thijs Booy. Hij fungeerde min of meer als haar *ghostwriter*.

Booy was, net als zijn cheffin, diep religieus en dat heeft (opnieuw) de leesbaarheid geen goed gedaan. Booy kon Wilhelmina's van God doordesemde gedachtegang goed volgen en zal geen reden hebben gezien om in te grijpen in delen waar God al te nadrukkelijk op de voorgrond treedt. Hij zal dat vanzelfsprekend hebben gevonden. Een coauteur uit een minder christelijk milieu had vermoedelijk een beter leesbare tekst aangeleverd. Over Wilhelmina's schrijftalent - of het ontbreken daarvan - schreef Booy 'dat als iets haar moeilijk afging, dan was het wel schrijven. Zij had een pen die bijna niet wilde.'

Vervelend was ook dat ze de spelling nooit helemaal heeft leren beheersen. Ze is altijd spelfouten blijven maken in brieven en notities. Henriette de Beaufort, een van haar biografen, constateert eveneens dat ze 'weinig schrijftalent' had.

Ze kende 'wellicht ook geen taaldrift, geen worsteling in de eigen verbeelding om door formulering tot uitbeelding te komen.' Direct daarop volgt de onvermijdelijke vergoelijking. Zoals Fasseur haar verdedigt voor het niet-lezen van literatuur omdat staatsstukken en religieuze literatuur al haar tijd in beslag namen, komt De Beaufort met een excuus op de proppen waarom ze een slecht schrijfster is:

'Haar stijl is een loot van de stijl der rapporten en radioboodschappen, waarin uit de aard der zaak nooit de kunst van het vertellen wordt beoefend. Levenslang had zij het woord gehanteerd, maar eerder om te bedekken dan om te ont-dekken, ook schrijvende behield zij haar voormalige positie van bovenpartijdigheid, ambtsgeheimen mocht zij niet prijsgeven, haar particulier leven en privacy behandelde zij kies, hoe kon 't anders?'[289]

Veel duidt erop dat Wilhelmina zich eerder liet leiden door de Bijbel dan door de Grondwet. Zeker haar visie op het koningschap kwam regelrecht uit het Oude Testament: God zelf kiest een leider (koning) voor het volk, wat inhield dat Wilhelmina zichzelf als de Uitverkorene beschouwde, door God Zelf benoemd, om leiding te geven aan Nederland, dat volgens haar overtuiging bij God in een zeer goed blaadje stond. Wij waren volgens Wilhelmina Zijn lievelingsvolk, al was het een gedeelde eerste plaats met Israël. Altijd was er volgens Booy de 'religieuze notie. Zij zag achter de mensen altijd de Heer-mens Christus.'

Het oudtestamentische zat haar hoog en werd haar manier van leven. Dat was volgens Booy ook anderen opgevallen:

'Een fijnzinnige neger die op Het Loo logeerde, zei mij eens: ik heb mij nooit beter het klimaat van het Oude Testament kunnen indenken dan hier. Ik vroeg een voorbeeld. Hij gaf dit: het Oude Testament is vol van het: wacht op de Heer, op Zijn tijd. Dit trilt hier nog na. Ik maak geen afspraak met de Prinses, ik meld mij niet, ik word geacht te wachten tot het haar behaagt mij te ontvangen, tot het haar tijd is. Bijna overal is een ontmoeting een zaak van de tijd van beiden. Hier houdt er één de tijd in de hand, haar tijd is ook de tijd van de ander. Hier woont een late David, een echte koning.'[290]

Booy verzekert ons in een adem door dat 'deze neger' (die ook nog eens 'fijnzinnig' was) die woorden met 'diep ontzag' had uitgesproken en dat er geen 'klankje van kritiek' doorheen had geklonken.[291]
Wilhelmina is tijdens haar leven nooit van de zijde van God geweken, al heeft ze misschien wel getwijfeld aan wiens zijde Hij stond toen ze vanwege de Duitse inval in Mei 1940 de wijk nam naar Engeland.

289   Booy, *De levensavond van koningin Wilhelmina*, p. 74. Voor het coauteurschap van Booy: Wilhelmina, *Eenzaam maar niet alleen*, p. 5. Zie voor haar spellingsprobleem: Fasseur, *Wilhelmina. De jonge koningin*, p. 488 en voor de opmerking van De Beaufort, *Wilhelmina 1880-1962*, p. 269.

290   Booy, *Het is stil op het Loo*, p. 152.

291   Booy, *Het is stil op het Loo*, pp. 151-154; voor de bijbel en de Grondwet: p. 168.

Koningin Wilhelmina der Nederlanden, foto studio Merkelbach 1948

Aan wetenschap had ze een uitgesproken hekel als die haar Godsbeeld of de Bijbelse boodschap aantastte. Booy schrijft dat ze sceptisch en afwerend was ten aanzien van wetenschappers, en dat ze 'voor haar leven een vijand [was] van intellectualisme en rationalisme.'[292]

Die weerzin tegen de wetenschap was geen bezwaar om negen ere-

---

292   Booy, *De levensavond van koningin Wilhelmina*, pp. 118-119 en pp. 192-194.

doctoraten te accepteren, waaronder een in de economische wetenschappen van de Universiteit van Amsterdam (1938). Dat Wilhelmina
weinig van economie snapte, bleek geen belemmering haar tot eredoctor te promoveren. Het theologisch eredoctoraat dat ze kreeg toebedeeld, paste wellicht beter bij haar; in ieder geval was ze er blij mee.

Het *doctor honoris causa* in de Nederlandse letteren dat de Groningse Universiteit haar in 1914 toekende, kon ze ook erg waarderen.
Dat ze literair weinig onderlegd was, slecht schreef en de spelling niet
beheerste, was voor Groningen geen bezwaar haar de eretitel toe te
kennen.

Haar verdienste was volgens de rector magnificus dat ze zich bij elke
gelegenheid in haar moedertaal, 'symbool van onze nationale eenheid',
uitdrukte en daarmee het Nederlands hooghield.[293] Dat is ongetwijfeld waar, maar wat had ze anders moeten spreken? Frans? Dat was al
onder Emma als hoftaal afgeschaft.

Wilhelmina`s weerzin tegen wetenschap heeft een duidelijke oorzaak
en het had alles met haar geloof te maken. Op haar dertiende kreeg ze
les over ons zonnestelsel. Wat ze hoorde was absoluut niet in overeenstemming met wat ze in de Bijbel over de schepping had gelezen. In
Genesis staat duidelijk dat God de wereld in zes dagen had geschapen
en om van die klus bij te komen had Hij op de zevende dag rust genomen. Ze was geschokt:

'Deze smartelijke ondervinding heeft ook een ander gevolg
gehad, namelijk dat ik, zo jong als ik toen was, innerlijk de oorlog
verklaarde aan de wetenschap, aan dat menselijk denken, dat
zulk een rampspoed over mij had kunnen brengen. Ik keerde mij
ijzende van hen af, die de wetenschap als het hoogste huldigden
en nam mij voor mijn geliefd, mijn heiligst geloof, het gezag over
mijn levensscheepje toe te vertrouwen, de voorrang te geven aan
ziel en hart en de tweede plaats, die van hun gewillige dienaar, toe
te kennen aan mijn verstand. De vrede met God, die alle verstand
te boven gaat, maar ook alle verstand verlicht, in mijn hart toe te
laten. Gelijk het zien van het oog en het horen van het oor een
belangrijke taak vervullen, maar geregeerd worden door de wil,
zo moet ook het verstand aan Gods wil onderworpen zijn en niet

---

293   Gegevens over eredoctoraten zijn afkomstig van: Parlement.com. Zie voorts Booy, *De
levensavond van koningin Wilhelmina*, p. 19 (eredoctoraat economie), p. 76 (eredoctoraat
theologie) en Fasseur, *Wilhelmina. De jonge koningin*, pp. 488-489.

de aanmatiging koesteren, tot heersen bevoegd te zijn. Die laatste is de toelichting op een op rijpere leeftijd ontstane overtuiging.'[294]

In 1898 kreeg Nederland een piepjonge koningin op de troon. Een tiener nog die, in weerwil van haar onderwijs en voorbereiding, geen benul had van de werkelijkheid, ieder gevoel voor sociale omgang miste en zo goed als niets begreep van de wereld om haar heen. Ze vertrouwde bovenal op God, die haar, zoals ze geloofde, tot haar verheven taak had geroepen. God stond aan haar zijde en zou haar nooit in de steek laten.

Het blijft verbazingwekkend dat de Nederlandse Grondwet toestaat dat een puber op zijn of haar achttiende verjaardag staatshoofd kan worden.

Laten we haar tijdgenoot Cosmopolitikus nog eens aanhalen, als tegenwicht voor al het gejubel dat Wilhelmina bij haar inhuldiging over zich kreeg uitgestort:

'Ze vinden het gek, dat men iemand vereert als een afgod, omdat hij de zoon van zijn vader is, dat men kinderen reeds verheerlijkt, alsof ze heel wat waren, nog vóór zij in de gelegenheid zijn te toonen, wat ze worden zullen, alleen omdat zij uit een bepaalde familie zijn gesproten. Want al is iemand nog zoo bekwaam, nog zoo verdienstelijk, volgt hier dan uit, dat ook zijn kinderen, kleinkinderen en zijn geheele nakomelingenschap bekwame en verdienstelijke menschen zullen zijn?

't Lijkt er niet naar. Welnu, waarmee wil men dan het erfelijk koningschap verdedigen? Is 't niet onverantwoordelijk, de hoogste staatsbetrekking te laten erven, alsof de geschiktheid mee werd overgeërfd?'[295]

Vergelijk het met de aanstelling van een directeur bij een bedrijf. Dan kijkt men uitsluitend naar de geschiktheid voor de functie; zijn geboorte doet er niet toe. Dus vraagt Cosmopolitikus zich af:

'Hoe kunnen verstandige menschen zoo'n onnozelheid nog toejuichen? Hoe is 't mogelijk, dat het aantal der verheerlijkers van het koningschap, nog zoo groot is!

---

294 Wilhelmina, *Eenzaam maar niet alleen*, p. 71.
295 Cosmopolitikus, *De Aanstaande Kroningsfeesten*, pp. 2-3.

Het oranjehuis in 't bijzonder tracht men te verdedigen door te zeggen dat Willem de Zwijger voor de vrijheid van ons land gevallen is. Over diens meerdere of mindere verdiensten willen we hier niet uitweiden, genoeg zij het te herinneren aan den moord, door een fanatiek zoon der roomsche kerk op hem gepleegd, omdat hij zich aan het hoofd van den opstand tegen Spanje had gesteld.

Maar moet men daarom zijn nageslacht van eeuwigheid tot eeuwigheid blijven vereeren? In den oorlog tegen Spanje zijn waarachtig wel meer gesneuveld dan Willem de Zwijger, maar van de anderen, die hun leven lieten, om hun volk te verlossen van de dwang des Spaanschen konings en der roomsche kerk, wordt weinig of geen notitie genomen, omdat die niet van vorstelijk bloed waren.'[296]

Een koningin (geboren in de Oranje-familie) heeft als huwelijkspartner een 'prins-gemaal', maar een koning heeft als echtgenote een koningin aan zijn zijde, en niet een 'prinses-gemalin' (of iets dergelijks). Dat is om verwarring met de grondwettelijke titel van 'koning' te voorkomen. Een koningin kan dus het staatshoofd zijn óf de echtgenote van het staatshoofd. De echtgenoot van de koningin moet het doen met de titel van 'prins-gemaal'. In Wilhelmina's geval werd dat de Duitse prins Heinrich van Mecklenburg-Schwerin. Omdat zijn naam bij zijn huwelijk werd vernederlandst, kennen wij hem als prins Hendrik.

Behalve Wilhelmina hebben ook veel andere Nederlandse vrouwen de prins-gemaal intiem leren kennen. In dat opzicht kon hij zich spiegelen aan zijn schoonvader Willem III en diens vader en grootvader.

Prins Hendrik

Na haar inhuldiging als Koningin der Nederlanden had het vinden van een huwelijkspartner de hoogste prioriteit. De voortzetting van de Oranjemonarchie mag nooit in gevaar komen. Mannen waren voor Wilhelmina onbekend terrein, maar bij de strenge selectieprocedure wist ze haar moeder naast zich. Net als bij haar opvoeding, die van Wilhelmina een wereldvreemd mens had gemaakt, had Emma in overleg met het kabinet bepaald, dat de huwelijkskandidaat de titel van prins moest hebben en uit een regerend geslacht van vorsten moest stammen. Dat beperkte in hoge mate de vijver waaruit kon worden gevist. Eigenlijk bleef alleen Duitsland over, waar zeven families voor de eer in aan-

---

296 Cosmopolitikus, *De Aanstaande Kroningsfeesten*, pp. 3-4.

merking kwamen Wilhelmina's echtgenoot te leveren, wiens kerntaak het was om zijn echtgenote zo snel mogelijk zwanger te maken.

Een tweede eis betrof zijn godsdienst: de toekomstige echtgenoot diende protestant te zijn. Een katholieke prins maakte geen schijn van kans aan het Nederlandse hof, met zijn hervormde tradities. Maar Emma en haar speurhonden moesten er ook op toezien dat het ego van de aanstaande partner aan de bescheiden kant was. De bazige Wilhelmina - en zij alleen - was staatshoofd; van de prins-gemaal werd verwacht dat hij zich op geen enkele wijze in staatsaangelegenheden zou mengen.

De gedroomde echtgenoot van Wilhelmina moest kortom een bescheiden man zijn, inschikkelijk en wars van bemoeizucht. Het tegenovergestelde dus van Wilhelmina zelf: de toekomstige bruidegom diende over alle eigenschappen te beschikken die de jonge koningin niet had. Moeder Emma ontdekte na enig speurwerk in dit speciale segment van de Europese huwelijksmarkt, prins Heinrich van Mecklenburg-Schwerin.

Prins Hendrik was een man met weinig diepgang; zijn interesses beperkten zich tot jagen, legpuzzels maken en kaartspelletjes. Hij had een opleiding als officier en een korte carrière in het leger achter de rug. Toen hij door het Nederlandse hof werd benaderd, leidde hij het leven van een landedelman die veel en graag op jacht ging. Heinrich was een achterneef van Wilhelmina. Bij de beslissende ontmoeting in 1900 was Wilhelmina twintig jaar, Hendrik was vier jaar ouder.

Ze verloofden zich nog hetzelfde jaar, de trouwplechtigheid vond plaats op 7 februari 1901. Voor Wilhelmina moet het huwelijk vanwege haar achtergrond, waarin voor omgang met mannen geen plaats was ingeruimd, een bizarre ervaring zijn geweest. Ze geeft dat ook toe in *Eenzaam maar niet alleen*. Wilhelmina kenschetste haar man als de eenvoud zelve in alles: in zijn optreden, in zijn smaak en in zijn karakter.[297]

Geen koninklijk huwelijk zonder toestemmingswet. De behandeling daarvan in de Kamer was niet meer dan een wassen neus, omdat de ministerraad het huwelijk al per proclamatie bekend had gemaakt en daarmee impliciet toestemming had gegeven.

In feite kwam de Kamer er dus niet meer aan te pas, al kwam het formeel nog aan de orde. Van Troelstra hoefde dat niet meer, en bovendien

---

297 Fasseur, *Wilhelmina. De jonge koningin*, pp. 203-219 en p. 256; zie voor Wilhelmina's relaas. *Eenzaam maar niet alleen*, pp. 95-111.

vond hij het huwelijk een privézaak die hem verder niet aanging, al kon hij niet nalaten op te merken:

'Het is dan ook m.i. niet de moeite waard, om daarover drukte te maken, noch door het geheele land in rep en roer te brengen met feesten in dezen barren winter, alsof het volk gelukkiger zou worden door dit huwelijk, noch om daarin een bijzondere aanleiding te vinden, om een instelling te bestrijden, die zeer zeker de 20ste eeuw niet zal overleven, of om onaangenaamheden toe te voegen aan de personen die hun taak om der Regeering der Nederlandsche bourgeoisie tot ornament te dienen, op onberispelijke wijze te vervullen. Wij hebben dus geen reden ons tegen dit huwelijk te verklaren.'[298]

Hij wilde het aanstaande echtpaar echter wel feliciteren met hun voorgenomen huwelijk, maar hij kreeg daarvoor niet de kans van de Kamervoorzitter. Na Troelstra's eerste zin:

'Wel meen ik te spreken namens een groot deel van het Nederlandsche volk, wanneer ik bij deze gelegenheid den wensch uit, dat het de Koningin moge gelukken haren jeugdigen Nimrod...'[299]

greep de voorzitter in: 'Ik verzoek den geachten spreker zich van betamelijke uitdrukkingen te bedienen.' Troelstra wees erop dat (de Bijbelse) Nimrod bekend stond als een groot jager, dus hoezo beledigend? Hij maakte nog enkele opmerkingen die in de (overwegend) Oranjegezinde Kamer slecht vielen.[300]

Hendrik deed wat van hem werd verwacht. Na tenminste vier miskramen kwam troonopvolgster Juliana ter wereld. Het huwelijk stelde toen al niets meer voor, omdat Hendrik zich gedroeg op een manier die geen enkele echtgenote van haar man accepteert. Huwelijkse trouw was voor Hendrik een abstract begrip, waar nog bijkwam dat zijn opvatting van de jacht zich niet beperkte tot dieren. Vrouwen zag hij evengoed als buit, en geheel in de traditie van de familie Van Oranje werden er ook kinderen buiten het huwelijk geboren.[301]

---

298   *Handelingen Tweede Kamer, 1900-1901*, 03-01-1901, p. 916.
299   *Handelingen Tweede Kamer, 1900-1901*, 03-01-1901, p. 916.
300   *Handelingen Tweede Kamer, 1900-1901*, 03-01-1901, pp. 916-920.
301   Zie voor prins Hendriks gedrag bijvoorbeeld: Arlman en Mulder, *Van de prins geen kwaad,* Kortering, *De Zwarte Schapen van Oranje* en De Iongh, *Oranjebastaarden. Een vademecum.*

Er is vaak beweerd dat Hendrik door zijn buitenechtelijk gestoei syfilis zou hebben opgelopen. Biograaf Fasseur schrijft dat verhaal toe aan oververhitte fantasieën, maar prof. dr. Piet de Rooy ziet dat anders. Hij legt dat uit in zijn boek over de bioloog Bernelot Moens, de 'Nederlandse Darwin'. Moens schreef koningin Wilhelmina in 1907 een brief, waarin hij de koningin vroeg zijn onderzoek 'niet alleen van groot belang voor de wetenschap doch ook in het belang der menschheid' financieel te ondersteunen.

Moens wilde in Afrika mensapen bevruchten met sperma 'van negers'. Zo hoopte hij de vermeende ontbrekende schakel ('missing link') te ontdekken tussen mensen en apen, hetgeen zou bewijzen dat Charles Darwin gelijk had met zijn evolutietheorie. Vermoedelijk liet dat deel van het experiment Wilhelmina, met haar afkeer van wetenschap, onverschillig. Ze geloofde dat God Adam en Eva had geschapen, zoals dat in Genesis verhaald wordt.

Moens beoogde echter ook nog wat anders, wat in zijn project stond omschreven als: 'hij [wil] aan deze proeven verbinden de studie van bij den mensch voorkomende ziekten, voornamelijk syfilis, overgebracht op apen.' Aanvankelijk wees Wilhelmina het verzoek van Moens af, maar ze kwam daar later op terug en besloot de bioloog te steunen met een klein bedrag (ze bleef een Oranje). Emma en prins Hendrik, die beiden ook niets met wetenschap hadden, hebben eveneens een bescheiden bedrag gedoneerd.

Het was in die dagen bekend dat het beroemde Franse Pasteur Instituut naar een middel tegen syfilis zocht door apen met die ziekte te besmetten, in de hoop dat ze immuunstoffen zouden aanmaken die ook bij de mens zouden werken. De redenering van De Rooy klinkt overtuigend, te meer omdat ook Hendrik een gift deed, terwijl het niets met kaarten, jagen en puzzelen te maken had, maar er wel een relatie bestond met buitenechtelijke verhoudingen en geslachtsziekten.

Hendrik stond bekend als een vriendelijke man, die zich als echtgenoot van de koningin hevig verveelde omdat hij niets te doen had. Dat had zijn weerslag op het huwelijk, dat al spoedig onder spanningen gebukt ging. Hij kreeg geen inkomen van de staat en het kleine bedrag dat hij uit Mecklenburg kreeg, viel weg toen de Eerste Wereldoorlog uitbrak.

Hendrik zocht zijn vertier buitenshuis. Dat kon hij zich gezien zijn inkomen niet permitteren, maar hij loste dat probleem op door Wilhelmina de rekeningen te laten betalen. Daarnaast 'leende' hij geld van kennissen en vrienden. Terugbetalen kon hij, gezien zijn financiële situatie, vermoedelijk niet.

De kinderen die Hendrik buiten zijn huwelijk verwekte, kostten ook het nodige geld. Zijn buitenechtelijk kroost werd tegen betaling ondergebracht in een gezin of instelling. Wilhelmina wenste niet dat de levenswandel van Hendrik op straat kwam te liggen, wat inhield dat zij voor alle kosten opdraaide, waarvan ook zwijggeld deel heeft uitgemaakt. Ze zat in dezelfde positie als haar grootvader Willem II, die ook veel geld moest ophoesten om praatgrage monden met geld te snoeren.[302]

Na zijn overlijden bleek dat Hendrik stiekem - buiten zijn vrouw om - 75.000 gulden had geleend bij de Nederlandsche Handel-Maatschappij. Een enorm bedrag voor iemand zonder inkomen, want hij nam die lening op na aanvang van de Eerste Wereldoorlog, die een einde had gemaakt aan zijn toch al geringe toelage. Begrijpelijk genoeg wilde de prins zijn lening geheim houden en de NHM ging daarin mee door de lening mondeling goed te keuren.

Hendrik zou nooit een cent van dat bedrag terugbetalen en aan rentebetaling (vijf procent) heeft hij nooit gedaan. Overigens was Wilhelmina via Hendriks adjudant van de leningen op de hoogte, Ze wist dat Hendrik overal en altijd bedelde om geld en dan de 'onmogelijkste menschen' aanklampte, waaronder zich ook 'ongewenschte elementen' bevonden.[303] Hendriks adjudant had daarom opdracht gekregen haar in te lichten.

We weten niet precies waaraan Hendrik dat geld heeft gespendeerd, maar het vermoeden lijkt gewettigd dat het de weg ging van al zijn geld: drank en seks. Over zwijggeld maakte hij zich niet druk, dat betaalde Wilhelmina.

Historicus Loe de Jong van het RIOD heeft veel over de strapatsen van prins Hendrik gepubliceerd. Hij zag zich daartoe gedwongen, omdat hij anders de rol van François van 't Sant niet kon verklaren. Van 't Sant, hoofdcommissaris van politie in Den Haag, had van de koningin opdracht gekregen alle precaire zaken die rondom prins Hendrik speelden, discreet op te lossen. Ook als dat geld zou kosten, want van Wilhelmina mocht niets van haar mans wederwaardigheden uitlekken.

---

302   De Jong, *Het Koninkrijk der Nederlanden in de Tweede Wereldoorlog*, deel 9, tweede helft, pp. 844-853.
303   Van Aalst, *De dagboeken van C.J.K. van Aalst*, p. 119 en p. 322 ; zie voor andere praktijken van Hendrik die geld kosten ook: p. 125, p. 134, p. 166, p. 169, p. 173, p. 319 en p. 320.

Van 't Sant genoot Wilhelmina's volste vertrouwen, en hij volgde haar zelfs in haar Londense ballingschap. Maar in Engeland vertrouwden veel mensen Van 't Sant niet.

De Jong vond het noodzakelijk de gebeurtenissen rondom Hendrik in zijn *Koninkrijk der Nederlanden in de Tweede Wereldoorlog* te beschrijven. Alleen met de juiste achtergronden kon hij de rol van Van 't Sant aannemelijk maken.[304]

De meeleescommissie van De Jong vond zijn verhaal evenwel té belastend voor het Huis Van Oranje en bovendien sneu voor koningin Juliana, die dol op haar vader was geweest. Maar De Jong hield voet bij stuk, ondanks zware druk van (oud)ministers, (ex) premiers en andere leden van de commissie die het Huis van Oranje zeer waren toegedaan en het liefst alles in de doofpot hadden laten zitten.[305]

In het begin van de jaren twintig verslechterde de verhouding tussen Wilhelmina en Hendrik, want Hendrik bleek niet alleen seksueel maar ook religieus vreemd te gaan. Naast Christus had hij nog 'een andere Meester' gevonden. Voor Wilhelmina met haar rotsvaste christelijke overtuiging was dat niet aanvaardbaar.

Van welke 'andere Meester' hier sprake is, wordt niet verder omschreven, maar dat het crisis was, bleek uit Wilhelmina's overweging om te scheiden. In die tijd was echtbreuk, en zeker in haar positie, zo goed als onmogelijk. De schade voor het Oranjehuis zou volgens de ministers niet te overzien zijn, en ook het Nederlandse staatsbestel zou er onder hebben geleden. Wilhelmina restte nog maar een ding: bidden dat het religieuze gezwalk van haar echtgenoot vanzelf zou overgaan.

Uiteindelijk leerde het echtpaar elkaars religieuze opvatting min of meer te accepteren, maar op het terrein van zijn uithuizigheid en seksuele escapades gaf Hendrik geen duimbreed toe en hij bleef Van 't Sant handenvol werk bezorgen. Van 't Sant ging zelfs zo ver dat hij meineed pleegde om een van Hendriks seksuele avonturen uit de publiciteit te houden. Het kostte hem zijn baan als hoofdcommissaris,

---

304   Zie voor een uitgebreide behandeling: Aalders, *Bernhard zakenprins*, pp. 156-167.

305   Nationaal Archief, Den Haag, Toegang 2.03.01. Archieven van de Ministeries Voor Algemeene Oorlogvoering van het Koninkrijk (AOK) en van Algemene Zaken (AZ): Kabinet van de Minister-President (KMP), (1924) 1942-1979 (1989), inv. nr. 11201, RIOD. Geschiedwerk, deel 9. Memorie van Punten, opgesteld voor de Discussie op 30 januari 1979 (Hoofdstukken 11 t/m 13), 19 januari 1979.

maar hij bleef na zijn ontslag in dienst van de koningin.[306]

Na Hendriks dood (1934) ging Wilhelmina hem idealiseren. Ze herinnerde hem vooral 'als een en al eenvoud, een en al goedheid, een en al vriendschap, een en al gemoedelijke hartelijkheid'.[307] En een en al testosteron, maar dat had ze kennelijk uit haar geheugen gebannen, al moet Van 't Sants aanwezigheid aan het hof haar vrijwel dagelijks aan Hendriks uitspattingen hebben herinnerd.[308]
De invloedrijke reder, bankier en politicus Ernst Heldring, die zowel de koningin als Hendrik regelmatig heeft ontmoet, noteerde in zijn dagboek:

'De Prins overleden. Een zielige figuur. Goedig, kinderlijk, vroolijk, maar doorloopend gebukt gaande onder zijn scheeve positie, de gemaal der Koningin zonder officieel regeeringsambt of verantwoordelijkheid met een intelligente, maar van humor ontbloote en lastige vrouw. Hun huwelijksidylle heeft kort geduurd, de verhouding liet sedert jaren veel te wenschen over, niet in het minst wegens het weinig stichtelijk gedrag van den Prins, vooral in het buitenland.

Hij dronk veel en zijn zijsprongen op zinnelijk gebied waren van vrij laag allooi, zooals hij ook weinig kieskeurig in den omgang met mannen was. Ik ontmoette hem nu en dan op diners of andere plechtigheden en hij verlangde dan dat ik het woord nemen zou, omdat ik hem eens met een tafelspeech geamuseerd had. (...)

In 1916 heb ik eenige weken tezamen met hem te St. Moritz in het Kulm Hotel doorgebracht. Wij zagen elkaar toen geregeld. Hij werd door een groot aantal gidsen de bergen opgesleept en vond

---

306   De Jong, *Het Koninkrijk der Nederlanden in de Tweede Wereldoorlog*, deel 9, tweede helft, pp. 853-859. Geïnteresseerden kunnen op deze pagina's ook terecht voor het verhaal van 'Elisabeth le Roi' die door Hendrik zou zijn bezwangerd. Fasseur houdt het op een verzinsel dat Wilhelmina overwoog te scheiden. Het is opvallend dat Fasseur 1915 noemt en De Jong 1920 als het jaar waarin Wilhelmina zou hebben overwogen te scheiden: Fasseur, *Wilhelmina. De jonge koningin*, p. 331. Overigens geeft De Jong geen bron; vermoedelijk is dat Van 't Sant geweest die hij na de oorlog vaak heeft gesproken. De Jong wijst in deel 9, p. 854, op een passage in *Eenzaam maar niet alleen* waarin Wilhelmina op p. 70 refereert aan haar eerste geloofscrisis (het verhaal over het ontstaan van het zonnestelsel) en in een kort bijzinnetje aan haar tweede in 1920 'op één kortstondige uitzondering na, die niet minder pijngevend was en mij diep ongelukkig maakte'. De Jong noemt de 'andere Meester', op p. 853. Zie ook Aalders: *Wilhelmina*, pp. 61-62.

307   Booy, *De levensavond van koningin Wilhelmina*, p. 96.

308   Volgens Hanno de Iongh had Hendrik ten minste tien buitenechtelijke kinderen (waarvan zes bij Mien Wenneker) en vele vriendinnen: zie: *Oranjebastaarden*: pp. 98-103. De historische betrouwbaarheid van De Iongh is moeilijk vast te stellen.

voor die inspanning vergoeding in een overdadige besproeiing, die hem geregeld "leutselig" maakte.'[309]

Heldring had te doen met Wilhelmina, die in 1934, behalve Hendrik, ook haar moeder verloor. Wilhelmina kwam met Emma's dood nog meer alleen te staan 'dan zij al uit neiging of schuwheid meer en meer doet'. Heldring heeft zich afgevraagd, waarom de koningin-moeder 'die toch zoo door en door menschelijk was' en iedereen op zijn gemak wist te stellen, haar kind een zoo geïsoleerde opvoeding had gegeven. Hij vroeg zich af: 'zou het aan het karakter van Wilhelmina hebben gelegen?'[310]

De tijd voor de Londense ballingschap

Over haar stijl van regeren weten we vanwege de 'ministeriële verant-woordelijkheid' en de 'Eenheid van de Kroon', maar weinig. De 'Een-heid van de Kroon' schrijft voor dat de koning en zijn ministers één zijn. Een minister mag, in tegenstelling tot de koning, zeggen wat hij vindt en daarmee naar buiten treden. De koning is dat absoluut verboden. Maar een minister zal nooit iets zeggen over zijn gesprekken met de koning. De 'Eenheid van de Kroon' staat dat niet toe.[311]

We mogen niet weten wat ons staatshoofd denkt, of dat hij wel-licht helemaal nergens over heeft nagedacht, of dat hij er een opinie op nahoudt in bepaalde kwesties. In onze democratische, constitutionele monarchie is dat uit den boze. De koning staat boven de partijen, al gelooft dat in werkelijkheid bijna niemand, maar het is wel een farce die zorgvuldig in stand wordt gehouden.

De ministers houden hun kaken stijf op elkaar als het over kwes-ties rond het koningshuis gaat en dat wordt ook van hun ambtenaren verwacht, anders brengen die 'hun' minister in moeilijkheden en dat is niet goed voor je carrière. Een enkele keer laat een minister iets los in een brief, een memorandum, een notitie of een e-mail. We moeten dan maar hopen dat die bronnen na verloop van tijd in een archief belan-den, waar ze ooit openbaar zullen worden gemaakt, al kunnen er forse wachttijden mee zijn gemoeid.

De strenge regels over het permanent uit de wind houden van het

---

309   De Vries, *Herinneringen en dagboek van Ernst Heldring, (1871-1954)*, pp. 1076-1077.

310   De Vries, *Herinneringen en dagboek van Ernst Heldring, (1871-1954)*, p. 1067.

311   Zie voor de 'Eenheid van de Kroon' Van Raalte, *Staatshoofd en Ministers*, pp. 279-284 en meer uitgebreid: Veenendaal, 'Het relatieve karakter van de absolute uitzonderingsgrond Eenheid van de Kroon'.

staatshoofd, zijn ook van toepassing voor Wilhelmina's opvolgers: Juliana, Beatrix en Willem-Alexander. Kamerleden worden na een gesprek met het staatshoofd eveneens geacht over de inhoud te zwijgen.

Toen VVD-Kamerlid Arend Jan Boekestijn in 2009 uit de school klapte over een gesprek met koningin Beatrix, waarin ze had gezegd zich zorgen te maken over hypes en de vele spoeddebatten in de Kamer, was zijn carrière als Kamerlid per direct voorbij. Hij had - we schrijven 2009 - een paar gedachtenflarden van de koningin publiekelijk gemaakt en dat mag in onze democratische, constitutionele monarchie niet.[312]

In ministeriële archieven is ook weinig materiaal te vinden dat kan helpen de betrokkenheid van de koning bij staatszaken te bepalen. Wilhelmina hield het overleg graag zoveel mogelijk mondeling, omdat ze een hekel had aan 'schriftelijke plichtplegingen'. Aan het overleg tussen minister en koningin kwam geen snipper papier te pas.

Na de Eerste Wereldoorlog begon ze met haar bloknootsysteem. Ze stelde een vraag op een vel uit haar bloknoot en de minister moest dan zijn antwoord op de achterkant zetten.[313] Maar die bloknootnotities mogen vanwege de ministeriële verantwoordelijkheid niet in een openbaar archief worden ondergebracht. Het is dus niet duidelijk wat haar bijdrage aan het regeringsbeleid is geweest en hoever die reikte of juist niet gereikt heeft. We zullen het daarom moeten doen met de spaarzame bronnen die we hebben.[314]

Uit het weinige dat we hebben, is bekend dat Wilhelmina kortaangebonden was en weinig geduld had met haar ministers, waarvan ze de meeste bovendien niet kon uitstaan. Ze leek in dat opzicht sterk op haar vader koning Willem III. Ministers met een eigen mening lagen haar al helemaal niet; het liefst had ze een gedweeë man tegenover zich, die deed wat zij zei. In haar ogen waren weerstand biedende ministers een ramp en in haar hart vond zij hen eigenlijk overbodig. Waarom zou iemand haar tegenspreken, als zij samen met God tot het juiste besluit was gekomen? Bij Wilhelmina wekte het gedrag van tegenstribbelende ministers irritatie op.

Aan gesloten, behoedzaam opererende ministers had ze trouwens ook een hekel, want die waren lastig te peilen. Maar het ergste vond ze

---

312   'VVD'er Boekestijn praat over gesprek koningin', in: *Het Parool*, 18-11-2009.

313   De Jong: *Het Koninkrijk der Nederlanden in de Tweede Wereldoorlog*, deel 2, p. 31 en Van Raalte, *Staatshoofd en Ministers*, p. 208.

314   Tot die conclusie komt ook Loe de Jong: *Het Koninkrijk der Nederlanden in de Tweede Wereldoorlog*, deel 2, p. 29.

zelfverzekerde politici die vonden dat zij de leiders van het volk waren. In haar belevingswereld was dat absurd: dat leiderschap kwam haar toe. Zij was persoonlijk door God tot die verheven taak geroepen en dat liet ze graag merken. Het ergerde haar dat ze bepaalde ministers van haar Hoge Positie moest overtuigen. Dat was zo evident dat het verder geen toelichting behoefde. God en zijzelf hadden de hoede over Nederland op zich genomen. Die overtuiging zorgde ervoor dat ze tot in het extreme van haar eigen gelijk en haar uitmuntende inzichten overtuigd was.

Behalve de al genoemde hekel aan gesloten, zelfstandige en zelfverzekerde ministers, had ze die ook aan ministers die goede banden onderhielden met de Tweede Kamer of met hun achterban. Eigenlijk waren die het allerergst, omdat ze de meeste weerstand boden.

Als koningin had ze het volste recht zich te verzetten tegen ieder voorstel waarmee ze in aanraking kwam. Binnenkamers, dus buiten het zicht van het parlement, kon ze ver gaan in haar weerstand. Maar er was wel een grens. Als een minister de kans kreeg haar duidelijk te maken dat hij haar voorstel of gedachte niet met goed fatsoen in de Kamer kon verdedigen, was de kous af.

Als de Staten-Generaal in meerderheid achter de voorstellen van het kabinet stond, was ze machteloos en moest ze de handdoek in de ring werpen. Het was natuurlijk vreselijk stom van die tegenstanders, die in haar ogen eigenlijk niet begrepen wat goed was voor Nederland - dat wisten alleen zij en God - maar ze snapte dat het zo werkte en dat er niets tegen te doen viel. Als de minister in een conflictsituatie met haar geraakte, maar zich had verzekerd van de ruggensteun van de Staten-Generaal, was het de minister die won en had zij het nakijken.

Net zo min als voor haar ministers, had Wilhelmina respect voor politieke partijen. Vooral met politici van linkse, gereformeerde of katholieke huize had ze weinig op.

Politieke partijen waren in de eerste plaats obstakels voor het beleid dat zij voor ogen had, en over de wijsheid van haar beleid had ze geen twijfels. Dat was goed. Ze was niet met kritiek opgevoed en als ze al eens kritiek kreeg, maakte haar dat boos en nukkig. De koningin bekritiseren deed je niet, was haar overtuiging.

En bovendien was het zinloos, omdat zij als geen ander wist wat goed was voor het land. Wilhelmina had evident nogal wat karaktertrekken van haar vader geërfd. Zonder veel succes had Emma vanaf het begin van haar opvoeding geprobeerd de 'drift, emotionaliteit, onvoorspelbaarheid en ongeduld' van haar dochter te neutraliseren. Maar net zo min als haar vader was ze in staat haar humeurigheid, wisselende stemmingen en snel opkomende ergernissen binnen de perken te houden. Het relativeringsvermogen dat Willem III miste, bezat zij evenmin, al was enige zelfspot haar in sporadische gevallen niet geheel vreemd.[315]

Dr. Abraham Kuyper,de voorman van de Anti-Revolutionaire Partij, vond ze vreselijk: 'Ik haat die man', zei ze eens.[316] Kuyper had er nooit een geheim van gemaakt dat hij liever een man op de troon had gezien, en nog kort voor Wilhelmina's huwelijk had hij laten weten dat kinderen uit dat huwelijk, als het aan hem lag, niet meer tot het Oranjehuis werden gerekend.

In de ogen van Wilhelmina hadden de gereformeerden met hun afsplitsing van de Nederlands Hervormde Kerk het land verdeeld en ze was niet van plan hen dat ooit te vergeven. Een andere ergernis van Wilhelmina was dat Kuyper vaak de 'kleine luyden' in bescherming nam. Dat behoorde hij niet te doen; dat was aan links en aan links had ze een hekel.

Kuyper vond ze volstrekt onbetrouwbaar; het zou haar niet hebben verbaasd als hij een crypto-republikein was. Ze had het er moeilijk mee toen Kuyper van 1901 tot 1904 minister-president was. De eenheid van de natie stond op het spel en die was bij de gereformeerde Kuyper volgens haar niet in goede handen. Haar afkeer was niet op een rationele analyse gebaseerd, maar sproot voort uit haar gevoelens.[317]

Bij haar inhuldiging had ze trouw gezworen aan de Grondwet en beloofd constitutioneel te zullen handelen. Er is haar enkele malen inconstitutioneel handelen verweten, wat haar tot razernij dreef. Wat Walter Bagehot in zijn klassieke werk over het Britse staatsrecht heeft geschreven, geldt ook voor Nederland: de koning heeft het recht te waarschuwen, aan te moedigen en het recht om geconsulteerd te worden.[318] Het recht om te waarschuwen is wellicht het belangrijkst van de drie.

Bagehot had het uiteraard over het Engelse bestuur en dat fungeer-

---

315 De Jong: *Het Koninkrijk der Nederlanden in de Tweede Wereldoorlog*, deel 2, p. 33 en p. 40; Fasseur, *Wilhelmina. De jonge koningin*, pp. 281-282, pp. 489-490 en passim.

316 De Beaufort, *Wilhelmina 1880-1962*, p. 64.

317 Fasseur, *Wilhelmina. De jonge koningin*, pp. 345-347, pp. 478-479, p. 482 en p. 484.

318 Bagehot, *The English Constitution*, p. 85. Bagehot schreef: 'To state the matter shortly, the sovereign has, under a constitutional monarchy such as ours [het Britse], three rights — the right to be consulted, the right to encourage, the right to warn.'

de anders dan het Nederlandse. Een groot verschil was dat de Engelse koning beter dan Wilhelmina over staatsaangelegenheden werd ingelicht. Wie waarschuwt, kan dat alleen goed doen op grond van kennis; als die ontbreekt, hebben waarschuwingen en aanmoedigingen weinig zin en komen ze in de lucht te hangen.

Wilhelmina woonde de vergaderingen van de ministerraad niet bij. De notulen kreeg ze wel, maar het probleem was dat daar weinig in stond. Dat was met opzet zo, en dat was al begonnen onder Willem III. Minister Thorbecke wilde de invloed van Willem beperken. Hij deed dat door de koning zo weinig mogelijk informatie te geven. Kennis is macht, en wie kennis mist, boet aan macht in. Door de jaren heen werd er steeds minder van belang in de notulen van de ministerraad opgeschreven. Dat bespaarde namelijk een heleboel woordenwisselingen met de koning.

En aangezien de directeur van het kabinet des konings ook niet langer welkom was op ministerraadvergaderingen, viel er vanuit die hoek voor Wilhelmina ook niets aan informatie en achtergronden te halen.

Als ze zich ergens in wilde verdiepen, was ze aangewezen op de ministers van het kabinet, maar aangezien ze met de meesten slecht kon opschieten, was de informatiestroom uit die hoek aan de karige kant. Wilhelmina heeft dat aangevoeld en het maakte haar terecht achterdochtig. Maar die achterdocht maakte de ministers op hun beurt vaak nog schuwer, wat dan weer een reden was alleen het hoogstnodige te vertellen.

Natuurlijk kreeg ze veel wets- en KB-ontwerpen, voorzien van advies van de Raad van State en een memorie van toelichting, op haar bureau, maar van de voorstadia van al die stukken had ze geen flauw benul. Die waren haar welbewust onthouden. Dat ze vaak op paleis Het Loo bij Apeldoorn verbleef, kwam haar informatievoorziening evenmin ten goede, want de ministers zaten in Den Haag en communicatiemiddelen voor overleg op afstand waren er toen nauwelijks.

Intensief, persoonlijk contact was er ook weinig, behalve in de periode 1914-1918, toen ze vanwege de Eerste Wereldoorlog hoofdzakelijk in Den Haag verbleef en ze vrijwel iedere dag contact had met minister-president Pieter Cort van der Linden.

In haar regeringsperiode van 1898 tot aan de bezetting van Nederland in mei 1940, heeft Wilhelmina (met uitzondering van 1914-1918) naar haar gevoel geen bevredigende bijdrage aan het regeringsbeleid kunnen leveren. Dat wekte niet alleen irritatie bij haar op, maar zorgde ook voor

frustraties. De ministers mochten dan de staatkundige verantwoordelijkheid dragen, maar zij, koningin Wilhelmina torste in opdracht van
God en met Zijn hulp de uiteindelijke en historische verantwoordelijkheid. Daarvan was ze ten diepste overtuigd.[319]

Bij kabinetsformaties slaagde ze er soms in voorwaardes aan een formatie te verbinden, zoals Kuyper, beoogd minister-president, in 1901
ondervond. Hare Majesteit was twintig, Kuyper drie-en-zestig jaar oud,
toen ze van hem eiste dat hij zou samenwerken met de Rooms-Katholieke Staatspartij en andere rechtse partijen. Ook moest hij van haar
het beleid van generaal J.B. van Heutsz op Atjeh, in Nederlands-Indië,
voortzetten.[320]

In haar toespraken sprak ze vaak over patriottisme, plichtsbetrachting
en eenheid; opvattingen die elk staatshoofd - of ze president of monarch
zijn - zijn publiek voorhoudt. Hofbiograaf Fasseur stelde zichzelf de
vraag:

'Symboliseerde de kroon niet de eenheid van de natie boven
onderlinge verdeeldheid en partijtegenstellingen? Lag daarin niet
in belangrijke mate de legitimatie van het Nederlandse koningschap?'[321]

De vraag stellen is haar beantwoorden, moet hij hebben gedacht:

'Een benoemde of gekozen president zou op grond van zijn politieke achtergrond altijd als de vertegenwoordiger van een bepaalde
staatkundige stroming of richting worden gezien. Hij zou nooit het
hoofd kunnen zijn van het hele vaderland maar slechts van een
deel daarvan. Wilhelmina moet dit intuïtief zo hebben gevoeld
wanneer zij, juist zij, die eenheid zo sterk in haar toespraken
beklemtoonde.[322]

Om Hare Majesteit, met haar uitgesproken vooroordelen ten opzichte
van mensen die een andere religie aanhingen, of een andere politieke

---

319 De Jong, *Het Koninkrijk der Nederlanden in de Tweede Wereldoorlog*, deel 2, p. 11 en pp.
29-32 en Wilhelmina, *Eenzaam maar niet alleen*, p. 154 en pp. 161-162.
320 De Jong, *Het Koninkrijk der Nederlanden in de Tweede Wereldoorlog*, deel 2, p. 32.
321 Fasseur, *Wilhelmina. De jonge koningin*, pp. 476-477.
322 Fasseur, *Wilhelmina. De jonge koningin*, pp. 476-477.

richting voorstonden, neer te zetten als een bovenpartijdige mevrouw, is tamelijk bizar en zegt meer over de biograaf dan over zijn onderwerp. Als een president per se als de vertegenwoordiger van een bepaalde politieke stroming moet worden gezien, en om die reden niet het hele vaderland kan vertegenwoordigen, gaat dat evengoed op voor een monarch. Veel links georiënteerden, maar ook wel liberalen, hadden geen enkele affiniteit met Wilhelmina en het koningschap en zullen zich ook niet door haar vertegenwoordigd hebben gevoeld.

Van de werkelijkheid buiten de muren van haar paleizen had Wilhelmina weinig tot geen benul, en ook haar gevoel voor internationale betrekkingen was zwak ontwikkeld. Bovendien was ze arrogant en leed ze aan zelfoverschatting. Dat was voor een groot deel op haar opvoeding terug te voeren, maar het doet niets af aan het feit dat ze als staatshoofd met die eigenschappen behept was.

Na twaalf jaar op de troon te hebben gezeten, was er in dat opzicht niets veranderd, zoals ze in 1911 zou laten zien. Haar zelfoverschatting was onverminderd groot, haar arrogante ego onveranderd robuust.

In al die jaren op de troon, bijna een koperen jubileum, had ze niet geleerd haar impulsen te onderdrukken. Zoals op Prinsjesdag in 1911, toen Hare Majesteit zich vast had voorgenomen afwezig te zijn bij de opening van de Staten-Generaal. Oorzaak: ruzie met de voorzitter van de Tweede Kamer, W.K.E.P. graaf van Bylandt.

Alle pogingen haar te overreden, stuitten op een muur van halsstarrigheid. Hoe kon zij nou verstek laten gaan? hielden ministers haar voor. De Moeder des Vaderlands die de 'eenheid' van haar volk zo hoog had. En was haar gang naar het Binnenhof niet het symbool bij uitstek van de 'eenheid der natie'? Daar stond ze toch oog in oog met de vertegenwoordigers van Haar Volk? Maar Hare Majesteit vond het allemaal best. Ze weigerde Graaf van Bylandt de hand te schudden. Ze mocht hem niet en daarmee was voor haar de kous af. Punt.

Omdat die ruzie slechts in zeer kleine kring bekend was, gaf dat ruim baan aan allerlei speculaties. De pers was er van overtuigd dat zij - koningin van alle onderdanen - Troelstra niet wilde ontmoeten, die op diezelfde derde dinsdag in september een massale demonstratie zou houden voor het algemeen mannenkiesrecht.

Wilhelmina wekte de indruk dat ze bang was voor de sociaaldemocraat, maar dat deerde haar kennelijk niet. Zelf wist ze immers beter, en aan de mening van de pers had ze doorgaans geen boodschap. Ze had al

moeite met meningen van ministers die niet met de hare overeenstem-
den. Dus wat zou de pers haar kunnen schelen?

Staatsrechtelijk was haar wegblijven evenmin in de haak, want voor
haar absentie was een ministerieel contraseign vereist en dat was er niet.
Logisch, want haar ministers en naaste adviseurs hadden haar besluit
eensgezind veroordeeld. Wat betreft haar democratische gezindheid:
het algemeen kiesrecht voor mannen (en trouwens ook voor vrouwen)
waarvoor Troelstra zich met zijn demonstratie sterk maakte, interesseerde haar geen zier.[323]

In 1917 kregen mannen algemeen kiesrecht; twee jaar later volgden
de vrouwen. Sinds 1919 is er sprake van algemeen kiesrecht. Dat kiesrecht kwam er ondanks, en niet dankzij, Wilhelmina.

Haar woede-uitbarstingen waren haar leven lang buitensporig. Premier
T. Heemskerk heeft eens een bezoek op het paleis afgezegd, omdat hij
bang was dat de koningin zich tijdens de audiëntie niet zou kunnen
beheersen. De oorzaak van haar woede was die keer gelegen in de
kerkbrief *Editae Saepe* van paus Pius X uit 1910, waarin hij de vloer
aanveegde met de ketterse 'dwaalleer' van Calvijn en Luther.[324]

Zijn betoog kwam erop neer dat beide hervormers samen met 'de
meest verdorven vorsten en volkeren' het geloof, het wettige gezag en
de maatschappelijke orde hadden vernietigd. De rol van de kerk in het
politieke leven diende volgens Pius in ere te worden hersteld.

De brandende vraag was, of de paus ook aan Willem de Zwijger
had gedacht, toen hij zijn brief schreef. Zo ja, dan was dat een persoonlijke belediging aan het adres van Hare Majesteit, (en niet te vergeten hervormd Nederland), die om excuses uit Rome schreeuwde.
Dat de rel in het verzuilde Nederland zo hoog opliep, was te danken
aan de Algemeene Protestanten-Vereniging, die in het geschrift van de
Opperpaap uit Rome een welkome aanleiding zag hem eens goed te
grazen te nemen. De vereniging blies daarom de kwestie op tot enorme proporties.

De liberale oppositie op haar beurt zag in de encycliek een puike gelegenheid eens goed binnen de confessionele gelederen te stoken, en het
werkte. Ze moesten zich niet laten beledigen door die man uit Rome.

---

323 Van Raalte, *De werkelijke betekenis en functionering van het Nederlandse koningschap*, pp.
18-20 en Fasseur, *Wilhelmina. De jonge koningin*, pp. 372-373.
324 Fasseur, *Wilhelmina. De jonge koningin*, pp. 480-481 en Booy, *De levensavond van koningin
Wilhelmina*, p. 31.

Het was een schande wat de Paus had geschreven.[325] De liberaal W.T.C. van Doorn in de Tweede Kamer:

'Een volk, dat zijn geschiedenis niet eert, is ten doode gedoemd. Het heden is nu eenmaal met onverbreekbare banden verbonden aan het verleden en spruit daaruit voort, en wanneer wij dan ook de lijn doortrekken, dan vestig ik de aandacht hierop, dat H. M. de Koningin zelf haar Souvereiniteit, die wij Haar vol eerbiedige hulde toekennen, ontleent daaraan, dat Zij de erfdochter is van Haar Stamhuis, en wanneer men dan de Vorsten van dat Stamhuis krenkt, krenkt men in den waren zin des woords de hoogheid der Kroon, waarvoor deze Regeering heeft te waken. Het Nederlandsche volk heeft ten vorigen jare bij de geboorte van Prinses Juliana gejubeld, feest gevierd en nog onlangs heeft het in de hoofdstad, toen de Koningin daar bezoek bracht, zijn aanhankelijkheid getoond aan het Vorstenhuis. Welnu, kunt gij dan aan datzelfde volk zeggen, dat de Koningin Haar souvereine macht ontleent aan verloopen Vorsten van Europa? Hoe kunt gij dat rijmen? Neen, daar moet een woord van protest worden gehoord, ook uit den boezem van deze Kamer, van dit politieke lichaam, waaruit blijkt, dat men dit niet wenscht, dat men dit niet wil. Nu weet ik wel, dat sommigen hebben gezegd: dat is het twistvuur aanstoken. Ik geef volkomen toe, ik had het mij veel aangenamer, veel gemakkelijker gemaakt, wanneer ik gezwegen had en de zaak maar eenvoudig over mij heen had laten gaan. Maar hoe denkt men over een man die men in het dagelijksch leven scheldwoorden en beleedigingen naar het hoofd werpt, als hij blijft zwijgen? Zou de eerbied voor dien man stijgen? Zoo is het ook hier.'[326]

Het kabinet stelde zich ontwijkend op, wat voor Wilhelmina reden was in actie te komen. Ze eiste genoegdoening voor haarzelf, voor Willem de Zwijger en voor het getergde protestantse deel van de natie. De katholieke ministers in het kabinet probeerden daarop een vorm van pauselijk excuus los te weken, maar Pius gaf geen krimp.

Ten einde raad vroegen de ministers de zaakgelastigde van het Vaticaan in Den Haag een verklaring af te leggen die Wilhelmina's woede tot bedaren kon brengen. De nuntius deed dat op een iets te krachtig aan-

---

325   De Valk, *Roomser dan de Paus?* pp. 211-214.
326   *Handelingen Tweede Kamer 1909-1910*, 24 juni 1910, pp. 211-214.

gezette toon. Daarmee verwierf hij zich weliswaar Wilhelmina's instemming, maar tegelijkertijd haalde hij zich de toorn van de paus op de hals, wat zijn ontslag betekende.

Wilhelmina had zich op glad ijs begeven door deze kwestie zo op de spits te drijven. Het tamelijk onbeduidende voorval had immers gemakkelijk tot een crisis in het coalitiekabinet kunnen leiden, dat werd gedragen door een rechtse Kamermeerderheid en deels ook steunde op katholieken.[327]

De dan negenentwintigjarige Wilhelmina had - buiten het kabinet om - haar eigen plan getrokken. Uit woede over de uitspraken van de Paus, maar ook omdat ze zich had laten opstoken. Echt boven de partijen staan, of zelfs maar de schijn daarvan ophouden, was voor Wilhelmina te hoog gegrepen.

Toen ze in 1917 al bijna twintig jaar aan het bewind was, kwam ze op het lumineuze idee 'gewone mensen' op het paleis uit te nodigen. Ze toonde zich plotseling benieuwd naar alles wat er zich in het dagelijks leven van de 'gewone man' kon voordoen. Ze had geen idee.

CJ.K. van Aalst, president-directeur van de Nederlandsche Handel-Mij, had een jaar eerder al eens vastgesteld dat Wilhelmina slecht was ingelicht over 'de stemming onder het Volk. Haar wordt blijkbaar gezegd dat het de sociaaldemocraten zijn, die ontevreden zijn.'

Dat wijst op gemanipuleerde voorlichting door de ministers, met de linksen als zondebok. Dat het volk ontevreden was, zal ze wellicht enigszins hebben aangevoeld. Maar sociaaldemocraten waren in haar ogen altijd ontevreden. Het waren onruststokers van nature, met Troelstra als aanvoerder.

Dat de 'sociaaldemocraten' de schuld kregen, zal bedoeld zijn geweest om Wilhelmina rustig te houden. Ze kende die sociaaldemocraten als een permanent mopperende groep die haar voortdurend dwars zat. De 'gewone man' deed zoiets niet.

Welke 'gewoon mens' passeerde de selectieprocedure? Vanzelfsprekend kon niet iedereen zomaar worden toegelaten tot de koningin. Besloten werd daarom de gasten te screenen op hun politieke en godsdienstige overtuiging. En zo ontmoette Hare Majesteit dan in 1917 voor het eerst van haar leven, althans dat dacht ze, vertegenwoordigers van het 'gewone volk':

---

327   De Valk, *Roomser dan de Paus?* pp. 214-225.

'Mijne eerste audiëntie van menschen uit den werkenden stand had ik gisteren, den christen-man; een aangename ontwikkelde man, die ik van een thee uit Amsterdam kende, heden komt de neutrale, morgen de Kath[oliek]. Ik heb hoop dat het zullen blijken oude kennissen te zijn.'[328]

Premier Cort van der Linden schreef de wens van de koningin om met 'gewone mensen' in contact te komen toe aan haar 'demagogische neigingen'. Fasseur kon zich daarin niet vinden en noemde de opmerking van de oorlogspremier 'liefdeloos'.[329]

Op zich was het niet onlogisch dat ze een verbondenheid met de 'werkende stand' voelde. Tijdens haar bezoeken aan dorpen en steden zag ze immers overal juichende en wuivende onderdanen. Dat de werkelijkheid soms wat ingewikkelder lag dan zij dacht, kwam niet in haar op.

Wie denkt dat Wilhelmina het feminisme - als vrouw in een mannenwereld - een warm hart toedroeg, slaat de plank mis. Het interesseerde haar niet, wat ook blijkt uit het feit dat ze, net als haar moeder koningin Emma, botweg weigerde de politieke strijd voor vrouwenkiesrecht te steunen. Gelijkberechtiging van vrouwen vond ze al net zo'n vorm van nieuwlichterij waarmee ze niets te maken wilde hebben. Overigens stond ze daarin niet alleen, het was de opvatting van een meerderheid in die tijd.[330]

Waar ze wel veel mee op had, was het leger. Militair vertoon vond ze schitterend en ze heeft zich, geheel in de traditie van het Oranjehuis, altijd voor soldaten en het leger ingezet. Het stadhouderschap was in de eerste plaats een militaire functie geweest. De krijgsmacht moest vanzelfsprekend goed bewapend zijn. Altijd. Wat Wilhelmina betrof mocht dat wat kosten, en dat droeg ze uit.

Uit haar sympathie voor het leger zijn verkeerde conclusies getrokken. Oranjegezinde historici hebben er na het uitbreken van de Eerste Wereldoorlog een vooruitziende blik in herkend. Toen de Tweede Wereldoorlog losbarstte, herhaalde zich dat. Wilhelmina zou beide oorlogen hebben zien aankomen. Ze had er talloze malen op gehamerd de krijgsmacht beter te bewapenen, maar haar stem was niet gehoord. De koningin was een roepende in de woestijn geweest.

328 Fasseur, *Wilhelmina. De jonge koningin*, p. 500 en Van Aalst, *De dagboeken van C.J.K. van Aalst*, p. 268.

329 Fasseur, *Wilhelmina. De jonge koningin*, p. 540.

330 Fasseur, *Wilhelmina. De jonge koningin*, pp. 195-196 en pp. 200-202.

Maar met een vooruitziende blik of profetische gaven hadden haar pleidooien niets te maken. Wilhelmina sprong altijd voor het leger in de bres en ze heeft altijd en onder alle omstandigheden voor meer en betere wapens gepleit. Haar betogen vloeiden voort uit haar sympathie voor de krijgsmacht. Ze beschikte niet over een profetische blik en dat kon ook helemaal niet, omdat haar inzicht in de internationale politiek en internationale betrekkingen bedroevend slecht was.

Wilhelmina vond ook dat het leger zoveel mogelijk gevrijwaard moest blijven van democratische invloeden. Ze was namelijk bang dat de door haar verfoeide socialisten, met hun gedachten over vrijheid en medezeggenschap, een voet aan de grond in de krijgsmacht zouden krijgen. Voor haar was dat een nachtmerrie.

Omdat ze zich tegen iedere bezuiniging op het leger kantte, maakte ze zich bij de krijgsmacht populair. Bij haar ministers wekte haar gepleit voor meer defensiegeld vooral wrevel.

Soms zagen ministers zich gedwongen kleine concessies te doen. Bij haar streven kreeg ze vaak steun van minister Hendrikus Colijn, zelf van huis uit een militaire houwdegen. Met Colijn kon Wilhelmina goed overweg, hoewel ze wel vond dat hij een te hoge dunk van zichzelf had. Maar ook Colijn trapte toch regelmatig op de rem. Het leger mocht wel wat kosten, maar zeker niet te veel.[331]

Wilhelmina stelde prijs op militair vertoon. Tucht en orde moesten te allen tijde in acht worden genomen, en ze was nooit te beroerd daarop zelf controle uit te oefenen. Een aantal lezers van mijn boek *Wilhelmina* heeft de moeite genomen mij per e-mail enkele staaltjes van haar regel- en tuchtdrift toe te sturen. Die verhalen circuleerden in familiekring. Ze zijn niet op hun waarheidshalte te controleren, maar aangezien ze allemaal wijzen op de liefde voor orde en tucht van Hare Majesteit, zijn het mooie aanvullingen op het beeld dat we van deze koningin hebben.

Het was een schildwacht verboden tijdens zijn dienst enig woord - met wie dan ook - te wisselen. Ook niet als Hare Majesteit de Konin-

---

331 Fasseur, *Wilhelmina. De jonge koningin*, pp. 407-408, pp. 409-414 en p. 448 en De Jong, *Het Koninkrijk der Nederlanden in de Tweede Wereldoorlog*, deel 2, p. 40. De Jong merkt op dat Colijn niet in Wilhelmina's memoires wordt genoemd. Toch leidde Colijn maar liefst 5 kabinetten: 1925-1926, 1933-1935, 1935-1937, 1937-1939 en 1939, maar een vermelding in haar boek kon er niet af. Colijn op zijn beurt was een fervent Oranjeaanhanger: Langeveld, Herman, *Dit leven van krachtig handelen. Hendrikus Colijn 1869-1944* p. 40 en passim. Heldring merkte ook op dat de koningin 'zeer op Colijn gesteld is', zie De Vries, *Herinneringen en dagboek van Ernst Heldring, (1871-1954)*, p. 1227.

gin hem persoonlijk aansprak. Dus begroette Wilhelmina op een dag de dienstdoende schildwacht tijdens een van haar 'testen' met 'Goedemorgen schildwacht'. Ze kreeg een strakke blik als antwoord, maar de man hield zijn kaken op elkaar. 'Schildwacht, ik zei goedemorgen en u hoort niet wat ik zeg.' Als de man bleef zwijgen, ging ze door met provoceren: 'Goedemorgen schildwacht, bent u soms doof?' Wanneer de soldaat zich dan gedwongen voelde te antwoorden, ontstak ze in woede en eiste ze maatregelen tegen de onverlaat die het had bestaan de regels met voeten te treden.

Schildwachten was het ook ten strengste verboden hun rug naar het paleis toe te keren. Vorsten willen nu eenmaal niet tegen de ruggen van hun onderdanen aankijken. Wilhelmina hield dat persoonlijk vanuit haar paleis in de gaten. Als ze de schildwacht een verkeerde draai zag maken, maakte ze er onmiddellijk werk van, want dat was toch ongelofelijk; zo'n ernstige schending van de regels. Die waren er niet voor niets. De militair in overtreding moest voor straf twee weken achter de tralies.

Officieren waren evenmin veilig voor haar narrige optreden. Als ze te paard troepen te velde inspecteerde, mocht de officier die de troepen presenteerde Hare Majesteit niet dichter dan tot op zes paard-breedtes naderen. Toen ze op een dag weer in een van haar buien was, verzocht ze de officier zijn paard zijdelings naar haar toe te verplaatsen. Na vijf van die manoeuvres stonden de paarden van Wilhelmina en de officier bijna flank aan flank. Dat was ook haar bedoeling, want toen kon ze straf laten uitdelen. Maar liever nog strafte ze persoonlijk. In conduitestaten van militairen stonden, volgens een e-mail 'door Hare Majesteit persoonlijk uitgedeelde straffen opgetekend.'[332]

De afkeer van militairen die zich niet strikt aan regels en discipline hielden, zat kennelijk in de familiegenen. Koning Willem III had het ook, net als zijn dochter. Als een schildwacht Willem te laat opmerkte en dus te laat zijn geweer presenteerde, kreeg hij ervan langs.

> 'Dit doet hem zoodanig in woede opvliegen dat hij tegen den armen soldaat, met zijne bulderende stem, zoo te zeggen in het openbaar op de meest heftige en onzinnige wijze uitvaart.'[333]

---

332 Ik heb de mij spontaan toegezonden mails van lezers niet op hun juistheid kunnen controleren, maar het is frappant dat in alle dezelfde karaktertrek van Wilhelmina wordt beschreven.
333 Weitzel, *Maar Majesteit!*, p. 87.

Willem liet zowel de schildwacht als zijn commandant voor acht dagen opsluiten, waarbij de schildwacht om de dag water en brood kreeg. Weitzel, die dit voorval rapporteert, spreekt van 'kleingeestige uitingen'.[334]

Het streven naar (wereld)vrede, dat aan het begin van de vorige eeuw sterk in de belangstelling stond, vond Wilhelmina een dwaas gedoe. Haar mening had alles te maken met haar voorliefde voor de krijgsmacht. Wilhelmina geloofde niet in (wereld)vrede. De vredesconferenties die in 1899 en 1907 in de Den Haag plaatsvonden, hadden dan ook niet haar sympathie.[335] Het zegt veel over hoe ze tegen de internationale politieke verhoudingen aankeek.

De conferenties hebben wel degelijk nut gehad en hun invloed werkt nog steeds door in internationale verdragen en conventies die voortborduren op wat er tijdens de vredesconferenties in Den Haag is besloten. Het hedendaags verbod op biologische en chemische wapens bijvoorbeeld, vindt zijn basis in die conferenties.[336]

Het Landoorlogreglement ofwel 'Reglement betreffende de wetten en gebruiken van de oorlog te land' (LOR) dat in 1899 werd opgesteld en in 1907 werd aangepast, bestaat nog steeds. Het LOR stelt regels aan de manier van oorlog voeren, het bepaalt rechten en plichten van de oorlogvoerende partijen en het stelt regels voor het bestuur van bezette gebieden. Het LOR gaf de eerste aanzet tot het verbod van chemisch en biologisch wapentuig, het regelt de rechten van de burgerbevolking in tijden van oorlog en het stond bovendien aan de wieg van de diverse Conventies van Genève.

Die conventies zijn onderdeel van het internationaal humanitair recht, op basis waarvan onder andere rechtszaken tegen oorlogsmisdadigers zijn gevoerd en het gebruik van chemische en biologische wapens werd verboden. Het LOR bepaalt voorwaardes voor een wapenstilstand, de rechten van krijgsgevangenen en geeft regels voor een aantal culturele en humanitaire kwesties in tijden van oorlog. De rechters bij de processen van Neurenberg baseerden hun vonnissen tegen de oorlogsmisdadigers van het Derde Rijk mede op het LOR.

In *Eenzaam maar niet alleen* wijdt Wilhelmina weinig woorden aan de beide Haagse vredesconferenties. Alleen het Permanente Hof van

---

334   Weitzel, *Maar Majesteit!*, p. 87 en p. 83.
335   Fasseur, *Wilhelmina. De jonge koningin*, p. 398; zie ook p. 393 waarin min of meer wordt beweerd dat het uitbreken van de Tweede Wereldoorlog haar opnieuw gelijk zou hebben gegeven.
336   Aalders, *Gifgas, Ziektekiemen & Oorlog*, passim.

Arbitrage in het Vredespaleis zou volgens Wilhelmina nog herinneren aan die bijeenkomsten in 1899 en 1907. Wat er echt heeft plaatsgevonden en welke internationale verdragen er zijn gesloten, is Wilhelmina volkomen ontgaan. Van internationale politieke verhoudingen begreep ze, zoals reeds vaker opgemerkt, weinig, maar ook haar weerzin tegen de Haagse conferenties zullen hebben bijgedragen aan haar negatieve oordeel. Haar adviseurs en meelezers zijn vreemd genoeg niet over die foute weergave van de feiten gevallen, maar wellicht hadden ze geen zin om de woede van Hare Majesteit te trotseren.

Het streven naar vrede vervulde Wilhelmina zelfs met een zekere weerzin. Ze beschouwde het als een vrome wens, waarin ze zelf niet geloofde en waarmee ze het liefst ook niets te maken wilde hebben. De keuze van de internationale mogendheden voor Den Haag als conferentiestad, vond ze een belediging. Hét bewijs dat het buitenland Nederland als een raar land zag, hooguit geschikt om er die stomme vredesconferenties te houden. Ze voelde zich door de keuze voor Den Haag belachelijk gemaakt.

Voor de openingszitting van de conferentie van 1899, had ze van het kabinet Huis ten Bosch ter beschikking moeten stellen. Ze deed het met tegenzin. Tijdens de openingsceremonie zat ze demonstratief vakantie te vieren in het Zwarte Woud, ver weg van Den Haag, waar naar haar mening al die rare utopieën bij elkaar werden gedroomd. Pas op de vijfde dag was ze - omdat het niet anders kon - aanwezig op een soiree. Haar afkeer en antipathie hield ze die avond gedwongen voor zich.

Wilhelmina zag wapenbeperking vooral als een bedreiging voor de slagkracht van het leger waarop ze zo dol was. Bij de Tweede Conferentie, in 1907, koesterde ze die opvattingen nog steeds. Ze was gevraagd de eerste steen voor de bouw van het Vredespaleis te leggen, maar ze weigerde met de smoes dat die eer de Russische tsaar toekwam.[337] Ze wilde gewoon niet.

Oorlogen

De strijd tegen het opstandige Atjeh in Nederlands-Indië volgde Wilhelmina met onversneden enthousiasme. Net zo min als Suriname en

---

337   Wilhelmina, *Eenzaam maar niet alleen*, p. 92 en p. 113; Fasseur, *Wilhelmina. De jonge koningin*, pp. 392-398. Zie voor de volledige tekst van de LOR:
http://wetten.overheid.nl/BWBV0006273/1910-01-26#VertalingNL_VDRTKS1384534. Zie ook Van Raalte, *Staatshoofd en Ministers*, p. 225 voor Wilhelmina's adoratie van het leger en haar afkeer van de vredesbeweging.

de Antillen zou ze ooit Nederlands-Indië bezoeken. Ze hield niet van de warmte en ze was niet geheel vrij van smetvrees.[338]

> Tienduizenden doden in Nederlands-Indië en Wilhelmina stond te juichen.

De bevolking van het overwegend islamitische Atjeh moest niets hebben van de Nederlandse heerszucht over hun gebied. Generaal J.B. van Heutsz heeft als 'held van Atjeh' op meedogenloze wijze een einde aan dat verzet gemaakt. Er werd een eufemisme voor bedacht: 'pacificeren'. Dat pacificeren heeft aan 60.000 tot 75.000 Atjeeërs het leven gekost.[339] Hele dorpen werden platgebrand, de bevolking van jong tot oud uitgemoord.

Wilhelmina - maar ook moeder Emma - heeft de pacificatie van Van Heutsz toegejuicht en geprezen. Ze beschouwde de actie als een heldendaad van het leger, terwijl het in feite een moordorgie was geweest. Ze verslond de rapporten over de militaire strafexpedities tegen de bevolking van Atjeh en al spoedig was Van Heutsz haar grote held. In 1904 ontving ze hem, in gezelschap van diens adjudant Colijn (de latere premier), met alle egards op Het Loo. Ze heeft hem persoonlijk bedankt voor zijn grote verdiensten en inzet, want zo keek zij aan tegen de bloedige afrekening van Van Heutsz met de ongezeglijke bevolking van Atjeh. Met haar instemming werd Van Heutsz benoemd tot Gouverneur-Generaal van Nederlands-Indië.

Wilhelmina reikte als veertienjarige op het Haagse Malieveld onderscheidingen uit aan soldaten die in 1894 op Lombok hadden gevochten. Net als Atjeh verzette Lombok zich tegen de Nederlandse overheersing, en net als op Atjeh liet het leger een spoor van vernielingen na door dorpen plat te branden. Ook koningin Emma stond pal achter de gebiedsuitbreiding in de archipel.[340]

Overigens stonden Emma en Wilhelmina met hun bewondering voor Van Heutsz geenszins alleen. Het zogenaamde pacificeren kon rekenen op brede steun onder de Nederlandse bevolking. Daarin kwam in de herfst van 1904 verandering, toen een nieuwe golf van gruwel-

---

338 Fasseur, *Wilhelmina. De jonge koningin*, pp. 470-473.
339 Hagen, *Koloniale oorlogen in Indonesië*, p. 479. In de periode 1873-1942 sneuvelden bovendien 2000 militairen, bezweken er 10.000 aan ziekte en kwamen 25.000 Indonesische dwangarbeiders om het leven.
340 Hagen, *Koloniale oorlogen in Indonesië*, p. 830.

verhalen over moordpartijen van het Nederlands-Indische leger over Nederland sloeg. In de Tweede Kamer ontstond opschudding en in de pers verschenen steeds nieuwe verhalen, die met toenemende afschuw werden ontvangen.

Het katholieke Kamerlid V.E.L de Stuers, heeft de wandaden openlijk in de Kamer veroordeeld, wat hem door de meerderheid van zijn geloofsgenoten overigens niet in dank werd afgenomen. De Stuers kwam ook met cijfers over de 'moordpartij' zoals hij het optreden van het leger openlijk noemde:

'Die resultaten komen in het kort hierop neder, dat wij daar hebben doodgeschoten 2922 menschen , onder welke 1149 vrouwen en kinderen en gewond 226 menschen , onder welke 217 vrouwen en kinderen; totaal aan dooden en gewonden 3148 menschen. Dit zijn de officieele cyfers. Wat er meer getroffen en in het kreupelhout omgekomen is vermeldt de geschiedenis niet. Wat wij gedaan hebben met de gewonden wordt ook niet medegedeeld, maar we kunnen ons voorstellen, dat die ongelukkigen niet veel zorgen zullen genoten hebben van een expeditionnair legerkorps, dat ten doel had zoo gauw mogelijk zijn baan te breken door tot dusver onbetreden gewesten. Wat wij gedaan hebben om de zuigelingen waarvan de moeders neergeschoten waren, te redden, wordt ook niet vermeld. Het vermoeden ligt voor de hand, dat boven de opgegeven cijfers nog zeer velen op allerellendigste wijze zijn omgekomen.

Tegenover dat fatale cijfer van 3148 erkend verongelukten, staat een aantal gesneuvelden aan onzen kant van 27 man, zoodat wij nog niet één man hebben verloren tegenover honderd medeschepselen aan den anderen kant.

Hoe wordt nu een dergelijke operatie gequalificeerd? Op dit gebied is langzamerhand een euphemistische terminologie ontstaan, die te denken geeft, want wij zijn — waar het de onzen geldt — o zoo zenuwachtig en delicaat! Als het ongeluk wil dat een Hollandsche soldaat sneuvelt, dan wordt daarvan met de grootst mogelijke omzichtigheid aan de naaste betrekkingen in Nederland mededeeling gedaan (…). Wanneer het er op aankomt een moordgeschiedenis , zooals ik de vrijheid neem deze expeditie te qualificeeren, van de Regeeringstafel met een naam te bestempelen, heet dat: "een excursie", niet eens een incursie, neen, een excursie, een uitdrukking welke doet denken aan iets als een militaire promenade. Wanneer inlanders doodgeslagen of doodgeschoten worden, heet het, dat zij zijn "neergelegd" of hoogstens "onschadelijk gemaakt"; die inlanders, die hun haard, hun familie en zich zelf verdedigen, heeten "kwaadwilligen".

Welnu. Mijnheer de Voorzitter, ik geloof dat hier, waar de Nederlandsche vlag, de oude, eerlijke en eervolle Nederlandsche vlag, bespat is met het bloed van honderden vrouwen en kinderen, wij wel mogen spreken van een moordgeschiedenis (…).'[341]

De Stuers was geen principieel tegenstander van het koloniale systeem. Die waren er maar weinig in die tijd; ook niet onder liberalen en sociaaldemocraten. Maar het brute geweld en de moordpartijen op de 'inlanders', waarbij ook kinderen en vrouwen zonder pardon over de kling werden gejaagd, wekten verontwaardiging. Met ontzetting hoorde men aan, dat gevangenen maken te lastig was. Ze kregen voor het gemak direct de kogel. De Stuers vergeleek het Nederlands-Indische leger met de oude barbarenhordes:

'Men moet naar de Tartaren teruggaan, naar een Timoer-Lenk, naar een Djenzis-Khan, die hun cavalerie lieten rijden over de lijken van vrouwen en kinderen, om een vergelijking te vinden voor onze handelwijze.'[342]

Maar de afschuw en de verontwaardiging in het land hadden geen effect op Wilhelmina. Haar bewondering over het extreem gewelddadige optreden van het leger bleef recht overeind. Frits van Daalen, die als bevelhebber een spoor van bloed en geweld door de kolonie had getrokken, nodigde ze uit op Het Loo, waar hij, net als eerder Van Heutsz, met eerbewijzen werd overladen. Ze vond het zo fantastisch wat hij had gedaan dat ze aandrong op zijn promotie tot commandant van het Indische leger. Van enig medeleven met de slachtoffers was bij Hare Majesteit geen sprake.[343]

Van Daalen stond bekend als een man met 'een diepgewortelde minachting voor alles wat inlander' was. Vele malen had hij staaltjes van zijn 'inhumane, ruwe, tactloze manier van bestuur en rechtspraak' laten zien.[344]

---

341 *Handelingen Tweede Kamer 1904-1905*, 23 november 1904, p. 223.
342 *Handelingen Tweede Kamer 1904-1905*, 23 november 1904, p. 224.
343 Fasseur, *Wilhelmina. De jonge koningin*, pp. 449-459 en Wilhelmina, *Eenzaam maar niet alleen*, pp. 112-113, en pp. 141-142.
344 Hagen, *Koloniale oorlogen in Indonesië*, pp. 470-471.

Hij was niet de enige die zo dacht. De Atjehers waren islamieten, maar dat had geen invloed op het gedrag van deze volgelingen van Mohammed, want

'Zij maken zich aan de grofste onzedelijkheid schuldig en zijn verslaafd aan amfioenschuiven [opiumgebruik] en dobbelen. Ze zijn als handelaars niet te vertrouwen en maakten zich voor onze komst veelvuldig aan zeeroof schuldig, Men noemt hen verraderlijk, moordzuchtig en trots. Aan de andere kant kan men slechts loffelijk spreken over hun dapperheid en volharding in de strijd.'[345]

Hun dapperheid werd geprezen maar voor de rest werden ze in de Nederlandse beeldvorming neergezet als 'sluwe, fanatieke, aan opium verslaafde, zedeloze en wrede strijders'. Slecht volk dus en christen waren ze ook al niet. Dat het koloniale leger zich ook te buiten ging aan wreedheden en 'onzedelijkheid' werd niet genoemd.[346]

Wilhelmina leek het optreden van het koloniale leger tegen de lokale bevolking niet te deren, gezien haar kritiekloze bewondering voor Van Daalen wiens wrede optreden tegen de lokale bevolking 'vandaalisme' werd genoemd. Het roept de vraag op of Wilhelmina Van Daalens minachting voor inlanders deelde. Dat ze geen christen waren, zal ook niet positief door de jonge koningin zijn beoordeeld. Misschien was het niet alleen de warmte en haar smetvrees waarom ze nooit een bezoek aan de koloniën heeft gebracht, maar hebben racistische gedachten en vooroordelen ook een rol gespeeld.

Er waren meer moordpartijen in Nederlands-Indië tijdens haar bewind. In de laatste jaren van haar regering, tussen 1945 en 1949, vielen er opnieuw vele tienduizenden slachtoffers. In haar memoires maakt ze er, net als aan de slachtoffers op Atjeh, geen woord aan vuil.

Nederland bleef buiten de Eerste Wereldoorlog. In *Eenzaam maar niet alleen* wekt ze de indruk de oorlog te hebben zien aankomen. Zo ongeveer als enige, stelt ze, want het 'nietsvermoedende volk' (waarmee ze de 'gewone Nederlander' bedoelt), maar ook de 'meer ontwikkelden', hadden de oorlog niet voorzien.

---

345   Hagen, *Koloniale oorlogen in Indonesië*, p. 449.
346   Hagen, *Koloniale oorlogen in Indonesië*, p. 449.

Die oorlog is aanleiding om in haar boek weer hoog op te geven van haar oneindige Godsvertrouwen, dat haar door de oorlog had geholpen. 'God hielp ons volk en zijn regering. God hielp ook mij. En dank zij Hem groeide dat onontbeerlijke vertrouwen tussen ons volk en mij.' Prins Hendrik koos partij voor Duitsland. Emma probeerde, net als Wilhelmina, neutraliteit uit te stralen, maar bij de laatste lukte dat maar matig. De indruk bestond dat Duitsland haar sympathie had, al was het geen uitgesproken houding. Dat zou vanuit neutraliteitsoogpunt ook niet acceptabel zijn geweest. We worden trouwens geacht haar standpunt in dezen niet te kennen.[347]

In het laatste oorlogsjaar was het risico dat Nederland toch nog zou worden meegesleurd in het conflict, het grootst. De economie verslechterde, de handel stagneerde en de scheepvaart lag grotendeels plat, vanwege Engelse zeeblokkades en als gevolg van de Duitse duikbootoorlog.

De geallieerde landen confisqueerden in maart 1918 ongeveer 140 Nederlandse schepen die in hun havens lagen afgemeerd om ze in te zetten tegen Duitsland en zijn bondgenoten.[348] Wilhelmina was zozeer in haar 'Oranjetrots gekrenkt door de schepenroof', schreef Ernst Heldring in zijn dagboek, dat ze de benoeming van een Nederlandse gezant in Washington afwees. 'Gevaarlijk, deze persoonlijke politiek', voegde Heldring daar als commentaar aan toe. De ministerraad zou zelfs een oorlogsverklaring aan de Verenigde Staten hebben overwogen, waarop de minister van Financiën, Willem Treub, gedreigd had met aftreden. De gekrenkte Wilhelmina zou hem zijn houding nooit hebben vergeven.[349]

Opnieuw had ze getoond geen evenwichtige, maar een wraakgierige vorstin te zijn, niet gehinderd door kennis van zaken en met een blinde vlek voor internationale politieke verhoudingen. De Nederlandse neutraliteit kwam zonder majeure rampen door de oorlog. Dankzij Gods hulp, volgens Wilhelmina.[350]

Hoe Wilhelmina over de opkomst van Hitler en zijn nazipartij dacht, is niet duidelijk. Zij wekte na de oorlog de indruk dat ze Hitler en het

---

347   Wilhelmina, *Eenzaam maar niet alleen*, pp. 147-157; Zie voorts: Fasseur, *Wilhelmina. De jonge koningin*, p. 503 en pp. 507-509. Op p. 522 stelt Fasseur: 'Duitsgezind was ze niet.' De Vries, *Herinneringen en dagboek van Ernst Heldring*, p. 335.

348   Hellema, *Nederland in de wereld. De buitenlandse politiek van Nederland*, pp. 72-73.

349   De Vries, *Herinneringen en dagboek van Ernst Heldring*, p. 237 en pp. 682-683.

350   Zie voor meer achtergronden: Aalders, *Wilhelmina*, pp. 96-102.

fascisme altijd afschuwelijk had gevonden, maar in de literatuur is daar geen bewijs voor. Haar uitspraken tegen Hitler dateren allemaal van tijdens en na de oorlog. Het is waar dat ze vanuit Londen een stevige anti-Hitlerhouding tentoonspreidde, maar wie zou wat anders hebben verwacht van de verjaagde vorstin?

Door het veelvuldig aanhalen van haar afkeer jegens Hitler-Duitsland, ging iedereen het als een onomstotelijk feit beschouwen. Alsof ze zich vanaf het prille begin tegen hem had gekeerd. Loe de Jong heeft ook verslag gedaan van haar afschuw jegens de Führer, maar onveranderlijk is Hare Majesteit zelf de bron.[351]

Dat ze in Londen, als gevluchte monarch, zich fel over Hitler uitliet is logisch. Maar daarmee is de vraag niet beantwoord of ze zich al sinds de vroege jaren dertig tegen Hitler had gekeerd. Uiteraard niet in het openbaar, maar in haar correspondentie en dergelijke bronnen. Er zijn geen bewijzen voor. Het Koninklijk Huisarchief bood evenmin een adequaat antwoord. Het advies was bij de boeken van Fasseur over Wilhelmina te rade te gaan, maar de biograaf heeft op dat punt niets relevants te melden.[352]

Er is wel bewijs dat het met haar afschuw van het nazisme nogal meeviel. Op de bruiloft van prinses Juliana en prins Bernhard, in 1937, werd het Duitse volkslied gespeeld, inclusief de eerste strofe van het nationaalsocialistische Horst Wessellied, dat Hitler in 1933 had laten toevoegen. Horst Wessel, de tekstdichter van het naar hem genoemde lied, was een jong gestorven nazipropagandist.

---

351   De Jong, *Het Koninkrijk der Nederlanden in de Tweede Wereldoorlog*, deel 2, p. 44-45. Ook Fasseur beweert dat Wilhelmina Hitler haatte en verwijst naar een passage in *Wilhelmina. Sterker door strijd* alwaar een eindnoot naar zijn eigen boek *Wilhelmina. Krijgshaftig in een vormeloze jas* verwijst; zie Fasseur, *Wilhelmina. Sterker door strijd*, pp. 130-131 en p. 168 (noot 4). Maar op de bewuste pagina in *Krijgshaftig* (p. 88) gaat het over Mussert en de NSB; *niet* over Hitler en zijn NSDAP.

352   E-mail van het KHA, 30-01-2018, naar aanleiding van mijn verzoek om inzage in correspondentie met derden die inzicht kon geven over haar opstelling jegens Hitler. Het antwoord van de dienstdoende archivaris: 'Mij is gebleken dat het weinige dat in de op het Koninklijk Huisarchief beheerde bronnen in deze context van belang is vermeld staat in de Wilhelmina-biografie van professor Cees Fasseur. Dat hier zo weinig over het door u gezochte wordt aangetroffen, zal zijn oorzaak vinden in de omstandigheid dat de archieven van het staatshoofd zich bevinden op het Nationaal Archief. Ik verwacht dat u aldaar wel bronnen zult aantreffen die voor uw onderzoek van belang zijn.' Een merkwaardig advies, want zoals bekend wordt documentatie waarin de persoonlijke mening van het staatshoofd naar voren komt op grond van de ministeriële verantwoordelijkheid en de 'Eenheid van de Kroon' nooit openbaar gemaakt en daarom bewaard (naar we mogen aannemen) in het KHA. Overigens werd mijn verzoek om toegang tot de correspondentie van Wilhelmina met generaal Van Heutsz (over zijn bloedige beleid in Indië) op dezelfde grond afgewezen. Ook in dat geval werd ik verwezen naar het werk van Fasseur.

Wilhelmina stond er op dat het Duitse volkslied in zijn geheel ten gehore werd gebracht. Dirigent Peter van Anrooy en zijn orkestleden weigerden op principiële gronden - ondanks krachtig aandringen van Wilhelmina - de eerste strofe uit voeren, wat hem ontslag op staande voet opleverde. De Koninklijke Militaire Kapel had geen principiële bezwaren en bleek wel bereid het volkslied in zijn geheel uit te voeren.[353]

Dit voorval valt moeilijk te rijmen met Wilhelmina's zelf geclaimde totale nazi-afkeer. Dat ze zich *in* en *na* de oorlog als een onverzoenlijke antinazi heeft gepresenteerd, is wél uitvoerig gedocumenteerd. Niemand zal trouwens anders hebben verwacht. Opvallend is voorts dat ze geen onderzoek heeft laten doen naar mogelijke nazisympathieën bij prins Bernhard. Gezien haar beweerde opstelling jegens Hitler en zijn partij had dat voor de hand had gelegen.[354]

Al drie dagen na het uitbreken van de oorlog, op een moment dat het leger nog vocht tegen de Duitse troepen, vluchtte Wilhelmina naar Engeland. De bevolking was geschokt door haar plotselinge vlucht en voor de vechtende soldaten was het demoraliserend: 'Grote neerslachtigheid maakte zich allerwegen van hen meester, op een enkele plaats wierpen ze verbitterd de geweren weg.'[355]

Het verhaal van haar vlucht is met raadsels omgeven. Dat het niet goed viel bij de bevolking, voelde zij zelf ook wel aan. Maar lang duurde de volkse verbolgenheid niet. Al spoedig zoemden overal vergoelijkingen en verzachtende omstandigheden rond. Wilhelmina had helemaal niet willen vluchten, schreef ze ook later zelf in *Eenzaam maar niet alleen*. Het zou puur overmacht zijn geweest. Het overkwam haar.

Om haar ballingschap zijn complete mythes geweven en verhalen verzonnen. Dat neemt niet weg dat ze in Londen zou uitgroeien tot een van de populairste Oranjes ooit.[356] De aloude mythe dat Nederland niet zonder Oranje kon, werd weer eens bevestigd al was er geen schijn van bewijs.

---

353 Langeveld, *Schipper naast God. Hendrikus Colijn 1869-1944*, deel twee 1933-1944, p. 232 en http://historiek.net/horst-wessel-lied-juliana-bernhard/68722/ (geraadpleegd op 08-12-2019).

354 Fasseur, *Wilhelmina. Krijgshaftig in een vormeloze jas*, pp. 132-135 en idem, *Wilhelmina. Sterker door strijd*, pp. 132-133. Fasseur komt niet verder dan aannames.

355 De Jong, *Het Koninkrijk der Nederlanden in de Tweede Wereldoorlog*, deel 3, p. 364 en Van der Zijl, *Bernhard. Een verborgen geschiedenis*. pp. 305.

356 Het verhaal van haar vlucht, de redenen, zin en onzin heb ik uitgebreid beschreven in *Wilhelmina*, pp. 115-146.

Londen

Mijn boek *Wilhelmina. Mythe, fictie en werkelijkheid* was in de eerste plaats een analyse van Wilhelmina's doen en (vooral) laten in ballingschap. In Londen had ze veel meer invloed op de regering dan ze in Den Haag ooit had gehad. Ze hoefde immers geen rekening te houden met het parlement.[357]

Na de oorlog heeft een Parlementaire Enquêtecommissie (PEC) het beleid van de regering in ballingschap onderzocht. Koningin Wilhelmina noch prins Bernhard is door de PEC gehoord, omdat zulks in strijd was met de ministeriële verantwoordelijkheid.

Het weerleggen van de conclusies van de PEC was het centrale thema van mijn boek. De beknopte analyse-uitkomsten geef ik hier weer, zoals ik ze ook in *Wilhelmina* heb verwoord. Voor de brede uitwerking en onderbouw van mijn weerlegging, verwijs ik naar mijn boek.

De conclusie van de PEC, sterk beïnvloed door een overmatige bewondering voor koningin Wilhelmina (waarmee vrijwel iedere Nederlander na afloop van de oorlog was behept), kwam erop neer dat haar vlucht (en die van haar ministers) naar Engeland niets minder dan een meesterzet was geweest.

Maar was die vlucht overzee inderdaad 'een der belangrijkste beslissingen van de gehele oorlogsperiode' geweest, zoals de PEC beweerde? Heeft die beslissing

1. 'de gehele verdere oorlogvoering van Nederland' beheerst?
2. onze invloed in de 'bondgenootschappelijke beraadslagingen' verzekerd?
3. 'de organisatie van de activiteit van marine en koopvaardij in de strijd ter zee mogelijk gemaakt'?
4. ervoor gezorgd dat het 'internationale prestige van Nederland' geen schade opliep?
5. ervoor gezorgd dat het Nederlandse verzet inderdaad de 'onontbeerlijke morele en daadwerkelijke steun' uit Londen kreeg?
6. 'de mogelijkheid geschapen tot een effectieve voorbereiding van de bevrijding en het herstel van Nederland'?[358]

---

357 Tenzij anders vermeld heb ik voor de paragraaf 'Londen' vooral geput uit de hoofdstukken 2, 3 en 4 van mijn boek *Wilhelmina*.
358 *PEC*, deel 2 A, p. 262.

Ad 1. Nederland had, zeker na de val van Nederlands-Indië, geen militair apparaat over dat strijd kon leveren. Voor de geallieerde oorlogvoering in het algemeen en de bevrijding van Nederland in het bijzonder, hebben Wilhelmina en haar ministers (afgezien van verbale uitingen) niets gedaan en ook niet kunnen doen.

Ad 2 en 3. Invloed in de 'bondgenootschappelijke beraadslagingen' hadden ze evenmin. De Nederlandse invloed was nul komma nul (zie hoofdstuk drie *Wilhelmina*) terwijl Wilhelmina's bemoeienis met de Nederlandse koopvaardij- en marineschepen er absoluut niet toe heeft gedaan. Als de regering in Den Haag was gebleven, zouden de schepen, net als in de Eerste Wereldoorlog, vermoedelijk door de geallieerden zijn geconfisqueerd.

Ad 4. Het 'internationale prestige' van Nederland deed er niet toe en heeft tijdens de oorlog geen rol gespeeld. De incidentele bezoeken van koningin Wilhelmina aan de Britse premier Winston Churchill en de Amerikaanse oorlogspresident Franklin Delano Roosevelt om de Nederlandse zaak te bepleiten, hebben daaraan niets veranderd. Haar bezoeken gingen uiteraard met de nodige diplomatieke plichtplegingen en hoffelijkheden gepaard, maar een meetbaar effect hebben ze niet gehad en dat kon - daar waar het om de bevrijding van Nederland gaat - ook helemaal niet.

Ad 5. Het verzet heeft op geen enkele wijze geprofiteerd van de bemoeienissen van met name Hare Majesteit. Integendeel. Het is er de dupe van geworden. Wilhelmina wist nauwelijks waarmee ze bezig was en ze kende de achtergronden niet. De samenvoeging van het verzet heeft verzetsmensen onnodig het leven gekost.

Ad 6. Nederland is niet dankzij de regering of Hare Majesteit bevrijd. De Nederlandse regering heeft geen enkel aandeel - hoe dan ook - gehad in de bevrijding. Dat die indruk desondanks kon ontstaan, is te danken aan koningin Wilhelmina, die er uit weloverwogen eigenbelang alles aan was gelegen de positie van het Huis van Oranje in ere te herstellen. Liefst sterker dan voorheen, namelijk met een sterk gereduceerde macht van het parlement ten gunste van de monarchie.

Hoe de regering tenslotte het herstel van Nederland mogelijk zou hebben gemaakt vanuit Londen, blijft een intrigerend raadsel. Die verdienste komt toe aan de naoorlogse regeringen, die met behulp van Amerikaanse economische ondersteuning (Marshallhulp), het land economisch weer op de been hebben geholpen. Net zoals dat in de overige door de oorlog getroffen Europese landen is gebeurd. Met uitzondering van landen die binnen de invloedssfeer van de Sovjet-Unie vielen.

De PEC-conclusies zijn niet gebaseerd op feiten, maar lijken te zijn ingegeven door diepgaande aanhankelijkheid en (misplaatste) dankbaarheid jegens het koningshuis, in het bijzonder wat betreft Wilhelmina. De Parlementaire Enquête Commissie heeft meegeholpen aan het creëren van een mythe die tot dusver de tand des tijds heeft doorstaan.[359]

Radio Oranje, de propagandazender van de Nederlandse regering in ballingschap, staat aan de basis van Wilhelmina's buitensporige populariteit die ze tijdens de oorlog verwierf. Ze zag het als haar taak het bezette Nederland moed in te spreken. Haar moed, onversaagdheid, onverschrokkenheid en onverzettelijkheid voor de microfoon vanuit Londen is door haar bewonderaars veelvuldig geroemd.

Secretaris Booy noemt haar een koningin met een 'visioen' en een 'profetes'.[360] Haar praatjes zouden Nederland door de oorlog hebben gesleept, wat gezien de frequentie van haar speeches (maar ook de inhoud) ridicuul is. Ze heeft vierendertig maal een praatje van circa tien minuten gegeven. Dat is pakweg zes uur spreektijd in vijf jaar oorlog, dus iets meer dan een uur per jaar. Daar win je geen oorlog mee. Daarvoor is een leger nodig, maar dat had ze niet. Ze was voor de bevrijding volledig afhankelijk van de bondgenoten, voor het Verenigd Koninkrijk, de Verenigde Staten en de Sovjet-Unie.

Haar biograaf vond haar toespraken 'onverschrokken en bezielend', daarnaast toonde ze zich voor de microfoon 'standvastig' in haar houding en van een 'totale afwijzing' jegens de Duitsers.[361] Het is moeilijk voorstelbaar wat ze anders had moeten doen. Dat haar praatjes fascinerend waren, is moeilijk te geloven. Ze schreef haar speeches zelf, maar schrijven kon ze niet. Een boeiend redenaar was ze evenmin. Haar toespraken klonken niet sprankelend of prikkelend, maar waren eerder saai en monotoon, al hangt die beoordeling uiteraard sterk van de criticus af die haar uitspreekt.

Onno Sinke concludeert in zijn proefschrift over radio Oranje dat de zender weinig invloed heeft gehad op de stemming onder de bevolking.

Na de oorlog groeide radio Oranje, samen met Wilhelmina, uit tot het symbool van het verzet tegen de overheerser.[362] Zo past de Nederland-

---

359   Aalders, *Wilhelmina*, pp. 268-271. Er zijn kleine verschillen tussen de bovenstaande tekst en de tekst in *Wilhelmina*. Er zijn bovendien enkele regels en enkel woorden toegevoegd, maar er is ook her en der wat geschrapt. Voor de breed uitgewerkte argumentatie die hebben geleid tot mijn afwijzen van de conclusies van de PEC verwijs ik naar *Wilhelmina*, vooral hoofdstuk 3 en 4.

360   Booy, *De levensavond van koningin Wilhelmina*, p. 30.

361   Fasseur, *Wilhelmina. Krijgshaftig in een vormeloze jas*, p. 336.

362   Sinke, *Verzet vanuit de verte. De behoedzame koers van Radio Oranje*.

se zender vanuit Londen (onder Britse censuur) met zijn symboolfunctie uitstekend bij al die andere symbolen die het koningshuis omgeven, en met elkaar gemeen hebben dat ze niets met de werkelijkheid hebben te maken.

Wat betreft de inhoud waren haar speeches eerder tam dan 'onverschrokken en bezielend'. Het meest opzwepende wat ze voor de microfoon in Londen - met lichte stemverheffing - heeft gezegd was: 'Wie op het juiste oogenblik handelt, slaat den Nazi op den kop. Ik heb gezegd.'[363] Dat was naar aanleiding van de Duitse overval op de Sovjetunie waarmee Nederland dankzij Wilhelmina sinds 1917 geen betrekkingen meer onderhield.

Echt oproepen tot verzet deed ze niet. Stel je voor dat mensen op haar aansporen verzetsdaden hadden gepleegd en door de Duitsers waren opgepakt en gefusilleerd. Dat zou op haar conto worden geschreven - ten nadele dus van de monarchie - en dat wilde ze niet.

Bij Wilhelmina was alles gericht op een spoedige terugkeer naar Nederland, zodat ze weer op de troon kon plaatsnemen. Het liefst - en daar heeft ze vaak voor gepleit - met aanmerkelijk minder macht voor het parlement en met veel meer macht voor haar, de vorstin. 'Vernieuwing' noemde ze dat, terwijl het in feite een terugkeer was naar de tijd van voor de Grondwetshervorming van 1848.

Haar inschatting van de duur van de wereldomspannende oorlog was steeds hoogst onrealistisch. Ze schatte die aanvankelijk op enkele maanden; pas na twee jaar in Engeland drong het tot haar door dat het veel langer zou gaan duren.

Sinds het uitbreken van de Oktoberrevolutie in Rusland (1917) onderhield Nederland geen officiële betrekkingen meer met de Sovjet Unie van Lenin. Wilhelmina zou twee wereldoorlogen hebben zien aankomen, maar ze was compleet verrast geweest door de ondergang van het rijk van de tsaar. Op zijn beurt toonde haar secretaris Booy zich verbaasd door Wilhelmina's houding:

'Het is toch werkelijk erg, dat Koningin Wilhelmina bij de ondergang van het tsarenhuis echt niet wist, dat de Tsaar door zijn eigen beleid de krachten die zijn troon omverwierpen, had opgeroepen. Dat zij hem alleen zag als een door snode lieden het venster uitge-

---

363   Beroemde slotregel van koningin Wilhelmina toespraak van 24 juni 1941 voor radio Oranje n.a.v. de Duitse overval op de Sovjet-Unie.

worpen vader, die altijd aan zijn volk zijn beste krachten had gegeven en het goede voor dit volk had gezocht.'[364]

Het had voor de hand gelegen dat ze Stalin in 1941, nadat zijn land door
Duitsland was aangevallen, als nieuwe bondgenoot tegen Hitler zou
hebben verwelkomd, maar dat deed ze niet.

Toen Nederland in 1934 voor toetreding van de Sovjet Unie tot de
Volkenbond had willen stemmen, greep Hare Majesteit in. Ze toonde
zich een fel tegenstander van Russische toetreding en dreigde zelfs met
aftreden wanneer ze haar zin niet kreeg.[365]

Met die goddeloze Russen wilde Hare Majesteit niets te maken hebben. Ze kreeg haar zin. Het heeft extreem veel moeite gekost om Wilhelmina na de Duitse overval op de Sovjet Unie te overtuigen van nut en
noodzaak van officiële diplomatieke betrekkingen met Moskou. Maandenlang bleef ze koppig weerstand bieden, maar in juni 1942 - het had
een jaar geduurd - gaf ze eindelijk toe, zij het niet van harte: 'vooruit
dan maar.'[366]

> 'Is HM wel normaal?' vroeg de
> minister van Justitie zich af.

Als we de literatuur over Wilhelmina mogen geloven, heeft ze in Londen
dag en nacht keihard gewerkt om de bevrijding van het vaderland
naderbij te brengen. Vakantiereizen, die ze in vredestijd zo veelvuldig
maakte, schoten er bij in. Het was afzien voor Hare Majesteit. Haar leven
bestond nu uit het bedenken van speeches voor de radio (waarmee ze
echter onmogelijk haar dagen kon vullen); daarnaast maakte ze vooral
veel ruzie met haar ministers, aan wie ze bijna zonder uitzondering een
hekel had.

Ze overschreed bij die vergaderingen menigmaal de grenzen van het
fatsoen en ze was vaak niet voor enigerlei vorm van rede vatbaar. De
minister van Justitie, G.J. van Heuven Goedhart, vroeg zich dan ook
openlijk af - wat zijn collega's eerder al herhaaldelijk hadden gedaan: 'Is
HM wel helemaal normaal?'[367]

364 Booy, *De levensavond van koningin Wilhelmina*, pp. 106-107. Zie voor haar verzet ook:
Langeveld, *Schipper naast God. Hendrikus Colijn 1869-1944*, deel twee 1933-1944, pp. 407-410.
365 Hellema, *Nederland in de wereld. De buitenlandse politiek van Nederland*, p. 84.
366 Knapen, *De lange weg naar* Moskou, pp. 224-244. Voorts: Kersten, *Buitenlandse Zaken in
ballingschap*, pp. 139-143.
367 Kersten, *Londense Dagboeken van Jhr.ir. O.C.A. van Lidth* , januari 1940-mei 1945, Band 2,
pp. 1394-1395.

Het aantal vergaderingen met haar ministers was overigens beperkt, want vanwege de bombardementen op Londen had ze een villa buiten de stad laten inrichten. Dat was veiliger, ook met het oog op de dynastie, want die moest intact de oorlog doorkomen. Om die reden had ze haar dochter en troonopvolger, prinses Juliana, naar Canada gestuurd. Daar vielen helemaal geen bommen.

Zelf heeft ze het beeld van de keihard werkende vorstin dat Oranjo-fiele historici van haar hebben geschilderd, teniet gedaan met de opmerking: 'Hoeveel bedrijvigheid ook ontwikkeld werd, mijn leven in Londen stond ten laatste niet in het teken van de actie, maar van een eindeloos afwachten'. Wachten tot ze terug kon keren naar Nederland. Dat was lastig: 'Men kan zich indenken dat dit leven in een houding van afwachten, zich gereed houden, jaren achtereen, niet gemakkelijk was.'[368]

Maar in 1945 was het zover en keerde koningin Wilhelmina terug naar Nederland om nog drie jaar te regeren voordat haar dochter de kroon overnam.

De laatste regeringsjaren

Van haar 'vernieuwing' - die zoals bekend een forse inperking van democratische rechten inhield ten gunste van haarzelf - kwam niets terecht. Het grootste politieke probleem waarmee ze maken kreeg, was de dekolonisatie van Nederlands-Indië.

Tijdens de oorlog had president Roosevelt het koloniale systeem ter discussie gesteld. Alle volken ter wereld moesten over hun eigen politieke toekomst kunnen beslissen. Roosevelt en de Britse premier Churchill ondertekenden daartoe op 14 augustus 1941 het *Atlantic Charter*. Voor Churchill, leider van het grootste koloniale rijk ter wereld, was het zelfbeschikkingsrecht een politieke nachtmerrie. Hij had het Charter niet willen ondertekenen, maar de oorlogssituatie liet hem geen keus: de Britse oorlogvoering was zowel financieel als materieel afhankelijk van de Verenigde Staten.

Ook Nederland heeft het Atlantic Charter (Atlantisch Handvest), dat niet meer dan een intentieverklaring was (en daarom niet van groot belang *leek*), ondertekend. Maar op die intentieverklaring volgde op 1 januari 1942 een bindend internationaal verdrag, de *Declaration by the United Nations*, dat ook de Nederlandse regering heeft ondertekend.

Het is zeer de vraag of Wilhelmina en haar ministers de reikwijdte van de Declaration hebben ingezien. Eigenlijk is dat geen vraag. Ze héb-

---

368   Wilhelmina, *Eenzaam maar niet alleen*, p. 287.

ben het niet begrepen, ze wilden het niet begrijpen, maar wellicht kónden ze het ook niet begrijpen.

Onze koloniën waren volgens minister van Buitenlandse Zaken E.N. Van Kleffens een integraal deel van Nederland. In zijn visie was het daarom onzin om Nederlands-Indië, Suriname en Curaçao als koloniën te beschouwen. De opstelling van Nederland ten aanzien van zijn koloniën zou in de kromme redenering van Van Kleffens geheel overeenkomen met de visie die president Roosevelt had op het zelfbeschikkingsrecht.

Premier Gerbrandy vond het Handvest een 'slap stuk'; zeker niet van toepassing op de interne verhoudingen van al bestaande koloniale rijken.[369] De Declaration was van hetzelfde laken een pak: niet van toepassing op Nederland.

Wat Wilhelmina precies heeft gedacht, weten we zoals gewoonlijk niet, maar alles wijst erop dat ze Indië niet wilde loslaten. Zelfbeschikkingsrecht vond ze prima, maar dan wel onder toezicht en regie van de Nederlandse regering in Den Haag.

De naoorlogse dekolonisatie was een moeizaam en pijnlijk proces, dat volgens schatting aan 300.000 Indonesiërs (burgers en militairen) het leven heeft gekost.[370] Wat in de tijd van Van Heutsz en Van Daalen een 'excursie' of 'pacificeren' heette (in *Eenzaam maar niet alleen* noemde Wilhelmina de slachtpartij van Van Heutsz zelfs 'een waarlijk groots werk'), werd nu aan het publiek verkocht als een 'politionele actie'. In haar boek wijdt Wilhelmina er geen woord aan.

Bij Wilhelmina`s abdicatie verkeerde Indonesië - dat zij nog steeds als de kolonie in het Verre Oosten beschouwde - in een staat van volledige ontreddering. De afscheiding van de kolonie ging met veel bloedvergieten en onnodig, excessief geweld gepaard, dat al was begonnen voordat de eerste 'politionele actie' op 21 juli 1947 van start ging.

Een luchtaanval op Palembang, in januari 1947, (bedoeld als strafexpeditie) veranderde de stad op Zuid-Sumatra in een rokende puinhoop. Ook de Nederlandse marine en het leger deden mee aan de verwoesting van Palembang. Onder de burgerbevolking vielen volgens een schatting van Het Rode Kruis 2.000 tot 3.500 doden, maar de Nederlandse kran-

---

369 Aalders, *Safehaven*, pp. 182-184. Zie voor de tekst van de Atlantic Charter: http://avalon. law.yale.edu/wwii/atlantic.asp (geraadpleegd 10-12-2019). De cruciale passages staan in artikel 3, 4 en 7. Voor een breed overzicht van de implicaties van het Atlantic Charter en daaruit voortvloeiende consequenties: Aalders, *Wilhelmina*, pp. 175-182 en pp. 276-280.

370 Hagen, *Koloniale oorlogen in Indonesië*, p. 824.

ten en radio hebben aan dat oorlogsgeweld nauwelijks aandacht besteed. Ook in het parlement kreeg het oorlogsgeweld op Zuid-Sumatra nauwelijks aandacht. Terwijl het volgens de normen toch niets minder dan een oorlogsmisdaad was. Het excessieve geweld op Sumatra werd met succes door de autoriteiten verdonkeremaand.[371]

Wilhelmina toonde nergens enige vorm van mededogen met de doden die in haar naam waren gevallen. Indonesiërs die het niet eens waren met de Nederlandse politiek deed ze af als 'extremisten' en dat soort volk moest simpelweg worden 'opgeruimd'. De visie van de Landsmoeder op de koloniale situatie in de Oost was sinds de tijd van Van Heutsz kennelijk onveranderd gebleven.[372]

Koningin Wilhelmina was volgens haarzelf door God aangestuurd. Daarom wist alleen zij wat goed was voor Nederland. Om die reden was ze het vaak niet eens met ministers, want die moesten het - in tegenstelling tot haar - zonder directe, Goddelijke steun en leiding stellen. Die was alleen haar - als uitverkorene - voorbehouden.

Die opvatting heeft haar blik op de binnenlandse en internationale politiek in hoge mate vertroebeld. Of de ministers haar daarop - heel voorzichtig uiteraard - wel eens hebben gewezen, weten we niet echt. Als een minister met kritiek kwam, moest hij rekening houden met een woede-uitbarsting. Haar razernij-aanvallen die soms uit het niets leken te komen, waren berucht.

Ze was eraan gewend alleen maar lof en instemming te krijgen. Openlijke kritiek hoorde ze zelden, maar dat betekende niet dat er geen kritiek wás. Er is een groot verschil tussen dingen denken en dingen zeggen.

Als voorbeeld haal ik hier twee Amerikaanse presidenten aan, die verwarrend genoeg allebei de naam Roosevelt droegen. Officieel, naar buiten toe en in het diplomatieke verkeer, zongen beiden braaf de lof van Wilhelmina, maar privé zeiden ze het waar het op stond en hoe ze werkelijk over Wilhelmina dachten. Dat was niet vleiend.

Theodore Roosevelt, president van 1901 tot 1909, bezocht Wilhelmina in 1910 op Het Loo. Als oud-president was hij een gevierd man. Ook was hij een van de initiatiefnemers van de Tweede Haagse Vredesconfe-

---

371   Hoek, 'De verzwegen moordpartij van Palembang', 27-07-2017.
372   Aalders, *Wilhelmina*, pp. 280-291 en Wilhelmina, *Eenzaam maar niet alleen*, p. 142.

rentie van 1907, wat in de ogen van Wilhelmina uiteraard geen pluspunt was. Roosevelt had zich verheugd op zijn bezoek aan Het Loo, waar hij een jonge, blonde, knappe en zeer charmante koningin verwachtte aan te treffen.

Volgens de kranten uit die dagen was de ontvangst 'onceremonieel en vol hartelijkheid'.[373]

Oudhollandse gezelligheid troef dus? Op het eerste gezicht inderdaad, maar in de praktijk toch niet. In een brief aan een vriend heeft Roosevelt verslag gedaan van zijn bezoek aan het Nederlandse koningspaar. Hij had het vreselijk gevonden. Het was wel zijn eigen schuld, want in zijn fantasie had hij de jonge koningin geïdealiseerd. Hij had zich daarbij een valse voorstelling gemaakt van haar karakter, haar waardigheid en haar uiterlijk. Hoe anders was de werkelijkheid:

'Eigenlijk was ze buitensporig onaantrekkelijk en nietszeggend en zowel uitgesproken zelfingenomen als slecht gehumeurd. Bovendien was ze niet alleen zo alledaags, maar ook zo gewoontjes. Ze was een echt Nederlands middenstandsvrouwtje, immens geïmponeerd door haar eigen waardigheid en positie. Ze nam zichzelf buitengewoon serieus en ze was heilig overtuigd van haar eigen belangrijkheid, of die nu gold voor haar maatschappelijke status of haar inbreng in de regering.'[374]

Roosevelt vond Wilhelmina vooral vanwege haar pretenties gewoon lachwekkend. Zijn vrouw Edith kon het met minder woorden af; zij vond haar 'stupid'.[375]

Ruim dertig jaar later, in de Tweede Wereldoorlog, reisde Wilhelmina naar Amerika voor een bezoek aan president Franklin D. Roosevelt en zijn vrouw Eleanor. De ontmoeting was voor Wilhelmina een teleurstelling. Ze had van alles met de belangrijkste wereldleider willen bespreken, maar Roosevelt liet haar nauwelijks aan het woord. Hij nam haar kennelijk niet serieus.

De president arriveerde veel te laat voor de bijeenkomst met Wilhel-

---

373   Brusse, *with Roosevelt through Holland* p. 33; Geurts, 'Clash of characters: Theodore Roosevelt's encounter with Queen Wilhelmina (1910)'.

374   De brief van Roosevelt aan zijn vriend Otto George Trevelyan is beschikbaar op http://www.theodoreroosevelt.com/images/research/speeches/trlettergeorgeottotrevelyan.pdf. (pp.382-383; geraadpleegd op 11-12-2019).

375   Geurts, 'Clash of characters: Theodore Roosevelt's encounter with Queen Wilhelmina (1910)', p. 41.

mina en minister Van Kleffens, en toen ze eenmaal bijeen zaten, vulde Roosevelt de tijd met grappen, grollen en vooral veel anekdotes. Van een serieus gesprek was geen sprake, zo vond ook minister Van Kleffens. Roosevelts monoloog (misschien is 'conference' hier een beter woord), duurde ongeveer drie kwartier. Na afloop was Wilhelmina duidelijk teleurgesteld, schreef Van Kleffens. 'Waren dit nu de diepgaande gesprekken over den toekomstigen vrede, die zij zich had voorgesteld?'[376]

Het bezoek werd - zoals gebruikelijk onder bevriende staatshoofden - een groot succes genoemd en ook de Roosevelts spraken naar buiten toe met veel waardering over de Nederlandse vorstin. Maar als ze het in familiekring over Wilhelmina hadden, vonden ze haar:

'een bigotte, onzuiver redenerende, onmogelijk veeleisende, intens egocentrische oude dame (...), iemand zonder enig inzicht in de werkelijke machtsverhoudingen in de wereld.'[377]

Roosevelt moet zijn oordeel over Wilhelmina nog eens bevestigd hebben gezien, toen zij hem enkele brieven stuurde met het voorstel om de Duitse bevolking in de buurt van de Nederlandse grens in zijn geheel te deporteren naar een uithoek van Europa. Na zo lang onder het nazisme te hebben geleefd, was er niets meer aan die mensen te veranderen. Eens een nazi altijd een nazi. Dat volk wilde ze niet in haar buurt hebben. Roosevelt heeft niet eens de moeite genomen te antwoorden. Haar 'voorstel' had deel moeten uitmaken van de capitulatievoorwaarden voor Duitsland.[378]

Wilhelmina de Mythe

Het optreden van Hare Majesteit tijdens de oorlog, is breed uitgemeten en nog breder bewierookt door historici, biografen en journalisten. Ook 'gewone' burgers deden graag mee aan de verheerlijking van de 'oorlogskoningin' en 'Moeder des Vaderlands'.

Iedereen was alweer vergeten dat ze in mei 1940 het tegendeel van

---

376   *Buitenlandse Politiek van Nederland 1848-1945*, C.5. 1942 - GS 203, pp. 58-59.

377   Van Herk, 'De glazen gevangenis van Juliana' in *de Republikein*, december 2016, p. 44. Mevrouw Van Herk heeft veelvuldig contact gehad met een kleinzoon van president Roosevelt en diens vrouw Eleanor. Zie voor een verslag van Wilhelmina's bezoek aan de Roosevelts: Aalders, *Wilhelmina*, pp. 217-225.

378   De Jong, *Het Koninkrijk der Nederlanden in de Tweede Wereldoorlog*, deel 9, eerste helft, pp. 665-666 en Buitenlandse Politiek van Nederland 1848-1945, C.6. 1942-1943, GS 235, p. 347. (De minister van Buitenlandse Zaken Van Kleffens aan de ambassadeur te Washington Loudon, 10 april 1943).

moederlijk gedrag had getoond, toen ze spoorslags op de vlucht sloeg en haar kinderen alleen achterliet in het brandende huis, dat Nederland toen was.

Tot aan haar dood in 1962 is ze onaantastbaar gebleven, ook al was haar reputatie gebouwd op drijfzand en geschraagd door een mythe die met vereende krachten in stand werd gehouden. Er bestaat weinig twijfel dat in Nederland de oprechte overtuiging bestond dat ze werkelijk over de verdiensten, inzichten en capaciteiten beschikte die haar zo ruimhartig zijn toegedacht.

Tijdens de bezetting zal ze ongetwijfeld mensen hebben geïnspireerd en ze zal zonder twijfel het symbool zijn geweest van een vrij Nederland. Maar Nederland is niet dankzij Wilhelmina bevrijd. Dat hebben de geallieerde legers gedaan, waarvan slechts een klein contingent Nederlandse militairen (de Prinses Irenebrigade telde ruim duizend man) deel heeft uitgemaakt.

De gedachte dat zij Nederland met haar vastberadenheid door de oorlog zou hebben gesleept, is bizar, al kan men bewondering hebben voor de manier waarop ze het volk weer achter zich wist te krijgen na haar smadelijke vlucht.

Staatsmanschap bezat ze niet, inzicht in de internationale politiek evenmin, empathisch vermogen was haar vreemd en inzicht in militaire ontwikkelingen ontbrak, gezien haar overoptimistische beoordelingen van de tijdsduur van de oorlog.

Wilhelmina leefde losgezongen van de werkelijke wereld, die ze meende te kunnen besturen met Gods hulp, maar ze heeft talloze malen blijk gegeven weinig van die wereld te snappen.

De berichtgeving bij haar overlijden in 1962 was lyrisch en over de top, zoals viel te verwachten. Wat ze feitelijk tot stand had gebracht, werd niet benoemd. Dat zou weinig ruimte in de krantenkolommen hebben gevergd. Erg belangrijk werd gevonden dat de monarchie dankzij Wilhelmina weer stevig in het zadel zat. Dat ze Nederland met vaste hand door de oorlog had geleid, stond nergens ter discussie. Dat was gewoon zo.

Het *Nieuwsblad van het Noorden* had het over haar 'bijna bovenmenselijke opofferingsgezindheid', zonder ook maar één voorbeeld te geven, en hoe 'diep inzicht' het haar mogelijk maakte te begrijpen wat er om haar heen gebeurde, terwijl dat nou juist de eigenschap was die ze het meest ontbeerde. Voorts was de voorpagina van de krant gevuld met

commentaren uit alle hoeken en gaten van de Nederlandse samenleving, die gemeen hadden dat ze stuk voor stuk eigenschappen van haar
bejubelden die ze in werkelijkheid nooit had bezeten.[379]

De betekenis van Wilhelmina voor Nederland is te verwaarlozen. Ze
was uitgegroeid tot een symbool van het verzet, maar met de werkelijkheid had het niets te maken. In mijn inleiding schreef ik al dat ik
me liet leiden door mijn eigen verwondering waarom de leden van het
koningshuis als popsterren worden bejubeld.

Wilhelmina's populariteit is een raadsel dat ik nooit zal kunnen doorgronden. Ze is exact het tegenovergestelde van wat er over haar wordt
verhaald. Een vleesgeworden mythe.

Het is een wonder dat Wilhelmina met haar (non)inzicht, haar vooroordelen en onhebbelijkheden niet meer onheil heeft veroorzaakt, dan
ze in werkelijkheid heeft gedaan.

Met Wilhelmina was het geslacht Van Oranje-Nassau uitgestorven. Een
vrouw kan haar adellijke naam niet doorgeven aan haar kind. Wel denkbaar was Van Oranje-Nassau-Mecklenburg geweest. Dan wordt er een
parallel gemaakt met een uitgestorven vrouwelijke familienaam die door
naamswijziging vóór de actuele mannelijke familienaam wordt geplaatst
(dit mag nog steeds; regeling geslachtsnaamswijziging uit 1997), zodat
er een nieuwe geslachtsnaam ontstaat.

Koningin Wilhelmina heeft er in 1908 voor gezorgd dat Juliana de
titel 'prinses van Oranje Nassau kreeg'. Tevens werd zij traditioneel, via
haar vader, hertogin van Mecklenburg. Voor de volgende generatie liet
ze een KB 'slaan' met daarin de titulatuur voor haar kleinkind/eren,
waarbij werd bepaald dat het kind prins of prinses van 'Oranje-Nassau
zal zijn en dat die titel komt te staan vóór de titel prins of prinses van
Lippe Biesterfeld (de familienaam van prins Bernhard).

Zo wordt de uitgestorven, adellijke, naam Van Nassau kunstmatig in
stand gehouden. Juliana trof gelijksoortige maatregelen bij het huwelijk van prinses Beatrix met Klaus von Amsberg, als Nederlander omgedoopt tot: jonkheer Claus van Amsberg.

Onder koningin Beatrix werd in 2002 de 'Wet lidmaatschap Koninklijk Huis' van kracht. Artikel 9, lid 1 van die wet bepaalt: 'De Koning,
diens vermoedelijke opvolger en de Koning die afstand van het koningschap heeft gedaan dragen de titel "Prins (Prinses) van Oranje-Nassau"'.

---

379 *Nieuwsblad van het Noorden*, 28-11-1962.

In die wet is de toen reeds veertig jaar uitgestorven adellijke familienaam alsnog omgevormd tot - de term is er speciaal voor verzonnen -:
functionele titel. (Alsof titels als markies, graaf, baron, ridder niet functioneel zijn).

Die ziet er weliswaar uit als de oude familienaam en klinkt ook precies
zo, maar zou het in feite niet zijn, en kan het ook eigenlijk niet zijn: het
druist in tegen het klassieke adelrecht dat verbiedt om adeldom en een
adellijke naam via de moeder over te laten gaan. (De rest van de Nederlandse adel is nog steeds wel aan die klassieke regels onderworpen).

Door koningin Wilhelmina en de generaties erna is het ambt van
koningin aangewend om ten onrechte het Huis van Nassau te laten
voortbestaan. Dit terwijl de stam Van Nassau in Nederland met het
overlijden van Wilhelmina in 1962 na vele eeuwen definitief ophield
te bestaan. Nadat de uitgestorven tak van Willem de Zwijger ooit was
voortgezet door de Friese tak van de Nassaus, kwam ook hieraan dus
tenslotte in de 20e eeuw absoluut een einde.

Met andere woorden: als het loopt als een eend, kwaakt als een eend
en zich gedraagt als een eend hoeft het in uiterst zeldzame gevallen toch
geen eend te zijn.

De achtergrond van dat krampachtig vastklampen aan de exclusieve
familienaam Van Oranje-Nassau is de 'verbindende' of 'samenbindende'
functie die de naam voor Nederland zou hebben. Alsof Willem-Alexander minder koning is zónder die naam.[*]

---

[*] Met dank aan Titus von Bönninghausen, expert op het gebied van de Europese adel. Zie voor
de Wet lidmaatschap koninklijk huis: https://wetten.overheid.nl/BWBR0013729/2002-06-12. Zie
voor nog meer achtergronden: Aalders, *Wilhelmina*, p. 36, noot 43.

6

Juliana 1948-1980

Na een aantal miskramen van koningin Wilhelmina, begroette het Nederlandse volk op 30 april 1909 met enthousiasme de geboorte van prinses Juliana. Er was een kroonprinses geboren en dus daverden kanonnen hun saluutschoten, kerkklokken beierden, de voorspelbare golf van Oranjeopwinding walste over het land en de dienstdoende krantenredacties trokken alle jubelregisters open. Alom werd God geloofd en geprezen, omdat Hij, volgens onder andere het *Rotterdamsch Nieuwsblad,* de gebeden van de natie had verhoord:

'Wij hebben in de jonggeboren Prinses een bezit verworven van kostelijke waardij, een bron van mildvloeiende verheuging. Na het ondervonden leed van zooveel jaren zien wij met zaligen glimlach, met zegenvierenden trots, bovenal met onuitsprekelijken dank naar de wieg van Prinses Juliana. Dit "Kind van veel gebeds" is ons een onderpand van Gods trouw, een bewijs dat de God der vaderen ons genadig blijft.'[380]

Alleen uit linkse hoek kwamen andere dan juichtonen, zoals in de brochure met de veelzeggende naam *Een Gouden wieg, en het volk in ellende.* De (anonieme) schrijver ervan maakte zich kwaad, dat er onder de arme bevolking werd gecollecteerd voor een cadeau. Die mensen hadden niets te missen, maar toch werd er op hun gemoed gespeeld om van het minieme dat ze hadden iets af te staan aan de toch al schatrijke koninklijke familie. Maar een felicitatie kon er nog wel af door de brochureschrijver, al moest Wilhelmina niet denken dat ze boven de rest van Nederland stond.[381]

De geboorte van de kroonprinses was voor het kabinet een opluchting, want stel je voor dat het huwelijk kinderloos was gebleven. Bij iedere

---

380   *Rotterdamsch Nieuwsblad,* 10-05-1909.
381   IISG, Bro N 463/42.

miskraam van Wilhelmina werd de angst groter dat een Duitse erfgenaam op de Nederlandse troon zou plaats nemen. In de ogen van minister De Beaufort was dat een gruwel:

'Welk een droevige en bedenkelijke gebeurtenis zoude het zijn, indien hier in Nederland, dat wel Oranjegezind maar volstrekt niet monarchaal is, een vreemd Duitsch stamhuis op den troon kwam. Het is niet in te denken.'[382]

Men kan zich afvragen waarom dat 'Duitse gevaar' niet op de een of andere manier in de Grondwet is ondervangen, want het was niet de eerste keer dat die angst opspeelde. Het had vermoedelijk de vereiste Kamermeerderheid van 75 procent gemakkelijk gehaald, maar misschien was men bang Wilhelmina te irriteren, want het ging tenslotte om haar familie. Of erger nog, Wilhelmina zou de Grondwetswijziging kunnen opvatten als een vorm van kritiek op haar Huis en haar erfgenamen, en daar kon absoluut geen sprake van zijn. Zelfs de schijn diende te worden vermeden.

De meerderheid van de Kamer was zonder meer pro-Oranje, maar volgens biograaf De Beaufort waren het geen monarchisten maar Orangisten; adepten dus van het Huis van Oranje. Ongetwijfeld zal zijn bedoeld dat het hier om de historische band met het huis van Oranje gaat, hoe gerafeld die band door de eeuwen heen ook is geworden. Orangisten tegen de monarchie is net zo iets als vleesetende vegetariërs. Een soort herbivoor met een afwijkend gen dat veroorzaakt dat ze wél Oranjevlees believen maar alle andere soorten monarchenvlees afwijzen [383]

Historicus dr. Coen Tamse doet een poging de tegenstelling antimonarchist maar tóch pro Huis van Oranje met elkaar te verenigen. Onze

'koningen en koninginnen moeten daarom prinsen en prinsessen van Oranje-Nassau blijven heten - in weerwil van de regels voor de vererving van familienamen. Niet krachtens het familierecht, maar krachtens de grondwet zelf voert de 'vermoedelijke erfgenaam van de Kroon' de titel van Prins van Oranje. Het is allemaal verre van logisch, maar het is wel historisch zo gegroeid.'[384]

---

382   Fasseur, *Wilhelmina. De jonge koningin*, p. 264.
383   Zie ook De Beaufort, *Wilhelmina 1880-1962*, p. 108. Veel Nederlanders zouden Oranjeaanhangers zijn maar geen principiële monarchisten.
384   Tamse, *De monarchie in Nederland*, p. 7.

Wat zou er dan historisch gegroeid zijn? Tamse stoft als verklaring de oude mythe maar weer eens af: zodra het land in nood is, begint het volk om een Oranje te roepen want: 'Oranje hoort erbij. Oranje staat voor ons klaar'. Nederland en Oranje vormen een onverbrekelijke eenheid.[385] Het is een 'verklaring' die niets verklaart, maar nog het meeste lijkt op een aanhankelijkheidsbetuiging.

Dat Tamse zelf Orangist is, wordt al duidelijk in zijn 'Inleiding' waar hij spreekt van de 'fascinerende Oranjenaam' en de 'kennelijk onweerstaanbare aantrekkingskracht van de Oranjenaam'. Wie naar een echte verklaring voor de onoverbrugbare tegenstelling Orangist - antimonarchist zoekt, komt met Tamse niet verder.

Trouwens ook niet met schrijver en literatuurcriticus Conrad Busken Huet. Hij schreef al in 1865 een regel die sindsdien door menig *niet-monarchistische* orangist met plezier is herhaald: 'Nederland is feitelijk sedert 1848 eene demokratische republiek met een vorst uit het Huis van Oranje tot erfelijken voorzitter'.[386] Humor kun je de niet-monarchistische orangisten niet ontzeggen.

> De Oranjeliefde is groot, maar de aangetrouwde partners Emma, Bernhard, Claus en Máxima worden mogelijk nog meer vereerd.

Ze zullen allemaal wel bedoelen dat ze aan het Huis van Oranje zijn verknocht en uitsluitend een monarch uit de Oranjedynastie willen. Maar die aanhankelijke - soms op het slaafse af - instelling jegens het Huis lijkt geen belemmering om de partners van de koning of koningin – die zelf geen spat Oranjebloed in hun aderen hebben - zo mogelijk nog meer te vereren dan de 'echte' Oranjes. Zie de enorme populariteit van de aangetrouwde leden: koningin Emma, prins Bernhard, prins Claus en als laatste succesnummer koningin Máxima.

Hun hoge populariteitsscore haalt ook de veelgehoorde stelling dat de Oranjes dé verbindende factor in dit land zouden zijn onderuit. Zelfs buitenlanders kunnen het. Emma, Bernhard en Claus kwamen uit Duitsland en Máxima is een Argentijnse uit Buenos Aires.

Jeugd en opleiding
Wilhelmina heeft er voor gewaakt dat haar dochter niet, zoals zijzelf, in

---

385 Tamse, *De monarchie in Nederland*, p. 7.
386 Stuiveling, *Een eeuw Nederlandse letteren*, p. 91.

een gouden kooi opgroeide, maar erg groot waren de verschillen niet. Je zou kunnen zeggen dat Juliana iets meer bewegingsvrijheid genoot en dat haar kooi op een kier was gezet. Ze had wat vriendinnetjes, allemaal van adel, die door een strenge selectie waren gegaan. Het onderwijs leek sterk op dat wat Wilhelmina in haar jeugd kreeg voorgeschoteld, al was er ook in dit geval iets meer vrijheid en had ze les samen met enkele (adellijke) meisjes.

Maar tegenspraak was er niet bij - wat niet aanzet tot doordenken - en van het systematisch analyseren van problemen had ze dan ook geen kaas gegeten. Ze was er nooit in getraind. Ze zat hoe dan ook in een afgeschutte wereld waarin alles voor haar geregeld en gedaan werd. Maar in ieder geval was het allemaal goed bedoeld door de koningin-moeder.[387]

In 1927 ging Juliana in Leiden studeren. Het was een breuk met de anti-intellectuele traditie die koningin Emma in 1879 had ingevoerd. Wilhelmina, met haar argwaan en vooroordelen ten opzichte van intellectuelen en wetenschap, had grote bezwaren tegen de studieplannen van haar dochter. Zou een studie aan een openbare universiteit niet de onpartijdigheid van het koningschap aantasten?

Juliana dreef haar zin echter door en ging in Leiden studeren, maar haar moeder had wel een limiet van één jaar gesteld. Het zouden er ruim twee worden. Om haar toch wat af te zonderen van de gewone studenten had Wilhelmina twee villa's in Katwijk gehuurd. Een voor haar particulier secretaris en zijn gezin en de ander voor Juliana en twee hofdames plus drie medestudentes uit haar vriendenkring. Wat dat betrof, was er wel een groot verschil met haar moeders jeugd. Wilhelmina had alleen maar van een vriendinnenkring kunnen dromen.

Er was echter wel een protocollair probleem: moesten haar medestudenten opstaan als Juliana de collegezaal betrad? Zelf vond ze dat onzin; ze wilde 'gewoon' meedoen en dat zou niet gaan lukken als studenten voor haar zouden moeten opstaan. Ze kreeg haar zin.

Wilhelmina gedoogde de situatie twee jaar lang en besloot toen dat het afgelopen moest zijn. Juliana had colleges gevolgd in geschiedenis (waaronder godsdienstgeschiedenis), diverse soorten recht, en Nederlandse en Franse letterkunde. In totaal legde ze in twee jaar drie tentamens af. Eigenlijk kon dat niet, omdat ze geen normaal volwaardig middelbaar schoolonderwijs had genoten, maar het mocht omdat ze kroonprinses was.

---

387   Withuis, *Juliana. Vorstin in een mannenwereld*, pp. 58-62 en p. 750.

Toen Wilhelmina haar dwong te stoppen, moest er op een of andere manier een officieel einde voor haar studietijd worden bedacht. Zelf
was ze graag doorgegaan in Leiden. Ze vond de universiteit leuk, onder
meer omdat ze had beseft dat haar privé-opleiding de oorzaak was van
behoorlijke hiaten in haar algemene ontwikkeling. Leiden bood de kans
haar kennis aan te vullen. Het 'gewoon' willen zijn - en naar haar gevoel
kon dat in Leiden - was een illusie. Dat bleek toen ze de universiteit
als twintigjarige studente verliet met een eredoctoraat in de Letteren en
Wijsbegeerte.[388]

Het leverde, naast bijval, een storm van kritiek op uit de wetenschappelijke wereld. Prof. dr. H. Bolkestein noemde het een 'vertoning' en
bovendien in strijd met de wettelijke voorschriften. De motivatie voor
de toekenning, die er kort samengevat op neerkwam dat ze een ijveri-
ge studente was geweest ('uitnemende ijver', 'lust tot onderzoek', 'helder begrip' en 'oorspronkelijkheid van geest'), vond Bolkestein absurd.
Die kwalificaties golden voor veel studenten, maar die kregen daarvoor
- terecht - geen eredoctoraat. Het eredoctoraat toekennen op grond van
afkomst, vond de professor te dol voor woorden:

'Het eere-doctoraat is hierdoor verlaagd tot een huldiging van zoo
mogelijk nog geringer beteekenis dan een ridderorde, die immers
nog op grond van persoonlijke verdienste, niet om verrichtingen
van voorvaderen, wordt uitgereikt.'[389]

Wilhelmina daarentegen vond het allemaal heel normaal. Ze constateert: 'Na het laatste tentamen deelde Prof. Van Eysinga haar mede, dat
haar het eredoctoraat in de letteren en wijsbegeerte was verleend' en dat
haar promotor prof. Huizinga dat besluit had 'gemotiveerd'. Als beloning voor haar prestatie en om de terugkeer naar huis wat te verzachten
(Wilhelmina snapte wel dat ze graag in Leiden had willen blijven), ging
ze dat jaar twee maal met haar dochter uitgebreid op vakantie.[390]

Eerste Kamerlid Henri Polak (SDAP) had geen goed woord over voor
de wetenschappers die hun medewerking aan dit spektakel hadden
verleend:

---

388   Schenk en Van Herk, *Juliana, vorstin naast de rode loper*, pp. 69-78.
389   'Doctor Juliana. Een "koningspad" naar de wetenschap?' in: *Het Volk*, 01-03-1930.
390   Wilhelmina, *Eenzaam maar niet alleen*, p. 239 en pp. 241-242.

'Het ware om te lachen, als men er niet liever om zou huilen, dat aldus ernstige geleerden, dragers en verkondigers der wetenschap, zich leenen tot het plegen van een zeldzame daad van byzantinisme; van laffe vorstenvleierij.'[391]

Dagblad *De Telegraaf* zag het anders: 'waardige bekroning van een ernstigen studietijd' en bracht de *doctor honoris causa* hulde met een gedicht dat besloot met de regels:

"'t Lijkt nog maar zoo kort geleden....
Eénmaal klinkt van mond tot mond
Dit eenvoudige gezegde
Wéér door Nederland in 't rond.
Onze Leidsche Academie
Wordt dan dubbel dank gedaan:
Want zij schonk ons, Nederlanders,
Onze doctor Juliaan.'[392]

Het was Juliana's eerste, maar niet haar laatste eredoctoraat. Tijdens haar leven verzamelde ze er in binnen- en buitenland maar liefst tien.[393] Haar echtgenoot prins Bernhard, allerminst een studiehoofd, moest met acht eredoctoraten genoegen nemen.[394]

Absoluut vorstelijk topscorer was Juliana's vriend en collega Rama IX van Thailand, (beter bekend als koning Bhumibol) met maar liefst 136 eredoctoraten.[395] De gesprekken tussen beide, met zoveel eredoctoraten gelauwerde, erudiete vorsten moeten inhoudelijk superieure hoogtes hebben bereikt.

Een echtgenoot

Het vinden van een echtgenoot voor Juliana bleek verre van eenvoudig. Natuurlijk, de huwelijksmarkt voor de Nederlandse kroonprinses was uiterst beperkt, maar dat gold ook voor de belangstelling die mogelijke kandidaten voor Juliana aan de dag legden. Wie op zoek was naar een oogverblindende schoonheid meed het Nederlandse hof.

---

391   'Doctor Juliana van Oranje Nassau Mecklenburg', in: *Het Nieuwsblad van Friesland*, 07-01-1930.

392   "Doctor Juliana' en Prinses Juliana's eere-promotie in: *De Telegraaf*, 31-01-1930.

393   Deze gegevens zijn afkomstig van Parlement.com.

394   Deze gegevens zijn afkomstig van Parlement.com.

395   'De Uni van Oranje', in: *De Republikein*, mei 2019, p. 50.

Dat het uiteindelijk de Duitse prins Bernhard werd, had alles te maken met diens ambitie om zich via de aanstaande koningin van Nederland omhoog te werken. Een van Bernhards biografen, Annejet van der Zijl, zei tijdens haar promotie op een biografie van de prins, dat Bernhard Juliana uit liefde voor zijn moeder, prinses Armgard, had getrouwd.

Armgard leefde in tamelijk kommervolle omstandigheden op haar landgoed Reckenwalde in Oost-Pruisen. Door zijn huwelijk met Juliana, wilde Van der Zijl zeggen, kreeg hij de kans zijn moeder - die hij adoreerde - financieel en materieel te ondersteunen. Voor hemzelf, met een rechtenstudie op kandidaatsniveau, was het uiteraard ook een aantrekkelijk vooruitzicht om via een huwelijk zijn eigen wankele financiële positie op te krikken.

Maar ook de status van echtgenoot van de koningin der Nederlanden was voor hem begeerlijk, want het betekende aanzien, status en geen financiële of materiële zorgen meer. Zijn kostje was gekocht. Bernhard heeft alles uit zijn huwelijk gehaald wat er voor hem inzat. Juliana was voor Bernhard niet meer dan het vehikel waarmee hij zijn doel kon bereiken.

De prins was een doorgewinterde fantast, maar hij wist ook hoe hij mensen met zijn charmante manier van optreden kon inpakken. Hij had charisma en hij begreep heel goed wat de invloed van zijn status op de buitenwereld was. Hij heeft beide hoedanigheden met succes ingezet en hij slaagde erin de positie van de onaantastbare prins-gemaal te veroveren. Bernhard hield erg veel van zijn moeder en van zichzelf. Hij wist echter de schijn te wekken dat hij alles voor Nederland over had, zichzelf wegcijferde en dat hij dag en nacht voor zijn nieuwe vaderland in de weer was. In feite stond bij hem echter altijd de BV Bernhard centraal. Alles draaide om hem.

Bernhard was populairder dan koningin Juliana, die hem haar leven lang trouw bleef en hem steeds weer de hand boven het hoofd hield, ook toen tijdens de Lockheed-affaire, midden jaren zeventig, bekend werd dat haar echtgenoot omkoopbaar was. Van zijn kant behandelde Bernhard Juliana respectloos, al merkte de buitenwereld daar nooit iets van. De prins kon doen en laten wat hij wilde, zonder dat het zijn populariteit wezenlijk aantastte.[396]

---

396   De achtergronden van Bernhard, zijn kennismaking, verloving en huwelijk met Juliana, alsook zijn verdere levensloop staan uitgebreid beschreven in Aalders, *Bernhard. Niets was wat het leek*, pp.15-81. Het boek focust op de dubieuze en beruchte affaires rond de prins. Tenzij anders wordt vermeld is deze paragraaf gebaseerd op bovengenoemde pagina's.

Bernhard heeft zijn Amerikaanse biograaf Alden Hatch uitgebreid over zijn leven verteld en daarbij zijn fantasie de vrije loop gelaten. Hij fantaseerde en loog er doelbewust op los, en zijn biograaf heeft geen enkele moeite gedaan Bernhards verhalen te checken. Die vertoning herhaalde zich in 2004, toen Bernhard zich liet interviewen door Pieter Broertjes en Jan Tromp van *de Volkskrant*. Op het eind van zijn leven wilde de prins het een en ander rechtzetten en hij deed dat op zijn eigen manier. Ook *de Volkskrant*-journalisten hebben vrijwel niets gecheckt, omdat ze Bernhard zijn eigen verhaal wilden laten vertellen. Dat was de kat op het spek binden. Zelden stonden er zoveel leugens, onzin en fantasie in een artikel samengebald.[397] *De Volkskrant* publiceerde het interview 'Bernhard spreekt' na diens overlijden.

Het was dus niet eenvoudig een partner voor Juliana te vinden. Hij moest protestant zijn en van vorstelijke komaf, maar haast nog belangrijker was dat er politiek niets op hem aan te merken viel. 'Deze laatste voorwaarde sloot het overgrote deel van de jonge Duitse prinsen uit, al degenen namelijk die de zijde van Hitler hadden gekozen.' We mogen aannemen, zo wordt gesuggereerd, dat Wilhelmina op Bernhard attent was gemaakt als uitmuntende kandidaat en dat er een 'discreet maar nauwkeurig onderzoek was ingesteld naar zijn afkomst, zijn karakter en zijn politieke opvattingen.'[398]

Tegenwoordig weten wij dat Bernhard al in 1933 tot de nazipartij van Hitler toetrad en dat Wilhelmina geen onderzoek van enige betekenis heeft laten instellen naar zijn politieke voorkeur. Vermoedelijk vond ze dat niet zo belangrijk. De eerste ontmoeting in het Oostenrijkse Igls vond plaats op initiatief van Bernhard en was allesbehalve, zoals hij zelf altijd heeft beweerd, toevallig.

Die kennismaking in februari 1936 luidde het einde in van een dan al zes jaren lang durende zoektocht naar een huwelijkspartner voor Juliana, die onderhand zesentwintig was. In dynastieke termen gedacht, begint de tijd dan behoorlijk te dringen. De match zal bankier Heldring vermoedelijk hebben verbaasd. Van Juliana's uiterlijk was hij niet onder de indruk: 'Zij mist nu eenmaal physieke bekoring, hoe eenvoudig, lief en misschien ook intelligent zij moge zijn (…).'[399]

---

397 'Bernhard spreekt', *de Volkskrant*, 14-12-2004. Het interview verscheen ook in boekvorm als *De prins spreekt*.
398 Over de pogingen om Juliana aan de man te brengen: Fasseur, *Wilhelmina: krijgshaftig in een vormeloze jas*, pp. 115-127.
399 De Vries, *Herinneringen en dagboek van Ernst Heldring*, pp. 1089-1090.

Toen Bernhard zijn aanstaande echtgenote voor het eerst ontmoette, werkte hij als 'Voluntär' (stagiair) bij een filiaal van het Duits chemiekartel IG Farben in Parijs. Zijn karige salaris bleek niet toereikend om de reis van Parijs naar Oostenrijk te bekostigen en daarom leende Bernhard geld.

Zowel Juliana als Wilhelmina viel direct voor de charme van 'Comte de Biesterfeld', wiens afkomst ze trouwens niet direct konden thuisbrengen, maar raadpleging van het Duitse adelboek *Almanach de Gotha* bracht uitkomst. Wilhelmina was er ook snel achter dat de gezondheid van de huwelijkskandidaat niet optimaal was. Vervelend natuurlijk, want zijn primaire taak was het verwekken van een troonopvolger. Verder zou Bernhard een nogal 'lichtzinnige aanleg' hebben en wat aan de oppervlakkige kant zijn. Een Duits familielid raadde een huwelijk af, ook omdat zijn moeder ('tolle Lola') niet zo'n goede reputatie had, maar uiteindelijk werden alle bezwaren terzijde geschoven en trouwde het stel op 7 januari 1937 in Den Haag.

De natie was euforisch, dankzij de positieve beschrijvingen van de nieuwe prins-gemaal. De voorloper van de RVD presenteerde een beeld van Bernhard dat op geen enkele wijze recht deed aan wat hij werkelijk was:

> 'Een sportieven jongeman die eenvoudig door het leven wenscht te gaan en wiens belangstelling vooral uitgaat naar wetenschappelijke en culturele vraagstukken. (…). Een stil en rustig, tot overpeinzing geneigd karakter, daarbij een vlot sportman, een goed ruiter, een trouwe vriend en boven alles een eenvoudige en degelijke persoonlijkheid.'[400]

Kranten en tijdschriften toonden zich lyrisch over de vangst van Wilhelmina voor haar dochter. Het Nederlandse volk kon volgens de berichten uit die tijd zijn geluk niet op. Bernhard zelf hoefde niets anders te doen dan er te zijn, een beetje te glimlachen en wat te wuiven. Het maakte allemaal niet uit dat hij uit de volstrekte anonimiteit kwam en niets anders had gepresteerd dan Juliana tot een huwelijk te verleiden waarvan hijzelf in de eerste plaats zou profiteren.

In zijn interview met Broertjes en Tromp antwoordde Bernhard op de vraag of hij uit pure liefde met Juliana was getrouwd: 'Laat ik het zo

---

400   Geciteerd uit Van der Zijl, *Bernhard. Een verborgen geschiedenis.* pp. 252-253.

zeggen: een zeker percentage liefde, een zeker percentage aangetrokken-
heid. Het was de challenge om er iets van te maken.' Toen de beide journalisten hem voorhielden dat de meeste mensen uit honderd procent
liefde trouwen, antwoordde hij: 'Dat kan best zijn, maar het was bij mij
niet honderd procent. Dat is pas later gekomen. Dat is het gekke.'[401]

En zo reeg de prins leugen aan leugen in zijn interview. Sinds de
zogenaamde Greet Hofmans-affaire in de jaren vijftig, bewoonden beiden hun eigen vleugel van paleis Soestdijk en waren er alleen de hoogst
noodzakelijke contacten, al speelden ze uiteraard in het openbaar het
elkaar toegewijde echtpaar.

Op 31 augustus 1938 werd kroonprinses Beatrix geboren. Binnen ruim
anderhalf jaar had Bernhard, tegen betaling van twee ton per jaar, zijn
belangrijkste werk er al opzitten. Zijn toelage van 200.000 gulden per
jaar had hij te danken aan prins Hendrik. De regering wenste niet
nogmaals op een wijze à la Hendrik in verlegenheid te worden gebracht
en had besloten tot een ruime jaarlijkse toelage. Het zou anders lopen.
Niet met dat geld, maar met dat in verlegenheid brengen.

Oorlog

Dat er aan het onderwijs van Juliana toch het een en ander had geschort,
bleek toen ze op 8 mei 1940 trots verklaarde dat Oranje vijf eeuwen lang
voor geen enkel gevaar was gevlucht en dat de familie dat nu evenmin
van plan was: 'Onze plaats is hier in Nederland, of er gevaar dreigt of
niet. We zullen nooit onzen post verlaten.'[402]

Gemakshalve zag ze over het hoofd dat Willem de Zwijger in 1567
met zijn gezin naar Duitsland was gevlucht uit vrees voor de Hertog van
Alva en dat stadhouder Willem V (de vader van koning Willem I) bij de
nadering van Franse troepen ook het hazenpad had gekozen en zich in
Engeland had gevestigd.

En in november 1918, toen er een (vermeende) revolutie onder leiding van Troelstra dreigde, had Juliana's grootmoeder, koningin Emma,
een paar koffers met juwelen en 40.000 gulden in contanten klaar staan,
om in geval van nood te kunnen vluchten. Overigens was dat allemaal
gebeurd buiten Wilhelmina om: Emma wilde haar dochter niet laten
schrikken.[403]

---

401   'Bernhard spreekt', *de Volkskrant*, 14-12-2004.
402   'Het Huis van Oranje verlaat zijn post nooit', in: *De Telegraaf*, 08-05-1940.
403   Fasseur, *Wilhelmina. De jonge koningin*, p. 557 en p. 559.

Op de avond van 12 mei vluchtte Juliana met Bernhard en hun twee dochters, Beatrix en Irene, naar Engeland. Op uitdrukkelijk bevel van Wilhelmina, maar zeer tegen zijn zin, vergezelde de prins-gemaal zijn gezin tijdens de overtocht. Het was nu eenmaal zijn taak 'de dynastie in veiligheid [te] brengen.'[404]

Op 14 mei 1940 drukten de dagbladen een 'Proclamatie van H.M. de Koningin' af waarin ze verklaarde dat ze naar Engeland was gevlucht om de strijd van daaruit voort te zetten: 'Herinnert U rampen uit vroeger eeuwen, waaruit Nederland is herrezen. Zoo zal het ook ditmaal gaan.' Ze besloot met: 'Leve het Vaderland.'[405] In Eenzaam maar niet alleen zet ze een heldhaftig beeld van haarzelf in de meidagen van 1940 neer:

'Had de guerrilla tegen de valschermtroepen mij niet van de aanvang af alle verbinding met het strijdende leger afgesneden, zo had ik mij naar de strijdenden aan de Grebbe kunnen begeven om het lot van de krijgsman te delen en, zoals Willem III het uitdrukte: als de laatste man te vallen in de laatste loopgraaf. Ik wist dus, dat ook dat mij niet beschoren was.'[406]

Pech dus, maar daar is ze overheen gekomen. Wilhelmina vond Engeland vanwege Duitse bombardementen niet veilig genoeg, en omdat ze zeker wilde zijn van het voortbestaan van de monarchie, stuurde ze Juliana met haar beide dochters naar Canada. Bernhard bleef in Londen achter waar hij de tijd van zijn leven had.

Het leven zonder vrouw en kinderen ging hem uitstekend af. George VI, de Britse koning, zei eens tegen hem: 'Van alle mensen die ik ken ben jij de enige die werkelijk van de oorlog heeft genoten.' Biograaf Hatch haast zich dat standpunt van de Engelse koning nader te duiden, want het klonk wat al te frivool. De koning had het niet zo letterlijk bedoeld, al zat er, zo schreef hij op gezag van prins Bernhard, wel een 'korreltje waarheid' in. Zonder de oorlog zou hij nooit de dingen hebben bereikt 'waarnaar zijn hart uitging'. Hij zou dan altijd de 'Koninklijke marionet op het toneel van mijn land' zijn gebleven. Wat hij dan voor Nederland bereikt heeft, blijft een duister mysterie, al deden (en doen) er genoeg

---

404   De Jong, Het Koninkrijk der Nederlanden in de Tweede Wereldoorlog, Deel 3, p. 281.
405   Geciteerd uit Het Vaderland, 14-05-1940.
406   Wilhelmina, Eenzaam maar niet alleen, pp. 275-276.

verhalen de ronde waarin zijn heldendaden en zijn strijd tegen Hitler en de nazi's centraal staan.

Waar ging dat hart van Bernhard zoal naar uit? Als we zijn staat van dienst tijdens de oorlog bekijken, toonde hij zich vooral geïnteresseerd in reizen, vermaak, spanning en vrouwen en dan niet noodzakelijk in die volgorde. Verder werkte hij hard aan zijn populariteit, wat hem uitstekend is afgegaan. Hij had wel allerlei officiële (ere)banen en (ere)functies in Londen - vooral dankzij koningin Wilhelmina - maar daar bracht hij weinig van terecht.[407]

Ondertussen zat Juliana met haar dochters in Ottawa, waar nog een derde meisje, Margriet, werd geboren. Bernhard heeft zich nauwelijks in Ottawa laten zien. Op haar manier was Juliana 'huisvrouw' in Canada, maar ze hield ook een reeks spreekbeurten in zalen en voor de radio in Canada en de Verenigde Staten.

Voordat Amerika zich in de oorlog stortte, heeft ze dat land regelmatig aangespoord Hitler de oorlog te verklaren. Maar de dochter van een staatshoofd in ballingschap kan weinig meer zijn dan een roepende in de woestijn. Natuurlijk vallen haar inspanningen te prijzen, maar dat wil niet zeggen dat ze enig effect hebben gehad.

Wat Juliana beviel in ballingschap, was dat ze haar hang naar 'gewoon' zijn kon uitleven. Huisvrouw onder de huisvrouwen: stof afnemen, afwassen en andere huishoudelijke bezigheden, al zou het niet verstandig zijn die verhalen al te letterlijk op te vatten.[408]

Wilhelmina had een andere 'tic'. Ze presenteerde zich graag als 'eenvoudig', als een dame die het liefst zonder poeha door het leven wilde gaan. Het is natuurlijk allereerst de vraag wat iemand als Wilhelmina onder 'eenvoudig' verstond. Vermoedelijk wist ze niet goed waar ze het over had als ze dat woord in de mond nam.

Een nichtje van haar, prinses Alice, de hertogin van Athlone, heeft de zogenaamde eenvoud en 'ik-wil-niemand-tot-last-zijn-houding' van Hare Majesteit pakkend beschreven in haar boek *For My Grandchildren*.

Tijdens een bezoek aan haar dochter en kleinkinderen in Ottawa, logeerde Wihelmina in het Government House. Toen ze het op een dag

---

407   Hatch, *Prins Bernhard*, p. 189. Zie voor Bernhards tijd in Londen: Aalders, *Bernhard. Niets was wat het leek*, pp. 101-189.

408   Withuis, *Juliana. Vorstin in een mannenwereld*, pp. 252-258. Withuis wil hier het beeld rechtzetten dat Juliana niet alleen huisvrouw was geweest, maar zich ook had ingezet voor de oorlogsinspanning. Dat stond overigens ook al in Schenk en Van Herk, *Juliana, vorstin naast de rode loper* uit 1980 (p. 133).

in haar hoofd haalde inkopen te gaan doen wilde ze - 'gewoon' als ze was - een taxi bellen. Na een eindeloze discussie, waarin ze bezwoer niemand tot last te willen zijn, accepteerde ze met veel vertoon van tegenzin de auto die de Canadese regering haar had aangeboden. Van een beveiligingsman wilde ze evenmin horen en zijn acceptatie verliep volgens een identiek patroon.

Eenmaal in de stad begon ze zich weer erg als Hare Majesteit te gedragen toen een verkeerslicht naar haar zin te lang op rood bleef staan. Ze beval de *security man* uit te stappen en even het verkeer te regelen dat 'zo slecht gemanierd was om Hare Majesteit te laten wachten'. Toen de man zei dat hij daar echt niets aan kon doen, werd ze boos en maakte ze kwetsende opmerkingen over de incompetentie van de veiligheidsdiensten. Prinses Alice kende de nukken van tante Wilhelmina maar al te goed: 'Her eccentricities were a source of constant amusement to us but a headache for the staff.'[409]

Begin augustus 1945 kwam Juliana's Canadese ballingschap ten einde en keerde ze terug naar Soestdijk. Wilhelmina was toen volstrekt vruchteloos bezig met het promoten van een sterker koningschap ten koste van het parlement. Zij dacht (en ze was ervan overtuigd dat die gedachte ook leefde bij haar onderdanen) dat een sterk Oranjebewind de oplossing was om aan het politieke geharrewar van voor de oorlog een einde te maken.

'Aan Oranje zit natuurlijk inherent vast vrijheid en dem[mocratische] beginselen; men acht deze 't best gewaarborgd door 't krachtige bewind van Oranje, omdat men anders bevreesd is voor terugkeer van den ouden toestand en de misbruiken. Langs dien weg wil men komen tot verwezenlijking van de wenschen voor een nieuwe toekomst.'[410]

Prinses Juliana moest niets hebben van haar moeders plannen, evenmin als van haar gescheld op ministers. Wat haar moeder voorstond, vond ze ondemocratisch en dat wees ze onvoorwaardelijk af.[411]

---

409   Princess Alice, *For My Grandchildren. Some Reminiscences of Her Royal Highness Princess Alice, Countess of Athlone*, p. 98 en p. 265.

410   Fasseur, *Wilhelmina: krijgshaftig in een vormeloze jas*, p. 440.

411   Fasseur, *Juliana & Bernhard*, pp. 92-93.

Een ander karakter

De inhuldiging van Juliana, maandag 6 september 1948, was één groot Oranjefeest. De monarchie was populairder dan ooit en idolate fans installeerden zich al op zondag langs de route die de Gouden Koets de volgende middag om drie uur zou afleggen. Amsterdam vloeide over van hartelijkheid en aanhankelijkheid jegens de nieuwe vorstin. Sommige kranten, zoals *Het Parool*, kwamen uit met speciale edities ter gelegenheid van de inhuldiging, die exact vijftig jaar na Wilhelmina's inauguratie plaatsvond.

En natuurlijk werd er volgens de kranten ook deze keer menige vreugdetraan geplengd. Om de oude vorstin die aftrad en om de nieuwe die aantrad. Dat Juliana haar moeder tijdens haar speech een keer aansprak met 'lieve moeder' veroorzaakte golven van emoties. Het is een normaal menselijke uitdrukking, maar in een koninklijke setting wordt zoiets alledaags en gewoons al snel abnormaal en bijzonder tegelijk.[412]

Maar voordat ze zich in haar rede tot haar 'lieve moeder' richtte, sprak Juliana de bekende woorden 'Wie ben ik dat ik dit doen mag?' Het was een verwijzing naar Exodus 3, vers 11 in het Oude Testament waarin Mozes God de vraag stelt waarom juist hij is uitverkoren het Joodse volk naar het Beloofde Land te leiden.

Als het op religiositeit aankwam, deed Juliana niet voor haar moeder onder. In haar rede smeekte ze driemaal Gods hulp af. Ze verraste Wilhelmina tijdens haar rede ook met de mededeling dat ze haar de Militaire Willemsorde Eerste Klas had toegekend voor haar leiderschap in de Tweede Wereldoorlog. Het was haar eerste regeringsdaad als koningin.

Wilhelmina's particulier secretaris Booy schreef dat er over Wilhelmina's eigen inhuldiging in 1898 maar één schaduw had gehangen, maar wel 'een heel zwarte'. Ze kon de Militaire Willemsorde alleen nog maar verlenen. 'Ik was de enige militair die verstoken was van het voorrecht de Willemsorde te kunnen verwerven.'[413] Gelukkig heeft haar dochter die gitzwarte schaduw over haar bestaan op haar levensavond alsnog weg kunnen nemen.

Wat de koloniën betrof, waren er opvallende verschillen tussen Juliana en haar moeder. Anders dan Wilhelmina, was Juliana het niet eens met de politionele acties in Indonesië die aan zoveel mensen het leven

---

412   *Trouw*, 07-09-1948, p. 5 (geheel besteed aan verslagen rond de inhuldiging). Databank Delpher geeft 313 krantenverslagen over de inhuldiging (van 07-09-1948 tot 08-09-1948).
413   Booy, *Het is stil op het Loo*, p. 36.

hebben gekost. Ze benadrukte in haar rede dat 'de volkeren van Indonesië, Suriname en de Nederlandse Antillen' recht hadden op hun onafhankelijkheid, hun vrijheid en hun zelfstandigheid.[414]

Dus niet min of meer onder de supervisie van de regering in Den Haag. Juliana had, in tegenstelling tot Wilhelmina en de regering in ballingschap, wél begrepen wat de strekking was van het Atlantisch Handvest (1941) en de *Declaration by the United Nations* (1942). Het zelfbeschikkingsrecht, waar het allemaal om draait, is nogmaals terug te vinden in het Handvest van de Verenigde Naties (Chapter 1, Article 1.2) uit 1945, dat ook door Nederland is geratificeerd.

Wilhelmina en haar opeenvolgende regeringen hadden na driemaal ondertekenen nog steeds niet echt door wat 'zelfbeschikkingsrecht' van de volken in de praktijk inhield.

Juliana was veel meer met mensen begaan dan haar moeder. Hoewel ze alle twee door hun manier van leven mijlenver van het volk afstonden - ze konden het eenvoudig niet begrijpen bij gebrek aan contact - had Juliana toch meer inzicht in wat er leefde (of wellicht zou kunnen leven) onder de bevolking. Zij vond mensen al gauw 'zielig' en wilde daar dan graag iets aan doen.

Ze was een redelijk intelligente vrouw, maar ze had haar vooroordelen, zeker op het gebied van onderwijs en defensie. Op gesprekken bereidde ze zich meestal goed voor, maar ze was meer luisteraar dan discussiant. Ze had een afkeer van atoombewapening, maar ze was geen pacifiste, al had ze wel volgens premier Piet de Jong (1967-1971) 'een zekere voorkeur voor dingen die met de vredesgedachte te maken hadden.' Ze was gekant tegen het apartheidsregime in Zuid-Afrika en ze deed menige wenkbrauw fronsen, toen bekend werd dat ze geld had gegeven aan de Wereldraad van Kerken om het racisme te bestrijden.

Ze weigerde Zuid-Afrika te bezoeken, zolang het apartheidsbeleid niet was afgeschaft. Toch zou Dries van Agt, minister van Justitie en premier van drie achtereenvolgende kabinetten (1977-1982) Juliana niet als 'links' willen typeren. De koningin had weliswaar een groot hart voor 'zielige' mensen, maar dat maakte haar in de ogen van Van Agt nog niet 'links'. Hij vond haar verward, al zo'n jaar of twintig voordat ze echt door dementie werd getroffen. Juliana kon volgens Van Agt soms behoorlijk 'sikkeneurig' en 'koppig' zijn. Als hij zijn wekelijkse overleg met haar

---

414   Voor de tekst van Juliana's inhuldigingsrede: http://www.troonredes.nl/
inhuldigingsrede-koningin-juliana-6-september-1948/.

had gehad, wist hij na afloop vaak niet waar het over was gegaan. Juliana sprong van de hak op de tak. Ze was 'chaotisch', maar hun gesprekken had hij nooit vervelend gevonden.

Toch had ze macht, vond Van Agt, doelend op haar bemoeienissen met wie wel en wie niet lid zou mogen zijn van het Koninklijk Huis. Zij was faliekant tegen iedere vorm van beperking van de leden van haar Huis (zie hieronder 'Aanpassingen'). Toch is het niet juist wat Van Agt te berde brengt over de macht van Juliana. Ze had immers niet meer macht dan Van Agt haar als premier toestond. Een premier die zwicht voor de eisen van de koning, is een zwakke premier. Hij toont zich té ontvankelijk voor de uitstraling (wat dat ook moge zijn) van het koningschap.

Minister Jaap Boersma (Sociale Zaken, 1971-1977) vond evenals Van Agt dat zijn gesprekken met Juliana niet erg nuttig waren geweest, hoewel ze gezien haar persoonlijke belangstelling (voor de zielige medemens) erg in zijn departement was geïnteresseerd. Ze haalde te veel dingen door elkaar en kwam te vaak met individuele verhalen over 'zielige mensen' op de proppen. Het was steeds een beetje chaotisch, deelde Boersma de mening van Van Agt. Ruud Lubbers, minister van Economische Zaken (1973-1977) en later premier (1982-1994), sloot zich bij die mening aan.

Op Boersma kwam Juliana niet 'bijster intelligent' over, en als het op meelevendheid aankwam, golden haar emoties in de eerste plaats het Koninklijk Huis. D66 leider Jan Terlouw bespeurde bij Juliana 'geen politiek inzicht en evenmin een poging tot inhoudelijke beïnvloeding.' Zijn opmerking gold de kabinetsformatie van 1977, de langdurigste uit de geschiedenis. De PvdA had onder premier Joop den Uyl een enorme verkiezingsoverwinning behaald, maar dat zou niet leiden tot een tweede kabinet Den Uyl, wat toch in de rede had gelegen. Alle pogingen een kabinet te vormen, gingen roemloos ten onder, totdat Van Agt er uiteindelijk in slaagde een nieuwe ministersploeg samen te stellen. Volgens Terlouw had Juliana geen vat op de situatie en begreep ze er weinig van; ze wilde alleen dat de controverses werden opgelost. Wat volstrekt logisch is, want die stonden de vorming van een kabinet in de weg. Een verdienste kan men het nauwelijks noemen.

Net als haar moeder kon Juliana slecht tegen kritiek. Ook van kritiek op het Oranjehuis wilde ze niet weten. Ze voelde zich dan niet als mens maar als een 'object' behandeld en dat ervoer ze als 'grievend'.

De zeer religieuze Juliana was boos, toen premier Den Uyl haar in 1973 de troonrede liet afsluiten zonder een bede om hulp aan de Almachtige. De meeste ministers hadden medelijden met haar. Jan Terlouw vond dat het kabinet Juliana 'als gelovige vrouw' dit niet had mogen aandoen.[415] De scheiding tussen staat en kerk is geen punt van discussie in het Nederlandse staatsbestel, maar als de koningin via een achterdeurtje het Opperwezen toch een rol toebedeelt, kan ze op sympathie en begrip rekenen. Waarom is niet duidelijk. Omdat ze de koningin was?

Binnen drie maanden na haar aantreden begon in Indonesië op 19 december 1948, onder verantwoording van het kabinet Drees, de tweede politionele actie. Onder druk van de Verenigde Naties duurde die maar kort. Militair gezien was de tweede politionele actie een succes, maar vanuit politiek oogpunt was het een ramp.

Op 29 december 1949 tekende Juliana in het paleis op de Dam de soevereiniteitsoverdracht. Een (vaak bloedige) periode van driehonderd jaar Nederlandse dominantie was afgesloten en geschiedenis geworden. De Nederlandse aanwezigheid in Indonesië onder het Huis van Oranje, heeft aan meer dan een half miljoen mensen het leven gekost.

In tegenstelling tot Wilhelmina, die vond dat in Indië 'een waarlijk groots werk' was verricht door Van Heutsz en hem als dank de door haarzelf zozeer begeerde Militaire Willemsorde gaf, was Juliana niet trots op wat er tijdens de begindagen van haar bewind was gebeurd, ook al droeg niet zij, maar premier Drees de verantwoordelijkheid.

Wilhelmina was evenmin verantwoordelijk geweest. Het verschil is hoe ze naar die militaire operaties keken. Wilhelmina met bewondering, zonder enige empathie voor de vele onschuldige slachtoffers, Juliana met een beter ontwikkeld invoelingsvermogen. Tijdens haar kerstrede 1948 bracht Juliana een groet aan *allen* in Indonesië. Ze bedoelde vriend én vijand. Het ging haar in de eerste plaats om mensen.[416]

Koning Willem I kon nog persoonlijk verantwoordelijk worden gesteld voor de doden die tijdens zijn bewind vielen; de ministeriële verantwoordelijkheid voor de koning bestond in zijn dagen nog niet. Bij zijn opvolgers lag dat anders.

Als we de balans opmaken van het aantal doden in Indonesië, zowel militairen als burgers, ten gevolge van de Nederlandse koloniale oorlogen sinds de stichting van het Koninkrijk in 1813, dan komen we uit op de volgende (zeer ruwe) schatting:

---

415 Withuis, *Juliana. Vorstin in een mannenwereld*, pp. 630-638 en p. 655.

416 Schenk en Van Herk, *Juliana, vorstin naast de rode loper*, p. 182.

Java-oorlog (1825-1830) tijdens het bewind van Willem I: 200.000
Derde Bali-expeditie (1849) tijdens het bewind van Willem III: 10.000
Atjeh-oorlog (vanaf 1873) tijdens het bewind van Willem III: 70.000
Lombok-expeditie (1894) tijdens het bewind van regentes Emma 3.000
Onafhankelijkheids- en burgeroorlogen (1945-1949) tijdens
het bewind van Wilhelmina en Juliana (1948-1949)   300.000

Piet Hagen, die deze cijfers heeft samengesteld, geeft toe dat de cijfers bij benadering zijn. Een probleem is onder meer dat militaire en burgerslachtoffers moeilijk uit elkaar te houden zijn. Er zijn duizenden kampongs platgebrand, maar wie kan zeggen of de omgekomen Indonesiërs burgers of strijders waren?

Op basis van alle gegevens die Hagen voor zijn vuistdikke *Koloniale Oorlogen in Indonesië* heeft verzameld, vindt hij het aannemelijk dat er drie à vier miljoen slachtoffers zijn gevallen als gevolg van koloniaal oorlogsgeweld en daaruit voortvloeiende ontberingen. Een onevenredig hoog aantal kwam om tijdens de Japanse bezetting.

De schade aan de Indonesische economie (platgebrande kampongs, kapot gebombardeerde steden, vernielde olie-installaties en gederfde inkomsten uit handel, industrie, landbouw, scheepvaart enzovoort) valt niet na te gaan. Zelfs niet bij benadering. De oorlogen waren kostbare operaties, maar ze werden waar mogelijk op de inheemse bevolking verhaald. De mensen in de Indische archipel hebben voor hun eigen onderwerping betaald.[417]

Of Juliana Willy Lages, een beruchte oorlogsmisdadiger die ter dood was veroordeeld, 'zielig' vond, weten we niet, maar zeker is wel dat ze tegen de doodstraf was. Lages had onder Wilhelmina geen schijn van kans gemaakt op gratie, maar bij Juliana was de Duitse oorlogsmisdadiger aan het goede adres.

Het kabinet Drees had zich uitgesproken voor voltrekking van het doodvonnis aan Lages, maar Juliana traineerde het kabinetsbesluit door het in de la te laten liggen. Drees maakte Juliana in lange gesprekken duidelijk dat bij gratie van Lages niet alleen de minister van Justitie, maar het gehele kabinet zou moeten aftreden. De beslissing tot uitvoering van het vonnis was een besluit van het hele kabinet geweest.

Het volk zou gratieverlening niet begrijpen, hield Drees haar voor, aangezien hun gesprekken niet naar buiten mochten komen vanwege

---

417   Hagen, *Koloniale oorlogen in Indonesië*, pp. 824-826.

de eenheid van de kroon of - zoals het ten tijde van Juliana ook wel heette - 'het geheim van Soestdijk'. Gesprekken tussen de koningin en haar ministers moeten geheim blijven. Dus, zei Drees, stond hij met zijn mond vol tanden. Juliana kwam toen met haar eigen oplossing: ze zou zelf aftreden.

Of ze dat werkelijk meende, is zeer de vraag. Daarvoor was ze te graag koningin. De zogenaamde Greet Hofmans-crisis speelde toen al op de achtergrond (zie hieronder de paragraaf 'Huwelijkscrisis') en haar aftreden zou hebben betekend dat prins Bernhard vier jaar lang als voogd van zijn dochter feitelijk staatshoofd zou zijn. Beatrix was pas veertien en zou, als Juliana abdiceerde, op haar achttiende verjaardag als koningin aantreden. Bernhard was in 1948 tot voogd benoemd voor het geval een dergelijke eventualiteit zich mocht voordoen.

Premier Drees voelde niets voor een situatie met een minderjarige koningin en twee ex-koninginnen, omdat het niet aan de bevolking viel uit te leggen vanwege het 'geheim van Soestdijk'. Juliana dreigde waarschijnlijk met aftreden om Drees onder druk te zetten.

Haar verhouding met Bernhard was toen al slecht. Niet alleen vanwege zijn vele buitenechtelijke avonturen, die hij niet eens probeerde te verbloemen, want hij nam zijn toenmalige minnares Lady Ann Orr-Lewis, die hij in de oorlog in Londen had opgedaan, doodgemoedereerd mee op gezinsvakanties. Daar kwam bij dat Bernhard een rasechte koude oorlogshavik was. Dat zat haar ook niet lekker; zij dacht precies het tegenovergestelde als haar echtgenoot. Het idee dat Bernhard haar zou vervangen tot Beatrix' achttiende verjaardag moet voor Juliana onverdraaglijk zijn geweest.

De kabinetsformatie van 1952 bracht de oplossing. Minister van Justitie L.A. Donker was bereid een gratieverzoek voor Lages in te dienen, dat zij dan kon ondertekenen. Om het enigszins begrijpelijk te maken voor het Nederlandse volk, liet het kabinet in weerwil van het 'geheim van Soestdijk' uitlekken dat Juliana principieel tegenstander van de doodstraf was. Er bestond daardoor geen kans dat het doodvonnis van Lages door haar zou worden getekend.

Het was een van de keren dat ze zich als staatshoofd onverzettelijk toonde, op haar strepen ging staan en zo een politieke crisis riskeerde.

Het overgrote deel van de bevolking vond dat Lages de kogel moest krijgen. Zo kort na de oorlog maakten weinig mensen bezwaar tegen doodvonnissen van oorlogsmisdadigers. De pers was in de tijd nog zo gezags- en Oranjegetrouw dat ze geen vragen stelde over de achttien doodvonnissen die Juliana wél had getekend sinds haar aantreden in 1948.[418]

In datzelfde jaar 1952 speelde nog een kwestie die het huwelijk van Juliana en Bernhard verder op scherp zette. Juliana, de zachtmoedige koningin die zich inspande voor de vrede en die tegen atoombewapening was, had een echtgenoot die zich als een havik in de toen woedende Koude Oorlog opstelde.

Niet dat prins Bernhard macht had, maar invloed had hij wel degelijk. Hij was bovendien zo populair dat hij zijn invloed aanwendde om zijn zin door te drijven. Ook bij ministers. Zijn veelbesproken 'handelsmissies' (zie hieronder) naar Midden- en Zuid-Amerika zijn daarvan voorbeelden.

In militair opzicht ontpopte Juliana zich als de tegenpool van haar moeder, die alles adoreerde wat met de krijgsmacht te maken had en zich nooit had geïnteresseerd voor wereldvrede. We herinneren ons haar houding ten opzichte van de vredesconferenties in Den Haag.

Op 3 april 1952 zou Juliana tijdens een staatsbezoek aan de Verenigde Staten het Amerikaanse Congres in Washington toespreken. Het kabinet was meer dan verontrust over de tekst die ze had voorgelegd. Op het heetst van de Koude Oorlog wilde Juliana het hebben over vreedzame co-existentie, ontwapening, broederschap en wereldvrede. Alle nietszeggende hoffelijkheden meed ze in haar speech. Het was duidelijk waarvoor ze stond en dat nu was juist niet de bedoeling van de verantwoordelijke ministers, die het inderdaad liever bij een reeks hoffelijkheden en platitudes hadden gehouden.

Juliana kreeg na haar speech in het Congres een warm applaus, maar dat zegt niets over de werkelijke ontvangst van haar voordracht bij een publiek waarvan vaststaat dat zijn mening diametraal tegenover die van haar stond. Juliana begreep zelf ook wel dat ze niet werd gezien als iemand met een boodschap - en dat irriteerde haar - maar als een vleesgeworden folkloristische attractie uit Europa.[419]

Juliana heeft hard voor haar rede moeten knokken. Minister-president Drees was tegen en de minister van Buitenlandse Zaken D. U. Stikker

---

418   Schenk en Van Herk, *Juliana, vorstin naast de rode loper*, pp. 213-214.
419   Schenk en Van Herk, *Juliana, vorstin naast de rode loper*, pp. 191-195 en *The New York Times*, 'Juliana urges closer ties among nations to get peace. Dutch Queen , addressing Congress, calls for World Cooperation, even at cost of sacifices involving sovereignty', 04-04-1952.

moest er evenmin iets van hebben. Het hele kabinet trouwens vond haar speech niets.

Maar omdat de koningin nu eenmaal de koningin is, durfde niemand echt op zijn strepen te gaan staan. Temeer omdat ze gedreigd had met aftreden waarmee ze een constitutionele crisis zou veroorzaken die bij de volgende verkiezingen nare electorale gevolgen kon hebben voor de partij van de minister-president. Hij immers zou worden gezien als de boeman die vervelend deed tegen de koningin, en daarvan moet het electoraat niets hebben, wat zich dan zou uiten in het stemmen op een andere partij. Gewoon uit aanhankelijkheid voor de geliefde Oranjevorstin.

Prins Bernhard bemoeide zich er ook mee als koude oorlogshavik en dreigde haar niet te vergezellen tijdens het staatsbezoek wanneer ze weigerde bepaalde tekstdelen te schrappen, aangezien 'ik niet in deze maelstroom van hoogdravende onzin mede betrokken wens te worden.' Hij vreesde duidelijk de reacties van zijn vrienden en collega-haviken.

Stikker, Drees en Juliana hebben een hoogst onaangenaam gesprek over de kwestie gevoerd. Juliana had toen gezegd, hoewel ze volgens Drees in het algemeen op plezierige wijze met haar ministers overlegde, dat ze niet bereid was redevoeringen te geven in 'de trant van: Het bier is weer best.' Dat was een uithaal naar minister Stikker als oud-directeur van de Heineken bierbrouwerij.

Stikker sloeg terug met de opmerking dat hij haar redevoeringen slecht vond. Wat vond Drees eigenlijk? informeerde Juliana bij de minister-president. Drees wist er niet goed raad mee en zei dat er ongelukken van kwamen als ze zo zouden doorgaan met bekvechten. Hij zag al een ministeriële crisis aan de einder. Juliana zou uiteindelijk grotendeels haar zin krijgen, maar Stikker bleef tegen, hoewel hij zich heeft neergelegd bij de meerderheid van de ministerraad.

Hij vond dat Juliana haar boekje te buiten ging. Ze handelde niet conform de Grondwet en ze stelde zich boven de ministeriële verantwoordelijkheid. Volgens minister Stikker beschouwde Juliana het als haar *roeping* de speeches (er waren er meer dan die ene voor het Congres) te geven.

Juliana had alles uit de kast gehaald - daarin leek ze wel weer op haar moeder - om haar zin door te drijven. Ze had gedreigd niet te gaan, 'of niet te spreken' en wat haar betrof mochten ze haar een ziekmakende injectie toedienen, zodat ze niet in staat zou zijn om überhaupt te spreken.

Een van de grootste bezwaren tegen de voordracht van Juliana was dat haar tekst veel te persoonlijk was en niet de mening weergaf van de meerderheid van het Nederlandse volk, waarvoor ze tenslotte symbool zou staan.

De kwestie had tot verbazing van de ministers een gelukkige afloop. In een brief schreef Stikker zelfs dat het bezoek, hoewel enerverend, een groot succes was geweest:

'Natuurlijk zijn wij allen tamelijk vermoeid, met één uitzondering en dat is de Koningin zelf. De omgeving heeft weinig kunnen doen; de Koningin volgde bijna steeds haar eigen mening en je zult misschien ook wel van Starkenborgh gehoord hebben dat de functie van hoveling ons geen van allen bijzonder gemakkelijk of bijzonder prettig is gevallen. Alle redevoeringen zijn nu achter de rug en moeilijkheden zijn er, behalve dan intern, niet door ontstaan. In tegendeel, verschillende redevoeringen worden herhaaldelijk nog gequoteerd...[O]ok bij deze redevoeringen (bij het aanhoren waarvan ik dikwijls het gevoel had dat iedereen pijnlijk getroffen moest worden door de onbegrijpelijke vaagheden) is weer gebleken dat de mistiek, die om het Koningschap zweeft en de charme van de voordracht oppervlakkigheden tot diepe wijsheden maken en de onbevangen toehoorder dikwijls een lach van gelukzaligheid op het gezicht toveren.'[420]

Marie Anne Tellegen, directeur van het kabinet van de koning, sprak van een 'krankzinnige reis'. De Amerikanen zagen niet, als bij Wilhelmina, een hooghartige, formele koningin, maar juist het tegenovergestelde. Juliana vond alles 'dol' en 'amusant en aardig'. Het succes van haar reis had ze volledig aan haar persoonlijkheid te danken. Met haar speeches had het niets te maken.[421]

Dat alles doet sterk denken aan de film *Being There* (1978) met Peter Sellers in de hoofdrol als de simpele tuinman Chance. Door een aantal

---

420   Daalder, *Drees en Soestdijk*, pp. 40-51 over het bezoek van Juliana aan de VS. Citaat Stikker op p. 50. Zie voor een aanvullend verslag, Weenink, *Vrouw achter de troon. Marie Anne Tellegen 1893-1976*, pp. 283-294.

421   Weenink, *Vrouw achter de troon. Marie Anne Tellegen 1893-1976*, p. 287.

komische misverstanden gaat zijn omgeving hem zien als een filosoof met diepe inzichten in economie, politiek en zakenleven. In werkelijkheid babbelt de eenvoudige Chance over zijn werk als tuinman, maar omdat men in hem een diepe denker wil zien, is letterlijk alles wat hij zegt inspirerend, groots en bijzonder. Chance met zijn diepe inzichten, vonden velen, zou president moet worden.

Het waanidee over Chance neemt zulke groteske vormen aan dat men hem op een gegeven moment zelfs over water ziet lopen, als ware hij Jezus. Wie weet hebben de scenarioschrijvers van *Being There* zich laten inspireren door de reacties op de speech van de koningin in het Congres.

De ministers waren natuurlijk blij dat het goed was afgelopen, al waren ze stomverbaasd over de positieve reacties. Ze vonden die zelfs gevaarlijk, want het zou Juliana alleen maar sterken in haar opvatting dat ze een missie uitdroeg die aansloeg. De kans bestond dat ze zich voortaan steeds onafhankelijker van de ministers zou opstellen, wat in strijd zou zijn met de constitutie.

Bernhard had zijn mening herzien over de speech van zijn vrouw, al zal het uitsluitend voor de Bühne zijn geweest. Tegenover de Amerikaanse ambassadeur in Finland had hij 'trots glimlachend verteld dat ze alle woorden persoonlijk had geschreven.'[422] Dat belette hem overigens niet diezelfde speech af te kraken als dat in zijn kraam te pas kwam.[423]

Withuis merkt in haar Julianabiografie op dat Bernhard voor Juliana's doen en laten nauwelijks interesse toonde, 'behalve als er iets te bekritiseren viel of haar lezingen zijn zakelijke belangen in gevaar konden brengen.'[424]

Net als Wilhelmina was Juliana diep religieus. Op Het Oude Loo, een oud jachtslot vlakbij paleis Het Loo bij Apeldoorn, vonden tussen 1951 en 1957 zeventien religieuze bijeenkomsten plaats, met gemiddeld honderdtwintig deelnemers per keer. Greet Hofmans was een van de deelnemers, maar ze speelde nauwelijks een rol omdat ze geen Engels sprak, de voertaal op de bijeenkomsten. De deelnemers bezonnen zich tijdens de conferentie, die omstreeks een week duurde, op 'hogere godsdienstige waarden'. Vager kan bijna niet.

---

422 Daalder, *Drees en Soestdijk*, p. 51.
423 Weenink, *Vrouw achter de troon. Marie Anne Tellegen 1893-1976*, p. 51.
424 Withuis, *Juliana. Vorstin in een mannenwereld*, p. 453.

Wilhelmina en Juliana namen regelmatig deel aan de bijeenkomsten, die bij Juliana de motor zijn geweest achter haar missiedrang, zoals ze die in het Congres tentoonspreidde. Het kabinet maakte zich zorgen over de conferenties. De ideeën die er werden verkondigd, stonden haaks op die van de toen alom heersende Koude Oorlog-ideologie.

Wat centraal stond, was het enorme vertrouwen in God. Juliana liet zich, net als haar moeder, leiden door de gedachte dat ze Gods wil uitvoerde en dat ze goed contact met de Almachtige had. Maar er waren ook grote verschillen tussen moeder en dochter.

Juliana was vol van samenwerking, broederschap, naastenliefde en co-existentie, terwijl Wilhelmina (altijd al) een tegenovergestelde visie had gehad.

Het vermoeden lijkt gerechtvaardigd dat beiden de bijeenkomsten hebben bezocht *omdat* ze al diep religieus waren en zich er in gezelschap van gelijkgestemden thuis konden voelen; niet dat ze er nieuwe religieuze inspiratie of ideeën hebben opgedaan. Vaak was niet eens te volgen wat de sprekers eigenlijk bedoelden, zo warrig en ondoorgrondelijk waren hun voordrachten. Gods wegen zijn volgens de Schrift ondoorgrondelijk, en dat waren de voordrachten van de deelnemers van Het Oude Loo evenzeer.

Net als Juliana, was Wilhelmina zeer onder de indruk van Greet Hofmans, de gebedsgenezeres die door prins Bernhard op Soestdijk was geïntroduceerd en die hij later ervan heeft beschuldigd de oorzaak te zijn geweest van zijn slechte huwelijk. Hofmans bezocht de bijeenkomsten maar aangezien ze geen Engels sprak, was haar inbreng zo ongeveer nul. Moeder en dochter waren vooral diep onder de indruk van de band die Hofmans met de Heer zei te onderhouden.[425]

Huwelijkscrisis

Prinses Marijke (ze liet zich later Christina noemen) had een slecht gezichtsvermogen, doordat Juliana tijdens haar zwangerschap rode hond had opgelopen, wat (gedeeltelijke) blindheid kan veroorzaken. Ze voelde zich daarover schuldig ten opzichte van haar dochter. Hofmans kwam in beeld, omdat de reguliere medische wetenschap niets voor de kleine prinses kon doen. Bernhard introduceerde de gebedsgenezeres

---

425 Zie voor de bijeenkomsten op Het Oude Loo: Van Bree, *De geest van het Oude Loo*. Voor Juliana's religieuze overtuiging ook: Daalder, *Drees en Soestdijk*, pp. 31-32.

op Soestdijk, nadat een vriend hem op de wonderbaarlijke eigenschappen van Greet Hofmans als genezeres opmerkzaam had gemaakt.

Over de zaak Hofmans is veel geschreven.[426] Bernhard heeft het verhaal de wereld ingebracht dat Greet Hofmans de oorzaak van zijn belabberde huwelijk was. Ze zou zich als een Raspoetin hebben gedragen en haar pacifistische ideeën aan Juliana hebben opgedrongen. Ze had volgens de prins te veel (vooral politieke) invloed gekregen op Juliana en zou daarom van het hof moeten verdwijnen. Bernhard schoof dus Hofmans de oorzaak van de crisis tussen hem en Juliana in de schoenen, terwijl hij met zijn gedrag en zijn vreemdgaan zelf de hoofdschuldige van het kapotte huwelijk was.

Bernhard had natuurlijk een reden voor zijn beschuldigingen. Juliana overwoog zich van hem te laten scheiden. Voor Bernhard was dat desastreus. Niet omdat hij van haar hield, maar omdat zijn huwelijk met het Nederlandse staatshoofd het fundament was waarop zijn eigen populariteit, aanzien en invloed steunden. Dat alles dreigde verloren te gaan, als Juliana haar scheidingsplannen zou doorzetten.

Zijn inspecteur-generaalschappen van de drie krijgsmachtonderdelen zou hij moeten inleveren, en waarschijnlijk had hij zijn riante jaarlijkse uitkering evenmin kunnen houden. Hij had een nieuw onderkomen voor zichzelf moet zoeken, en hij zou niet meer in staat zijn geweest zijn moeder, die hij aanbad - en die op zijn kosten op grote voet leefde -, financieel te onderhouden. Commissariaten, erebaantjes, erefuncties en ga zo maar door, alles zou hij bij een scheiding hebben verloren.

Zijn internationale netwerk (waaronder de jaarlijkse Bilderbergconferentie) zou hij ook kwijt zijn geraakt, want een gescheiden prins-gemaal van een regerende vorstin was voor niemand interessant. Bernhard - hoe vreselijk hij het ook vond - was 'de man van', want Juliana was immers de basis van zijn status. Bernhard uitnodigen na een scheiding zou gelijk staan aan het schofferen van de koningin en het kabinet. Scheiden werd in de jaren vijftig als een schande beschouwd, wat ook de reden is geweest dat de zaak uiteindelijk werd gesust en dat de beide echtelieden, gescheiden van tafel en bed, ieder hun vleugel van paleis Soestdijk betrokken.

---

426   Zie bijvoorbeeld: Daalder, *Drees en Soestdijk*, Giebels, *De Greet Hofmans-affaire* en Fasseur, *Juliana en Bernhard*. Zie ook Aalders, *Niets was wat het leek*, pp. 298-310. Tenzij anders vermeld, of wanneer een nadere, expliciete aanduiding wenselijk was, is deze Hofmans-paragraaf ontleend aan de hierboven vermelde literatuur.

Hofmans had in de praktijk wél voor een tweedeling op het paleis gezorgd: enerzijds de aanhangers van Juliana en anderzijds de supporters van prins Bernhard.

De Julianagroep werd neergezet als een groepje van de werkelijkheid losgezongen dwepers die met het pacifisme heulden. De Bernhard-aanhang daarentegen beschouwde zichzelf als realisten, zwaar anticommunistisch (zoals het hoorde) én gezegend met een superieure kijk op de politieke situatie in de wereld.

Bernhard was zelf, zoals gezegd, de hoofdverantwoordelijke voor de crisis tussen hem en Juliana. Hij had buitenechtelijke verhoudingen bij de vleet en was maar zelden op Soestdijk; zijn opgroeiende dochters zag hij weinig. Juliana stond er in alles vrijwel alleen voor. Ze voelde zich eenzaam en vernederd en was blij een luisterend oor te hebben gevonden bij Greet Hofmans. Niet wat betreft staatszaken, want daar had Hofmans geen belangstelling voor, al suggereerde Bernhard dat zijn vrouw naar de pijpen van de gebedsgenezeres danste.

Bernhard voerde een show op, om zijn eigen bevoorrechte manier van leven te redden. Zo schreef hij Juliana een brief waarin hij een appel op haar doet als staatshoofd, moeder en echtgenote. Word weer de oude Lula schreef hij haar op 18 september 1956: 'Wij willen de echte oude Lula terug.'[427]

Bernhards 'Lieve Lulabrief' staat in schril contrast met Bernhards 'waanzinnige gedachte', zoals minister-president Drees de ministerraad op 26 oktober 1956 vertelde, 'dat de rechter de Koningin uit de ouderlijke macht zou moeten ontzetten.'[428] De ministers hebben uitgebreid gesproken over de (geestes-)ziekte waaraan de koningin zou kunnen lijden. Ze zou dan volgens artikel 35 van de Grondwet onvermijdelijk 'buiten staat' moeten worden gesteld. Niet meer in staat te regeren. Als je je kinderen niet kunt opvoeden, kun je ook geen staat besturen.

Drees voelde niets voor Bernhards idee. Hij vreesde een conflict met Bernhard en ook met Wilhelmina, die zich ongetwijfeld achter haar

---

427   Voor de 'lieve Lulabrief': Fasseur, *Juliana & Bernhard*, pp. 367-369.
428   Nationaal Archief, Den Haag, 2.03.01, Inventaris van de archieven van de Ministeries Voor Algemeene Oorlogvoering van het Koninkrijk (AOK) en van Algemene Zaken (AZ): Kabinet van de Minister-President (KMP), (1924) 1942-1979 (1989), inv. nr 11170, 'De Kwestie Soestdijk', 26-10-1956. In de aantekening van 9 november 1956 staat dat de prins ondertussen wat milder was geworden: hij stond toen namelijk niet meer op het standpunt dat 'voor 15 november de koningin een en ander moest doen daar hij anders een ontzetting van de koningin uit de ouderlijke macht bij de rechter zou indienen. Hij was nu ook weer in correspondentie met de Koningin.'

Prins Bernhard in 1956

dochter zou opstellen. Van Bernhard moest Wilhelmina al sinds hun terugkeer uit Londen niets meer hebben. Er is in de ministerraad nog voorgesteld de beide echtelieden 'geografisch' te scheiden (door Bernhard 'ziek' te verklaren en hem ergens anders onder te brengen), maar volgens Drees was dat geen optie, omdat Bernhard zich op het standpunt had gesteld dat hij zijn dochters wilde beschermen.

> Huwelijkscrisis lag niet aan Greet Hofmans, maar aan Bernhards voortdurende vreemdgaan.

Met al deze bespiegelingen van de ministerraad in het achterhoofd, lijkt het niet uitgesloten dat Bernhard inderdaad met de gedachte heeft gespeeld Juliana in de psychiatrische kliniek St. Ursula (bij Wassenaar) op te laten nemen. Het is een hardnekkig verhaal dat Bernhard in *de Volkskrant* 'totale kolder' heeft genoemd: 'Het is nooit bij me opgekomen dat mijn vrouw niet goed bij haar hoofd zou zijn.'[429] Zijn plan om zijn echtgenote uit de ouderlijke macht te zetten, doet anders vermoeden.

Drees heeft uiteindelijk besloten het probleem als een huwelijkskwestie te behandelen en benoemde 'drie wijze mannen' om samen met Juliana en Bernhard hun huwelijkscrisis op te lossen. Want dat was het in de kern. Een huwelijkscrisis, door Bernhard omgedoopt tot 'Hofmans-crisis', om zichzelf wit te wassen.

Bernhard won. In het geheim had hij de crisis naar de pers laten lekken, zodat het kabinet zich gedwongen voelde in te grijpen. Hij was ervan overtuigd dat de oplossing van zijn problemen in de publiciteit lag. Dat Drees geen constitutionele crisis wilde, was evident. Stilhouden was de boodschap en dat was nu precies wat Bernhard wilde voorkomen. Hij wilde een oplossing die hem de voortzetting van zijn jetsetbestaan garandeerde. Hij positioneerde zich als slachtoffer van Hofmans en won.

Op 13 juni 1956 publiceerde het Duitse weekblad *Der Spiegel* Bernhards verhaal over de desastreuze invloed van Hofmans op Juliana. Dat Bernhard de bron van het verhaal was, wist niemand. Ook niet de Commissie van Drie ('wijze mannen') die Drees had aangesteld om de crisis op te lossen. De minister-president had de hoofdredacteuren van de Nederlandse kranten met klem verzocht geen letter over de moeilijkheden op Soestdijk te publiceren.

Behalve *de Waarheid* (communistisch) gaven alle kranten gehoor aan zijn zelfcensuuroproep. De bevolking deed daarom het stuk in *Der Spiegel,* waarvan men uiteraard bij geruchte had gehoord, af als roddel van de buitenlandse pers. De Commissie van Drie (en dus ook het kabinet) is er nooit achter gekomen dat Bernhard de kwestie heeft gemanipuleerd en naar zijn hand gezet.

De aankondiging van de wijze-mannen-commissie kwam voor de bevolking uit de lucht vallen. Er was immers steeds beweerd dat er niets aan de hand was; de buitenlandse pers die er wel over had geschreven, was afgedaan als een stelletje notoire sensatiezoekers. In de Nederlandse pers bleef het ook na de aankondiging van de drie wijzen doodstil. Enige behoefte zich meer in de zaak te verdiepen, bestond er kennelijk niet. Uit misplaatste eerbied voor Oranje? Of omdat het volgens de Oranje-

---

429 'Bernhard spreekt', in: *de Volkskrant*, 14-12-2004.

fiele pers al vaststond dat er niets aan de hand was, gezien de tekst van een gezamenlijk perscommuniqué van Bernhard en Juliana:

'De wijze waarop men in den vreemde het toelaatbaar heeft geoordeeld in het openbaar ons gezinsleven en de verhoudingen in onze naaste omgeving te belichten, heeft ons beiden teleurgesteld en gegriefd.

Wij achten een onderzoek naar de omstandigheden die hiertoe hebben geleid, gewenst.'[430]

Nederland, inclusief de pers, kon dus weer rustig gaan slapen. De perfide roddelaars zouden ongetwijfeld in de kraag worden gevat door de drie wijze mannen. De volgzame Nederlandse pers kwam in het buitenland bekend te staan als een stelletje halvegaren die je alles kon wijsmaken.[431] De gedachte achter het gemanipuleer van de prins was dat openbaarmaking de regering zou dwingen tot ingrijpen. Een echtscheiding, hoewel wettelijk niet onmogelijk, was in de praktijk uitgesloten. Met openbaarmaking van de echtelijke sores op Soestdijk kon Bernhard zijn positie veilig stellen. Dat was voor hem het enige wat telde. Zijn leven, gevuld met reizen, jachtpartijen, vrouwen, buitenlandse bezoeken, voorzitter- en inspecteur-generaalschappen, zou hij als voorheen kunnen voortzetten. Over zijn lekken naar de buitenlandse pers zei Bernhard in *de Volkskrant*:

'Het is de hemel geweest die voor de publiciteit heeft gezorgd. (…) Ik had vrienden in de krantenwereld die uit vriendschap voor mij het verhaal over de affaire hebben laten lekken.'[432]

Maar hij was wel zelf degene geweest, die het verhaal ter publicatie had aangeboden. Hij had, zo beweerde hij tegen de beide journalisten, niet anders gekund: 'Luister, ik heb geïncasseerd, geïncasseerd en geïncasseerd. Op een gegeven moment was de maat vol.'[433]

Bernhard kon tevreden zijn over zijn gekonkel: de basis van zijn bestaan bleef onaangetast. Hofmans werd de toegang tot Soestdijk ontzegd en hij en zijn vrouw leefden voortaan van elkaar gescheiden in ieder hun eigen vleugel van paleis Soestdijk.

---

430   Geciteerd uit Hofland, *Tegels lichten*, p. 120.
431   Hofland, *Tegels lichten*, p. 127.
432   'Bernhard spreekt', *de Volkskrant*, 14-12-2004.
433   'Bernhard spreekt', *de Volkskrant*, 14-12-2004.

Het gegronde vermoeden bestaat dat Juliana dit allemaal aan het hart ging, maar dat Bernhard het op zijn beurt uitstekend vond. Gewoon in het kader van de *challenge* zoals hij zijn huwelijk in hetzelfde interview met *de Volkskrant* had genoemd. Zijn geliefde 'handelsmissies' naar het buitenland konden nu ook gewoon doorgaan. Bernhard ging graag de grens over, omdat daar veel meer te beleven viel dan in het rustige Gooi.[434]

In het boek *Juliana, vorstin naast de rode loper* van Magdaleen van Herk en M.G. Schenk, dat bijna een kwart eeuw na de zogenaamde Hofmans-affaire verscheen, kwam de cruciale rol van Bernhard bij de publicatie in *Der Spiegel* voor het eerst naar buiten. Schenk had het onder de pet willen houden, maar Van Herk vond dat dat niet langer kon. De Nederlandse media lieten de onthulling (1980) links liggen.

Voor prins Bernhard echter was het reden om Pierre Vinken, president-directeur van uitgeverij Elsevier en Bernhards medecommissaris in een aantal ondernemingen, te bevelen het boek uit de handel te nemen.

Toen dat niet ging (het boek was al binnen enkele dagen uitverkocht), verbood Bernhard de tweede druk, die al op de persen lag, uit te brengen. Vinken, de latere voorman van de republikeinen in Nederland, gaf toe.

Wat betreft censuur was prins Bernhard een goede leerling van zijn schoonmoeder.[435]

Wilhelmina kreeg het namelijk voor elkaar om *For my Grandchildren* van haar nicht Alice uit de handel te laten nemen en de import in Nederland te verbieden. Ze voelde zich beledigd door een paar observaties van prinses Alice ten opzichte van haar. Zo zat de scene in Canada, waar ze de securityman opdracht gaf het verkeerslicht voor haar op groen te zetten, haar niet lekker.[436]

Tot slot van deze paragraaf een opmerking: 'Greet Hofmans-affaire' is een apert onjuiste benaming voor wat een door Bernhard veroorzaakte

---

434   Voor een uitgebreid verslag van zijn 'handelsmissies': Aalders, *Niets was wat het leek*, pp. 256-280.

435   Van Herk kreeg de mededeling dat de persen moesten stopgezet, pal na het uitkomen van het gewraakte boek, via Van Schaik en Teus Verwey, directie 'De Boekerij', imprint van uitgeverij Elsevier. Voor de onthulling: cf. Schenk en Van Herk, *Juliana, vorstin naast de rode loper*, pp. 216-217.

436   Informatie van Magdaleen van Herk. Mevrouw Van Herk beheert het archief van Dra. M.G. Schenk zolang zij werkt aan haar nieuwe biografie van koningin Juliana.

huwelijkscrisis was. 'Juliana-Bernhard-affaire' of 'Juliana-Bernhard huwelijkscrisis' zou een betere omschrijving zijn.[437]

'Handelsmissies' van prins Bernhard

Alden Hatch, Bernhards biograaf, schreef op gezag van de prins dat het initiatief voor de vele reizen ('handelsmissies') die hij had gemaakt, van de regering was uitgegaan.[438] Maar zo was het niet; Bernhard zelf kwam al in 1948 met een voorstel voor een goodwillbezoek aan Noord- en Zuid-Amerika op de proppen. 'Enkele diners, ontvangsten, speeches etc.' zouden de betrekkingen met de landen aldaar kunnen verbeteren.[439]

Bernhard verveelde zich na de oorlog te pletter op Soestdijk en wilde weer actie; de wijde wereld in. Soestdijk was té benauwd voor een man die zichzelf als kosmopoliet beschouwde. Als Bernhard op reis wilde, liet hij dat aan het ministerie van Buitenlandse Zaken weten, zodat ambtenaren alles voor hem in orde konden maken: hotels, trips, speeches, bezoeken, recepties, diners, lunches, vervoer en ga zo maar door.

Bernhard gaf zelf aan welk land hij wilde bezoeken en wanneer hij dat wilde, maar het kwam ook voor dat hij zich liet uitnodigen.[440]

De verslagen van Bernhards reizen hebben gemeen dat ze allemaal op juichende toon, en (op een uitzondering na) volstrekt kritiekloos zijn geschreven. Dat geldt voor zowel de pers als de ambassadeverslagen voor Den Haag. Bernhard is een god die reist tot meerdere eer en glorie van het vaderland en het Nederlandse bedrijfsleven.

De regering besefte drommels goed dat ze de peperdure reizen van de prins als buitengewoon nuttig aan het Nederlandse publiek moest verkopen. Zeker als het om een land ging waarvan het economisch nut voor Nederland hoogst discutabel was. Het was een schrale tijd zo kort na de oorlog.

Bernhards reizen, zo wil de mythe, zouden hebben geleid tot inten-

---

437 Aalders, *Niets was wat het leek*, pp. 298-310.

438 Hatch, *Prins Bernhard*, p. 231.

439 Van Wijnen, *De Prins-Gemaal*, p. 138. Maar volgens een brief van Bernhard aan de minister van Buitenlandse Zaken (12 februari 1948) was dat enkele jaren eerder: Nationaal Archief, Den Haag, 2.05.117, archieven ministerie van Buitenlandse Zaken, 1945-1954, inv. nr. 2346.

440 Ministerie van Buitenlandse Zaken, CODE 2. 1955-1964, 272 Reizen, Chili, Paraquai, februari 1959, Brief Particulier Secretaris Bernhard aan de minister van Buitenlandse Zaken, 03-09-1958 en Nationaal Archief, Den Haag, 2.05.117 Ministerie van Buitenlandse Zaken: Code-archief 1945-1954, inv. nr. 24353, Reizen van Zijne Koninklijke Hoogheid Prins Bernhard, 1952 – 1953, Voorgestelde aanvulling op memorandum van Chef DKP aan Minister-President d.d. 08-04-1952.

sieve handelsbetrekkingen, veel goodwill en zouden daarom hebben bijgedragen aan de welvaart in Nederland.

Wie naar concrete cijfers zoekt over Bernhards vermeende superieure prestaties, speurt tevergeefs want die cijfers bestaan niet. Uit de gegevens van het Centraal Bureau voor de Statistiek (CBS) valt niet af te
leiden dat zijn reizen enig effect hebben gehad op de Nederlandse export
naar Midden- en Zuid-Amerika.[441] Zijn trips waren vaak peperduur en
het is de vraag of zelfs maar die kosten enigszins zijn terugverdiend.
De Nederlandse commerciële belangen in Midden- en Zuid-Amerika
waren toen niet groot en de missies van Bernhard hebben daaraan niets
veranderd.

Bedrijven konden bij Bernhard hun 'wensen kenbaar' maken. Het is
niet bekend of hij daarvoor een vergoeding wilde, maar zeker is wel
dat hij binnenslands weinig voor niets deed. Zelfs voor de opening van
bijvoorbeeld een fabriek, een gebouw of een brug liet hij zich betalen;
voor bewezen diensten accepteerde hij graag een cheque. Om zich van
zijn welwillendheid te verzekeren, maakten bedrijven vaak aanzienlijke bedragen over aan het Prins Bernhardfonds of het World Wild Life
(Wereld Natuur Fonds).[442]

Bernhard vertelde graag dat hij ook zelf geld voor het Wereld Natuur
Fonds heeft binnengehaald. Het miljoen smeergeld dat hij van Lockheed had gekregen, schonk hij aan het Wereld Natuur Fonds. Althans
dat beweerde hij, maar die claim is pertinent onjuist. Bernhard stapelde
voortdurend leugen op leugen. Aanvankelijk had hij ontkend smeergeld
van Lockheed te hebben ontvangen, maar toen hij ten langen leste toe-
gaf dat dat inderdaad het geval was geweest, probeerde hij de wereld wijs
te maken dat hij het miljoen had overgemaakt naar het Wereld Natuur
Fonds. Dat miljoen is in de boekhouding echter niet terug te vinden.[443]

Bernhard handelde in alles waarmee geld te verdienen viel. Vliegtuigen,
wijn, paarden, onroerend goed, auto's, onderdelen, wapens, valuta, deel-
tjesversneller (cyclotron) en mijnbelangen. Je kon het zo gek niet beden-

---

441   CBS: *Maandstatistiek van de in- uit- en doorvoer van Nederland* (1948 en 1949),
Statistiek van de in- uit- en doorvoer van Nederland (1950, 1951 en 1952) en *Statistiek van de
grensoverschrijdende goederenstromen naar verkeerswijzen* (1953 - 1960).
442   Bornebroek, *De oorlog zit me op de hielen*, p. 110 en Van Wijnen, *De Prins-Gemaal*, p. 175.
443   'Bernhard spreekt', in: *de Volkskrant*, 14-12-2004. Zie voor het onderzoek naar het miljoen:
Rapport van de Commissie van Drie, p. 33.

ken of Bernhard zag er geld in.[444] Natuurlijk heeft Bernhard tijdens zijn 'handelsmissies' contacten gelegd, maar contracten afsluiten deed hij niet. Dat was aan de bedrijven zelf.

Contacten leggen met dictatoriaal geregeerde landen ging hem goed af, maar de deur die hij opende was niet altijd een garantie voor succes. De aanleg van vliegvelden in Perzië, zoals Iran onder Sjah Mohammed Reza Pahlavi nog heette, ging niet door ondanks de vriendschap die Bernhard met de Sjah, keizer en dictator van Perzië, onderhield. Maar als iets mislukte, was het nooit de schuld van Bernhard. Dan hadden bedrijven kansen laten liggen, omdat ze te passief waren. Aan hem lag het nooit.[445]

Zoals bekend was Bernhard dol op geld en vrouwen, vooral als ze Zuid-Amerikaans waren. Voor jonge Argentijnse vrouwen had hij een speciale fascinatie. Hij was graag bereid voor hen een omweg te maken, zoals de Amerikaanse ambassade in Buenos Aires eens meldde in een rapport aan Washington: 'De Argentijnen voorzagen de prins van zulk opwindend vrouwelijk gezelschap dat hij de verleiding niet kon weerstaan zijn reisschema aan te passen en ons een tweede bezoek te brengen tijdens zijn reis door Zuid-Amerika.'[446]

Nut hadden Bernhards 'handelsreizen' naar Zuid-Amerika (maar ook Afrika) vanuit economisch oogpunt nauwelijks. Met veel landen die hij bezocht, dreef Nederland nauwelijks handel, en Bernhards bezoeken hebben in die situatie geen verandering gebracht. Toch waren de Latijns-Amerikaanse dictators blij met zijn belangstelling. Een koninklijk bezoek, hoe zinloos verder ook voor de wederzijdse handel, betekende een vorm van erkenning en dus positieve berichtgeving. Ze hoorden erbij.

De Nederlandse regering is altijd bang geweest de prins te kritiseren. Ze lieten hem zijn gang gaan. De prins was na de oorlog razend populair en mensen zagen zelfs een verzetsheld in hem, hoewel hij tijdens de oorlog veilig in Londen had gezeten. Bernhard heeft zijn positie ten volle uitgebuit. Hem tegenspreken durfde bijna geen mens. Het had trouwens ook geen nut, want hij trok er zich toch niets van aan.[447] Hij kreeg vrij-

444 Aalders, *Niets was wat het leek*, passim. Voor de paardenhandel: Giebels, *De Greet Hofmans-affaire*, p. 205.

445 Hatch, *Prins Bernhard*, p. 236.

446 National Archives, Washington, RG 84, Foreign Service Posts of the Department of State, Argentina. Classified General Records, 1936-1961; Entry UD 2024, 350/48/23/1, Box 141, folder 510.1 Argentina Holland, 1951-1953, T.R. Martin aan Sherburne, Montevideo, 31-08-1951.

447 Van Wijnen, *De Prins-Gemaal*, p. 150.

wel altijd zijn zin. De erenaam 'zakenprins' die hij kreeg toebedeeld, was net zo onverdiend als zijn roem als verzetsheld.

Nauwelijks resultaten dus, maar wel kosten die de pan uitrezen. De regering had de kosten van Bernhards 'handelsmissies' wel uitgerekend, maar durfde de uitkomsten vanwege de hoogte niet vrij te geven. Die kosten liepen vooral zo hoog op door Bernhards luxe stijl van reizen. Als het even kon, charterde hij een vliegtuig. Zo kostte een chartertoestel, door hem zelf bestuurd, in 1948 al 138.000 gulden. Dat bedrag mocht niet opvallen in de begroting en werd daarom over drie ministeries verdeeld.[448]

In het najaar van 1950 wilde Bernhard dat Drees hem voor zijn reis naar Uruguay, Argentinië en Chili een DC-4 van de KLM ter beschikking stelde. Het vliegtuig kon 32 dagen lang niet voor de KLM vliegen, wat 200.600 gulden verlies opleverde. Daar kwam nog 30.000 gulden aan instructiekosten voor Bernhard en zijn copiloot, Gerben Sonderman, bij.

Het interieur moest worden aangepast, wat ook nog eens 30.000 gulden kostte. Bovendien moest het toestel voor een bedrag van 2000 gulden worden overgeschilderd. Als Bernhard met een normaal lijntoestel was gegaan, zouden de reiskosten 61.000 gulden zijn geweest. Het kostenverschil - 262.600 gulden tegen 61.000 - was zo enorm dat de regering besloot de kosten van Bernhards reisje ter camouflage ditmaal onder te brengen bij 'Onvoorziene Uitgaven van de Rijksbegroting'.[449]

In 1950 kwam de regering tegemoet aan een andere peperdure reiswens van Bernhard. Hij wilde een deel van zijn reis in Zuid-Amerika maken met de regerings-Dakota PH-PBA. Dat betekende een extra kostenpost van 25.000 gulden. De PH-PBA ('PBA' stond voor prins Bernhard, toestel A) zou in gedemonteerde toestand met het vliegdekschip Karel Doorman worden vervoerd en op de plaats van bestemming geremonteerd worden. Kosten: 10.000 gulden.

---

448   Nationaal Archief, Den Haag, 2.03.01, Ministerie van Algemene Oorlogvoering. Kabinet v.d. Minister President, inv. nr. 7003, Reizen van prins Bernhard 1949-1954, Memorandum voor de minister-president, 11-08-1949. U kunt de koopkracht van toen in euro's van nu berekenen via http://www.iisg.nl/hpw/calculate.php. Vuistregel is dat de koopkracht sindsdien vertienvoudigd is.

449   Nationaal Archief, Den Haag, 2.03.01, Ministerie van Algemene Oorlogvoering. Kabinet v.d. Minister President, inv.nr. 7003, Reizen van prins Bernhard 1949-1954, Reis Z.K.H. naar Latijns-Amerika. Ter behandeling in de Ministerrraad, 10-01-1951 en idem, Reis Z.K.H. Latijns Amerika, 15-01-1951. U kunt de koopkracht van toen in euro's van nu berekenen via http://www.iisg.nl/hpw/calculate.php. Vuistregel is dat de koopkracht sindsdien vertienvoudigd is.

Bernhard hechtte sterk aan een toestel dat zijn initialen droeg en dat mocht daarom best wat kosten, vond hij. Het kwam toch voor rekening van de belastingbetaler. Zelf betaalde hij altijd zo weinig mogelijk en het liefste helemaal niets. Zelfs postzegels van nog geen cent declareerde hij zonder enig gevoel van schaamte.

Den Haag schatte dat er met zijn reis 173.782 gulden gemoeid zou zijn, wat voor die tijd buitensporig was.[450] De uitgaven werden ditmaal over maar liefst vier verschillende departementen geboekt (of beter gezegd verstopt), om de werkelijke kosten van 's prinsen plezierreisje aan het oog te onttrekken.

Het welbewust verhullen van de kosten van het koningshuis kent een lange traditie en gaat door, zoals iedereen weet die het nieuws over de Oranjes bijhoudt, tot op de dag van vandaag.

Schandalen en schandaaltjes om het Nederlandse vorstenhuis draaien steevast om geld. Altijd in hun voordeel, tekort komen ze nooit. Integendeel.

Aanpassingen

Eind jaren zestig heeft Juliana laten zien dat ze heel emotioneel (en daardoor dwars en koppig) kon zijn, zodra ze vond dat haar en haar familie onrecht werd aangedaan.

Met dat 'onrecht' viel het overigens wel mee. Het kabinet wilde iets doen aan de 'uitkering' voor leden van het Koninklijk Huis. Daarbij rees de vraag voor welke leden de ministeriële verantwoordelijkheid gold en voor welke niet. Aanleiding waren de perikelen rondom het huwelijk van prinses Irene en prinses Beatrix. Het was gebleken dat in de praktijk de verantwoordelijkheid niet stopte bij het doen en laten van de koning.

Ook was de tijd voorbij dat het voortbestaan van de Oranje-dynastie afhing van één nakomeling (zoals bij Willem III en Wilhelmina). Kroonprinses Beatrix had kinderen en haar drie zussen kwamen ook in aanmerking voor opvolging (prinses Irene sinds haar huwelijk in 1964 niet meer).

Het immer nijpende tekort aan troonopvolgers had zichzelf op natuurlijke wijze opgelost, maar hoe de nieuwe situatie te definiëren, te financieren en te regelen? In 1972 werd de Wet Financieel Statuut

---

450 Nationaal Archief, Den Haag, Toegangsnummer 2.03.01, Ministeries AOK en AZ, Kabinet van de Minister-President, BLOK A251, Openbaar 2010, inv.nr. 7002, Kabinet en Protocol, 13-01-1950. Voor de postzegeldeclaratie: Nationaal Archief, Den Haag, 2.05.253 Consulaat, later de Ambassade te Tanganyika, later Tanzania te Dar es Salaam, (1955-1974) en het Consulaat in Zanzibar, later Tanzania te Zanzibar (1952-1968), van het Ministerie van Buitenlandse Zaken, inv. nr. 38, Uitgaven gedaan voor Z.K.H. etc. (en betaald door Ambassadeur).

Koninklijk Huis uitgevaardigd, waarin de 'uitkering' wordt geregeld van de leden van het Koninklijk Huis. In de (aangepaste) Grondwet van 1972 staat dat het lidmaatschap van het Koninklijk Huis bij wet wordt geregeld (artikel 21A). Het verschil tussen lid zijn van het Koninklijk Huis en de koninklijke familie is dat iemand lid van de familie wordt door geboorte; het lidmaatschap van het Huis daarentegen is geregeld bij wet.

Het zou echter - onder andere door fel verzet van Juliana - nog tot 1985 duren voordat de beide Kamers een wetsvoorstel aannamen dat het lidmaatschap beperkte tot de koning en de leden van de familie die volgens de Grondwet opvolgingsrechten hadden, alsmede de afgetreden koning. De echtgenoten kwamen ook in aanmerking voor het lidmaatschap.

In 2002 beperkte de regering van Wim Kok het lidmaatschap van het Koninklijk Huis tot de zittende koning, de toekomstige koning (ofwel de 'vermoedelijke troonopvolger") en de koning die afstand heeft gedaan, inclusief hun echtgenoten.

Tegenwoordig is het in de praktijk zo dat de minister verantwoordelijkheid neemt voor alle leden van het Koninklijk Huis (dus niet voor die van de familie), terwijl het oorspronkelijk alleen de regerende koning betrof. De verantwoordelijkheid is dus sinds de invoering in 1848 behoorlijk opgerekt. Zoals gezegd waren de huwelijken van prinses Irene met Carel Hugo de Bourbon-Parma (in 1964) en van prinses Beatrix met Claus von Amsberg in 1966 de directe aanleiding, vanwege het rumoer dat deze met zich meebrachten en de vraag hoe daar in het kader van de ministeriële verantwoordelijkheid mee om te gaan.

Die afbakening, maar ook de uitkeringsregeling, is een moeizaam proces geweest dat zich jarenlang heeft voortgesleept. Dat kwam vooral omdat Oranje en geld altijd een heet hangijzer zijn. Deze keer was het niet anders.

Er is ook gesproken over het al dan niet betalen van inkomstenbelasting en successierechten, wat op zich weer de discussie op scherp zette over wie er wel en wie er niet lid van het Koninklijk Huis zou zijn. Juliana verzette zich met hand en tand tegen iedere vorm van inperking. Ze wenste geen onderscheid te maken tussen haar kinderen en haar kleinkinderen en sprak van 'A-prinsen' en 'B-prinsen'.

Zij vond dat er sprake zou zijn van discriminatie. Bij de PvdA, de VVD en D'66 waren de meeste voorstanders te vinden van een beperkt lidmaatschap; de confessionele partijen hadden het liefst Juliana haar zin gegeven.[451]

Minister Boersma constateerde dat in de zes jaar dat hij minister van Sociale Zaken was geweest, Juliana niets zozeer had geraakt als de kwestie van het lidmaatschap.

'Ik was net terug van vakantie, maar ik wist dat er een stuk lag van Molly Geertsema [minister van Binnenlandse Zaken] over de positie van de leden van het Koninklijk Huis. "Hebt u dat gelezen?" vroeg ze en ze begon meteen uit te pakken: "Een schandaal!". Ze nám het niet. Het Oranjehuis werd in zijn voegen aangetast. (...) De koningin spuwde vuur (...) Van Geertsema deugde geen snars, dat was een verkapte republikein. Ze zou persóónlijk dit voorstel tegenhouden. Biesheuvel en Geertsema kozen eieren voor hun geld; de nota verdween van tafel.'[452]

Van Agt heeft gezegd dat de opstelling van Juliana een grote, vertragende rol bij de totstandkoming van de Lidmaatschapswet heeft gespeeld. Ze was furieus en faliekant tegen en er werd naar haar geluisterd. Ze stelde zich 'boos en koppig' op, zoals een 'moederkloek met heel veel kuikens onder zich, die er allemaal bij moesten horen.'[453]

Van Agt had ontzag voor het koningshuis, dat voor hem wat mythisch en sacraals had. Als minister-president had hij te maken met zowel Juliana als haar dochter Beatrix. De gesprekken met Juliana hadden wat huiselijks, en de koningin liet zich nogal leiden door invallen, zodat de gesprekken alle kanten op stuiterden. Als mens vond Van Agt koningin Juliana niet alleen emotioneel maar ook 'authentiek en verrukkelijk', ze kon echter ook onverwacht sikkeneurig zijn en recalcitrant. Zijn wekelijkse gesprek met haar noemde hij een 'een plichtmatig gebeuren, waarop ik mij niet zat te verkneukelen'.[454]

---

451   Zie voor de totstandkoming van de Wet Financieel Statuut Koninklijk Huis koninklijk huis: Van Baalen (e.a.) *Het inkomen van de Koning. De totstandkoming en ontwikkeling van het financieel statuut van het koninklijk huis (1972)*. Tenzij anders vermeld is voor deze paragraaf geput uit bovenstaande titel.

452   Geciteerd uit: Withuis, *Juliana. Vorstin in een mannenwereld*, p. 654.

453   Withuis, *Juliana. Vorstin in een mannenwereld*, p. 655.

454   Merriënboer, e.a., *Tour de Force. Van Agt Biografie*, pp. 360-361.

> Van Agt vond Juliana 'emotioneel,
> authentiek en verrukkelijk, maar ook
> sikkeneurig en recalcitrant.'

Het heeft ongeveer acht jaar geduurd om de Wet Financieel Statuut Koninklijk Huis tot stand te brengen. Er was ook een grondwetswijziging voor nodig. Dat het allemaal zo stroperig verliep, had vooral te maken met het feit dat het Koninklijk Huis in het geding was. De aangekondigde Wet Lidmaatschap Koninklijk Huis zou nog tot 1985 op zich laten wachten.

Zoals bekend, wil vrijwel geen Kamerlid zich aan het koningshuis branden, maar de Kamer kan in dit geval ook worden verweten dat ze niet of te weinig heeft doorgevraagd en dat ze teveel vage verklaringen en toezeggingen van het kabinet heeft geslikt. De PvdA toonde zich in de Kamer nog het meest alert. De discussie over de hoogte van de bedragen en de (gedeeltelijke) vrijstelling van belasting was een matte bedoening. De driekwart Kamermeerderheid die nodig was om de wet aan te nemen, bleek geen probleem, wat veel zegt over de houding van de Kamerleden ten opzichte van het Oranjehuis.

Vragen over het personeelsbeleid aan het hof (vanwege de financiële consequenties) werden niet gesteld, terwijl er toch genoeg te vragen viel. Bijvoorbeeld waarom een deel van het personeel voortaan door het Rijk werd betaald en een ander deel door het hof. Op zich lood om oud ijzer, want het is tenslotte de belastingbetaler die ervoor opdraait, maar de Kamer kan wel worden verweten dat ze dit soort vragen heeft laten liggen. Wat was de bedoeling eigenlijk van dat geschuif met personeel? Niemand die ernaar vroeg.

En waarom waren de uitgaven voor het koningshuis over zoveel verschillende departementen verdeeld, in plaats van dat alle kosten ter wille van de overzichtelijkheid onder één noemer en bij één departement, namelijk het ministerie van Algemene Zaken, waren gebracht? 'De parlementaire behandeling van de wetsvoorstellen gaf hierop geen antwoord. De fracties in de Kamer stelden de kwestie niet ter discussie.' Dat gebeurde ook nauwelijks bij de behandeling van de belastingvrijdom.[455]

Overigens was het juist de bedoeling dat de begroting onoverzichtelijk en over vele ministeries was uitgesmeerd: dat nam het zicht op de kosten weg. Iedereen leek in zijn hart de kosten van het koningshuis te

---

455   Van Baalen (e.a.) *Het inkomen van de Koning. De totstandkoming en ontwikkeling van het financieel statuut van het koninklijk huis*, pp. 56-58.

hoog te vinden, maar niemand durfde dat te zeggen. Kamer en kabinet gingen beide voor camouflage.

Men krijgt de indruk dat de Kamer met het oog op de vele Oranjefans (die ook kiezers zijn) over deze precaire onderwerpen niet goed durfde te discussiëren. Alsof het gênant was om over geld in verband met het koningshuis te praten.

De inbreng van Juliana in deze discussie is van belang geweest, om niet te zeggen: cruciaal. Uiteindelijk moest zij akkoord gaan en haar handtekening zetten. Dit keer ging het om haarzelf en haar familie. Ze heeft verscheidene malen met de minister-president over de kwestie overlegd. Hoe ze zich daarbij opstelde weten we al: dwars en koppig omdat het om geld en over haar familie ging.

Juliana had weinig verstand van financiële kwesties, die gingen grotendeels langs haar heen, maar als haar eigen Huis in het geding was, wist ze van wanten. Premier Piet de Jong (1967-1971) heeft het heikele spel handig gespeeld. Hij besprak de plannen van zijn kabinet vooraf vertrouwelijk met de fractieleiders in de Tweede Kamer en soms ook met de hoofdredacteuren van de belangrijkste kranten. Zo verzekerde hij zich van voldoende draagvlak in Kamer en samenleving. Tijdens zijn wekelijkse ontmoetingen met de koningin had hij zich ook (meerdere malen zelfs) verzekerd van Juliana's instemming, maar het koninklijke fiat bleek niet altijd even hard te zijn. Ze kwam soms op dingen terug.

De Jongs opvolger, Barend Biesheuvel (1971-1973), ergerde zich soms ook aan het getouwtrek met Juliana over geld voor haar Huis en noteerde naar aanleiding van een gesprek met Hare Majesteit dat hij wilde dat ze zich wat meer zou 'inleven' in de overheidsfinanciën dan in die van haar familie.[456]

Belangrijk was de politieke 'verkoopbaarheid' van de uitgaven voor het koningshuis aan de bevolking. Het ging tenslotte om vele miljoenen en het moest er daarom redelijk uitzien; ook omdat in die jaren de bevolking werd gevraagd 'de broekriem aan te halen'. Die 'verkoopbaarheid' was ook de reden om de kosten voor de 'uitoefening van het koningschap' - een vaag begrip maar daarom juist erg bruikbaar - zoveel mogelijk bij de rijksbegroting onder te brengen. Zo kon het bedrag van de 'toelages' voor de leden van het koningshuis worden gedrukt, zodat minder opviel hoe exorbitant de leden van het koningshuis werden (en

---

456   Van Baalen (e.a.) *Het inkomen van de Koning. De totstandkoming en ontwikkeling van het financieel statuut van het koninklijk huis*, p. 68.

worden) gesalarieerd. We zagen al het voorbeeld dat een deel van het hofpersoneel om die reden in Rijksdienst kwam en daarmee niet langer ten laste viel van het budget van het koningshuis.

Zoals bekend, heeft de Kamer niet gevraagd waarom dat gebeurde en of zoiets niet onlogisch was, aangezien die kosten immers evident thuis hoorden bij de uitoefening van het koningschap. Geen koning zonder hof. De Kamerleden zagen niet - of wilden liever niet zien - dat hen een rad voor ogen werd gedraaid.[457] Dat soort trucs (en het ongeinteresseerde gedrag van de Tweede Kamer) heeft de invoering van de Wet Financieel Statuut Koninklijk Huis vergemakkelijkt, al bleef het een langdurige operatie.

'Wat bijdroeg aan het succes was ten eerste de optische verlaging van de bedragen die aan de koningin werden uitgekeerd; dit werd bereikt door zoveel mogelijk kosten over te hevelen naar de begrotingen van de verschillende departementen.'[458]

Dat wegmoffelen van kosten was overigens niet nieuw. We zagen al dat de reiskosten van Bernhards 'handelsmissies' ook zo'n behandeling kregen. En de kosten van zijn vliegtuigvloot die hij er na de oorlog op na hield, zijn eveneens verdoezeld door ze over verschillende departementen uit te smeren.

De nieuwe wet zorgde ervoor dat de hoogte van de koninklijke uitkeringen uit de Grondwet verdween. Voortaan kon de regering - weliswaar met instemming van het parlement - de hoogte van de koninklijke uitkeringen bepalen.

Bernhard en zijn militaire staf hielden er na de oorlog een eigen 'luchtmacht' van zes toestellen op na. De zogenaamde 'Vliegdienst van Z.K.H. Prins Bernhard'. De prins beschikte ook over zijn eigen wagenpark. Alle rekeningen voor onderhoud en brandstof stuurde hij naar het ministerie van Oorlog.

Wat een Inspecteur-Generaal met al dat vliegend en rijdend materieel moest, begreep niemand, maar de bewindslieden die erover gingen vonden het moeilijk de prins daarover vragen te stellen, laat staan hem terecht te wijzen. En dat terwijl het Inspecteur-Generaalschap maar een

---

457 Van Baalen (e.a.) *Het inkomen van de Koning. De totstandkoming en ontwikkeling van het financieel statuut van het koninklijk huis*, p. 83.
458 Van Baalen (e.a.) *Het inkomen van de Koning. De totstandkoming en ontwikkeling van het financieel statuut van het koninklijk huis*, p. 173.

erebaantje was, met slechts een adviserende dus niet een bevelvoerende functie.

De overige onkosten die Bernhard maakte als Inspecteur-Generaal, kon hij verder naar hartenlust declareren. Niemand vroeg ooit om nadere uitleg. Dat deed je gewoon niet bij Z.K.H. Zijn veel te grote staf had hij in twee villa's ondergebracht. Niemand die hem daarover op de vingers durfde tikken, terwijl er na de oorlog gebrek aan alles was. Geld was er evenmin; het land lag in puin. Maar de prins deed waar hij zin in had en hij kréég zijn zin.

Opmerkelijk is dat hij zich het wagenpark en zijn vliegtuigvloot had toegeëigend, want in feite behoorden de auto's noch de vliegtuigen hem toe. Het was buitgemaakt materieel op de Duitse bezetter en daarom Rijkseigendom. Bernhard deed echter alsof hij de privéeigenaar was en kwam er mee weg.

De Algemene Rekenkamer constateerde in een brief aan de minister-president dat de kosten de pan uit rezen en stelde de vraag wat eigenlijk de 'doelmatigheid' van al die uitgaven was. En waarom was het eigenlijk verspreid over zo'n 'groot aantal begrootingsposten'?

Vanwege het overzicht prefereerde de Rekenkamer één begrotingspost waarop *alle* uitgaven waren verantwoord die verband hielden met 'de positie van Zijne Koninklijke Hoogheid.'

De minister van Oorlog antwoordde namens de premier dat hij van mening was dat de kosten 'redelijk en verantwoord' waren, maar hij ontkrachtte min of meer zijn eigen bewering door er bezwaar tegen te maken om alle uitgaven van de prins onder één post te verzamelen. Waarom eigenlijk? Nou, dat zou kunnen leiden 'tot een openbare en zeer zekere ongewenste kritiek op de uitgaven van Zijne Koninklijke Hoogheid.' [459]

Lockheed.

Zou prins Bernhard ooit hebben geweten dat het begin van het Lockheed-schandaal is terug te voeren op een stukje tape? Het is vermoedelijk het enige stuk plakband in de wereld dat reputaties en carrières heeft vernietigd en dat zelfs het aftreden van de Amerikaanse president Richard Nixon heeft bewerkstelligd.

459 Nationaal Archief, Den Haag, Toegangsnummer 2.03.01, Ministeries AOK en AZ, Kabinet van de Minister-President, BLOK A251, Openbaar 2010, inv. nr. 7002, brief van de Algemeene Rekenkamer aan de Minister-President, 21-10-1946 en brief van de minister van Oorlog aan de Minister-President, 04-06-1947. Zie voor een uitgebreide versie van dit verhaal en andere perikelen rond zijn onkosten, claims en vergoedingen direct na de oorlogsjaren: Aalders, *Bernhard. Niets was wat het leek*, pp. 210-234.

Het onderzoek naar het corruptieschandaal rond Lockheed vloeide rechtstreeks voort uit de Watergate-affaire die Nixon de das om deed.

Het begon allemaal in 1972, toen de politie vijf inbrekers in het Watergate-gebouw (Washington) in het partijkantoor van de Democratische partij op heterdaad betrapte met afluister- en kopieerapparatuur. Een oplettende nachtwaker kreeg argwaan toen hij zag dat de klink van een tussendeur was afgeplakt met tape, zodat hij niet in het slot kon vallen waardoor de vluchtweg geblokkeerd zou raken. Hij maakte de klink vrij, maar toen hij tien minuten later terugkwam en de klink opnieuw vond afgeplakt, belde hij de politie. De Watergate-affaire was geboren.[460]

De hoorzittingen van het *Senate Foreign Sub Committee on Multinational Corporations*, meestal kortweg 'commissie-Church' genoemd (naar zijn voorzitter Senator Frank Church), gingen in 1972 van start en waren een rechtstreeks uitvloeisel van Watergate. De commissie- Church deed onder meer onderzoek naar Amerikaanse ondernemingen die in strijd met de wet geld hadden gedoneerd voor politieke campagnes, waaronder de herverkiezing van president Nixon. Ook keek de commissie naar banden van multinationals met de politiek en haalde in dat verband een schat aan materiaal over corruptie en omkoping boven water.

Corruptie en omkoping bezorgden de Amerikaanse politiek een slecht imago en dat was ongewenst. Soms bleken grote multinationals die met steekpenningen strooiden meer invloed op de Amerikaanse buitenlandse politiek te hebben dan het State Department, het ministerie van Buitenlandse Zaken.

Op een gegeven moment was vliegtuigbouwer Northrop aan de beurt voor verhoor door Church. Het bedrijf kwam met een opmerkelijk verweer: ze had niets anders gedaan dan de werkwijze van concurrent Lockheed overnemen. Senator Church en zijn commissie beten zich toen vast in Lockheed en ontdekten dat het bedrijf prominente politici in Italië, Duitsland, België, het Midden-Oosten en Japan enorme bedragen aan smeergeld had betaald.

Toen de omkoopverhalen naar Duitsland en België doorlekten, verdwenen in die landen plotseling op miraculeuze wijze archieven en daarmee de bewijzen. Niemand die het geloofde, maar zonder bewijs

---

460 '5 held in Plot to Bug Democrats' Office here', in: *The Washington Post*, 18-06-1972. Deze paragraaf is, tenzij anders vermeld (of wanneer een nadere aanduiding wenselijk was), gebaseerd op Aalders, *Het Lockheedschandaal. Wapenindustrie smeergeld corruptie.*

is er geen rechtszaak. In de overige landen werden forse straffen uitgedeeld, waarbij hoge politici niet werden gespaard.

Tot een rechtszaak in Nederland tegen prins Bernhard, verdacht van
corruptie, is het nooit gekomen Er was wel een verschil met België
en Duitsland. Alles duidde erop dat de prins schuldig was en er lag
voldoende bewijs tegen hem (tenminste, als hij een gewone burger
zou zijn geweest). Maar Bernhard was geen gewone burger. Hij was de
prins-gemaal die stug bleef volhouden dat hij onschuldig was. Als een
prins dat beweerde, was dat zo in Nederland, ook al wees alles op het
tegendeel. Het waren spannende tijden voor de Nederlandse regering
onder leiding van Joop den Uyl (PvdA) en het Koninklijk Huis, maar
ook voor de bevolking, die niet kon of wilde snappen dat een lid van het
Huis corrupt kón zijn. En als hij het gedaan had, zo redeneerde menig
Oranjeklant, dan had hij er vast een goede reden voor gehad.

De affaire werd in de begindagen nog schouderophalend aangezien. Het kón gewoon niet waar zijn dat Nederland bij een dergelijk
schandaal betrokken was. Aanvankelijk viel de naam van Bernhard
niet, maar was er sprake van 'een hoge regeringsfunctionaris' die
smeergeld had aangenomen. Al gauw echter bleek het om niemand
anders dan prins Bernhard te gaan.

> 'Lockheed-miljoen' ondanks
> Bernhards verklaring nooit op
> rekening Wereld Natuur Fonds.

In een 'zeer geheim' codebericht, gedateerd 9 september 1975, deed de
Nederlandse ambassadeur in Washington verslag aan de toenmalige
minister van Buitenlandse Zaken Max van der Stoel. Het was de eerste
keer dat de naam van Bernhard opdook.

Een journalist van de *Wall Street Journal*, Jerry Landauer, had in 'verband met de mogelijkheid van een publicatie' de ambassadeur een aantal algemene vragen gesteld over prins Bernhard. Hij wilde dingen
weten zoals zijn juiste titel, zijn voornamen en of hij Inspecteur-Generaal van de Koninklijke Luchtmacht was. Landauer had zichzelf ook wat
ongemakkelijk gevoeld met zijn vragen.

Hij had een dagboek van een voormalige Lockheed-functiona-
ris, Ernest F. Hauser, in handen gekregen waarin stond dat Lockheed
smeergeld had betaald aan prins Bernhard. Hij had ook gevraagd of zijn

'informatie verrassend aandeed'; een overbodige vraag, want hij kon de verbijstering op het gezicht van zijn gesprekspartner aflezen. Maar hij kreeg het ook nog eens mondeling bevestigd: het was absurd. Iedereen die de verhoudingen in Nederland kende, kon zich niets bij het verhaal van de journalist voorstellen.[461]

Op 4 december 1975 publiceerde de *Wall Street Journal* delen uit het dagboek van Hauser. De *Journal* was bepaald niet over een nacht ijs gegaan en had navraag gedaan bij het Amerikaans Congres, dat zijn verhaal had bevestigd. Het was de eerste keer dat de naam van prins Bernhard in het openbaar viel in verband met Lockheed en smeergeld. Het duurde toen nog ruim twee maanden, voordat minister-president Den Uyl een commissie van wijze mannen instelde om de kwestie uit te pluizen. Journalist Henk Hofland had in verband met de Hofmans-affaire al eens gewaarschuwd voor 'wijze mannen' die een onderzoek gaan instellen.

'Het opdoemen van wijze mannen is een van de meest onheilspellende tekenen in de Nederlandse samenleving, men moet zich dan alvast op het ergste voorbereiden, en schrik, angst en behoedzaamheid beheersten de media.'[462]

Hij kreeg gelijk. Maar de media bleken van de jaren vijftig te hebben geleerd - de tijd dat ze zich door Drees in de zaak Hofmans vrijwillig de mond lieten snoeren - en doken ditmaal wel op het nieuws.

Medio 1976 toog de zogenaamde Commissie van Drie, bestaande uit drie 'wijzen' aan het werk: mr. A.M. Donner, rechter bij het Hof van Justitie der Europese Gemeenschappen, dr. H.M. Holtrop, oud-president van De Nederlandsche Bank, en drs. H. Peschar, voorzitter van de Algemene Rekenkamer.

Den Uyl beloofde het eindrapport naar de Kamer te sturen, maar hij wist nog niet in welke vorm. Hij hield alvast een slag om de arm. Bernhard had tegenover Den Uyl verklaard van niets te weten. Hij had gezegd blij te zijn met het onderzoek, omdat dan zijn naam zou worden gezuiverd. De commissie was in naam onafhankelijk, maar Den Uyl had wel twee van zijn vertrouwelingen in de commissie laten opnemen. We

---

461   Ministerie van Buitenlandse Zaken, Ambassade Washington, 1945-1984, Geheim Archief, Doos 62, G 1001, 921.151 Nederland Lockheed 1975 -1976, Codebericht. Zeer Geheim, 09-09-1975.
462   Hofland, *Tegels lichten*, p. 120.

mogen aannemen dat de premier voortdurend op de hoogte bleef van de stand van zaken bij het onderzoek.

Strafvervolging van de prins moest voorkomen worden. Dat stond van meet af aan vast. Het voorstel om een lid van de Hoge Raad in de commissie te benoemen, was om die reden afgewezen. Een lid van de Hoge Raad zou volgens de wet gehouden zijn strafbare feiten te melden bij het Openbaar Ministerie en dat was nu juist *niet* de bedoeling. De ministerraad was er juist op gebrand iedere schijn van strafvordering te vermijden. Er is natuurlijk wel gekeken naar de implicaties van strafrechtelijk onderzoek.[463]

De commissie vond minstens drie gevallen waaruit bleek dat prins Bernhard smeergeld van Lockheed had gevraagd of kreeg aangeboden. Het stond eveneens vast dat Bernhard steekpenningen had aangenomen van vliegtuigfabrikant Northrop, maar dat rapport heeft Den Uyl meteen achter slot en grendel geborgen. Hij had opdracht gegeven onderzoek te doen naar één vliegtuigfabrikant (Lockheed) en niet naar fabrikant*en*. Het probleem moest wel beheersbaar blijven.

Het woord *minstens* (drie gevallen) roept misschien vragen op, maar het is hier gebruikt, omdat de commissie een aantal zaken niet heeft onderzocht, of mogelijk niet heeft willen of zelfs niet heeft mogen onderzoeken. Nog steeds is niet alle materiaal van de Commissie van Drie vrijgegeven, al werd dat wel beweerd op de zogenaamde Openbaarheidsdag van het Nationaal Archief in januari 2010, de dag waarop archiefmateriaal vrijkomt voor onderzoek. Sommige delen van het archief blijven tot 2025 gesloten, terwijl het laatste restant pas in 2050 openbaar wordt.

Die gegevens put ik uit de inventaris van het archief van de Commissie van Drie, waarmee het ministerie van Algemene Zaken mij abusievelijk heeft verblijd. Het Nationaal Archief was overigens te goeder trouw, zo vernam ik bij navraag. Het archief baseerde zich op informatie van het ministerie van Algemene Zaken.

In het eerste van de drie gedocumenteerde gevallen ging het om een JetStar; een vliegtuig dat Lockheed de prins cadeau wilde geven voor

---

463   Nationaal Archief, Den Haag, Blok Nr. A. 251 Ministeries voor Algemeene Oorlogvoering van het Koninkrijk (AOK) en van Algemeene Zaken (AZ) Kabinet van de Minister-President, inv. nr. 12525, Notulen Ministerraad, 09-02-1976; vrijgegeven via WOB-procedure 08 I 4448 WOB 30. Het ging hier om artikel 162 Wetboek van strafvordering. Voor de implicaties van strafrechtelijk onderzoek: Merriënboer, e.a., *Tour de Force. Van Agt Biografie*, pp. 171-179.

zijn inspanningen bij de levering van F-104 Starfighters aan West-Duitsland. Maar de JetStar zou op naam moeten worden geregistreerd en dat zou teveel in het oog lopen. Het moest zwart, buiten de boeken om. Daarom kreeg Bernhard een miljoen op zijn geheime Zwitserse rekening gestort (waaruit en passant kan worden opgemaakt dat de prins wist hoe met zwart geld om te gaan).

Bernhard heeft alles ontkend en gaf pas in het roemruchte interview met *de Volkskrant* in 2004 toe dat hij het miljoen inderdaad had gekregen, maar dat had doorgesluisd naar het Wereld Natuur Fonds. De Commissie van Drie heeft dat gecontroleerd, maar kon het miljoen niet traceren in de boekhouding van het Fonds.

De tweede smeergeldaffaire had betrekking op 'Victor Baarn', een schuilnaam van prins Bernhard. Alles wees erop dat de 100.000 dollar in kwestie voor Bernhard was bestemd. De commissie zag zich voor dezelfde moeilijkheid gesteld als in het eerste geval: het kon niet anders dan dat het geld voor Bernhard (alias Victor Baarn) bestemd was geweest, maar ook nu weer beweerde Bernhard van niets te weten (ondanks zijn toezegging te zullen helpen waar hij kon).

Dat het geen zuivere koffie was, besefte de commissie ook wel. Net als bij het miljoen smeergeld als vervanging voor de JetStar, waste de prins zijn handen in onschuld:

'Nu Z.K.H. met stelligheid ontkent de $ 100.000 te hebben ontvangen, heeft de Commissie de mogelijkheid onder ogen moeten zien dat een derde, voorgevende dat hij namens Z.K.H. optrad, zich het bedrag heeft toegeëigend. Deze derde kan zich slechts bevinden onder degenen die op de hoogte waren van de gedachte van de heer Kotchian aan Z.K.H. $ 100.000 te schenken én van diens afwijzing van het aanbod. Bij gebrek aan verdere gegevens is het voor de Commissie niet mogelijk vast te stellen waar de $ 100.000 zijn terechtgekomen.'[464]

Het was evident dat Bernhard dat geld had gekregen, maar het formele bewijs viel niet te leveren, zolang Bernhard ontkende. *De Volkskrant* heeft Bernhard gevraagd wie 'Victor Baarn' was. De prins bleef erbij:

'O, die beroemde Victor Baarn. Ik weet niet wie dat was. Die naam

---

464   *Rapport van de Commissie van Drie*, p. 177.

zal voor de rest van mijn leven een raadsel blijven. Het was een heel gemene zaak. Victor was de huismeester van mijn moeder en Baarn, dat ligt hier, bij Soestdijk. Het was een nogal duidelijk geval van met de vinger wijzen: dat moet hem zijn.'

De Volkskrant had in dit geval zijn twijfels en herhaalde de vraag nog eens, maar de prins hield voet bij stuk: 'Ik was het zeker niet. Het ging geloof ik om honderdduizend dollar. Ik wilde voor WWF een miljoen hebben. Het was niet interessant voor mij.' Bernhard die een miljoen wilde hebben in plaats van een ton en dan die ton afwees, omdat hij het als een fooi zag? Zo zat Bernhard niet in elkaar, wat ook bleek uit het derde geval dat (destijds) van recente datum was.

Lockheed aasde in dit derde geval op een order voor marinevliegtuigen van bijna een half miljard gulden. Bernhard eiste tussen de vier en zes miljoen voor zijn smeerwerk, maar Lockheed wilde niet verder gaan dan 1,3 miljoen. Bernhard was boos en toonde zich 'bitter' gestemd. Hij had zich altijd zo ingespannen en dan dit: stank voor dank. Hij zou verder geen vinger meer voor Lockheed uitsteken, liet hij in twee handgeschreven brieven weten.

Die beide brieven zijn hem zwaar aangerekend. Dat hij niet helemaal vrijuit kon gaan, was duidelijk, alleen moest daar in politieke zin nog een antwoord op worden gevonden. Zijn handgeschreven brieven waren het ideale antwoord. De prins had wel om smeergeld *gevraagd*, maar er was geen bewijs dat hij het ook had *gekregen*. Dat kon ook niet, want Lockheed werd op dat moment verhoord door de commissie Church vanwege de miljoenen smeergelden die het bedrijf had weggegeven. Het daadwerkelijk smeren met geld was dus wegens omstandigheden even stilgelegd.

Bernhard heeft nog getracht te ontkennen dat het zijn brieven waren, terwijl ze notabene in zijn eigen handschrift waren geschreven. Hij deed dat met een beroep op zijn aftakelende geheugen (waar normaal gesproken niets mis mee was):

'Toen door de Commissie aan de Prins de tekst van de door hem geschreven brieven werd voorgelegd, was een van zijn eerste opmerkingen, dat hij, wanneer deze hem niet was getoond, het voor onmogelijk zou hebben gehouden dat hij zo iets had kunnen schrijven. Ter verontschuldiging voegde hij er aan toe, dat die tekst hem door anderen was voorgesteld en dat zijn geheugen slecht begint te worden. De hele zaak was hém, zo zei hij, om een flinke bijdrage voor het W.W.F. [Wereld Natuur Fonds] begonnen. De Commissie moet evenwel vaststellen dat van de zijde van Lockheed alleen aan de Prins is gedacht; noch de brieven, noch de daarbij behorende aantekening, maken melding van het W.W.F.'[465]

Je kunt veel van de prins zeggen, maar niet dat hij niet het allerbeste voor had met het Wereld Natuur Fonds. Smeergeld aannemen of vragen was in zijn ogen blijkbaar geen punt als het naar een goed doel ging (ook al kwam het daar nooit aan).

Bernhards opstelling bezorgde de commissie problemen. Hij had zijn volledige medewerking toegezegd, maar bleef alle betalingen hardnekkig ontkennen, ook als er eigenlijk niets te ontkennen viel, omdat er bewijs genoeg was. Voorzitter Donner en zijn twee wijze collega's gingen er- tegen beter weten in, van uit dat de echtgenoot van koningin Juliana niet loog. De commissie liet in zijn rapport wel doorschemeren dat men Bernhard schuldig achtte, maar als de prins beweerde dat dat niet zo was, kon daaraan niet worden getornd. Hij was tenslotte de echtgenoot van de koningin.

Dat Bernhard tegen de klippen op loog, bleek opnieuw toen hij een absoluut ongeloofwaardige verklaring bijeen fantaseerde voor zijn handgeschreven brieven aan Bixby Smith, de vertrouwensman van Lockheed in Parijs. Smith had Bernhard doorgegeven dat zijn verzoek om vier tot zes miljoen was afgewezen. Hij zou hem toen hebben aangeboden een conceptbrief op te stellen, om de onderhandelingen van Bernhard met Lockheed weer vlot te trekken.

Bernhard had vervolgens het concept van Smith met de hand overgeschreven en teruggestuurd naar Parijs. Smith op zijn beurt had het doorgezonden naar Lockheed, maar dat was, beweerde Bernhard, nooit de bedoeling geweest. Het moeten de slechtste conceptbrieven zijn die Smith ooit heeft geschreven, gezien het belabberde Engels en de 'crude and threatening style' waarin beide brieven waren gesteld. Een native speaker zou die brieven niet zo geschreven hebben.[466]

---

465 *Rapport van de Commissie van Drie*, pp. 178-179 en p. 15 (citaat).
466 Sampson, *The Arms Bazaar*, p. 150.

Behalve de drie Lockheed-gevallen ontdekte de commissie dat Bernhard nog vrij recent (tussen 1968 en 1973) van vliegtuigbouwer Northrop ook 750.000 dollar aan smeergeld had opgestreken. Den Uyl stopte dat verhaal meteen in de kluis. Uit het oogpunt van crisisbeheersing was Lockheed al erg genoeg. Als Northrop daar nog bijkwam, zou de kwestie hoogstwaarschijnlijk uit de hand zijn gelopen.

Church heeft Lockheed gevraagd of Bernhard een reden had voor zijn smeergeldgedrag en of Bernhard het wellicht voor een specifiek doel had willen gebruiken. De prins was toch geen onbemiddeld man? Carl Kotchian, president-directeur van Lockheed, vertelde toen dat prins Bernhard de indruk wekte dat hij krap bij kas zat en dat koningin Juliana hem kort hield.[467]

De Commissie van Drie heeft zich afgevraagd wat Bernhard met al dat geld moest. In dat kader heeft ze de 'financiële behoeften' van Bernhards moeder prinses Armgard en die van haar 'vaste begeleider' A. Pantchoulidzew onderzocht, bij diens overlijden in april 1968. Pantchoulidzew liet een spaarbankboekje met ruim 3.500 gulden na en wat contant geld. De begrafenis, inclusief grafzerk, had al meer dan het dubbele gekost. Een verzekering had hij niet gehad.

Van Armgard was bekend dat ze geen geld bezat en op kosten van Bernhard leefde. De Commissie van Drie heeft dus wel onderzoek gedaan naar achtergronden die konden verklaren waarom Bernhard zich in een 'financiële wurggreep' bevond, zoals Bernhard zelf heeft beweerd, maar de uitkomsten van dat onderzoek zijn in het eindrapport weggelaten.[468]

Prinses Armgard kreeg jaarlijks 250.000 gulden van Bernhard. Aan het gezamenlijk huishouden op Soestdijk droeg hij 50.000 gulden bij. De Commissie van Drie wist ook dat hij aan zijn buitenechtelijke

---

467   *Rapport van de Commissie van Drie*, p. 125.

468   Nationaal Archief. Den Haag, 2.03.01, Inventaris van de archieven van de Ministeries Voor Algemeene Oorlogvoering van het Koninkrijk (AOK) en van Algemene Zaken (AZ): Kabinet van de Minister-President (KMP), (1924) 1942-1979 (1989), inv. nr 12515, Verslag van het gesprek op donderdag 15 juli 1976 met a.o. C. Sesink, raadsadviseur bij het huis van H.M. de Koningin; idem, inv. nr. 12478, Brief van het ministerie van Financiën aan de Commissie van drie, 9 juli 1976 (bij bijlagen over fiscale aangelegenheden); idem, Levensbeschrijving van kolonel Alexis Pantchoulidzew (bijlage VI).
De 'financiële wurggreep'. Bernhard schrijft dat in een brief aan zijn Britse vriend Sefton Delmer. Zie voor Delmerbrief het tv-programma 'Hoge Bomen', 06-03-2003, gewijd aan prins Bernhard. De brief wordt voorgelezen en getoond.

dochter Alicia Webber in Californië maandelijks een 'substantieel bedrag betaalde voor 'child support'.[469]

Zijn Franse maîtresse Hélène Grinda zou iedere maand $ 4000 van een vertegenwoordiger van Lockheed hebben gekregen, voor haarzelf en voor de opvoeding van haar dochter Alexia.[470] Het Duitse blad *Der Spiegel* meldde dat Bernhards Parijse dochter de koninklijke opvoeding kreeg die bij een koningskind paste.[471] We kunnen er vanuit gaan dat beide kinderen hem ongeveer 100.000 dollar per jaar hebben gekost.

Een totaalinzicht in Bernhards kosten krijgen, is dus lastig, zo niet onmogelijk. Zijn vaste kosten voor zijn moeder en het gemeenschappelijke huishouden op Soestdijk beliepen al 300.000 per jaar. De kosten van beide buitenechtelijke dochters op (geschat) 100.000 dollar per jaar (uitgaande van Grinda en haar dochter op 4000 dollar per maand). Een dollarinkomen was toen 7 tot 8 keer meer waard dan de huidige, wat het vergelijken nog lastiger maakt.

Voorts is het zo goed als zeker dat hij zwijggeld betaalde. Harde bewijzen daarvoor zijn er niet, maar het is wel zeer aannemelijk. In 1960 bijvoorbeeld twijfelde men in Den Haag om Bernhard een bezoek toe te staan aan de Sjah van Perzië. Het draaide in dat geval om een Perzisch meisje waarmee hij, zeg maar, contacten onderhield. Als hij zou gaan, dreigden er 'lange jaren black mail'.[472]

Bernhard ging altijd door voor een vriend van de Sjah, maar de Perzische alleenheerser was niet bijzonder op hem gesteld. In een typisch geval van 'de pot verwijt de ketel dat hij zwart ziet' liet de Sjah zich in

---

469 Van Baalen (e.a.) *Het inkomen van de Koning. De totstandkoming en ontwikkeling van het financieel statuut van het koninklijk huis*, p. 168 en Nationaal Archief, Den Haag, 2.05.118, Inventaris van het Code-archief van het Ministerie van Buitenlandse Zaken, 1955-1964, inv. nr. 12499, Stukken betreffende het onderzoek naar beweringen van T. van Renterghem over betalingen aan Prins Bernhard. In het stuk van 16 maart 1946 is overigens sprake van de 'lady's son'; dus niet een dochter. Voor Van der Beugel: het tv-programma *Hoge Bomen*, 06-03-2003. Een andere intimus van Bernhard en koningin Juliana, Carel Steensma oud-topman KLM, zei in hetzelfde programma over de buitenechtelijke dochters van Bernhard: 'die waren er gewoon'.

470 *Palm Beach Post*, 17-04-1976. Bernhard zou $ 100.000 van zijn Lockheed-smeergeld aan een appartement voor Grinda in Parijs hebben besteed: Hoffman, *Queen Juliana*, p. 219. Ook de Nederlandse ambassade in Parijs waren deze berichten ter ore gekomen en doorgegeven aan Den Haag: Nationaal Archief, Den Haag, Blok Nr. A. 251 Ministeries voor Algemeene Oorlogvoering van het Koninkrijk (AOK) en van Algemeene Zaken (AZ) Kabinet van de Minister-President, inv. nr. 12523.1, Codebericht Parijs, 27-02-1976 (vrijgegeven via WOB-procedure 08 I 4448 WOB 30). De ambassade geeft meerdere bronnen.

471 'Betteln für Tiere', in: *Der Spiegel*, 13-08-1976.

472 Nationaal Archief. Den Haag, 2.03.01, Inventaris van de archieven van de Ministeries Voor Algemeene Oorlogvoering van het Koninkrijk (AOK) en van Algemene Zaken (AZ): Kabinet van de Minister-President (KMP), (1924) 1942-1979 (1989), inv. nr 11196, nr. 43. Kist aan Holtslag. Buitenlandse reizen van de Koningin en/of prins Bernhard, 18-05-1976.

kleine kring ontvallen dat hij Bernhard als een sjoemelaar beschouwde en bovendien was hij corrupt. Van de Oranjes had hij toch al geen hoge pet op: 'ze waren net zo vrekkig als ze rijk waren'. Ook Beatrix stond niet hoog aangeschreven, omdat ze zich te links opstelde. Ze had geweigerd een jubileum van de Sjah bij te wonen om links Nederland niet voor het hoofd te stoten. Later had ze de Sjah persoonlijk haar excuses voor haar afwezigheid aangeboden.[473]

Op grond van bovenstaande gegevens wordt duidelijk dat Bernhard, met zijn inkomen als prins-gemaal en Inspecteur-Generaal, het water aan de lippen stond. Kortom: hij bevond zich in een 'financiële wurggreep'.

Den Uyl heeft de presentatie van het rapport van de Commissie van Drie zorgvuldig geregisseerd. Bernhard moest zoveel mogelijk worden ontzien, maar wel een tikje op de vingers krijgen. Voor een *onafhankelijke* rechtbank zou hij geen schijn van kans hebben gemaakt, vanwege de bewijzen die er tegen hem lagen.

Bernhard nam, wat dat betreft, een unieke positie in binnen het Lockheed-schandaal. In het buitenland sneuvelden reputaties van politici voor rechtbanken en werden forse straffen uitgedeeld. In Nederland gebeurde dat allemaal niet omdat koningin Juliana dat niet zou hebben geaccepteerd. Ze had gedreigd met aftreden als Bernhard wegens corruptie achter de tralies zou belanden terwijl Beatrix had laten doorschemeren dat zij in dat geval haar moeder niet zou opvolgen. De affaire zou dan op een constitutionele crisis zijn uitgedraaid, en dat was precies waar Den Uyl bang voor was. Zijn PvdA zou bij de volgende verkiezingen zonder twijfel zijn weggevaagd. Maatregelen nemen tegen een lid van het Koninklijk Huis was (en is) haast ondoenlijk, vanwege het aanzien dat de monarchie geniet.

Bernhard was ondanks zijn corruptheid nog steeds extreem populair, en ook Juliana stond hoog aangeschreven bij het koningsgezinde electoraat, dat nog steeds de meerderheid van het kiezersvolk vormde. Dat gegeven dwong Den Uyl tot uiterst behoedzaam manoeuvreren.

De confessionele partijen voelden vanuit hun liefde voor het koningshuis evenmin aandrang tot voortvarend ingrijpen, wat ook gold voor de VVD. Eigenlijk wilde geen enkele partij, afgezien van de PSP, harde maatregelen tegen de prins.

---

473 Asadollah Alam, *The Shah and I. The Confidential Diary of Iran's Royal Court, 1969-1977*, p. 291, p. 467 en p. 504.

Dat Bernhard met zijn corrupte gedrag het belang van de Nederlandse staat had geschaad, zoals Den Uyl heeft gesteld, deed er niet toe. Wat had Bernhard - volgens de mythe althans - niet allemaal voor Nederland gedaan?

Bernhards omkoopbaarheid was daarom geen juridisch, maar een politiek probleem. De beide Kamers en het kabinet hebben de Lockheed-affaire eensgezind met de mantel der Oranjeliefde bedekt. De zaak liep met een sisser af, wat vanaf het begin de insteek was geweest. Bernhard kreeg geen 'straf' - een veel te zwaar woord -, maar er werden 'maatregelen' genomen. Hij kreeg ontslag als Inspecteur-generaal. Uiteraard 'eervol'. De kwestie van eervol of oneervol ontslag, toch lastig voor Den Uyl en de zijnen, is handig ontweken. In een verklaring erkende Bernhard de hem ten laste gelegde fouten en zei:

> 'Ik heb kennis genomen van het standpunt dat de regering inzake mijn gedragingen heeft bepaald. Ik aanvaard de consequenties en zal de functies, die in dat verband zijn genoemd, neerleggen. Ik hoop de gelegenheid te behouden het land te dienen en mede daardoor het vertrouwen in mij te herstellen.'[474]

Door zijn functies vrijwillig neer te leggen, ontsnapte Bernhard aan gedwongen ontslag. Het lijkt wel afgekeken van president Nixon die - enkele jaren daarvoor - ook zelf ontslag nam. Nixon zou zeker uit zijn ambt zijn gezet vanwege het tegen hem ingestelde impeachment. Hij hield de eer aan zichzelf en nam zijn ontslag voordat het oordeel was geveld.

Den Uyl sprak voorts de wens uit dat Bernhard zich niet meer in uniform zou vertonen. Dat trof de prins nog het meest. Justitieminister Van Agt, als altijd pal voor de monarchie, had een formeel verbod niet nodig gevonden; hij vond dat maar 'denigrerend' en 'beledigend'. Zijn functies in het bedrijfsleven, vooral commissariaten, moest hij neerleggen.

Het spreekt voor zich dat Van Agt nooit een strafrechtelijke vervolging heeft gewild. Klassenjustitie? Volgens Van Agt niet: 'De prins is niet als ieder ander'. Vervolging was daarom niet nodig. En was Bernhard al niet genoeg gestraft door de publicatie van het rapport-Donner?[475]

---

474   Tweede Kamer, 99ste vergadering, donderdag 26 augustus 1976, p. 5115.
475   Merriënboer, Bootsma en Van Griensven, *Tour de Force*, pp. 165-190.

Een argument dat voor geen rechter stand zou houden. Is een man als Willem Holleeder (toegegeven, van een ander kaliber) ook al niet genoeg gestraft door alle publiciteit om zijn proces? In de Verenigde Staten zou hij er ook niet mee zijn weggekomen.

Jerome Levinson en Jack Blum, respectievelijk adviseur van Frank Church en hoofdonderzoeker bij de commissie-Church, waren verbaasd over de conclusie van de commissie dat er geen doorslaggevend bewijs van smeergeld tegen de prins was gevonden:

'Dat verraste ons zeer. Dat ging volstrekt in tegen de verklaringen van Kotchian, op schrift en onder ede. Toen we dat gesprek met de directie gehad hadden, was de commissie er tot de laatste man van overtuigd dat prins Bernhard wel degelijk geld van Lockheed had ontvangen.'[476]

Blum deed onderzoek naar smeergelden in Europa en Japan en hij herinnerde zich dat tijdens een besloten hoorzitting de Lockheed-directie op de man af was gevraagd of ze prins Bernhard had betaald. Het antwoord was 'ja'. Hij zei ook: 'Voor ons bestond er geen enkele twijfel dat hij geld van Lockheed had gekregen', en bij Lockheed had daarover evenmin enige twijfel bestaan. Levinson zag de affaire als een traumatische geschiedenis voor Nederland:

'Voor zover ik het kan beoordelen wilde men het gewoon niet weten. En men was verbolgen dat de senaatscommissie en senator Church zo ver waren gegaan. En hoe gegrond de conclusies ook waren, we hadden de indruk dat men in Nederland zeer verbolgen was dat de commissie en senator Church in het bijzonder, dit hadden onthuld.'[477]

Door de grote Oranje-aanhang onder het electoraat was het voor Juliana tamelijk eenvoudig Den Uyl haar wil op te leggen door met crisis te dreigen als ze haar zin niet kreeg. Juliana hield, vanuit politiek oogpunt gezien, Den Uyl in een houdgreep. Als hij Juliana haar zin niet gaf, waren de vooruitzichten voor zijn partij bij de eerstvolgende verkiezingen desastreus.

---

476   Interview met Levinson en Blum in *Reporter*, 'Drie Wijze mannen', uitgezonden op 14-12-1999.
477   Interview met Levinson en Blum in *Reporter*, 'Drie Wijze mannen', uitgezonden op 14-12-1999.

Juliana en Beatrix zagen heel goed in welke positie Den Uyl verkeerde. Beiden zouden de dynastie nooit op het spel hebben gezet, al deden ze wel alsof, maar dat was om hun zin door te drijven.

Juliana was mogelijk wel afgetreden (het einde van haar koningschap was sowieso nabij), maar Beatrix zou zich ongetwijfeld na veel 'druk' hebben laten overhalen de kroon toch te aanvaarden. Dat alles hoefde echter niet, omdat de politiek het risico niet heeft durven nemen.

De wetenschap dat dreigen met aftreden een constitutionele crisis waarschijnlijk maakt, kan een Oranje inzetten om zijn wil op te leggen. Het lijkt nog het meest op een vorm van chantage. Grondwettelijk is het niet in de haak, maar in de praktijk werkt het abdicatiedreigement uitstekend; zeker als de zittende koningin en de kroonprinses dat middel gezamenlijk inzetten. Het is een van de nadelen van erfopvolging.

Abdicatie en overlijden

Koningin Juliana vertrok en koningin Beatrix trad aan op 30 april 1980, een dag waar niets feestelijks aan was. In Amsterdam braken grootschalige rellen uit onder het motto 'Geen woning geen kroning'. Krakers, autonomen maar ook op rellen beluste jongeren gingen de straat op, vochten met Mobiele Eenheden en politie, staken auto's in brand en richtten barricades op. Sirenes loeiden, waterkanonnen spoten en helikopters vlogen boven de stad, waar complete veldslagen woedden. Alsof het oorlog was.

Via televisie en radio was alles *live* te volgen; ook de toespraken van Juliana en Beatrix, al gingen die nauwelijks hoorbaar in kabaal en gejoel verloren.

Het was geen glorieus vertrek, net zomin als het voor de aantredende vorstin een mooie entree was. Beatrix dankte haar 'lieve moeder', net zoals Juliana háár moeder in 1948 had bedankt. De onvermijdelijke opmerkingen van Beatrix over de zwaarte van haar ambt en haar vraag voor steun voor de zware taak die haar wachtte, galmden hol door de Nieuwe Kerk. Opofferingsgezindheid en 'eenzaamheid' horen onverbrekelijk bij het imago en ritueel van het Nederlandse koningschap: ze offeren zich op en strepen zichzelf weg. Alles voor het volk.

In de kranten vind je bij de aankondiging van haar abdicatie obligate uitwuifteksten als 'rots te midden van woelige baren', 'moeder' en natuurlijk haar hang naar 'gewoon', 'menselijk' en 'eenvoudig' te willen zijn. Sommige kranten refereerden aan Hofmans, Lages, Lockheed en

Koningin Juliana tijdens tv-interview in 1987

haar toespraak tot het Congres, terwijl andere kranten ervoor kozen daarover te zwijgen.[478]

Bij haar dood, op 20 maart 2004, zei de toenmalige premier Jan Peter Balkenende: 'Vandaag is ons land in zekere zin zijn moeder kwijt geraakt. Wij herdenken haar met groot respect en zijn dankbaar voor alles wat prinses Juliana voor ons land heeft betekend.'[479] *De Telegraaf* schreef:

'Juliana stond en staat voor warmte, hartelijkheid, emotie en eenvoud. Ze had hoge waarden: voelde oprecht sterk voor de minder bedeelde medemens en was vredelievend. Ze was gelovig,

478   Krantendatabank Delpher geeft een goed overzicht van de artikelen gewijd aan de abdicatie. Trefwoord 'Juliana', datum tussen 30-04-1980 - 03-05-1980.
479   'Prinses Juliana overleden', in: *de Volkskrant*, 20-03-2004 (online);

creatief, schuchter, had de pest aan protocol en pers maar hield wel degelijk van een lolletje.'[480]

Voorts noemde het (lange) artikel affaires als Lages, Hofmans en Lockheed, maar ook dat ze al een tijd haar geheugen volkomen kwijt was. Vergeleken met de heldendaden die haar moeder, Wilhelmina, werden toegedicht in de Tweede Wereldoorlog (en niet te vergeten Bernhard als verzetsheld, die bovendien onnoemelijk veel voor Nederland zou hebben betekend), kwam koningin Juliana er in de kranten een beetje bekaaid vanaf.

Er viel misschien ook niet veel meer te zeggen, dan dat ze aardig, 'gewoon', menselijk, moederlijk enzovoort was geweest. Wat ze verder voor Nederland als koningin had betekend, of wat ze mogelijk tot stand had gebracht, mocht iedereen voor zichzelf uitmaken. Van Agt hield in zijn toespraak de verdiensten van de overleden vorstin een beetje in het midden:

'Het stuur geven aan staatszaken is niet het eerste waaraan ik denk. Wél de morele inspiratie, de liefdevolle uitstraling. Een koningin die echt naar het ambt leeft én is, is heel belangrijk voor een natie. Zij brengt iets over dat geen ander op deze wijze bezorgen kan. Ze was een liefdevolle koningin ... vredevol.

Er is zeker daarvan iets in de harten van mensen achtergebleven, al blijft dat altijd onmeetbaar.'[481]

Toen Juliana stierf, had ze haar man al lang niet meer gesproken. Niet alleen omdat ze dement was, maar vooral omdat Bernhard er geen zin in had. Ze woonden al decennialang in hun eigen vleugel van paleis Soestdijk.

Juliana's onvoorwaardelijke steun aan Bernhard tijdens de Lockheed-crisis, bracht bij Bernhard geen verandering in zijn gevoelens jegens Juliana teweeg; zijn genegenheid voor haar werd er niet groter door. De liefde tussen de beide echtelieden (zo die er van de kant van Bernhard al ooit is geweest) stelde al sinds (en vooral na) de oorlog nog maar weinig voor, tot verdriet van Juliana.

Bernhard bleef altijd Juliana's grote liefde, en haar liefste wens was dat het tussen hen beiden ooit goed zou komen. Bernhard interesseerde het

---

480   'Geliefd en gewaardeerd om 32 jaar koningschap', *De Telegraaf*, 21-03-2004.
481   Merriënboer, e.a., *Tour de Force. Van Agt Biografie*, p. 363.

allemaal niet. Hij zag zijn huwelijk in de eerste plaats als een uitdaging (of, zoals hij tegen *de Volkskrant* zei, een 'challenge' er iets van te maken), waar hij, terugkijkend, niets van terecht heeft gebracht.

Maar zijn huwelijk heeft hem opgeleverd, waar hij het sterkst aan hechtte: geld, invloed, vrouwen, aanzien, jachtpartijen overal ter wereld, reizen, auto's en toegang tot de jet set en machtigen van deze wereld. En, niet te vergeten, een onbezorgde dag voor moeder Armgard. Tegenover Juliana was Bernhard grof, bot, tactloos, ongeduldig, kleinerend en respectloos, wat met het klimmen der jaren alleen nog maar erger zou worden.

Waar Juliana meer steun aan heeft gehad dan aan Bernhard, was haar geloof in God. In dat opzicht leek ze sterk op haar moeder. In haar afscheidsrede voor radio en tv verzekerde ze dat God haar had geholpen en bijgestaan, al weigerde ze expliciet te zeggen *hoe*. Haar religie was haar privédomein, waar niemand anders dan zijzelf zich mee mocht bemoeien. Op godsdienstig terrein was ze een 'alleseter'. Ze bezocht verscheidene kerken, waaronder katholieke, terwijl ze soms haar oor ook te luisteren legde bij de Pinkstergemeente.

Toen ze sinds 1996 vanwege haar gezondheid niet veel meer de deur uitging, zocht ze haar heil bij Amerikaanse tv-dominees. Ook toonde ze belangstelling voor reïncarnatie, *New Age* en karma. Juliana geloofde stellig in al het hogere, wat haar 'zweverig' deed overkomen.[482] Mocht u ooit een maatschappelijk werkster tegenkomen met het uiterlijk van Juliana, dan is de kans groot dat het een reïncarnatie van de oude vorstin is.

Tenslotte

Er zat nóg een aspect aan Bernhard dat niet alleen het koningshuis, maar ook de Nederlandse regering zwaar had kunnen opbreken. Hij was rond de jaren vijftig - de tijd van zijn handelsmissies - verzeild geraakt in allerlei onfrisse zaken die nooit mochten uitlekken.

Hij werkte in die tijd met tussenpersonen, zodat hij niet rechtstreeks aan louche illegale handel in wapens kon worden gerelateerd, maar er zijn marechaussee-rapporten over verschenen die lange tijd in de 'gifkast' van Algemene Zaken lagen opgeborgen: documenten met een brisante lading.

Er komen veel namen in voor van louche zakenlieden, wapenhande-

---

482   Withuis, *Juliana. Vorstin in een mannenwereld*, p. 703-704, pp. 725-727, 734-737 en 746-747.

laren en bankiers met wie Bernhard zich afgaf. Buitenlandse inlichtingendiensten waren hiervan op de hoogte en dat baarde de ministers in Den Haag grote zorgen. Het borg immers de mogelijkheid in zich onder druk te worden gezet. Kennis is macht. Zeker als het om informatie gaat die niet naar buiten mag komen. Dat is gelijk de troef die de inlichtingendiensten in handen hebben: dreigen met publicatie. Publiekmaking kan worden voorkomen, maar dat vraagt om een tegenprestatie. Stel dat Nederland in een Navo-kwestie een positie kiest die de regering van een land met kennis van Bernhards handel en wandel niet bevalt. Wanneer Nederland belooft zijn positie aan te passen, zal publicatie worden tegengehouden.

De regering Drees was bang voor een dergelijke situatie, omdat het een constitutionele crisis met zich mee kon brengen, wat vanuit politiek oogpunt gezien rampzalig zou zijn.

Uiteraard haast het rapport zich te zeggen - zoals dat gebruikelijk was in verband met de prins - dat hij er zelf niets aan kon doen, maar dat zijn vertrouwen werd misbruikt.

'Het mag immers zonder meer duidelijk worden geacht, dat de wetenschap in dit rapport neergelegd, een ernstig chantage element bevat t.o.v. het Koninklijk Huis, geheel afgezien van de vraag of in concreto een en ander tot consequenties aanleiding zal geven of niet. Duidelijk is immers gebleken, dat bepaalde personen, die Z.K.H. zijn vertrouwen heeft gegeven, dit misbruiken, niet waardig zijn of hiermede althans op zeer onvoorzichtige wijzen omspringen.'[483]

In het rapport worden verscheidene mensen genoemd die uit de omgeving van de prins moeten worden verwijderd, en dat is inderdaad gebeurd.

Cees Fock, secretaris-generaal op het ministerie van Algemene Zaken, was ook bang dat de naam van het koningshuis vanwege Bernhards illegale activiteiten in diskrediet zou worden gebracht en maakte dat duidelijk aan minister-president Drees. Fock achtte de toestand nog ernstiger dan hij eerst had gedacht, en veel viel er niet aan te doen:

---

483   Ministerie van Algemene Zaken, referentie 3075730, Memorandum, mei, 1950 en 8e Rapport betreffende Prof. Dr. J.W. Duyff, Zeer geheim, 20 juli 1950 en idem, Rapport Nr. 1 en vervolgrapport over prof. J.W. Duyff, Zeer geheim, met 3 bijlagen, 12 maart 1950.

'Aan de andere kant acht ik het onwaarschijnlijk, dat van Nederlandse zijde veel gedaan zal kunnen worden om de machinaties, die plaats vinden, tegen te werken. Ons blijft slechts de mogelijkheid om te trachten er voor zorg te dragen, dat de naam van het Koninklijk Huis, hierbij betrokken, er buiten blijft. Deze kwestie vervult mij met grote zorg en het is naar mijn gevoelen onontkoombaar, dat ten deze stappen ten opzichte van het Koninklijk Huis worden genomen. Het zou werkelijk niet de eerste keer zijn, dat door zeer begaafde en onscrupuleuze personen de naam van niets vermoedenden in opspraak zou worden gebracht, een verloop van zaken, dat in dit geval wel bijzonder ernstige gevolgen zou kunnen hebben. In alle bescheidenheid komt het mij voor, dat dergelijke stappen slechts door U zouden kunnen geschieden (aan de hand van een daartoe op te stellen nota) tegenover H.M. en Z.K.H.'

Fock was van mening dat Drees rechtstreeks contact zou moeten opnemen met Bernhard en koningin Juliana. Fock herinnerde Drees eraan dat enkele bevriende mogendheden van de precaire situatie op de hoogte waren en er ook al nader naar hadden geïnformeerd.[484]

Ik heb me in mijn boek *Bernhard Zakenprins* de vraag gesteld, hoe groot de kans was dat het Koninklijk Huis in het algemeen (en prins Bernhard in het bijzonder), of mogelijk de regering, heeft blootgestaan aan afpersing vanwege het gedrag van prins Bernhard. De vraag stellen is gemakkelijk, hem beantwoorden vrijwel onmogelijk.

In bovengenoemde marechausseerapporten wordt op de mogelijkheid van afpersing gewezen, maar concrete bewijzen komen niet op tafel. Als ze er zijn, worden ze waarschijnlijk niet vrijgegeven. Ze zijn té schadelijk voor het aanzien van het koningshuis en kunnen gemakkelijk politieke rampen veroorzaken.[485] Het is een aspect van Bernhard waaraan tot dusver weinig aandacht is besteed, onder andere omdat archieven (ook buitenlandse) gesloten blijven.

---

484 Ministerie van Algemene Zaken, referentie 3075730, Zeer Geheim. Aantekening voor de Minister President (Drees) van Fock, 8 mei, 1950.
485 Aalders, *Bernhard Zakenprins*, pp. 149-156 en pp. 167-171.

7

Beatrix 1980-2013

De wieg van Beatrix, de toekomstige koningin van Nederland, stond klaar op de veiligst denkbare plek, toen ze op 31 januari 1938 ter wereld kwam. Werkelijk niets was bij haar geboorte aan het toeval overgelaten.

Zowel moeder Juliana als vader Bernhard geloofde in het bovennatuurlijke. Dat Juliana een 'zweverige' aanleg had is bekend, maar Bernhard deed weinig voor haar onder. Hij kwam er alleen niet voor uit, omdat het niet paste bij zijn zakelijke en no-nonsense imago. Beide ouders hadden ontzag voor boze aardstralen en ze wilden Beatrix koste wat kost daaraan niet blootstellen.

Om ieder risico uit te sluiten had het echtpaar Nanny Klein Sprokkelhorst-Mooiweer, fameus wichelroedeloopster uit Zeist, op Soestdijk ontboden. Niet voor niets. Haar wichelroede, een y-vormig takje, detecteerde een hoge dosis aardstralen aan het voeteneinde van het echtelijk bed; precies de plek die ze in gedachten hadden voor de wieg van Beatrix. Dat wiegje kreeg nu een andere plaats, gegarandeerd aardstralenvrij.

Zo wachtte Beatrix ('zij die gelukkig maakt') een onbekommerde toekomst. De kosten die de Zeister wichelroedeloopster in rekening bracht, waren gering gezien het stralingsgevaar dat was afgewend: 155 gulden.[486] In 1980 besteeg Beatrix blakend van gezondheid de troon.

De vreugde in het land over de geboorte van prinses Beatrix, was volgens de pers - zoals gebruikelijk - overweldigend. De schoolgaande jeugd barstte spontaan uit in het zingen van Oranjeliederen, nadat de juf of meester het heugelijke nieuws aan de klas had verteld. Kinderen (ook in de koloniën) kregen die dag vrijaf van school.

Volwassenen waren - ook geheel zoals de traditie het wilde - uitzinnig van vreugde, en de kranten jubelden in koor dat de dynastie was gered.[487]

---

486 Bredenhoff & Offringa, *Greet Hofmans. Occult licht op een koninklijke affaire*, pp. 67-68 en 'In memoriam Prins Bernhard (1911-2004)', in: *Nederlands Tijdschrift tegen de Kwakzalverij*, maart 2005.
487 Schenk en Van Herk, *Juliana, vorstin naast de rode loper*, pp. 115-116.

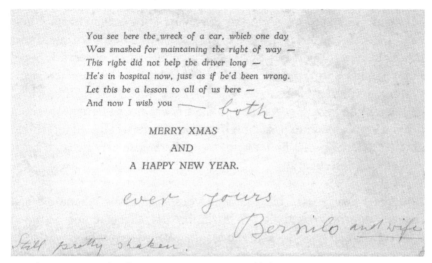

You see here the wreck of a car, which one day
Was smashed for maintaining the right of way —
This right did not help the driver long —
He's in hospital now, just as if he'd been wrong.
Let this be a lesson to all of us here —
And now I wish you — *both*

MERRY XMAS

AND

A HAPPY NEW YEAR.

ever yours

Bernilo and wife

Still pretty shaken.

Kerstkaart van Bernhard uit 1937 n.a.v. zijn autogeluk

Het zakelijk instinct van de jonge vader had niet geleden onder de geboorte van zijn dochter. Integendeel: hij sloeg er geld uit. Niet een Nederlandse krant, maar de Britse *Daily Express*, van zijn vriend Sefton Delmer, publiceerde de eerste foto's van de kleine Beatrix. Het leverde Bernhard de lieve som van 4000 Engelse ponden op (ongeveer 50.000 gulden).[488]

De geboorte van zijn dochtertje vermocht de jonge vader niet lang aan Soestdijk te binden. Twee maanden na de komst van Beatrix, toog hij met zijn broer Aschwin naar de Italiaanse en Franse Rivièra, om zogenaamd op te knappen van een ernstig, door hemzelf veroorzaakt, auto-ongeluk wegens roekeloos rijgedrag bij Diemen. Bochten ging Bernhard altijd links in omdat hij *wist* dat er geen tegenliggers waren. Die kennis dankte hij aan een hogere macht die over hem waakte. Ook dat was bijgeloof.

De schuld voor het ongeluk bij Diemen schoof hij ten onrechte af op de chauffeur van de vrachtauto waarmee hij in botsing was gekomen. Bernhard kwam er wonderwel van af met een kleine hoofdwond en een lichte hersenschudding. Zijn auto was total loss.

Aan zijn biograaf Alden Hatch vertelde hij 20 jaar later dat er sprake was geweest van een zware hersenschudding, een schedelbasisfractuur en gebroken ribben. 'Wat we nog niet wisten, doch wat nu wordt verondersteld, was dat hij bovendien zijn nek had gebroken', dikte Hatch de

---

488 Van der Zijl, *Bernhard. Een verborgen geschiedenis*, p. 286.

gevolgen - uiteraard op gezag van Bernhard - nog eens extra aan. Volgens alle krantenverslagen uit die tijd echter was Bernhard niet meer dan 'licht gewond' geraakt. Wel was hij uit voorzorg ter observatie opgenomen in het Burgerziekenhuis (nu The Manor hotel) in Amsterdam.

Aan zijn plezierreis naar de Méditerranée werd geen ruchtbaarheid gegeven in de pers. Het was te pijnlijk: hij was net vader geworden en liet zijn vrouw met hun pasgeboren kind achter, terwijl hijzelf uitgebreid ging feestvieren in het buitenland. De Nederlandse pers liet zich braaf zelfcensuur opleggen.[489]

Beatrix en haar zussen bleef de jeugd bespaard, zoals Juliana die had moeten doormaken, al had Wilhelmina het allemaal nog zo goed bedoeld. Ze had haar dochter een 'gouden kooi-leven' willen besparen, wat maar gedeeltelijk zou lukken.

De jeugd van Beatrix en Irene (en deels die van Margriet) verliep heel anders dan van hun leeftijdgenootjes die niet de kans hadden gekregen met hun familie voor de Duitse bezetter te vluchten. Hun jeugd in Canada was een stuk comfortabeler dan die van kinderen in bezet Nederland.

Terug in Nederland ging Beatrix naar de progressieve school 'de Werkplaats' van pedagoog Kees Boeke in Bilthoven. Bernhard vond het maar niets, Boeke stond bekend als een progressieve christen-anarchist, maar Juliana duwde haar schoolkeuze door. In september 1945 maakten Beatrix en haar zus Irene hun opwachting bij de Werkplaats. Beatrix kwam terecht in een groep van vijftien kinderen. Ze mocht niet anders worden behandeld dan de andere kinderen, maar ze was natuurlijk vanwege haar afkomst toch wel bijzonder.

Elke ochtend kwam ze voorgereden in een hofauto, en vrijwel altijd stonden er nieuwsgierige Nederlanders te kijken hoe de kroonprinses bij school aankwam, vergezeld van een paar rechercheurs. Beatrix besefte zelf ook heel goed dat ze anders was dan haar schoolgenoten.

Ze was ijverig en deed wat haar gezegd werd, maar ze nam toch ook de ruimte die haar geboden werd. Wat niet weg nam dat ze net als de andere kinderen ramen moest wassen en andere soorten van corvee moest doen. Beatrix had het op de Werkplaats niet echt naar haar zin. Ze maakte haar middelbare school af op een 'speciaal rond haar geselecteerd klasje op het Baarnsch Lyceum.'[490]

---

489   Aalders, *Bernhard. Niets was wat het leek*, pp. 87-90.

490   Hooghiemstra, De geest in dit huis is liefderijk: het leven en De Werkplaats van Kees Boeke (1884-1966), p. 9, p. 268, p. 288, p. 290, p. 303 en p. 305.

Na de middelbare school ging ze studeren in Leiden en deed daar in 1961 haar doctoraal examen rechten (vrije studierichting). Anders dan haar moeder verliet ze de universiteit niet met een eredoctoraat. Zo'n ingreep was niet nodig, omdat ze haar studie echt had volbracht, en niet, zoals haar moeder, slechts een paar tentamens had gedaan. Ze kreeg pas een eredoctoraat in 2005. De Universiteit van Leiden kende haar de eretitel toe voor haar toespraken over vrijheid. De eredoctor zelf had haar twijfels: 'Het blijft een vreemd idee dat mij een eredoctoraat wordt verleend zonder dat er sprake is van bijzondere wetenschappelijke verdiensten.' Dagblad *Trouw* gaf haar gelijk: 'Universiteiten verlenen doorgaans eminente wetenschappers deze grote eer.'[491]

Vier jaar na haar afstuderen verscheen de eerste foto van haar met toekomstige echtgenoot Claus von Amsberg, in de *Daily Express*, uitgerekend de krant die ook - dankzij prins Bernhard - de eerste babyfoto van haar had gepubliceerd.

Dagblad *De Telegraaf* had de foto al eerder in zijn bezit. De krant had er 15.000 gulden voor betaald, maar durfde publicatie niet aan. Eerst wilde het blad de identiteit van de man achterhalen, maar dat bleek lastig. Een telefoontje naar de minister-president leverde niets op. Premier Jo Cals wist van niks en belde ongerust met koningin Juliana. Hare Majesteit reageerde woedend en verzocht hem de hoofdredacteuren van de Nederlandse kranten erop te wijzen dat dit gewoon niet kón.

De man op de foto zou één van de goede vrienden van de kroonprinses zijn. Punt. *De Telegraaf* verzon daarop een list, want de krant durfde publicatie niet aan, zolang ze niet wist wie de man op de foto met Beatrix was. Hoofdredacteur Co Stokvis: 'Het kan wel een getrouwde man zijn, of erger nog: een chauffeur of een tuinman.'

De krant speelde de foto daarom door naar de *Daily Express*, die publicatie wel aandurfde, waarmee de weg vrij was voor *De Telegraaf* ook zelf met de foto naar buiten te komen.[492] Het was een oude truc die - zoals we al zagen - al een eeuw eerder door kroonprins Willem werd toegepast om zijn vader koning Willem I van de troon te jagen.

Op 10 maart 1966 trouwde Beatrix met Claus in Amsterdam; een dag die niet alleen het echtpaar, maar heel Nederland zou heugen. Claus was

---

491   De plechtigheid is te zien op YouTube: http://www.youtube.com/watch?v=9u82qEvngGM (bezocht op 02-02-2020) en *Trouw*: https://www.trouw.nl/nieuws/beatrix-is-voor-het-eerst-doctor~b6013916/ (geraadpleegd op 02-02-2020).

492   https://anderetijden.nl/aflevering/612/De-verloving-van-Beatrix-en-Claus

van Duitse afkomst, lid geweest van de Hitler Jugend en had als soldaat bij de *Wehrmacht* gediend. Dat alles lag bij veel Nederlanders, zo tamelijk kort na de oorlog, niet lekker. De sfeer in het land was toen sowieso onrustig. Het was de tijd van Provo, die dolgraag tegen de monarchie mocht aanschoppen en in het huwelijk een gouden kans zag dat daadwerkelijk te doen.

Op de route naar de Westerkerk, waar het huwelijk werd voltrokken, ontploften verschillende rookbommetjes, maar De Rookbom die vlak voor de Gouden Koets met daarin het bruidspaar werd gegooid, zorgde voor verbijstering.

De hele wereld was getuige van deze meest besproken rookbom uit de Nederlandse geschiedenis, dankzij foto's en televisie. Het verzet tegen de monarchie in Nederland was wereldnieuws. Achteraf gezien was het ook een generale repetitie voor de inhuldiging van Beatrix, toen het niet bij wat rookbommen bleef. De dag van de inhuldiging draaide onder de slogan 'Geen woning geen kroning' uit op een complete veldslag in Amsterdam. Er is toen zelfs geopperd met scherp op de betogers en relschoppers te schieten.[493]

Inhuldiging

Een inhuldiging kost enorm veel voorbereiding, vooral op het gebied van beveiliging. Alle hoge buitenlandse gasten (waaronder staatshoofden) moeten worden beveiligd. Het is een enorme klus, waarmee vele miljoenen zijn gemoeid. De uitgaven voor beveiliging worden om veiligheidsredenen geheim gehouden. Alle gemaakte kosten werden bij de inhuldiging van Beatrix gedekt door een blanco cheque. Het mocht kosten wat het moest kosten. En dat was veel.

Maar de organisatie had ook kleinere zorgen, zoals de muziekkeuze. Premier Van Agt, katholiek, opperde de Maastreechter Staar het gebed 'Domine salvam fac reginam nostram' (Heer, zegen onze koningin) te laten zingen. Hij kreeg zijn zin, maar de twee andere liederen die de Maastrichtenaren ten gehore zouden brengen, mochten van het hof - het is dan 1980 - geen 'typisch rooms-katholieke gezangen' zijn. Beatrix opperde als moderne koningin in mantelpak te verschijnen, maar Van Agt prefereerde de traditionele hermelijnen mantel, omdat die verwees naar de sacrale dimensie van het koningschap (het is nog steeds 1980). Ook daarin kreeg de premier zijn zin.

---

493   Merriënboer, e.a., *Tour de Force. Van Agt Biografie*, p. 374.

Geen woning geen kroning 1980

Toch ging het op de grote dag erg mis. Het lawaai van de rellen was tot in de Nieuwe Kerk te horen. Sirenes loeiden en boven de kerk hing een rumoerige helikopter. Van Agt vreesde dat er ieder moment stenen door de ruiten naar binnen zouden kunnen komen.

Ondanks het rumoer, dat dus tot in de kerk doordrong, sprak Beatrix haar rede uit. Het was de vraag of ze haar speech kon voltooien, voordat ergens halverwege de deur werd ingebeukt en actievoerders de plechtigheid zouden verstoren, vreesde een van de reporters in de kerk.[494]

Het liep allemaal goed af, hoewel de spanning te snijden was geweest. Dat was ook die ochtend al het geval tijdens de balkonscene op de Dam, de warrigste ooit uit de geschiedenis.

In 1948, toen Wilhelmina afscheid nam en Juliana aantrad, had de Dam stampvol gestaan met enthousiaste Oranjeaanhangers. Dat was nu niet het geval. Niet alleen omdat delen van de Dam slechts toegankelijk waren voor genodigden uit het hele land, maar ook omdat de scene op de televisie was te volgen.

In de voorste gelederen stonden de genodigden, in het achterste deel, waarvoor geen uitnodiging nodig was, ontploften twee rookbommen, zodat een deel van de Dam voor de beide vorstinnen vanaf het paleisbalkon onzichtbaar was door witte rook. Juliana zag er onder die omstandigheden vanaf haar volledige speech uit te spreken. Beatrix volgde haar voorbeeld.[495] Ze zal ongetwijfeld hebben teruggedacht aan haar huwelijksdag, die evenmin vlekkeloos was verlopen. De eerste in de geschiedenis van het Oranjehuis.

Koningin nieuwe stijl

Beatrix wilde niet, zoals haar moeder, graag 'gewoon' zijn. Een koningin is nu eenmaal niet gewoon en dat wilde ze graag benadrukken. Zij was geen 'gewone' vrouw, maar een Majesteit. Een mevrouw met invloed en dat zou iedereen weten. Een koningin nieuwe stijl dus, die teruggreep op vroeger tijden, toen eerbied voor de koning vanzelfsprekend was. Ze wilde een koningin zijn tegen wie werd opgekeken. Een breuk dus met de stijl van haar moeder.

Afstand en eerbied konden de monarchie alleen maar ten goede komen en haar unieke positie blijvend verzekeren, vond Beatrix. Premier Van Agt kreeg als eerste te maken met 'het meisje van Huis ten Bosch', zoals hij haar noemde (als ze er niet bij was). Uiteraard was dat schertsend bedoeld. Zijn oordeel over Beatrix viel totaal anders uit dan zijn mening over Juliana. Van Agt vond Beatrix 'pittig, helder en hoog

494   Merriënboer, e.a., *Tour de Force. Van Agt Biografie*, pp. 367-370.
495   Hermans, *Wie ben ik dat ik dit doen mag*, pp. 268-269.

intellectueel'. Ze bereidde zich goed voor op gesprekken en ze werkte haar zaken systematisch af. Ze wilde geïnformeerd worden over alles wat voor haar als staatshoofd relevant kon zijn. 'Ze liet geen denkbaar te stellen vraag ongesteld.'

Van Agt verkoos de stijl van Beatrix boven die van Juliana. Het was de zakelijkheid van Beatrix tegenover de emotionaliteit van de oude koningin. Veel meer dan dat komen we bij Van Agt niet te weten. Hij hechtte sterk aan het 'geheim van het Lange Voorhout'. Hij maakte wel notities van zijn gesprekken met de koningin, maar daaruit valt weinig af te leiden. Wel is duidelijk dat Beatrix volop gebruik maakte van haar recht te worden geraadpleegd.

Zo hadden de formatie van 1981, de beantwoording van Kamervragen over Koninginnedag en de abortuskwestie die toen speelde haar belangstelling, maar daar bleef het niet bij. Ze bemoeide zich, die indruk krijg je althans, met zo ongeveer alles. Verder had ze nogal wat klachten en wensen. Ze maakte dus volop gebruik van haar recht geïnformeerd en geconsulteerd te worden en van haar recht om te waarschuwen. De drie door Bagehot omschreven rechten die een monarch zou moeten hebben.

Ze leek ook sterk geporteerd te zijn voor het huwelijk. Van *levenspartners*, mensen die ongehuwd samenwonen, moest ze niets hebben. Levenspartners van bewindslieden zag ze daarom liever niet op haar recepties en ook niet op ontvangsten van het kabinet. De 'vliegregels', het gebruik van het regeringsvliegtuig, hadden eveneens haar belangstelling. De regels ten gunste van haar (en van haar familie) konden Beatrix niet ruim genoeg zijn.

Omgekeerd is het lastig te zeggen wat Beatrix van Van Agt vond. Gezien de kabinetsformatie van 1981, toen Beatrix vrij opzichtig de door Van Agt voorgedragen kabinets-informateur passeerde, zou je kunnen opmaken dat zij hem niet hoog had zitten.[496] Je kunt er ook uit opmaken dat Beatrix zoveel mogelijk macht naar zich toetrok en dat Van Agt dat liet gebeuren. Dat kun je niet Beatrix, maar wel Van Agt verwijten.

Van Agt had een hoge pet op van de monarchie. Niet in de zin dat de koningin staatkundig of politiek adviseur moest zijn, maar als 'kristallisatiepunt van gevoelens van nationale eenheid en erkenning'. De representatieve functie van het koningschap vond hij prachtig en hij hechtte daar zeer aan. Beatrix bood een 'stijlvol koningschap', wat Van Agt waar-

---

496   Merriënboer, e.a., *Tour de Force. Van Agt Biografie*, pp. 379-383 en pp. 427-430.

deerde als een 'nationale cultuurschat'. 'In een land zo kaal en vaal als het onze, biedt het koninklijk ceremonieel nog enige kleur,' meende Van Agt.[497]

Als goed rooms-katholiek leek hij vooral te vallen voor de pracht, de praal en de ceremonie. Maar van haar adviezen leek hij niet onder de indruk, al gaf hij soms toe aan haar druk. Of Beatrix vanuit politiek of staatkundig oogpunt enig nut voor Nederland heeft gehad, lijkt twijfelachtig.

De zo vaak aangehaalde bewering dat de nationale eenheid door de monarchie in stand wordt gehouden, onderschreef Van Agt.

Eerder constateerde ik al dat zelfs ingetrouwde buitenlanders zonder een druppel Oranjebloed (Emma, Bernhard, Claus en Máxima) dat net zo goed of misschien zelfs wel beter kunnen. Zo langzamerhand behoort de stelling van de instandhouding van de nationale eenheid door de monarchie tot de folklore, net als de mythe van de 'goede koning', die hier al vaker de revue passeerde.

Bagehot poneerde al in de negentiende eeuw dat de koning geen kwaad kon doen 'he [de koning] can do no wrong'. Hij heeft geprobeerd de koninklijke uitstraling te verklaren. Volgens hem doet een regering veel dingen die maar beter aan het oog onttrokken kunnen blijven. Daartoe wordt de koning ingezet. Hij leidt, volgens Bagehot, de aandacht af van wat de regering doet en fungeert als een soort bliksemafleider.

Dankzij de koning kunnen de ministers wat meer in de luwte opereren. Het landsbestuur verschuilt zich in de visie van Bagehot dus achter de koning, die daarom voor iedereen wél zo goed mogelijk zichtbaar moet zijn. Om de koning hangt een vleugje mystiek - Beatrix heeft dat beter begrepen dan haar moeder - en zelfs iets religieus' of goddelijks. Maar bovenal is hij een goed mens, om niet te zeggen een Verheven Mens, die dichter bij God de Vader staat dan wie ook. Wat hij zegt of doet (of juist niet doet), is verder niet van belang. Het gaat om zijn uitstraling en het volk vergaapt zich daar graag aan. De koning kan in de ogen van zijn onderdanen geen kwaad doen, omdat hij simpelweg het beste met hen voor heeft. Als dat soms anders lijkt, is dat de schuld van zijn ministers.[498]

De *Persoonlijke Herinneringen* van Ruud Lubbers, de premier die haar het langst heeft meegemaakt, maken je niets wijzer over het hande-

---

497 Merriënboer, e.a., *Tour de Force. Van Agt Biografie*, p. 382.
498 Bagehot, *The English Constitution*, pp. 61- 93. Zie voor 'he can do no wrong': p. 67.

len, denken en doen van Beatrix. In het aan Beatrix gewijde hoofdstuk schrijft hij over zijn goede contacten met haar en over de indringende gesprekken die ze samen hadden over godsdienst. Maar zoals gezegd, je wordt er niet wijzer van. De 'eenheid van de Kroon' was bij Lubbers in veilige handen.[499]

Dat Beatrix stevige banden met de Heer onderhield, blijkt (behalve uit Lubbers' opmerkingen) ook uit haar troonrede: 'Die opdracht wil ik vervullen naar plicht en geweten, vanuit het vast geloof dat God mijn leven leidt.' Ze haalt God viermaal aan in haar rede.[500]

Bij haar vijfentwintigjarig jubileum liet Lubbers tijdens een interview ook maar weinig los. Ze oefende 'enige zachte sturing [uit] bij de voorkeuren voor ministers', maar die zachte hand veranderde nooit in een sturende hand. Van Agt, Wim Kok, Jan Peter Balkenende en ook Lubbers, roemden stuk voor stuk haar dossierkennis. En daar moeten we het mee doen.[501] Enig idee wat ze voor Nederland heeft betekend, valt er niet uit op te maken. Evenmin of ze *iets* heeft betekend.

In 2012 (formatie kabinet Rutte II) was het gedaan met de benoeming door de koningin van een verkenner, informateur en formateur van een nieuwe regering. De invloed die de koning op kabinetsformaties had - als hij dat wilde en de beoogde formateur niet al te stevig in zijn schoenen stond -, is daarmee verdwenen. Het voorstel daartoe kwam van D66.

Sinds 2012 heeft de Tweede Kamer dus de regie van de formatie in handen. Wel wordt de koning - hij is immers lid van de regering - op de hoogte gehouden van het verloop. Of hij op die manier nog enige invloed kan uitoefenen is duister.

Voor deze verandering was geen wetswijziging nodig maar slechts een wijziging in het Reglement van Orde, ondersteund door de PvdA, PVV, SP, GroenLinks, D66 en de Partij voor de Dieren. VVD, CDA en de kleine christelijke partijen waren tegen. Uiteraard kan bij een andere samenstelling van de Kamer het Reglement van Orde met evenveel gemak worden teruggedraaid en kan de koning weer aan de bak. Overigens was het sinds de motie-Kolfschoten uit 1971 al mogelijk de koning buiten de formatie te laten.[502]

---

499   Lubbers, *Persoonlijke herinneringen*, pp. 144-148.

500   http://www.troonredes.nl/inhuldigingsrede-30-april-1980/comment-page-1/.

501   https://www.montesquieu-instituut.nl/id/vh01k0y2v7yx/nieuws/lubbers_zachte_sturing_koningin_beatrix?ctx=vg09lloazsxv (geraadpleegd op 29-01-2020).

502   Raalte van, *Staatshoofd en Ministers*, p. 277.

Het is, samenvattend, ontzettend lastig een vinger achter de (verborgen) invloed van Beatrix (of de huidige koning) te krijgen, omdat we simpelweg, in onze democratie met een erfelijk staatshoofd, niets mogen weten van de innerlijke roerselen van het staatshoofd, want dat zou zijn gezag en bovenpartijdigheid kunnen aantasten. Maar het zou natuurlijk evengoed een ontluisterend inzicht kunnen geven in daden en doen (of niet doen) van de koning, en daar zit geen enkel zittend kabinet op te wachten. In dat opzicht houden kabinet en koning elkaar in een houdgreep en blijft iedereen stug bezig met het spelen van de poppenkast die monarchie heet.

De Grondwetsherziening van 1983 perkte de rechten van de koning - die hij formeel nog had - officieel verder in. Praktisch alle artikelen die de koning recht gaven over het opperbestuur, oppergezag of oppertoezicht, zijn in 1983 tijdens het bewind van Beatrix geschrapt.

De titel 'Van de macht des konings' komt sinds 1983 niet meer voor in de Grondwet. Overigens was het monarchale alleenrecht vaak al veel eerder uitgekleed, met de bepaling dat voorafgaande toestemming van de Staten-Generaal nodig was, zoals bij het verklaren van oorlog of het recht verdragen te sluiten.

De opvallendste herzieningen van de Grondwetswijziging van 1983 die de macht van de koning verder hebben beperkt, betroffen:

1. De Koning heeft het bestuur der buitenlandse betrekkingen. (art. 56)
2. De Koning maakt oorlog en verklaart vrede. (art.57)
3. De Koning heeft het recht verbonden en verdragen te sluiten. Hij geeft na het sluiten informatie aan de Staten-Generaal. (art.58)
4. De Koning heeft het oppergezag over de vloten en legers. De Militaire Officieren worden door hem benoemd en ontslagen. (art. 59)
5. De Koning heeft het opperbestuur van de algemene geldmiddelen. (art.61)
6. Hij heeft het recht om de voordrachten aan hem door de Staten-Generaal gedaan, al of niet goed te keuren. (art.70 lid 2)
7. De Koning stelt ministeriële departementen in, benoemt derzelver hoofden, en ontslaat die naar welgevallen. (art 75)
8. Er wordt alomme in de Nederlanden recht gesproken in naam en vanwege de Koning. (art.162).[503]

---

503   https://www.denederlandsegrondwet.nl/id/vi7hh34zwlx1/zesde_afdeeling_van_de_magt_
des_konings (geraadpleegd op 29-01-2020).

Alle hierboven genoemde rechten kwamen in 1983 officieel te vervallen.

Nog eenmaal heeft Beatrix zich bemoeid met buitenlandse betrekkingen (punt 1), alsof ze dat recht al niet in 1983 had verloren. Het thema levenspartner, ongehuwd samenwonen dus, speelde weer eens op. Jonkheer E. Roëll betrok in 1992 zijn diplomatieke post in Pretoria met zijn Deense vriendin, in plaats van met zijn wettige echtgenote. Die relatie was al na twee maanden voorbij en zijn echtgenote kwam toen alsnog naar Zuid-Afrika.

Beatrix had zich hevig gestoord aan het gedrag van Roëll, wat vermoedelijk ook te maken had met het feit dat de familie Roëll al lang nauw met de familie Van Oranje was verbonden en dat de Roëlls diverse leden van de hofhouding hadden geleverd.

Beatrix wenste tijdens haar geplande staatsbezoek aan Zuid-Afrika de ambassadeur niet te ontmoeten. Minister van Buitenlandse Zaken Hans van Mierlo riep Roëll terug naar Den Haag. Kreeg Beatrix daarmee haar zin? Alles wijst daar op en het is ook hoogstwaarschijnlijk dat ze haar zin heeft gekregen, maar vanwege de ministeriële verantwoordelijkheid valt er niets te bewijzen.

Politiek is de kwestie opgelost door Roëll om overplaatsing te laten vragen en zijn verzoek vervolgens in te willigen. Beatrix noemde het bericht 'complete onzin', wat het vermoedelijk niet was. Van Mierlo, zelf oud-journalist, toonde zich not amused: 'Er rust een extra verplichting op journalisten die in dit staatsbestel opereren om behoedzaam te zijn.'[504]

Van het gezag des konings

Beatrix verloor dus veel macht, maar niet het gezag of het vermogen haar zin door te drijven.

Zij straalde uit dat zij de koningin was (en dat ook wílde zijn) en dat ze invloed en status had.

Inzicht verwerven in haar staatkundige bezigheden is, zoals vaker opgemerkt, vanwege de meer dan terughoudende opstelling van bewindslieden met ministeriële verantwoordelijkheid nauwelijks mogelijk. Maar er zijn mensen uit haar directe omgeving die wat meer kunnen vertellen over haar houding en opstelling aangaande zaken die we toch van het staatshoofd zouden willen weten om zijn waarde en functioneren te kunnen schatten.

---

504 'Hoe Beatrix boos werd, Van Mierlo boog en Roëll verdween' in: NRC, 10-10-1996.

Ook hier is het probleem dat de tongen van lieden in haar naaste omgeving niet echt los willen komen. Er wordt van de mensen in haar omgeving terughoudendheid en soms zelfs geheimhouding geëist. Spreek nooit over dingen die je in het paleis hebt gezien.

Mensen die onenigheid hebben gehad met het hof, zich tekort voelen gedaan of soms simpelweg gewoon genoeg hebben gekregen van het hof, omdat ze zich niet langer in de slaafse lakeienmentaliteit om de koning kunnen vinden, willen soms wel eens uit de school klappen. In die gevallen is het wel zaak op je hoede te zijn voor een vorm van wraakzucht. Niets menselijks is de koning vreemd, maar dat geldt evenzeer voor zijn personeel.

> Beatrix' persdame mocht er niet te mooi uitzien, dan zou ze de aandacht afleiden en 'het draaide tenslotte om háár'.

Jessa van Vonderen was vijfeneenhalf jaar hoofd van Pers en Publiciteit van het Koninklijk Huis. In een interview, na haar ontslag - ze was het zat en was republikein geworden - wilde ze wel vertellen wat ze van Beatrix vond: 'Absoluut een monarch'. Dat is weliswaar niet hetzelfde als een 'absolute monarch' maar wel een indicatie hoe Beatrix haar eigen positie zag. En ze was iemand die, zoals diverse minister-presidenten ook al zeiden, er van hield alle touwtjes in handen te hebben. Maar het gaat verder dan dat, want:

'Als zij niet alle touwtjes in handen kan houden, wil zij toch precies weten wie de resterende touwtjes vast heeft. Zij is een echte monarch, iemand die hoger zit en alles regelt. Het zijn haar ambassadeurs en haar commissarissen van de koningin. Zij heeft de monarchistische trekken van een ouderwetse vorst als Willem I.'[505]

Van Vonderen was meer dan vijf jaar verantwoordelijk voor de contacten van Beatrix met de pers. Die verliepen stroef en verbeterden ook niet, waarop mevrouw Van Vonderen op een zijspoor werd gezet. Ze trok haar conclusies en nam ontslag. Van Vonderen heeft meer gezegd over de invloed van het koningshuis:

---

505   'De angst zelf de vorst te moeten zijn', in: *de Groene Amsterdammmer*, 12-07-2012 en 'Hofvrees', in: *NRC*, 04-12-1999.

'Een krant die republikeins wordt, verliest lezers. Een politieke partij die tegen de monarchie stemt, verliest kiezers. Misschien is het een te zwaar woord om te zeggen dat politiek en pers in een wurggreep zitten, maar in de klem zitten ze wel. Pim Fortuyn was aanvankelijk ook tegen het koningshuis, maar toen hij aanvoelde dat het zijn succes in de weg kon staan, heeft hij ook eieren voor zijn geld gekozen en een groot portret van Willem-Alexander en Máxima achter zich opgehangen.'[506]

Van Vonderen licht in het interview met *de Groene Amsterdammer* een koninklijke truc toe; het idee dat de koningin je persoonlijk aankijkt en toeknikt:

'Als de koningin ergens aankomt, bijvoorbeeld in een schouwburg, kijkt zij in een razend tempo rond naar de mensen. Zij heeft naar me geknikt, echt, hoor je dan. Forget it! Als verklaring kan ik toch echt niets anders bedenken dan dat mensen er behoefte aan hebben van iemand te houden.'[507]

De anekdote wil dat Beatrix niet graag de zon in het water ziet schijnen. Als de twee dames ergens samen op bezoek waren, trok Van Vonderens charmante verschijning vaak meer aandacht dan Beatrix. Net als Hare Majesteit kleedde Van Vonderen zich zorgvuldig en net als Beatrix droeg ze graag flamboyante hoeden. Soms zó opvallend dat het kon gebeuren dat mevrouw Van Vonderen prominenter op foto's stond dan de koningin zelf. Achteraf liet Beatrix haar dan weten dat ze zich niet zo pontificaal in beeld moest laten brengen. Tenslotte draaide het om haar.[508]

De opmerking van Beatrix over de pers dat 'de leugen regeert', in november 1999, was geen handige uitspraak van de mevrouw die meende alle touwtjes in handen te hebben. Ze deed haar uitspraak op een bijeenkomst ter gelegenheid van het jubilerende Genootschap van Hoofdredacteuren. Het maakte uiteraard veel los in de krantenwereld, maar ook daarbuiten. Bijval kreeg Beatrix nauwelijks, wel veel kritiek en uiteraard de nodige ontwijkende en vergoelijkende antwoorden van de bewinds-

---

506 'De angst zelf de vorst te moeten zijn', in: *de Groene Amsterdammer*, 12-07-2012.
507 'De angst zelf de vorst te moeten zijn', in: *de Groene Amsterdammer*, 12-07-2012.
508 'Beatrix heeft heel menselijke trekjes', in: *Trouw*, 18-09-1997.

lieden, die voor dat soort onhandige uitspraken de ministeriële verantwoordelijkheid dragen. Zij waren echter niet zo dom om de mensen die aan de opinieknoppen van Nederland zitten, tegen zich in het harnas te jagen. Beatrix deed dat wel.

Toen zij (of de RVD) zag wat voor schade ze met haar opmerking had aangericht, kwamen er sussende berichten uit Den Haag, dat het niet zo was bedoeld en dat ze verkeerd was begrepen. De standaardformulering ter verdediging van niet-zo-handige-uitspraken, die ze echter wel degelijk had bedoeld zoals ze zijn opgevat.[509]

Eerder in dat jaar (1999) had een journalist van de Volkskrant een woedend telefoontje van een hoge RVD-ambtenaar gekregen. De krant had geschreven dat Kamerleden hun bezoeken aan de koningin na een zesjarige onderbreking hadden hervat. Jan Hoedeman van de Volkskrant had opgetekend - hij noemde geen namen van Kamerleden - dat Beatrix tegenover hen haar afschuw over het gekozen burgemeesterschap had gespuid, wat op dat moment moeilijk lag in de coalitie. Niet geuit maar gespuid. De RVD-er was woedend: wat de Kamerleden hadden gedaan was een staatsrechtelijke doodzonde en wat Hoedeman had gedaan een journalistiek halszaak. Hij had de 'ongeschreven regels' overtreden en kreeg daarom te horen: 'Je begrijpt dat dit bijzonder slecht is voor je carrière?'[510]

> ## Oranje als 'aanjager economie': de dikke duim is bron van informatie.

De RVD hanteert een duidelijk model. Wie stukken schrijft over het koningshuis waar niemand zich een buil aan kan vallen is welkom; wie daarmee in strijd handelt, loopt de kans te worden geboycot en allerlei uitnodigingen mis te lopen. Een voorbeeld met Wilhelmina in de hoofdrol volstaat om dit uit te leggen. Ongeveer in de tijd dat Wilhelmina de import van For my Grandchildren had laten verbieden, omdat ze er naar haar smaak niet goed uitkwam, had het damesblad Libelle de 'brutaliteit' gehad haar overleden man prins Hendrik als 'een vrolijke flierefluiter' af te schilderen. De Libelle-redactie kreeg te horen dat ze voortaan niet meer hoefde te rekenen op uitnodigingen voor fotoses-

---

509   '"Regeert de leugen? Hoe komt u erbij"', in: De Volkskrant, 01-12-1999 en 'Hofvrees', in: NRC, 04-12-1999.
510   'Hofvrees', in: NRC, 04-12-1999.

sies. Straf dus. Het blad met zijn vele Oranje-minnende lezeressen had geen keuze en bood zijn excuses aan.[511]

Het lijkt nog steeds zo te gaan. Nog in 2020 werd *RTL* de toegang tot de jaarlijkse fotosessie in Lech ontzegd, omdat de zender een foto van de koninklijke familie had getoond die al lang en breed op het (publieke) Instagram stond. Daarmee had *RTL Boulevard* de Mediacode overtreden en verdiende de zender straf.[512]

Terug naar Hoedeman. Hij had zo de smoor in over het gesprek met de RVD dat hij premier Wim Kok op de wekelijkse persconferentie 'de brutaalste vraag' uit zijn carrière stelde: 'Minister-president, gaat u de koningin op het matje roepen?' Kok ontplofte bijkans van woede en noemde Hoedeman de rapporteur van het 'onfatsoen'.[513]

Met de 'Mediacode' uit 2005, eenzijdig afgekondigd door de RVD, is de fotopers het leven nog moeilijker gemaakt. Voortaan mogen op slechts enkele momenten per jaar, te bepalen door de RVD, foto's worden gemaakt van de koninklijke familie. De Mediacode zou zijn bedoeld om paparazzi en fotografen van de boulevardpers op een afstand te houden. Daar valt wellicht iets voor te zeggen, maar de code raakt evengoed de serieuze pers.

Stel dat de Mediacode al had gegolden in de tijd dat de eerste foto van Beatrix en Claus werd gemaakt. Hand in hand, wandelend op Beatrix' privéterrein (Drakensteyn). Meer privé kan haast niet. De vraag is echter of dit inbreuk op haar privacy zou zijn geweest of dat het groot nieuws was, omdat dit de eerste keer was dat zij als aanstaand staatshoofd met haar toekomstige echtgenoot werd gesignaleerd?

Mensen in een publieke functie genieten - uitgerekend vanwege die functie - nu eenmaal niet de privacy van een doorsnee burger. Onder Juliana was er nog geen Mediacode, maar Juliana haalde toen wel alles uit de kast om publicatie van de foto te voorkomen. Het lijkt er veel op dat het koningshuis wel de lusten, maar niet de lasten van het koningschap wenst te accepteren. Onder Beatrix en haar zoon Willem-Alexander is dat niet anders geworden.

Net als haar vader profileerde Beatrix zich graag als iemand die zich

---

511 Informatie van Magdaleen van Herk. Mevrouw Van Herk beheert het archief van Dra. M.G. Schenk zolang zij werkt aan haar nieuwe biografie van koningin Juliana.
512 https://www.nrc.nl/nieuws/2020/01/23/rtl-boulevard-geweerd-van-fotomoment-koningshuis-in-lech-a3987929 (geraadpleegd op 01-02-2020).
513 'Hofvrees', in: *NRC*, 04-12-1999.

inzette voor de vaderlandse industrie. Of eigenlijk deed de *NOS* dat voor haar, al of niet (maar vermoedelijk wél) op instigatie van de RVD, die het imago van de monarchie bewaakt.

Bij haar dertigjarig jubileum in 2010 schonk de *NOS* veel aandacht aan de staatsbezoeken van Beatrix. Dat waren er in dat jaar zevenenveertig. De kosten van een staatsbezoek liggen ergens tussen de een en anderhalf miljoen euro, maar daar zou een exportstijging van acht à tien procent - zo beweerde de *NOS* - tegenover staan.

Sindsdien staan de koninklijke staatsbezoeken in het nieuws vanwege de positieve effecten op de Nederlandse economie. Nader onderzoek heeft aangetoond dat de dikke duim de belangrijkste bron van informatie is. Het voorbereiden van een staatsbezoek kost vaak jaren. De koning laat weten welk land hij wil bezoeken, en dan wordt via diplomatieke weg een uitnodiging binnen gehengeld. De kosten gemaakt tijdens die voorbereidingstijd, vinden we in de regel niet terug in de verantwoording van de onkosten.

Soms worden bij die bezoeken grote contracten getekend, waarvoor het voorwerk door de desbetreffende bedrijven is gedaan. Miljoenencontracten kosten veel voorbereidend (juridisch) werk en moeten worden goedgekeurd door de Raad van Bestuur en soms ook de Raad van Commissarissen. Contracten die tijdens zo'n staatsbezoek worden getekend, zaten dus allang in de pijplijn. Maar tekenen tijdens een staatsbezoek geeft er een feestelijk tintje aan.

Het komt een enkele maal voor dat een contract te danken is aan één man in het bezochte land, maar dat is dan een dictatoriaal geregeerd koninkrijk of een olieland in het Midden-Oosten waar het met de democratie niet zo best is gesteld. Vaak gaat het om collega-monarchen (met een bedenkelijke reputatie) met wie het Nederlandse koningshuis goede contacten onderhoudt. De Oranjes hebben, voor zover bekend, met alle monarchen goed contact.

Het staatshoofd zelf heeft geen bemoeienis met de inhoudelijke kant van contracten. In landen waar het moeilijk binnenkomen is voor een onderneming (Saoedi-Arabië, Oman, Brunei en dergelijke), kan het koningshuis ervoor zorgen dat een bedrijf in ieder geval de kans krijgt om te komen praten. Maar meer ook niet.

Er worden kortom geen contracten gesloten op grond van een stralende glimlach van het staatshoofd of door diens stralende verschijning. Soms vindt er na een staatsbezoek inderdaad een verdubbeling (100 procent) van de export plaats. We exporteren dan niet 0,1 maar 0,2 van onze totale export naar een of ander klein land. Het gaat dan om honderdduizenden euro's, dus niet om bedragen die economisch gezien zoden aan de dijk zetten voor Nederland.

Onderzoek naar de periode 2000-2009 (met veertien staatsbezoeken) wees aan de hand van CBS-cijfers uit dat er geen enkele reden tot juichen was. Toen ik bij het CBS onderzoek deed naar de positieve effecten van Bernhards handelsmissies bleek dat ook al zo te zijn. Veel publiciteit maar weinig resultaat.

Soms trekt de export naar een land na een staatsbezoek inderdaad fors aan, maar dan blijken de import en export van het land (Brazilië in dit geval) over de hele linie hard te groeien, vanwege een bloeiende economie. Met een staatsbezoek heeft het niets te maken.

Op sommige staatsbezoeken ging geen handelsmissie mee, omdat het bedrijfsleven er het nut niet van inzag. Dat was het geval in 2006, toen Beatrix naar Argentinië reisde. Het Nederlandse bedrijfsleven zag er geen brood in. Wonderlijk genoeg beleefde de kolensector dat jaar een grote opbloei, maar dat had niets met het bezoek te maken. Een Nederlandse handelaar had toevallig eenmalig een grote partij steenkool aan Argentinië verkocht. De betaling vond plaats in het jaar van het staatsbezoek, 2006, zodat het cijfer ook opdook in de statistieken van het CBS van dat jaar, maar de levering was toen al achter de rug. Bovendien was het slechts doorvoerhandel, export van andere landen via Nederland.

Het staatsbezoek aan België, in 2006, verliep ook zonder handelsmissie. In 2007 bezocht Beatrix Erdogan in Turkije. Ditmaal ging er wel een handelsdelegatie mee, die ook aan mocht zitten aan het diner. Het heeft geen enkel effect gehad. Ook de bezoeken aan Mexico en India hebben geen noemenswaardige uitwerking op de export gehad.

Bij staatsbezoeken aan zes economische lilliputters gingen geen delegaties mee. Dat is niet gek, want hun aandeel in de afname van de Nederlandse export is miniem: ongeveer een kwart procent van de totale Nederlandse handel met het buitenland. Het ging om Roemenië (2001), Chili (2003), Letland (2006), Slowakije (2007) en Estland en Litouwen in 2008.[514]

Het Financieele Dagblad kwam na onderzoek tot de conclusie dat er geen informatie te vinden is bij de ministeries die de bezoeken voorbereiden. Er is dus geen enkel bewijs voor economische resultaten van staatsbezoeken, simpelweg omdat er geen cijfers worden bijgehouden.

---

514 'Meer folklore dan economische activiteit', in: *de Republikein*, nr. 3, 2011.

Het werkgeversverbond VNO-NCW, dat zich onveranderlijk uitput in loftuitingen over de effecten van staatsbezoeken op onze landelijke economie, kan evenmin cijfers overleggen.

Bedrijven worden ook uitgenodigd bij staatsbezoeken uit het buitenland. Dat kunnen vorsten of presidenten zijn. Concrete resultaten ontbreken hier ook, al kan men in zijn algemeenheid van staatsbezoeken met handelsmissies zeggen dat het leggen van contacten nooit kwaad kan.[515]

Misschien moeten we een uitzondering maken voor bedenkelijke monarchieën, waar de vorst, zoals in de middeleeuwen, absoluut alleenheerser is, zoals Oman en Saoedi-Arabië. Wellicht kan een goed woordje van het staatshoofd daar wel iets uitrichten. In het volgende hoofdstuk kom ik op staatsbezoeken en handelsmissies terug.

Beatrix kreeg meer publieke opschudding en rellen te verwerken dan haar voorgangers.

Dat zal te maken hebben met toenemende mondigheid en met mensen die vragen durven stellen. Mensen dus die niet langer alles klakkeloos accepteren. Het geloof in sprookjes neemt af. (Ik besef dat ik hier Domela Nieuwenhuis, Louis Hermans en enkele van zijn tijdgenoten ernstig tekort doe).

Beatrix kreeg op haar trouwdag te maken met Provo en tijdens haar inhuldiging met rellen van ongekende omvang. Een deel daarvan was gebaseerd op pure relzucht, maar er werden ook vragen gesteld: wat moeten we met zo'n dure koningin die kan beschikken over vier paleizen, terwijl er voor vele 'onderdanen' geen woning te vinden is?

Mutatis mutandis is het te vergelijken met de recalcitrante actievoerders uit de negentiende eeuw, die zich bekommerden om armoe en ellende onder het volk, terwijl de leden van het Oranjehuis in weelde baadden.

Ook op het gebied van satire kwam er beweging tijdens het regime van Beatrix. Neem Hans Teeuwen met zijn theatershow *Industry of Love* (2004), waarin hij majesteitsschennis tot beledigingskunst verheft. Een try-out in de Koninklijke Schouwburg in Den Haag, inspireerde Teeuwen tot een gespeelde seksscene met Beatrix die was bedoeld om niet-orangisten flink te kwetsen. Majesteitsschennis in optima forma.

Teeuwen vertelde dat hij koningin Beatrix ('een geile slet') anaal had

---

515   'Komst Beatrix vooral goed voor contacten', in *Het Financieele Dagblad*, 14-01-2012.

genomen. Dat had dorstig gemaakte, wat leidde tot Teeuwens bevel aan Beatrix: 'Majesteit ga eens bier halen!' Teeuwen zei - al kwetsend - het ongelooflijk te vinden dat er geen respect meer voor het koningshuis bestond. De scene groeide uit tot een hit op YouTube, maar het OM kwam niet wegens majesteitsschennis in actie, zoals het in de negentiende eeuw tegen mensen zoals Domela Nieuwenhuis en Louis Hermans van *de Roode Duivel* wel had gedaan.

In mijn boek over majesteitsschennis heb ik vele malen laten zien dat 'Bekende Nederlanders' zich op het gebied van majesteitsschennis vrijwel alles (zo niet alles) kunnen veroorloven, zonder dat het tot ingrijpen leidt.

Voor het OM is het ongetwijfeld gênant om dergelijke scenes in de rechtszaal nog eens op video af te spelen, want dat zal de verdediging ongetwijfeld eisen. Het is niet moeilijk zich de pijnlijke situatie van het OM voor te stellen als het tijdens de behandeling van de zaak woorden als 'anaal geneukt' en 'geile slet' in de mond zal moeten nemen, wil het de aanklacht adequaat over het voetlicht brengen.

Op YouTube is te zien dat Teeuwen de lachers op zijn hand heeft, wat vreselijk moet zijn voor het OM, als de video als bewijsmateriaal wordt getoond met begeleidend 'ingeblikt' geschater. Dan maar liever de kop in zand.

Hoe Beatrix zelf over dit soort dingen denkt, is niet bekend; ook niet of ze op vervolging heeft aangedrongen. Dat gebeurde vermoedelijk wel in de zaak van de man die een waxinelichthouder naar de Gouden Koets - met aan boord Beatrix - gooide. De man, geen bekende Nederlander, werd uitzonderlijk zwaar voor zijn daad gestraft, hoewel niemand gewond werd en de koets slechts een schrammetje opliep.[516]

Net als haar oma, koningin Wilhelmina, met wie ze nogal wat karaktertrekken deelt, is Beatrix erop uit negatieve publiciteit over haar Huis te voorkomen. Je kunt haar dat moeilijk kwalijk nemen, maar het is niet goed te begrijpen dat Robbert Ammerlaan zich door haar de wacht heeft laten aanzeggen. Hij heeft een manuscript over Bernhard klaarliggen, maar geeft dat niet uit (hij was zelf uitgever), omdat hij gehoor heeft gegeven aan de dringende wens van Beatrix het boek niet te publiceren. Ammerlaan heeft 160 gesprekken met Bernhard gevoerd en die verwerkt tot een manuscript, dat nu dus op dringend verzoek van Hare

---

Majesteit in een kluis ligt te verstoffen. Tot tweemaal toe greep ze in: in 1998 en in 2013.[517]

Persoonlijk vind ik dat Ammerlaan enorm heeft geboft met de ingreep van Hare Majesteit. Want stel je voor: memoires van Bernhard met de prins zelf als bron. Dat is vragen om moeilijkheden en schande over jezelf afroepen. We zagen hoe vreselijk het mis ging met de interviews van Broertjes en Tromp voor *de Volkskrant*, die alles braaf publiceerden wat de prins hen voorloog. Ver daarvoor ging Alden Hatch op dezelfde manier de mist in met zijn biografie over de prins. Net als het *Volkskrant*-duo schreef Hatch braaf op wat prins Bernhard uit zijn duim zoog, zonder zijn uitspraken nader te controleren.

Bernhard stierf in december 2004. In februari van dat jaar had hij met een open brief in *de Volkskrant* 'Ik acht het mijn plicht' nog eenmaal zijn gelijk proberen te halen. In die brief moesten zijn belangrijkste critici het ontgelden. Zij hadden volgens de prins een loopje met de waarheid genomen. Wat ze over hem (of zijn moeder Armgard) hadden gepubliceerd, was gewoon niet waar. Zijn vriend Hans van der Voet, voormalig directeur van de RVD, had 'historisch onderzoek' verricht om de uitspraken van de prins met feiten te staven.[518] Het 'historisch onderzoek' van Van der Voet was gênant broddelwerk, dat de naam 'onderzoek' niet verdiende. Van der Voet reageerde woedend op die opmerking (ik schreef een stuk over zijn onderzoek in *Het Parool*) [519] en beklaagde zich bij de directie van het NIOD, mijn werkgever destijds, over mijn artikel.

Beatrix heeft haar vader zowel de open brief als zijn postume interview in *de Volkskrant* 'Bernhard spreekt' hoogst kwalijk genomen. Bernhard erkende in dat interview voor het eerst dat hij steekpenningen had aangenomen. Beatrix heeft zich voor haar corrupte vader geschaamd. Ze besefte dat hij de monarchie schade had toegebracht en nam hem dat kwalijk.

Beatrix had, totdat de Lockheed-affaire losbarstte, altijd een goede verhouding met haar vader gehad. Na Lockheed was dat een stuk minder. Het postume vraaggesprek sloeg bij de hele familie in als een bom. Beatrix noemde het 'hoogverraad' en een 'doodzonde'. 'Welke man heb-

---

517 'Koningin wil boek Bernhard "liever niet"', in: *NRC*, 18-03-2013.
518 'Rapport Van der Voet' werd gepubliceerd in *de Volkskrant* van 07-02-2004.
519 'De mini-memoires van prins Bernhard', in: *Het Parool*, 10 februari 2004 (artikel van mijn hand).

ben we eigenlijk begraven', vroeg ze zich af na haar vaders bijzetting, maar ook de kroonprins was er bitter over geweest. Bernhards drie andere dochters hebben hem Lockheed ook kwalijk genomen. Beatrix verweet *de Volkskrant*journalisten dat ze Bernhard niet tegen zichzelf in bescherming hadden genomen voor zijn onverantwoorde gedrag.[520]

Bij haar inhuldiging (vier jaar na Lockheed) had ze haar vader nog hoog gehouden. Haar moeder, met wie ze het nooit goed had kunnen vinden, trouwens ook. Het was tenslotte een feestelijke dag, al klinkt het – met de kennis van nu – onoprecht:

'Als ouders heeft U beiden, Vader en Moeder, in verbondenheid Uw kinderen op weg geholpen. In de oorlogsjaren hebben wij onze Vader veel moeten missen, maar zijn grootse inspanning voor het Vaderland — toen en nadien — zal, naast ons familieverband, onze allesoverheersende dankbare herinnering blijven.'[521]

Het probleem blijft dat we, ondanks alle boeken, artikelen en filmbeelden die er over Beatrix zijn, geen flauw benul hebben wat ze voor Nederland heeft betekend. Als ze al iets heeft toegevoegd. We kennen natuurlijk wel een aantal karaktertrekken en we weten dat ze eigenwijs was, driftig, een uitgesproken eigen wil had, hoge prijs stelde op het huwelijkse boterbriefje, dingen probeerde door te duwen, managerskwaliteiten had en ga zo maar door, maar heeft ze als staatshoofd iets blijvends achtergelaten? Heeft ze iets betekend voor Nederland? Het is onwaarschijnlijk.

Abdicatie

Toen Beatrix op 28 januari 2013 bekend maakte dat het tijd was voor een troonwisseling, waande ik mij even in Noord-Korea. Daar is alles Kim Jong-un wat de klok slaat, in Nederland deed zich op die dag in januari iets vergelijkbaars voor. Dat is uiteraard een uiterst subjectieve beleving mijnerzijds. Ik herinner me dat alle kranten direct het grote nieuws *online* hebben gemeld. Daar is uiteraard niets vreemds aan, maar opvallend was wel de doorgeslagen positiviteit. Ook dat was wel vertrouwd, maar ik had gedacht dat er anno 2013 iets veranderd zou zijn; dat het wel een onsje minder kon. Niet dus. Er viel, op enkele summiere uitzonderingen na, geen wanklank te horen. De paar dissonanten die er waren, verdronken in de zee van Oranjeliefde die over Nederland golfde.

---

520 Chorus, *Beatrix. Dwars door alle weerstand heen*, p. 200 en p. 275.
521 http://www.troonredes.nl/inhuldigingsrede-30-april-1980/comment-page-1.

Koningin Beatrix kondigt haar aftreden aan in 2013.

Televisie en radio pasten die avond hun programma's aan om Nederland te bedelven onder Oranjewaardering en bewondering voor Beatrix. Geen onvertogen woord over haar regeerperiode. Geen woord van kritiek of relativering. Wat hadden we het toch getroffen met Beatrix als koningin.

In haar aankondiging van drie minuten, gevolgd door het Wilhelmus, sprak ze van verantwoordelijkheid overdragen aan een nieuwe generatie. Men kan zich afvragen of dat een staaltje van droge humor was van de koningin die sinds 1848 al geen verantwoordelijkheid meer draagt, omdat de ministers die op zich hebben genomen.

Dat afsluitende Wilhelmus klonk buitengewoon triomfantelijk. Zij vond het Wilhelmus namelijk privébezit; het was háár lied. Als er hoge gasten arriveerden (of vertrokken), waarbij Beatrix niet zelf aanwezig was, mocht van haar niet het Wilhelmus worden gespeeld. Dat was van haar. Onder Juliana was het spelen van het Wilhelmus nog heel gewoon, maar toen Beatrix zes jaar koningin was, werd het ineens verboden.[522]

De Volkskrant deed een rondvraag 'Wat heeft het koningschap betekend?' Conclusie: Beatrix had het koningschap in ere hersteld. Ze had de beeldvorming rond de monarchie als bekwaam manager bewaakt. Een krachtige vrouw, een 'powervrouw' (dus niet een vrouw met ballen, zoals - geheel onterecht overigens - haar grootmoeder Wilhelmina werd genoemd), en natuurlijk 'ambitieus' en 'getalenteerd'.

Ze had zich een moeder des vaderlands getoond tijdens de vliegramp in de Amsterdamse Bijlmer en bij de vuurwerkramp in Enschede. Natúúrlijk was ze daar en leefde ze mee. Wie deed dat niet, en bovendien was het haar plicht als koningin. Toch werd het als zeer bijzonder onder de aandacht gebracht.

En verder werden natuurlijk alle clichés over de monarchie als 'verbindende factor' en bevorderaar van 'eenheid' uit de kast gehaald.[523] Zonder echter ook maar met een begin van een acceptabele verklaring te komen, hoe die mysterieuze - maar kennelijk o zo belangrijke - factoren eenheid en verbinding in elkaar zitten.

Je kunt met evenveel (of meer) recht zeggen dat het de taal is die ons verbindt, onze geschiedenis, onze cultuur. Maar nee, alles was op die Noord-Koreaanse avond waarop Beatrix haar aftreden aankondigde, terug te voeren op de monarchie. Nederland had met het Oranjehuis een superieur staatsstelsel, waaraan geen buitenland kon tippen.

Oud-premier Kok beweerde dat hij 'kippenvel' kreeg, toen hij de aankondiging hoorde.[524] Misschien wel hetzelfde soort kippenvel dat mij overviel toen Kok zich ontpopte als kampioen van de marktwerking.

De beschouwingen over Beatrix bereikten kort voor en na haar abdicatie een nieuw hoogtepunt, maar wel strikt volgens hetzelfde stramien. Hard werken, manager, respect afdwingen en, tot vervelens toe, Walter Bagehot en zijn visie op het koningschap. Elsevier liet nog maar weer eens zien hoe menselijk ze was, voor de enkeling die nog zijn of haar twijfels had:

522 'Beatrix: "Het Wilhelmus is van mij"', in: de Volkskrant, 05-06-2004.
523 'Rondvraag. Wat heeft Beatrix betekend?', 'Juliana was een mevrouw, Beatrix een manager', in: de Volkskrant, 28-01-2013, 'Profiel: ambitieus staatshoofd dwong respect af met strakke organisatie', in: de Volkskrant, 28-01-2013, 'Huilend op de bank naar afscheidstoespraak moeder van Nederland kijken', in: de Volkskrant, 28-01-2013 en 'Teruglezen: koningin Beatrix kondigt aftreden aan', in: de Volkskrant, 28-01-2013.
524 'Teruglezen: koningin Beatrix kondigt aftreden aan', in: de Volkskrant, 28-01-2013.

'Toch was ze niet de ijskoningin voor wie ze soms werd gehouden. Als het land werd getroffen door een ramp, ontdooide ze en werd ze voor even moeder des vaderlands. Toen een golf haar te pakken had bij noodweer op Curaçao, werd ze ontdaan van haar kapsel even een gewone vrouw. Nadat een vliegtuig zich in twee flats in de Amsterdamse Bijlmer had geboord en na de vuurwerkramp in Enschede trad ze troostend en vol medeleven op. De aanslag op 30 april 2009 in Apeldoorn legde bloot hoe breekbaar ook de altijd zo sterk ogende Beatrix kon zijn.

Ook bij familietragedies toonde ze haar menselijke gezicht. Bij de bijzetting van haar man en steun en toeverlaat prins Claus in 2002 bijvoorbeeld. Maar niet eerder keek Nederland haar zo in de ziel als na het skiongeluk van Friso. Ondersteund door Mabel maakte ze zichtbaar aangeslagen de gang naar het ziekenhuis.'[525]

En zo wordt het gewone - wanneer het de monarchie betreft - toch weer heel bijzonder.

Boeken over haar leven

De biografische werken die ik over Beatrix las, geven evenmin antwoord op de vraag wat haar betekenis voor Nederland is geweest. [526] Ze gaan over de dingen die we allemaal al weten: het harde werken enzovoort. En natuurlijk dat ze een nieuwe invulling aan het koningschap had gegeven, wat erop neerkomt dat ze de rol van een ouderwetse koningin speelde. Ze leek in dat opzicht veel meer op Wilhelmina dan op Juliana.

De vraag is wat we daarmee (ik laat hier de Oranje-aanhang even buiten beschouwing) aan moeten. Wilhelmina wenste vernieuwing van het koningschap door terugkeer te bepleiten naar een monarchie met absolute trekken. Praktisch geen auteur heeft de moed gehad erop te wijzen dat Wilhelmina's 'vernieuwing' een enorme sprong terug in de tijd betekende.

Steevast lezen we dat ze haar doel via democratische weg (grondwetsherziening) wilde bereiken, maar niemand wees haar erop dat haar streven irrationeel was en tot mislukken gedoemd. Dat ze in feite dwaas bezig was, durfde niemand aan het papier toe te vertrouwen.

---

525 'Vaarwel, Beatrix; Koningin gaf nieuwe invulling aan monarchie in veranderende wereld. Het geslaagde koningschap van een strenge manager', in: Elsevier, 18-05-2013.
526 Kikkert, *Beatrix Mens en Majesteit* (1998), Oltmans, *Mijn vriendin Beatrix* (1999), Huijsen, *Beatrix. De Kroon op de republiek* (2005), Chorus, *Beatrix. Dwars door alle weerstand heen* (2013) en Anderson (e.a.) *Ik zal handhaven* 2013).

Uiteraard wordt Beatrix in de boeken over haar leven voortdurend neergezet als het symbool van de natie, de koningin die de 'eenheid' bevordert en de 'samenbindende factor' in onze maatschappij. Er staan her en der ook best aardige anekdotes vermeld, maar ik zoek naar de staatsvrouw die iets voor het land heeft betekend en nagelaten.

Ik besef heel goed dat auteurs geen boodschap hebben aan mijn specifieke verlangens, toegespitst op de vraag wat ze ertoe heeft gedaan en wat ze met haar koningschap heeft toegevoegd, zodat we kunnen zeggen: 'Kijk, dat hebben we aan Beatrix (of Juliana, Wilhelmina en de twee Willems) - Willem I verkeerde nog in een andere positie - te danken.'

Coos Huijsen beweert dat het koningschap tijdens een staatsbezoek 'een eigentijds instituut is, dat inhoudelijk, organisatorisch en representatief op hoog niveau functioneert.' Beatrix had dan zelf de regie duidelijk in handen. Met instemming citeert hij een anonieme zegsman of -vrouw: 'Als de koningin als gastvrouw optreedt, is ze ook op-en-top gastvrouw en is het iedereen duidelijk wie de gastvrouw is. Ze bepaalt van het begin tot het einde de sfeer.'[527]

Prima. En het zal best, maar wat moeten we daarmee? Waarom moet ik dat weten? Wat is daar voor bijzonders aan? Of is het bijzondere juist dat het helemaal niet bijzonder is, maar dat het bijzonder wordt omdat het op Beatrix slaat? Zij is, zoals Huijsen in de laatste zin van zijn boek snedig opmerkt 'de kroon op de republiek'. Zijn boek heet ten overvloede *Beatrix. De Kroon op de republiek;* de tot vervelens toe herhaalde uitspraak van Busken Huet uit 1865, dat Nederland een republiek is met een erfelijk staatshoofd.

Dat een koningin menselijk verdriet kan hebben, verbijstert menigeen. Als weekblad *Elsevier* Beatrix in 2012 uitroept tot 'Nederlander van het jaar', schrijft het blad in zijn lofzang op de vorstin:

'In dit jaar van verlies en vernedering hebt u zoveel menselijke kanten van uzelf laten zien dat de vrouw, de weduwe, de moeder over het koningschap heen zijn gegaan. U hebt *zelfs* verdriet laten zien. In dat verdriet werd u even de gelijke van uw onderdanen. Even weerloos en wanhopig in het tellen van de slagen van het leven. Dan verschilfert afstand.'[528]

Willem Oltmans is in het rijtje van biografen een verademing, omdat

---

527 Huijsen, *De Kroon op de republiek,* p. 104.
528 Anderson (e.a.) *Ik zal handhaven,* pp. 42-43 (mijn cursivering).

hij er soms een grap tegenaan gooit, maar ook omdat hij stelling neemt tegen de 'oranjegekte'.

De *oranje-soap* kon Oltmans, zelf geboren in wat men noemt 'hogere kringen', gestolen worden. Hij schreef dat hij eens gebeld werd door een radioprogramma dat een programma maakte over de financiering rond Prinsjesdag.

Oltmans adviseerde de Gouden Koets te laten staan en Beatrix per taxi van Noordeinde naar de Ridderzaal te vervoeren. Dat zou enorm schelen in personeelskosten. Zijn advies viel niet in goede aarde, wat Oltmans natuurlijk stimuleerde door te gaan:

'Daarbij komt dat deze vergulde rammelkast van Wilhelmina geen kentekenplaat heeft, wat in strijd met de wet is, dus de koets zou sowieso van de weg moeten worden gehaald.'

De sfeer veranderde in ijzig: 'De vraag is waar het geld vandaan moet komen, omdat de mensen juist wel de Gouden Koets willen zien'. Oltmans: 'Eenvoudig: schilder op het ene portier "Drink Heineken" en op het andere "Vlieg KLM" en jullie sores zijn opgelost.' De verbinding met Hilversum werd abrupt verbroken.[529]

Het is een ondankbare klus een biografie over de meest ontoegankelijke persoon van Nederland te schrijven. Bronnen in overvloed, maar het gros daarvan is zo obligaat en slaapverwekkend dat het nauwelijks bruikbaar is.

Van de RVD valt geen bruikbare hulp te verwachten en van het Koninklijk Huisarchief al evenmin. Als particuliere instelling in de vorm van een stichting onttrekt het Koninklijk Huisarchief zich aan de archiefwet.

Wat overblijft, is het afnemen van interviews van hofdames, oud-ministers, oud-politici, stalmeesters, lakeien en 'dames du palais' om maar een greep te doen. Dat werkt matig. Sommigen zijn wel bereid iets te vertellen, maar er is niet sprake van echt 'de nek uitsteken', zoals Jutta Chorus ondervond voor haar biografie *Beatrix. Dwars door alle weerstanden heen.*

Een stuk of twintig potentiële bronnen die ze benaderde, weigerden medewerking. Eerbied? Angst? Discretie? Wie zal het zeggen? De meeste hulp valt wellicht te verwachten van mensen die een aanvaring met

---

529   Oltmans, *Mijn vriendin Beatrix*, p. 6 en p. 7.

de Majesteit hebben gehad, die haar om welke reden dan ook minder goed gezind zijn of die zich slecht behandeld voelen. Zulke mensen willen wel eens praten om hun hart te luchten, maar het is niet duidelijk of Chorus die benaderd heeft.

De mensen die uiteindelijk meewerkten aan interviews, waren Beatrix over het algemeen goed tot zeer goed gezind, wat onvermijdelijk leidt tot een voorspelbaar boek. Jammer is ook dat de verhalen sec zijn opgenomen en er geen indringende vragen zijn gesteld, althans dat blijkt nergens uit haar biografie.

Het resultaat is dan ook dat we met zijn allen enorm hebben geboft met Beatrix. Ruim dertig jaar lang liep ze dag en nacht - geheel onbaatzuchtig - voor ons het vuur uit de sloffen. Ook als ze kritiek kreeg en dacht 'waar doe ik het eigenlijk voor?'

Helaas stelt de biograaf nergens de vraag, waar hun kritiekloze adoratie vandaan komt, hoewel de meeste geïnterviewden vonden dat een erfelijk staatshoofd op rationele basis moeilijk te verdedigen is. Subiet gevolgd door de onvermijdelijke dooddoeners dat het volk een koning wil, dol is op sprookjes, niet zonder een bindend element kan en dat ze toch maar mooi Nederland op de kaart zet. Dat vonden ze kennelijk zelf ook, net als 'het volk'.

'Iets' bevangt veel mensen, zodra ze in de buurt van de koningin komen. Of het wat sacraals is of iets bovennatuurlijks, weten ze zelf niet, alleen dat ze door 'iets' worden geraakt. Beatrix kende dat verschijnsel en maakte er gebruik van. Ook min of meer uitgesproken critici die Beatrix op het paleis - dus in haar eigen habitat - ontving, raakten op de een of andere manier onder de indruk en handelden daar dan naar. Chorus geeft daarvan een helder voorbeeld.

De opkomst van Pim Fortuin en zijn populistische beweging zat Beatrix niet lekker en ze wilde daarover met mensen 'uit de samenleving' van gedachten wisselen. Beatrix had een hekel aan Fortuin. Volgens premier Lubbers reageerde ze 'opvallend rustig' op zijn moord. 'Ze stond erboven. Dat is ook een beetje ouderwetsheid.' De vraag rijst, hoe je boven moord staat en waarom dat een tikkeltje ouderwets is, maar die vraag krijgt Lubbers niet voorgeschoteld. Waarom is niet duidelijk.

Klinisch psycholoog Justine van Lawick, hoogleraar sociologie Kees Schuyt en politiekorpschef Bernard Welten behoorden tot de genodigden voor de brainstormsessie. Van Lawick was vanaf haar aankomst gebiologeerd; puur door de aanwezigheid van Hare Majesteit in wier bijzijn ze mocht verkeren.

Het interview met haar staat bol van de superlatieven en alles wat ze zag was 'indrukwekkend'. Een lakei parkeerde haar auto, een andere lakei hiel zijn paraplu op tegen de regen en leidde haar de trappen op. Van Lawick was toen al zo onder de indruk dat ze bang was niet meer uit haar woorden te zullen komen.

Ze weigerde het aangeboden glas wijn; ze wilde helder blijven. Ze kwam toch al niet goed meer uit haar woorden van de zenuwen. Beatrix had dat feilloos door, wat Van Lawick 'ongelooflijk attent' vond. Beatrix zag dat de psychologe hard aan een glas toe was, waarop Van Lawick de wijn toch maar accepteerde. Weigeren leek geen optie. Dat Welten ook zenuwachtig was, uitte zich door té luid te gaan praten. Weer een andere genodigde was gewoon 'opgewonden'.

Gastvrouw Beatrix ontging dat allemaal niet en 'hield rekening met de zenuwen van de gasten.' Volgens Van Lawick was het 'onvoorstelbaar hoe ze zich had voorbereid. Van alle sprekers wist ze iets. Dat moet nachtwerk voor haar zijn geweest.'

Je vraagt je af waar de psychologe het vandaan haalt. Het zou abnormaal zijn geweest als Beatrix *niets* had geweten van de gasten die ze zelf had uitgenodigd. Ze hoefde alleen maar even de tekst door te lezen, die haar staf ter voorbereiding van het bezoek had geprepareerd.

Op zich is dit tafereel op het paleis een schitterend voorbeeld van hoe de magie van het koningschap werkt. En niet alleen bij het 'gewone' volk, want kennelijk vallen ook hoogleraren bijna in zwijm door de aanwezigheid van de Majesteit.

Toen later op de avond ook prins Claus even aanschoof, werd het Van Lawick bijna te veel. Ze was verpletterd door beider aanwezigheid.

Dankzij Chorus weten we iets meer over de toewijding aan en de fascinatie voor Beatrix als koningin, maar het raadsel van de vorstelijke uitstraling wordt er zo mogelijk nog groter door. Ook de bovenlaag van de maatschappij liet zich inpakken. Beatrix verstaat die inpakkunst als geen ander en maakt daar doelbewust gebruik van. Maar wat haar feitelijke verdiensten voor het vaderland zijn geweest? Daarop blijft ook Chorus het antwoord schuldig.[530]

---

530   Chorus, *Beatrix. Dwars door alle weerstand heen*, pp.29-35 en passim.

8

Willem-Alexander 2013

De geboorte van een Oranjetelg was ook op 27 april 1967, de dag dat Willem-Alexander ter wereld kwam, groot nieuws. Er is weer sprake van 'uitzinnige menigtes', en het leger moest de politie te hulp schieten om de hoofdingang van het Utrechts Academisch Ziekenhuis, waar moeder en kind verbleven, vrij te houden.

'Niet alleen in Utrecht gingen mensen uit hun dak. "Heel Nederland één juichkreet" kopte deze krant de volgende ochtend. Overal in het land stroomden mensen de straat op. In de grote steden legde deze massa het verkeer lam. In oranje geklede mensen zongen bekende schlagers als "Oranje boven" en "Lang leve de koning". In Amsterdam gaf het gemeentebestuur cafés toestemming om tot vier uur open te blijven.'[531]

Over Willem-Alexander als koning, hij weigerde zich Willem IV te noemen, is heel weinig bekend. Natuurlijk horen we van alle kanten dat hij het als koning 'goed doet', maar dat onderwerp is al behandeld.

Zijn ouders probeerden hem een zo normaal mogelijke jeugd te geven. Hij volgde in Baarn het basis- en middelbaar onderwijs; de laatste jaren van zijn middelbare schooltijd bracht hij door op het Atlantic College in Wales. Voordat hij naar de universiteit ging, diende hij bij de marine. Willem-Alexander studeerde geschiedenis in Leiden, onder de hoede van prof. dr. H.L. Wesseling.

Er zou enige discussie over Wesseling zijn geweest omdat hij regelmatig stukken in dag- en weekbladen publiceerde. Op zich was dat niet erg, maar goede contacten met de pers spraken niet in zijn voordeel. En er was nog een punt: Wesseling zou soms te weinig eerbied voor de Oranjemonarchie aan de dag hebben gelegd.

Niettemin werd de kroonprins aan Wesselings zorgen toevertrouwd.

---

531   Dagblad *Trouw* van 24-04-2017 in een terugblik: 'De gekte kende nauwelijks grenzen, toen Willem-Alexander werd geboren'.

Hij studeerde af op een scriptie die de Nederlandse reactie op het Franse besluit uit de NAVO te treden tot onderwerp had. De scriptie ging na voltooiing in 1993 meteen achter slot en grendel, en ook de resultaten van zijn tentamens zijn geheim.

Volgens Wesseling was Willem-Alexander 'ongetwijfeld intelligent, maar beslist geen intellectueel.' Hij had daarmee niets denigrerends bedoeld, zoals hem soms is verweten. Hij had ermee willen zeggen dat de prins een goed stel hersens had, maar geen diepgaande intellectuele belangstelling. Meer een doener dan 'een studeerkamergeleerde'.[532]

Watermanagement

In 1997 interviewde Paul Witteman de kroonprins in een speciaal ingelast programma. Toen Willem-Alexander tijdens dat gesprek aankondigde dat hij zich ging vastbijten in 'watermanagement' trok Witteman een stomverbaasd gezicht: 'Pardon?' Dus herhaalde Willem-Alexander het nog maar eens: 'watermanagement'. 'Water is toch iets fantastisch moois,' somde hij verder op: het is een primaire levensbehoefte, gezondheid, milieu, transport en soms moeten we vechten tegen water. Kortom, wat was er Hollandser dan water?

Willem-Alexander, die zijn bijnaam 'prins Pils' lange tijd eer had aangedaan, was plotseling serieus geworden. Vandaar ook dat interview, om die blijde ommekeer aan te kondigen. Daar was alle reden toe want zijn imago onder de bevolking hield niet over en dat was reden tot zorg.

Het interview was uitentreuren voorbereid en geoefend. De kroonprins was erg zenuwachtig geweest, waarvoor Witteman wel begrip kon opbrengen. Daarom had hij ingestemd mee te werken aan de 'watermanagement-pardon?'-scene.

Alle vragen en antwoorden waren van te voren uitgebreid doorgenomen. Dat gebeurt overigens bij alle interviews met leden van het Koninklijk Huis. Niets wordt aan het toeval overgelaten, en er wordt zelfs geanticipeerd op vragen die onverwacht kunnen opduiken.[533]

Het watermanagementproject was duidelijk bedoeld als een proffensief om de status van de kroonprins op te krikken. In het begin werd er soms wat lacherig gedaan over zijn nieuwe activiteit ('bezigheidstherapie'), die inderdaad een hoog spindoctor-gehalte verried. Een

---

532   'Een verzoek van Ko Colijn aan de koning: maak uw scriptie openbaar', in: VN, 14-09-2018; zie ook: Kikkert, *Beatrix Mens en Majesteit*, pp. 170-172.
533   Interview door Paul Wittenman met de kroonprins in het tv-programma *Nova Extra*, 11-09-1997. In het tv-programma *De Wereld Draait Door* (07-02-2019) vertelde Witteman hoe het interview was voorbereid.

Paul Witteman: 'Pardon?'

baantje, speciaal voor Willem-Alexander bedacht, zonder noemenswaardige inhoud.

In feite was het dat ook. Watermanagement vereist immers een jaren-
lange studie aan een technische universiteit. De kroonprins had geschiedenis gestudeerd en een scriptie afgeleverd die regelrecht in de kluis was
verdwenen.

Mensen die dachten aan bezigheidstherapie hadden het allemaal bij
het verkeerde eind, als we een artikel op de site van het *NOS*-journaal -
Oranje-steunpilaar door dik en dun - mogen geloven. Maar hoe je het
ook wendde of keerde, zijn nieuwe erefunctie deed toch denken aan de
eredoctoraten die Koninklijke Hoogheden en masse worden toegekend,
ongeacht of ze kennis hebben op het gebied van hun eredoctoraat of er
volkomen blanco tegenover staan. Het is de statuur van het eredoctoraat die telt.

Bij Willem-Alexanders watermanagement ging het op een vergelijkbare manier: 'Hij ontwikkelt zich tot een specialist in water, met een groot aanzien in binnen- en buitenland.'

En hij doet dat razendsnel: verwerven van groot aanzien. Binnen een jaar was hij erelid van de World Commission on Water for the 21st Century én beschermheer van het Global Water Partnership.

In maart 2000 zat hij het Tweede Wereld Water Forum voor in Den Haag (wat hem uiteraard fantastisch afging) en in 2004 wordt hij voorzitter van de Adviescommissie Water. Dat is een onafhankelijke commissie die het ministerie van Verkeer en Waterstaat van advies dient over de consequenties van het waterbeleid op maatschappelijk, bestuurlijk en financieel gebied. Willem-Alexander bezocht doorlopend workshops en symposia en verkende iedere poel en plas in gans het land.

> Willem-Alexander deed met wc-pot werpen alsnog aan 'ontwikkelingswerk'.

Al snel sloeg hij ook zijn vleugels uit naar het buitenland. Hij werd voorzitter van het United Nations Secretary-General's Advisory Board on Water and Sanitation. 'Als voorzitter levert hij wereldwijd een persoonlijke bijdrage aan het oplossen van watergerelateerde problemen', meldde de NOS.[534]

Ook de sanitaire kant van water (hygiëne) kon op zijn warme belangstelling rekenen. Even dreigde zijn met zorg opgebouwde imago als waterprins onderuit te gaan. Tijdens Koninginnedag 2012 deed hij in Rhenen mee aan een wedstrijd wc-pot werpen.

Hij bleek een geweldige worp te hebben gedaan, maar het was wel een gooi waar veel kritiek op kwam en waarover lacherig werd gedaan. Wat was dat eigenlijk voor rare oude 'traditie' daar in Rhenen, dat wc-pot werpen? Willem-Alexander en de RVD namen natuurlijk ook kennis van de negatieve uitspraken. Dus moest er wat gebeuren, al duurde dat even. Tijdens een bijeenkomst over duurzaamheid in Rotterdam zei de kroonprins dat hij met enige gêne aan de wedstrijd had meegedaan.

'Hier in Nederland zijn dorpen waar ze voor de lol wedstrijden doen in het gooien met wc-potten. Ik heb daar op 30 april met een glimlach aan meegedaan, maar niet zonder met enige schaamte te denken aan die ruim 2,6 miljard mensen op deze aarde, die niet

---

534   https://nos.nl/artikel/187778-willem-alexander-en-het-water.html.

beschikken over zelfs maar de meest basale structuur om op een waardige manier hun dagelijkse behoefte te kunnen doen.'

De RVD liet in een toelichting weten, dat Willem-Alexander had meegedaan omdat de (oude) wc-potten naar een project in Afrika gingen. De gemeente Rhenen verklaarde desgevraagd kennis te hebben genomen 'van de uitspraken van de prins', maar wilde niet inhoudelijk reageren.[535]

Wat zegt ons dit watermanagementverhaal? Is het de moeite van het vermelden waard? Het laat zien dat alles wat een lid van het konings-huis doet belangrijk is (of in ieder geval belangrijk wordt gemaakt). De kennis over het watermanagement (op zich een belangrijk onderwerp), waar normaal gesproken een ingenieursstudie voor nodig is, kwam hem kennelijk gewoon aanwaaien.

Binnen een jaar nadat Witteman met zijn 'pardon?' kennis had gege-ven van zijn (gespeelde) verbazing, was Willem-Alexander een erkend expert en bekleedde hij tal van functies in de wondere wereld van het watermanagement. Hij reisde stad en (buiten)land af en door de Verenig-de Naties werd hij benoemd tot voorzitter van een wateradviesorgaan.

Net zoals zijn vrouw Máxima namens de VN de wereld rondreist om 'inclusieve financiering' aan de man te brengen.

'Zij adviseert in deze functie de secretaris-generaal van de VN en zet zich wereldwijd in om financiële diensten voor iedereen - met inbegrip van de lage inkomensgroepen en kleine en middel-grote bedrijven - toegankelijk te maken. In veel landen is het voor mensen of kleine ondernemingen niet gewoon om een bank- of spaarrekening te kunnen openen of bijvoorbeeld verzekeringen of leningen af te sluiten.'[536]

Al die minima in ontwikkelingslanden kunnen rekenen op de inzet van Máxima als de Speciale pleitbezorger van de VN secretaris-generaal voor inclusieve financiering voor ontwikkeling.

We zijn er wel aan gewend dat leden van vorstenhuizen worden doodgegooid met eredoctoraten, voorzitterschappen en hoge, indruk-wekkend klinkende functies waarvan men zich kan afvragen waarom ze

---

535 'Kroonprins schaamde zich voor wc-pot gooien', in Het Parool, 30-05-2012. Zie voor de meesterworp van de kroonprins: https://www.youtube.com/watch?v=wFRJ6jkcQxw.

536 https://www.koninklijkhuis.nl/leden-koninklijk-huis/koningin-maxima/inclusieve-financiering-voor-ontwikkeling.

die krijgen, gezien hun kennis van het onderwerp in kwestie. Dat hoeft niet per se voor Máxima te gelden; ze is van huis uit econoom.

In die functie als econoom (of zou het zijn omdat ze koningin Máxima is?) zou ze in de Week van het Geld in Rotterdam (2020) in gesprek gaan met jongeren, die in de problemen raken als ze hun rekeningen niet kunnen betalen, maar niettemin tóch een nieuw mobieltje aanschaffen.[537] Helaas gooide het Corona-virus roet in het eten. De Week werd afgelast.

Máxima (ze is ook erevoorzitter van 'Wijzer in geldzaken') wil jongeren leren beter met hun geld om te gaan. Die boodschap brengt ze ook op haar dochters over. Maar of dat zal helpen? Neem kroonprinses Amalia, die het nu moet stellen (ik noem maar wat) met een paar tientjes zakgeld in de week. Als ze in 2021 achttien jaar wordt, krijgt ze jaarlijks 1,5 miljoen euro op haar rekening bijgeschreven. Geïndexeerd en belastingvrij tot ze koningin wordt. Dan gaat dat bedrag nog eens enkele malen over de kop.

Terzijde zij hier opgemerkt dat de Belgische kroonprinses Elisabeth afstand heeft gedaan van haar uitkering ('dotatie') zodra ze 18 jaar werd.[538] Het zou me verbazen als het Nederlandse koningspaar dat sympathieke gebaar van het Belgische koningshuis navolgt. Want het gaat wel om geld.

Te vrezen valt dat de spindoctors rond het Koninklijk Huis niet altijd begrijpen dat sommige functies de lachlust opwekken: een multimiljonair die gratis woont en reist, net zo veel kan declareren als haar belieft en verder alle denkbare faciliteiten van deze wereld geniet. Zo iemand gaat minima adviseren hoe ze het best hun geld kunnen besteden.

Al dat gesmijt met erefuncties enzovoort, werkt ook op een andere manier door. Het kost namelijk bakken met geld. Geld dat we nooit terugzien in de onkostenverantwoording van het Koninklijk Huis. Zoals het watermanagement van de kroonprins.

Op het ministerie van Waterstaat (dat Willem-Alexander zogenaamd 'advies' gaf) was een complete ambtelijke eenheid opgetuigd om hem

---

537 https://www.ad.nl/rotterdam/hoe-ga-je-verstandig-om-met-geld-koningin-maxima-geeft-tips-in-de-kunsthal~a038568a/?referrer=https://t.co/6ncknUA2Z4?amp=1.

538 https://www.ad.nl/show/koning-belgie-voorlopig-geen-toelage-voor-prinses-elisabeth~a4d5c01e/. Het argument van haar ouders was dat ze haar niet wilden belasten met de verplichtingen, die een dotatie met zich mee brengt.

Koning Willem-Alexander in 2016

bij te staan in zijn watermanagement-hobby. Hij wist natuurlijk weinig van het onderwerp, dus was er altijd kans dat hij rare uitspraken deed.

Ambtenaren op het ministerie van Buitenlandse Zaken moesten alle waterreizen van de prins tot in detail voorbereiden en uitwerken. Dat gebeurt trouwens bij alle buitenlandse bezoeken en voor alle gesprekken die hij daar voert, dus niet alleen voor het watermanagement. Ook voor Nederlandse ambassades en consulaten in de landen die hij bezoekt, levert zijn komst extra werk op. Er gaat verder altijd beveiliging mee, maar de kosten daarvan zijn om 'veiligheidsredenen' geheim.[539]

Hoeveel zijn waterhobby ons heeft gekost is niet bekend, maar het moet in de miljoenen euro's hebben gelopen.

Waarom de vader van Máxima nooit terechtstond

Willem-Alexanders omgang met Emilie Bremers, rechtenstudente, die vier jaar duurde, baarde veel opzien, maar strandde uiteindelijk. Het was zijn eerste liefde die de pers haalde.

Midden 1999 kwam Máxima Zorreguieta in beeld. Er was maar één probleem met Máxima waar ze zelf overigens niets aan kon doen: haar vader.

Tijdens het Videla-regime (1976-1981) was Jorge Zorreguieta onderminister van Landbouw geweest; van 1979 tot 1981 diende hij als minister. Videla kwam via een staatsgreep aan de macht. Het was het begin van een rechts schrikbewind tijdens welke ongeveer 30.000 leden van de linkse oppositie spoorloos verdwenen.

Zorreguieta heeft altijd volgehouden geen weet te hebben gehad van die verdwijningen. Dat is opmerkelijk, want vrijwel geen Argentijn kon dat zijn ontgaan. Trouwens, kende niet de hele wereld de beelden van de 'Dwaze Moeders' op het Plaza de Mayo in Buenos Aires? Iedere donderdag hielden ze daar een stille mars uit protest tegen de verdwijning van hun zonen en dochters. Het kantoor van Zorreguieta stond praktisch op het Plaza, maar nee: hem was nooit iets opgevallen.

Toen Máxima wilde trouwen met Willem-Alexander groeide haar vaders selectieve blindheid uit tot een politiek probleem. Mocht hij, als regeringslid van de Videla-junta en dus medeverantwoordelijk voor 30.000 verdwijningen (lees: moorden), het huwelijk van zijn dochter bijwonen? Zorreguieta zelf vond van wel.

Voor premier Kok was het huwelijk een nachtmerrie. In 2000 stuurde hij de Latijns-Amerikadeskundige prof. dr. Michiel Baud naar Argen-

---

539 *De kosten van het Koningshuis*, p. 9.

tinië voor onderzoek. Baud concludeerde dat het ondenkbaar was dat Zorreguieta niets van de moorden zou hebben geweten.[540]

Kok besloot toen dat Zorreguieta de bruiloft van zijn dochter niet mocht bijwonen. Daar is lang en breed met Zorreguieta over gesproken, want hij liet zich niet gemakkelijk overtuigen. Kok was bang dat zijn aanwezigheid bij het huwelijk een discussie kon doen losbarsten die het koningshuis schade kon berokkenen. Als premier wilde hij dat voorkomen; over een nationaal debat had hij immers geen controle.

> Armgard, Bernhard en Zorreguieta werden, dankzij hun Oranje-relatie, niet voor hun daden berecht.

Willem-Alexander was het niet eens met de conclusie van Baud. Volgens de kroonprins kon je de zaak ook anders bekijken. De conclusie van Baud was toch ook maar een mening, vond hij. De prins refereerde tijdens een persconferentie in New York aan een brief uit 'open bron' die - zo zou spoedig blijken - door dictator Jorge Videla zelf was geschreven. De kroonprins deed zijn uitspraak op een moment dat de RVD even niet oplette.

Máxima noemde tijdens een interview, dat ze later samen met Willem-Alexander gaf (ter gelegenheid van hun verloving), de opmerking van haar verloofde, afgestudeerd historicus te Leiden, 'een beetje dom'. Oranje-minnend Nederland zakte collectief door de hoeven bij dit staaltje van hartverwarmende, spontane openhartigheid.

De 'spontane' Máxima kon toen trouwens toch al geen kwaad meer doen en was verreweg het populairste (aanstaande) lid van het Koninklijk Huis. Spontaniteit en Oranje gaan zelden samen. De uitspraak van Máxima was ingestudeerd. De cameraploeg die het interview registreerde, was overgevlogen uit het buitenland, want een Nederlands team had die 'spontane', hartverwarmende opmerking kunnen laten uitlekken.[541]

Máxima geloofde overigens heilig in de onschuld van haar vader. Ze had het hem recht op de man af gevraagd, maar pappa hield vol dat hij echt géén idee had. Máxima geloofde dat. Waarom zou haar vader tegen haar liegen?

Nog voor het huwelijk deed ex-ambassadeur Maarten Mourik aangifte

---

540   Baud, *Militair geweld, burgerlijke verantwoordelijkheid. Argentijnse en Nederlandse perspectieven op het militaire bewind in Argentinië (1976-1983)*.
541   'De strijd van Kok', deel 2, *Andere Tijden*, 07-09-2015.

tegen Máxima's vader bij het college van procureurs-generaal in Den Haag. Volgens Mourik was Zorreguieta medeplichtig aan foltering en misdaden tegen de menselijkheid. Het OM weigerde de zaak in behandeling te nemen. Daarop diende Mourik, samen met een aantal nabestaanden van spoorloos verdwenen tegenstanders van het Videla-regime, een klacht in tegen het college dat de aanklacht had afgewezen. Ditmaal stelde het OM geen 'rechtsmacht' te hebben over de heer Zorreguieta.[542]

De vader van Alejandra Slutzky, ze was de dochter van een linkse arts (en dus een 'subversieve' terrorist in de opvattingen van het regime), verdween spoorloos na eerst gruwelijk te zijn gemarteld. In een gesprek met Máxima, inmiddels getrouwd met Willem-Alexander, vertelde ze wat haar vader en andere tegenstanders van het regime was overkomen. Om die reden verzocht ze Máxima haar vader bij officiële gelegenheden niet op de voorgrond te laten treden. Dat was kwetsend voor de nabestaanden van de verdwenen slachtoffers. Een plaatsje ergens achteraf, waar hij niet opviel, was beter.

Máxima beloofde haar best te zullen doen. Of ze dat gedaan heeft weten we niet, maar toen ze in mei 2011 haar veertigste verjaardag in het Concertgebouw vierde, stond papa Zorreguieta naast koningin Beatrix stralend op de rode loper. *De Volkskrant* had daar geen oog voor. Wél voor Máxima, die de krant zwijmelend beschreef als de 'prinses van het volk', de 'flonkerende ster' en 'de zon zelve'.

Beatrix had zich kennelijk nergens wat van aangetrokken en haar eigen zin doorgedreven. Jorge Zorreguieta hoorde erbij. Het roept vragen op over het inschattingsvermogen van de nijvere dossiervreetster. Het kan haar toch onmogelijk ontgaan zijn dat er rumoer was ontstaan over de man, die enthousiast wuivend bij haar op de rode loper stond? Zorreguieta vertelde later tegen het *AD* dat hij zich niet langer *persona non grata* voelde. Integendeel, hij had het gevoel gekregen er helemaal bij te horen.[543]

Alejandra Slutzky en haar dochter Ewa en Matte Mourik, zoon van de inmiddels overleden oud-ambassadeur, dienden na de provocatie bij het Concertgebouw een nieuwe aanklacht in. Elizabeth Zegveld, hun advocaat, had erop gewezen dat Nederland in 2011 een VN-verdrag

---

542 Böhler, *Crisis in de rechtstaat: spraakmakende zaken, verborgen processen*, Hoofdstuk 'De Zaak-Zorreguieta'.

543 'Ik mis mijn vader nog steeds', in: *NRC* 08-09-2011, 'Sancta Máxima', in: *De Groene Amsterdammer*, 08-06-2011 en 'Máxima – de econome, de prinses, de vamp – wordt 40', in: *de Volkskrant*, 17-11-2011.

had ondertekend, dat landen verplichtte personen die betrokken waren geweest bij 'gedwongen verdwijningen' te vervolgen. Daaronder viel ook indirecte betrokkenheid, zoals in het geval van Zorreguieta.[544]

Onvermijdelijk komt hier het geval van Julio Poch in het vizier; de Transavia-piloot die tijdens de 'vuile oorlog' in Argentinië zou hebben deelgenomen aan 'dodenvluchten'. Slachtoffers van het regime werden verdoofd vanuit een vliegtuig in zee gegooid om te verdrinken. Poch had een Nederlands paspoort, en woonde al geruime tijd in Nederland, toen hij op de laatste vlucht voor zijn pensionering in 2010 met hulp van de Nederlandse Justitie in Spanje werd gearresteerd en uitgeleverd naar zijn oude vaderland. Enkele collega's hadden Poch op dubieuze gronden aangegeven bij het OM.

Nederland had geen uitleveringsverdrag met Argentinië, Spanje wel, vandaar dat voor de Spaanse omweg was gekozen. De arrestatie in Spanje vond plaats vóórdat Nederland het VN-verdrag had ondertekend. Poch is, na maar liefst acht jaren in voorarrest te hebben gezeten, vrijgesproken door de Argentijnse rechter en naar Nederland teruggekeerd.

De overeenkomst tussen wijlen Zorreguieta (hij overleed in 2017) en Poch was dat beiden werden verdacht van misdaden tegen de menselijkheid. Poch is vrijgesproken na een jarenlang voorarrest; Zorreguieta daarentegen is nooit een strobreed in de weg gelegd en nimmer voor de rechter verschenen.

Maar behalve die overeenkomst was er ook een groot verschil: Zorreguieta onderhield nauwe banden met het koningshuis en met koningin Beatrix persoonlijk. Poch niet. Het gegronde vermoeden bestaat dat een rechtszaak tegen Poch in Nederland grote deining zou hebben veroorzaakt. Waarom Poch wel voor de rechter gedaagd en de vader van Máxima niet? Volgens het VN-verdrag liep hij grote kans schuldig te worden bevonden, omdat hij lid van het Videla-regime was geweest. Argentinië wilde Poch graag berechten en dat kwam goed uit. De zaak zou hier dan stukken minder publiciteit krijgen en niet nog meer aandacht op Zorreguieta vestigen.

De Spaanse omweg lag dus voor de hand als handige oplossing. Slutzky en haar medestanders zijn altijd bang geweest dat Zorreguieta in Nederland, vanwege zijn band met het Koninklijk Huis, de dans zou ontspringen. Ze kregen gelijk. Het OM liet in maart 2012 weten dat het van vervolging afzag. Van persoonlijke betrokkenheid van Zorreguie-

---

544 'Wie zit er achter de aanklacht tegen Zorreguieta?', in: *VN*, 07-09-2011.

ta was niets gebleken, als regeringslid was hij niet betrokken geweest bij de vele spoorloos vermisten en evenmin was gebleken dat hij informatie had achtergehouden. Een cynicus zou hierbij kunnen aantekenen dat dat oordeel volstrekt logisch is, aangezien Zorreguieta nooit iets van de verdwijningen had geweten.

Toch lijkt het erop dat het OM in samenwerking met de regering een spel heeft gespeeld. In februari 2012 weigerde het OM een interview met Boris Dittrich af te drukken in het personeelsblad *Opportuun*. De voormalig D66-leider zou 'te gevoelige' opvattingen hebben geuit over de vervolging van Zorreguieta.

De afweging Zorreguieta te vervolgen - had Dittrich ook nog gezegd - werd door 'bange mensen' gemaakt. In het interview pleitte hij ook voor een 'grondig strafrechtelijk onderzoek zonder politieke afweging.' En tenslotte had hij erop gewezen dat de minister van Justitie (Ernst Hirsch Ballin) middels een 'aanwijzing' zou kunnen verhinderen dat de berechting doorging, mocht het OM daartoe toch besluiten.

Willem van Genugten, hoogleraar internationaal recht aan de Universiteit van Tilburg, gaf als zijn mening:

'De regels zijn helder en als er zonder aanzien des persoons wordt opgetreden, is het razend eenvoudig. Toch zou ik nu niet graag in de schoenen staan van het Openbaar Ministerie, omdat het ook rekening zal en mag houden met de politieke en maatschappelijke context van Jorge Zorreguieta.'

De redactie van *Opportuun* schrapte het deel over Zorreguieta uit het interview. Dittrich eiste dat het complete interview werd afgedrukt. Alles of niets. Het draaide uit op niets.

De auteur van het artikel - een journaliste met vijftien jaar interviewervaring - kreeg straf. Voortaan moest ze grote interviews overlaten aan collega's. Volgens het OM was dat het gevolg van een 'grote reorganisatie.'[545]

Er bestaat een vergelijkbare kwestie, die, net als in het geval Zorreguieta, riekt naar klassenjustitie en bemoeienis van het koningshuis en van een

---

545   'OM schrapte interview in eigen blad om Zorreguieta; Kritische opmerking Boris Dittrich "te gevoelig"', in: *NRC Handelsblad* 10-02-2012 en idem: 'Hof kan OM tot actie dwingen', in: *NRC*, 08-09-2011.

of meer ministers met de rechtsgang: het geval Armgard.

Armgard, de moeder van Bernhard, dreigde begin jaren vijftig in West-Duitsland voor de rechter te worden gesleurd. Ze had Michael Graf Soltikov in een *beëdigde* verklaring beschuldigd Hans-Ewald von Kleist tijdens de oorlog te hebben verraden. Von Kleist zou als gevolg daarvan de doodstraf hebben gekregen en zijn onthoofd. Dat bleek niet te kloppen want hij woonde na de oorlog, compleet met hoofd, in München. Soltikov diende een aanklacht tegen Armgard in wegens laster en meineed. Ook eiste hij schadevergoeding.

In Den Haag en in de West-Duitse hoofdstad Bonn gingen de alarmbellen af. Een proces tegen de schoonmoeder van Juliana, koningin der Nederlanden, was 'beslist hoogst ongewenst'. Een veroordeling voor zowel meineed als laster behoorde inderdaad tot de mogelijkheden, want er lag een beëdigde verklaring van prinses Armgard, en Von Kleist was niet geëxecuteerd. Alle opties om een proces te voorkomen, werden doorgenomen. Een minnelijke schikking was een van de mogelijkheden.

Juristen op ministeries in Den Haag en Bonn braken zich afzonderlijk én in samenspraak het hoofd over de kwestie. Was er niet een of andere manier om te voorkomen dat het proces doorgang zou vinden? En kón prinses Armgard eigenlijk wel worden aangeklaagd? Genoot ze vanwege prins Bernhard, getrouwd met de koningin, wellicht gerechtelijke immuniteit? Die optie bleek - ondanks creatief denkwerk - onhaalbaar.

Armgard kon wel degelijk voor de rechter worden gebracht. Dat was vervelend, want een strafproces tegen de schoonmoeder van Juliana zou - zo staat het letterlijk in de stukken - buitengewoon vervelend zijn voor de betrekkingen van Duitsland met Nederland. Ook een civiel proces (schadevergoeding Soltikov) was ongewenst vanwege de te verwachten publiciteit. De zaak moest worden begraven.

Armgard was intussen door tussenkomst van prins Bernhard naar Nederland verhuisd. Misschien was dat de oplossing? Kon ze als 'extratoriaal' nog wel voor een Duitse rechter worden gedaagd? Dat bleek inderdaad mogelijk. Armgard van een diplomatiek paspoort voorzien (en daarmee immuniteit) was evenmin haalbaar.

Directe bemoeienis met de rechtsgang was uitgesloten, daarover bestond overeenstemming, omdat de Duitse pers al lucht van de zaak had gekregen. De Nederlandse pers zweeg, net als in het geval Hofmans.

Vermoedelijk is de kwestie uiteindelijk afgekocht. Het dossier op het *Auswärtiges Amt* in Berlijn is onvolledig. Om duistere redenen breekt het abrupt af.[546]

De overeenkomsten met de zaak Zorreguieta zijn opvallend. De Argentijn was de schoonvader van het (aanstaande) staatshoofd. Armgard was de schoonmoeder van het fungerende staatshoofd. Vervolging was ongewenst vanwege de negatieve uitstraling op het Koninklijk Huis. Net zoals de vervolging van Bernhard als echtgenoot van het staatshoofd in de Lockheed-affaire ongewenst was. Iedereen is in Nederland volgens de Grondwet gelijk, maar één familie is net een tikkeltje gelijker dan de rest.

Een nieuwe koning

Over het fungeren van Willem-Alexander als staatshoofd hoeven we het niet te hebben, daar is geen antwoord op te geven. Zijn inaugurale rede op 30 april 2013 viel niet op door originaliteit, maar dat verwachtte niemand. Net als zijn moeder en grootmoeder dankte hij zijn moeder (en vader), maar hij deed minder een beroep op God. Slechts in de slotzin zei hij: 'Zo waarlijk helpe Mij God almachtig!'[547]

Wat voor zijn voorvaderen en voormoeders gold wat betreft de ministeriële verantwoordelijkheid en 'eenheid van de Kroon', gaat hier uiteraard ook op. Tot dusver is er daarom weinig over hem naar buiten gekomen, behalve dat hij keihard werkt en dat hij het volgens de enquêtes goed doet.

Het is bekend dat de koning een pilotenopleiding heeft gehad en dat hij graag zelf het regeringsvliegtuig of een door de staat voor hem gehuurde privéjet bestuurt. De koning heeft altijd voorrang als het om het regeringsvliegtuig gaat. Zijn vluchten moeten officieel in het landsbelang zijn, maar als hij zelf zegt dat dat het geval is, hoeft hij verder niets uit te leggen. Koningin Beatrix was daar ook heel bedreven in.

Het vlieggedrag van het koningspaar komt geregeld in het nieuws,

---

546 Politisches Archiv des Auswärtigen Amts, Berlin, B 11 Band 1 Abteilung III (Länderabteilung) 1951-1997, nr. 693, map, Prominente Persönlichkeiten, Prozess gegen Prinzessin Armgard zu Lippe-Biesterfeld (verzameldossier); Nationaal Archief, Den Haag, 2.05.117 Ministerie van Buitenlandse Zaken: Code-archief 1945-1954 inv. nr. 20933, Actie tegen prinses Armgard zu Lippe-Biesterfeld wegens laster en belediging en tegen prins Aschwin wegens meineed en uitlokking. Brief van Soltikow aan Nederlandse regering, 25-07-1952 en idem, Prinses Armgard zur Lippe-Biesterfeld en Prins Aschwin. Persoonlijk. Zeer Geheim, 28-08-1952. Zie voor een uitgebreide verhandeling over deze kwestie: Aalders, *Niets was wat het leek*, pp. 281-286.
547 https://www.rtlnieuws.nl/nieuws/artikel/2762816/volledige-tekst-toespraak-willem-alexander-bij-inhuldiging.

en dat baart het kabinet zorgen, omdat de exorbitante kosten moeilijk te verdedigen zijn. Het huidige regeringsvliegtuig, de PH-GOV, was tot begin september 2019 te volgen met trackerapps, programma's waarmee iedereen de aankomst- en vertrektijden van vliegtuigen wereldwijd kan volgen. Daar heeft het kabinet nu een stokje voor gestoken en vanuit hun standpunt bezien, is dat wel begrijpelijk.

Tijdens de laatste vakantie van de koninklijke familie die nog met een app was te volgen, had de PH-GOV maar liefst elf vluchten gemaakt. Via de KLM, die het toestel beheert en onderhoudt, was het onzichtbaar maken snel geregeld. 'In the interest of our client, we seek solutions to have the exact location of that aircraft not made public.'

Het ministerie van Infrastructuur en Waterstaat geeft als reden 'veiligheid' op, de eeuwige dooddoener waarachter talloze onkosten worden verborgen, omdat alles wat met veiligheid te maken heeft, altijd geheim moet blijven.[548]

Voor zijn handelsmissies, waarop de koning zich net als zijn moeder heeft gestort (hij moest zijn waterhobby opgeven toen hij koning werd), neemt hij het vliegtuig. Net als bij Beatrix wordt hoog opgegeven van de bereikte resultaten, alleen ontbreekt het helaas aan enig bewijs.

De koning en Máxima zetten zich volgens de verhalen vol in, ze zijn alle twee economisch expert (Máxima ís econoom) en ze laten zich door niemand iets wijsmaken. Innovatie en duurzaamheid zijn de speerpunten van hun beleid, en wat ze daarvan niet weten is de moeite van het vertellen niet waard.

Het Financieele Dagblad schreef een serie van drie artikelen over de fenomenale invloed van het echtpaar op de economie, maar met concrete bewijzen kwam het blad niet. *Het FD* stelt dat overigens ook zelf in het openingsartikel en haalde oud-minister Hans Weijers aan, die vond dat 'de aanduiding goudmijn voor de internationale handel overdreven' was. Het is dus niet alles goud dat blinkt bij handelsmissies onder aanvoering van Willem-Alexander en zijn vrouw.

Het koningspaar brengt ook bezoeken aan bedrijven in Nederland en die gaat het dan allemaal plotseling zeer voor de wind. Het zal allemaal best, maar een beetje bewijs zou ook hier niet hebben misstaan. Het is een serie artikelen die op de lezer dweperig overkomt. Dat kan

---

548   https://www.msn.com/nl-nl/nieuws/opmerkelijk/zo-maakt-klm-het-regeringsvliegtuig
-onzichtbaar/ar-AAHnZS6.

ook liggen aan de mensen die de krant heeft geïnterviewd en die allemaal razend enthousiast bleken te zijn. Of het pure bewondering voor het werk van het koninklijk duo is - Het FD komt superlatieven te kort om de efficiëntie en zakelijkheid van het stel te beschrijven - of dat er gewoon sprake is van ouderwetse, blinde Oranje-aanbidding bij de mensen die Het FD aan het woord laat, is niet duidelijk, maar dat hun enthousiasme soms over de top is, lijkt evident. Zo beweerde oud ING-voorzitter Diederik Laman Trip die het echtpaar adviseert:

'Volgens mij is er op het wereldtoneel geen vergelijkbaar echtpaar bij wie de verschillende aandachtsgebieden elkaar zo goed aanvullen. Samen hebben ze een bredere impact dan Bill en Melinda Gates of Bill en Hillary Clinton.'

Hij had vooraf wel gewaarschuwd dat hij een groot fan was van het koningspaar. Dat moet ook wel, gezien zijn uitspraak over de families Gates en Clinton. Het FD wijst er wel op dat de 'ronkende persberichten' van het ministerie van Buitenlandse Zaken over het aantal getekende contracten die zouden zijn voortgekomen uit de koninklijke missies, niet op de website van het Koninklijk Huis zijn terug te vinden.

Dat Willem-Alexander, in navolging van koning Willem I, de eretitel van 'koopman-koning' heeft gekregen, zal niemand verwonderen.[549] Zou iemand er nog wel eens bij stil staan dat Willem I het land tot op het randje van de financiële afgrond heeft gebracht en dat hij een deerniswekkende economische puinhoop achterliet?

Hogeschool Windesheim heeft onderzoek gedaan naar de impact van handelsmissies sinds 1990. Er bleek geen sprake te zijn van een substantiële toename van het handelsverkeer met landen die handelsmissies hadden aangedaan, en ook cijfermatige onderbouwing dat missies zouden leiden tot meer investeringen ontbreekt. De leider van het onderzoek noemde alle verhalen over miljardenorders die een delegatie zou binnenbrengen 'schaamteloos overdreven'. Hij zei ook: 'De koning of koningin kan deuren openen, zeker in landen die royaltygevoelig zijn, zoals bijvoorbeeld China. Maar dat levert geen orders

---

549   'Het familiebedrijf Oranje: werken in een kleine ruimte', in: Het Financieele Dagblad, 21-04-2018; 'Het familiebedrijf Oranje: in de ban van duurzaam groeien', in: Het Financieele Dagblad 25-04-2018 en 'Koning-koopman in ragfijn spel van diplomatie en zakendoen', in: Het Financieele Dagblad, 28-04-208

op. Dan geldt: zaken zijn zaken.' Met andere woorden: contacten leiden nog niet tot contracten. [550]

Journalist Max Westerman had ervaring opgedaan met missies. Hij zei er dit over:

'Er kan geen enkele grote economische deal worden aangewezen waarbij hun betrokkenheid een rol zou hebben gespeeld. Het is ook idioot om te denken dat ondernemers op een handelsmissie een transactie zou worden gegund omdat zij vergezeld worden door een koninklijke entourage. Zo werkt het kapitalisme toch echt niet. Ik denk eerder dat het tegendeel waar is. Dat de koning meer hindert dan helpt. [...] De meeste handelsmissies doen het zonder koninklijke franje. En dat is maar goed ook, zo vertelden mij een paar functionarissen die de handelsmissies helpen organiseren. Als de koning erbij is, is de sfeer totaal anders, vertelden ze. Formeel, gespannen, krampachtig. Iedereen loopt op eieren. Dat is nu eenmaal wat royalty met de mens doet; burgers worden tot dweperige onderdanen, en ook veel buitenlanders staat het klamme zweet in de handen. Dat is niet de beste sfeer voor creatief zakendoen. Degenen die handelsmissies met en zonder koning met elkaar kunnen vergelijken zeggen dan ook: geef ons maar de missies zonder. Althans, dat vertellen ze je 's avonds bij de borrel. Ze zullen het niet in hun hoofd halen dat op het NOS-journaal te herhalen. En de staatsomroep zou het natuurlijk ook niet uitzenden. In dertig jaar buitenlandjournalistiek heb ik met eigen ogen kunnen constateren dat de toegevoegde waarde van het koningshuis voor het Nederlandse imago en de Nederlandse economie nihil is.'[551]

En dan was er nog de Tilburgse econoom prof. Harry van Dalen, die beweerde dat het koningshuis ons jaarlijks tussen de vier en de vijf miljard euro oplevert. Het lag eigenlijk nogal voor de hand: een monarchie is stabieler dan een republiek en trekt daardoor meer buitenlandse investeerders aan.[552] Zo simpel kan het zijn.

---

550   'Handelsmissie levert zelden iets op', in: de Volkskrant, 31-10-2014.
551   Max Westerman op het jaarcongres van het Nieuw Republikeins Genootschap, 2018.
552   'Koninklijk Huis levert jaarlijks tussen de 4 en 5 miljard op', in de Volkskrant, 28-05-2010.

9

Oranje en geld

'Oranje en geld' is een delicaat onderwerp, niet in de laatste plaats omdat geldbelustheid de leden van de koninklijke familie nogal eens op negatieve wijze in het nieuws brengt. Het gaat onder andere om belastingontwijking, onkostenvergoedingen, kunst dat tot nationaal cultureel erfgoed behoort maar toch naar het buitenland wordt verkocht, schenkingen van onroerend goed waarvan ze in de eerste plaats zelf profiteren of gesjoemel met onderhoudskosten van meubels. In dit laatste hoofdstuk gaan we na hoe de laatste Oranje-generaties omgingen met geld en alles wat daarmee samenhangt.

We hebben in de loop van dit verhaal al vaak de geldbelustheid van de familie Van Oranje kunnen constateren. 'Willem I was een dienaar van de mammon', schreef Jeroen Koch zonder omwegen in zijn biografie van de eerste koning.[553]

Die gretigheid konden we bij alle vorsten constateren die na hem op de troon kwamen. Zelf lijken ze het heel normaal te vinden dat alles voor hen wordt betaald. Ze stralen uit dat ze er recht op hebben: hun uitkeringen, hun riante kostenvergoedingen, hun vervoermiddelen (waaronder een eigen trein), hun paleizen en hun vrijstelling van inkomsten-, erf- en schenkbelasting.

Uit eigen zak betalen ze liever niets en als de natie de broekriem moet aanhalen omdat het economisch tij dat vereist, ontspringt het Oranjehuis meestal de dans. Bij de behandeling van de jaarlijkse begroting van het koningshuis zijn Kamerleden regelmatig 'geschokt' over de hoogte van de bedragen die naar het Koninklijk Huis gaan, maar altijd laten ze (een uitzondering daargelaten) de dingen op hun beloop. Kritiek op Oranje is niet populair en als je eens wat hebt, moet je dat vooral niet overdrijven.

---

553   Koch, *Koning Willem I*, p. 401.

Schenkingen

Als de familie met een schenkingsvoorstel komt, is er meestal iets aan de hand en is het opletten geblazen. Van een koninklijke schenking profiteert namelijk vooral de gulle gever zelf. Dat slaat natuurlijk niet op het geld dat Willem III (maar ook zijn beide voorgangers) wel eens ter beschikking stelde voor armoebestrijding of om de gevolgen van een watersnoodramp (een hobby van Willem III) op te vangen.

Het gaat hier om schenking van onroerend goed. Zowel koningin Wilhelmina als prins Bernhard heeft een schenking gedaan, waarvan ze in de eerste plaats zelf hebben geprofiteerd. Wilhelmina schonk de 'Kroondomeinen' aan de staat en prins Bernhard gaf zijn boerderij in Afrika weg. Beide giften hebben de belastingbetaler veel geld gekost.

Van oorsprong zijn kroondomeinen privébezit van de koning. Ze bestaan uit landgoederen, bospercelen en bebouwing in de vorm van boerderijen, woningen en soms ook paleizen en kastelen.[554]

Kroondomein Het Loo is het grootste landgoed van Nederland. Wilhelmina heeft door grondaankoop ongeveer 6750 hectare aan haar kroondomein toegevoegd. Ze stond bekend als een natuurliefhebster; van grote wegen door het gebied wilde ze niets weten. [555]

Of ze dat uit liefde voor de natuur deed of uit eigenbelang, omdat ze op haar rust was gesteld, is niet bekend. Het kan ook best een combinatie van beide zijn geweest. Een natuurreservaat had ze persoonlijk een mooie bestemming gevonden, want dan was de kans kleiner dat het gebied versnipperd zou raken over erfgenamen van de generaties na haar.

Maar een reservaat was evenmin een harde garantie tegen versnippering en juridisch was het bovendien lastig te regelen. Daarom besloot Hare Majesteit haar Kroondomein aan de staat te schenken. De kans op versnippering zou dan het kleinst zijn. Als voorwaarde had Wilhelmina bedongen dat het exploitatierecht bij haarzelf, en, na haar dood, bij haar erfgenamen zou blijven.

De financiële verhouding tussen de staat en het Koninklijk Huis wordt al sinds de tijd van Willem I als een delicate kwestie behandeld. De politiek wil er het liefst niets mee te maken hebben en als het soms onvermij-

---

554 Tenzij anders vermeld is voor de paragraaf 'Schenkingen' gebruik gemaakt van Van Wijnen, *Van de macht des Konings*, p. 87, 91, 105, 121,122, 128, 129, 130, 133, 141 en p. 159.
555 Fasseur, *Wilhelmina. Krijgshaftig in een vormeloze jas,* pp. 546-547 en passim.

delijk ter sprake kwam (door bijvoorbeeld nieuwe wetgeving) gebeurde dat altijd met 'eerbied en schroomvalligheid'.

In dat opzicht is er in de ruim twee eeuwen die zijn voorbijgegaan sinds de stichting van het Koninkrijk weinig veranderd. Er wordt sinds 1972 vrijwel ieder jaar ritueel wat gesteggeld over de 'Wet financieel statuut van het Koninklijk Huis' - waarin de begroting voor het koningshuis voor het komende jaar is geregeld -, maar als puntje bij paaltje komt, haalt de wet altijd ongeschonden de eindstreep.

In 1849 weigerde het kabinet zelfs mededelingen aan de Kamer te doen over de inkomsten van de koning uit zijn kroondomeinen. De waardigheid van het koningschap zou er onder lijden. Ruim vijftig jaar later, begin 20e eeuw, rustte op het onderwerp nog steeds een taboe. Dat bleek, toen een Kamerlid de regering enkele vragen stelde. Hij trok ze snel weer in, toen hij merkte dat de bereidheid hem te antwoorden nihil was.

Wie het toch waagde kritische vragen te stellen, laadde de verdenking op zich geen eerbied te hebben voor 'hoge personen'. De 'schenking' van Wilhelmina aan de staat was overigens een vorm van vrijgevigheid waarmee Nederland nog niet eerder te maken had gekregen.

De regering heeft het Kroondomein als geschenk van Hare Majesteit in 'eerbiedige dankbaarheid' aanvaard. Dagblad *De Telegraaf* sprak van een 'grootmoedige schenking' en een 'nobele geste'.[556]

Maar de Hoge Schenkster, zoals de Gulle Geefster eerbiedig werd genoemd, had wel een aantal opmerkelijke voorwaarden gesteld: zij en haar erfgenamen bleven over alle inkomsten van het domein beschikken en de jacht in het domein bleef exclusief aan de familie voorbehouden. De opbrengsten uit de verkoop van groot wild, fazanten en andere jachtbuit vloeiden eveneens in de koninklijke zakken.

Voorts bedong Wilhelmina dat de staat zich verplichtte tot teruggave van het domein, dan wel vergoeding van de waarde ervan, aan Wilhelmina's erfgenamen, zodra de monarchie zou ophouden te bestaan. Vanzelfsprekend vermeerderd met de wettelijke rente. Mocht de troon niet meer door een nakomeling van Wilhelmina worden bezet, dan is de staat tot teruggave verplicht aan de rechtmatige erfgenaam of - als dat fysiek niet mogelijk is - tot een geldelijke vergoeding.

Er staat ook wat tegenover, althans in formele zin. Het Huis van

---

556   'Koninklijk wild in kroondomein', in: *De Telegraaf*, 05-11-1959.

Oranje draagt alle kosten en lasten die op het domein drukken. Een rentmeester beheert het domein. Hij heeft de verantwoording voor de exploitatie, zoals bosbeheer, bosexploitatie, onderhoud van opstallen, het innen van huren en pachten et cetera. Het punt is echter dat koning over de aanstelling en het ontslag van de rentmeester beschikt. In naam is de rentmeester zelfstandig, maar in feite is het de koning die beslist.

Er is ook een Raad van Beheer, die net als de rentmeester, benoemd en ontslagen wordt door de koning. De rentmeester doet zijn werk niet alleen, er is ook ander personeel werkzaam in het domein. De personeelskosten komen ten laste van de familie Van Oranje, maar ze krijgt daarvoor wel een vergoeding van de staat. Lood om oud ijzer dus.

De beheerskosten van Wilhelmina's 'schenking' kunnen op grond van de Wet financieel statuut van het Koninklijk Huis bij de overheid worden gedeclareerd. De familie zou de familie niet zijn, als ze van die regeling geen enthousiast gebruik maakte. Zowel het beheer van flora en fauna als het onderhoud van de wegen door het gebied komt in de praktijk geheel, of in ieder geval voor het grootste deel, ten laste van het Rijk.

Natuurliefhebbers mogen op vastgestelde openingstijden het Kroondomein (tegen betaling) bezoeken. Niet de staat maar de koning beslist echter over de tijden van openstelling. Tussen 15 september en 25 december is een groot deel van het domein gesloten, zodat de koning kan gaan jagen, mocht hij daar zin in hebben. Een deel van het Kroondomein blijft weliswaar het gehele jaar geopend voor het publiek, maar daarvoor krijgt de koning een extra subsidie.

Mocht Nederland ooit een republiek worden, dan wacht de Oranjes, dankzij de voorwaarden die de Hoge Schenkster eruit sleepte, een mooie toekomst als grootgrondbezitter. Of geld inclusief de wettelijke rente. De 'Wet op het Kroondomein' werd in 1959, enkele jaren voor haar dood in 1962, van kracht.[557]

De Partij van de Dieren maakt al jaren bezwaar tegen de sluiting van het Kroondomein tussen half september en kerst. Officieel is het domein gesloten om het wild rust te gunnen, maar in werkelijkheid is de sluiting bedoeld om de koning in alle rust te kunnen laten jagen. In 2018 maakte de Partij opnieuw bezwaar tegen de sluiting en ditmaal ging de meerderheid van de Kamer akkoord.

---

557   Wet op het Kroondomein 1959. Zie: http://wetten.overheid.nl/BWBR0002752/1997-04-25 (geraadpleegd op 22-02-2020). Sinds de invoering zijn er in 1997 enkele wijzigingen doorgevoerd.

De Kamerleden vonden het raar dat het Rijk (indirect) het onderhoud betaalt, maar dat een deel van het Kroondomein jaarlijks toch dichtgaat voor het plezier van de koning. De Kamer ving bot. Het ministerie van Natuurbeheer liet weten dat het kabinet niets aan de situatie kon veranderen (met dank aan Wilhelmina). Immers de koning voert het beheer (via zijn rentmeester) en hij doet dat naar eigen inzicht.[558] Helaas strookte de mening van de koning dus niet met die van de Kamer. Als hij wil jagen, kan hij dat rustig blijven doen.

Drie jaar voordat koningin Wilhelmina de Staat opzadelde met haar Kroondomein, kocht prins Bernhard het Rift Wall Estate, een boerderij aan de zuidwestelijke oever van het Manyarameer in Tangayika, het huidige Tanzania.[559] De prins betaalde maar twee ton voor 120 hectare grond. Een koopje, maar het nadeel was dat zijn boerderij ver van de bewoonde wereld lag en door de staat van de wegen praktisch onbereikbaar was. Het dichtstbijzijnde dorp - en dus winkels - lag op ongeveer 180 kilometer afstand. Telefoon was er vanzelfsprekend evenmin.

Voor Bernhard was de ligging geen bezwaar, omdat hij er met een klein vliegtuig, een eenmotorige Cessna, op een minieme landingsstrip langs het meer kon landen. Het landgoed was zo goedkoop, omdat hij contractueel de plicht op zich had moeten nemen zijn land in cultuur te brengen. Daartoe richtte hij de Manyara Landbouw Maatschappij op.

Maar behalve dat zijn Rift Wall Estate zo goed als onmogelijk te bereiken viel, was er nog een probleem. De grond, zoutige klei, was niet geschikt voor landbouw. Er wilde bijna niets groeien.

Maar ontegenzeggelijk lag zijn boerderij op een schitterende plek bij het meer en het krioelde er van het wild. Dat zal de hoofdreden zijn geweest voor zijn aankoop. Bernhard beleed zijn liefde voor de natuur en bijbehorende fauna bij voorkeur met een jachtgeweer. Vaak kwam hij er overigens niet. Hij vloog er zo nu en dan naar toe en stapte dan na aankomst onmiddellijk in zijn Landcruiser met chauffeur, draaide op de achterbank een raampje open en begon dan buffels neer te knallen. Tussen de tien en twintig per dag. Gewoon voor de lol, het vlees liet hij liggen voor aaseters.

---

558   https://www.destentor.nl/apeldoorn/
koning-mag-blijven-jagen-op-kroondomein-het-loo-bij-apeldoorn~a778d15b/.
559   Voor een uitgebreide versie van dit verhaal (met bronnen): Aalders, *Bernhard. Niets was wat het leek*, pp. 336-339

> Het ministerie van Ontwikkelingssamenwerking hielp Bernhard met belastinggeld van zijn slechte investering in Tanzania af.

Zijn contractuele verplichtingen, het in cultuur brengen van de grond, kwam hij niet na, omdat er behalve wat koffieplanten (van belabberde kwaliteit) niets wilde groeien. Dus wilde Bernhard er wel weer van af. Dat bleek een probleem. De Tanzanianen wilden het zelfs niet gratis hebben (vanwege dat contractueel in cultuur brengen van de grond).

Bernhard liet toen het ministerie van Ontwikkelingssamenwerking in Den Haag, onder leiding van Berend Jan Udink, een project verzinnen dat - hoewel totaal onzinnig - voldeed aan alle eisen voor subsidie die het ministerie stelde.

In 1970 schonk de prins zijn boerderij aan de regering van Tanzania. Niet als Rift Wall Estate maar als een agrarisch opleidingsinstituut: Agricultural Training and Education Institute. Voor het gemak kregen de Tanzanianen er een uitgewerkt plan bij dat geheel voldeed aan de eisen van het ministerie van Ontwikkelingssamenwerking in Den Haag, want dat zou de kosten dragen.

Wat Tanzania moest met een opleidingscentrum ergens midden in de bush, waar letterlijk alles (tot en met de studenten) van ver moest worden ingevlogen omdat er geen wegen waren, is niet bekend. Het zal wel een vriendendienst zijn geweest en bovendien kostte het president Julius Nyerere (een vriend van prins Bernhard) geen cent.

Het opleidingsinstituut is er nooit gekomen. Maar Tanzania kreeg wel veel geld. Na ondoorzichtig gegoochel met fondsen maakte het ministerie van Ontwikkelingssamenwerking 1,3 miljoen over.

Bernhard kon tevreden zijn. Het ministerie had hem met belastinggeld van een beroerde investering afgeholpen. En Tanzania kreeg een zak met geld overgemaakt, die wel ergens, maar niet aan dat opleidingsinstituut in de rimboe, werd besteed. Het zou me niet verbazen als Bernhard een deel van dat geld heeft gekregen, maar bewijzen daarvoor zijn er niet. Wel duidelijk is dat vastgoedgeschenken van de familie lucratief zijn. Voor hen zelf welteverstaan, niet voor de belastingbetaler.

Het onderste uit de kan

Prins Bernhard heeft zijn positie binnen het koningshuis op schaamteloze wijze gebruikt, of liever gezegd 'misbruikt'. Ik zal die gevallen in deze paragraaf kort aanstippen, omdat ik ze al eerder heb gepubliceerd.[560] Daarnaast kaart ik nog enkele gevallen aan over Willem-Alexander, Máxima en Beatrix.

Fondsen

Bernhard maakte al direct na zijn huwelijk gebruik van zijn positie als lid van het Koninklijk Huis. De Verenigde Staten hadden tijdens de Eerste Wereldoorlog aandelen van zijn vader geconfisqueerd. Een deel had hij teruggekregen, maar een bedrag van circa 16.000 dollar bleef geblokkeerd. De kans dat hij dat geld ooit terug zou krijgen was zo goed als nihil. Dat Bernhard dat geld, een erfenis van zijn vader, graag wilde hebben is logisch. De manier waarop hij zijn doel trachtte te bereiken, is echter discutabel.

De confiscatie (een geval van economische oorlogvoering van de Verenigde Staten tegen Duitsland) trof uitsluitend Duitse burgers, maar Bernhard bezat sinds zijn huwelijk de Nederlandse nationaliteit. Naar zijn mening opende dat perspectieven.

Nog geen half jaar na zijn huwelijk kwam hij in actie door het ministerie van Buitenlandse Zaken voor zijn karretje te spannen. Dat departement moest het Nederlandse gezantschap in Washington opdracht geven die 16.000 dollar los te weken. Ook schakelde hij een advocaat in, die de Amerikaanse onderminister van Buitenlandse Zaken rechtstreeks benaderde. Het antwoord was teleurstellend voor Bernhard. De wet bood geen mogelijkheid Bernhard aan zijn financiële gerief te helpen.

De prins gaf de moed niet op. Het Nederlandse gezantschap, dat van de afwijzing op de hoogte was, probeerde het nog eens met hetzelfde argument, dus eigenlijk tegen beter weten in. Bernhards nieuwe nationaliteit gaf hem toch recht op dat geld? Met die tussenkomst van het Gezantschap was Bernhards poging tot teruggave een officieel Nederlands verzoek, een opdracht van Harer Majesteits Regering, geworden. Maar baten deed het niet.

Bernhard gaf niet op en verzocht de Gezant zich nogmaals met een 'energiek verzoek' tot het ministerie van Justitie in Washington te wenden, waaronder de kwestie viel. Want:

'Wellicht is het tot de Amerikaanse autoriteiten niet doorgedron-

---

560   Tenzij anders vermeld verwijs ik voor de onderwerpen over prins Bernhard naar mijn geannoteerde artikel op mijn blog: https://www.gerardaalders.nl/2016/10/prins-bernhard-was-altijd-uit-op-geld.html. De bron van enkele citaten heb ik hier apart aangegeven.

gen dat Prins Bernhard Leopold zur Lippe-Biesterfeld thans Nederlander is en gemaal van H.K.H. Prinses Juliana der Nederlanden.'

Het is een mooi voorbeeld hoe Bernhard, toen al, niet alleen zijn eigen
positie inschatte, maar ook overschatte. Er volgden nog wat briefwisselingen, maar alle zonder resultaat.

Toen suggereerde de Gezant, onmiskenbaar gedreven door Oranjeliefde, een andere aanpak. Het Amerikaanse ministerie van Justitie zou
er door het State Department op gewezen kunnen worden dat

> 'de wetgever zeer zeker niet bedoeld heeft fondsen van een lid van
> het Koninklijk Huis eener bevriende natie, die gedurende den
> wereldoorlog hare onzijdigheid heeft bewaard, vast te houden,
> hetgeen immers, zoo dan al niet in strijd met vastgelegde regelen
> van Internationaal Recht, toch onvereenigbaar is met de conceptie
> van Internationale Hoffelijkheid, gelijk die vermoedelijk ook door
> Amerika opgevat en toegepast wordt.'[561]

De Gezant wist - in opdracht van Bernhard - niet van ophouden en
kwam met nóg een constructieve suggestie: er was toch niets op tegen
het State Department te verzoeken 'het Congres der Verenigde Staten
een wetsvoorstel voor te leggen' om voor prins Bernhard een uitzondering te maken? Van een speciale aanpassingswet om Bernhard tegemoet
te komen is het nooit gekomen. Dertig jaar later, in 1964, zou Bernhard,
zijn vordering opnieuw aan de orde stellen.

Piet Hein

Juliana en Bernhard hadden bij hun bruiloft het motorjacht, de *Piet Hein*,
gekregen als nationaal huwelijksgeschenk. De Duitse bezetter nam het
in beslag en de boot verdween naar Duitsland. Na de oorlog kwam het
zwaar beschadigd terug. Luxe vaartuigen, zoals de *Piet Hein*, kwamen
op geen enkele manier in aanmerking voor een vorm van schadevergoeding. Er werd toen maar heel weinig vergoed. De Nederlandse regering
was na de oorlog vrijwel platzak, en bovendien vond ze dat de Duitse
bezetter verantwoordelijk was voor de schade. Niet de Nederlandse staat
Bernhard was er echter als de kippen bij om tóch een schadevergoeding in te dienen Vrijwel direct kreeg hij nul op het rekest. Juliana hield

---

561   Nationaal Archief, Den Haag, Gezantschap VS, 1814 – 1946, 2.05.13, inv. nr. 1103, brief van
gezant te Washington aan minister van Buitenlandse Zaken, 29-10-1937.

zich in deze zaak afzijdig. Bernhard had zijn particulier secretaris met de zaak belast.

Na de afwijzing van het verzoek tot schadevergoeding besloot de prins andere wegen te bewandelen. De eerste 50.000 gulden kwam toen al snel binnen. Dat was het bedrag waarop aanvankelijk de schade was geraamd, maar na nader onderzoek bleek die het dubbele te zijn: 100.000 gulden.

De Rekenkamer had voor de eerste 50.000 gulden dispensatie verleend, zij het met tegenzin, en zeer waarschijnlijk onder druk van hogerhand. De voorzitter van de Rekenkamer had bovendien laten weten dat het 'absoluut niet noodig was om ten deze alle kosten ten laste van het Rijk te brengen, aangezien de financieele positie van Z.K.H. een redelijke bijdrage zeer goed toelaat.'

De secretaris-generaal van Financiën, die met de delicate kwestie was belast, deelde die mening. Hij maakte van zijn hart geen moordkuil, want hij drong er zelfs op aan,

'uitdrukkelijk mede te deelen dat iedere gedachte om deze kosten te verhalen op de reparatie-rekening Duitschland op zuivere fantasie berust en dat het volkomen doelloos is verder hierover te praten. Ik heb dit reeds tweemaal gezegd, maar men schijnt het niet te gelooven.'

Inderdaad kreeg het prinselijk paar al snel bericht dat het uitgesloten was om de kosten - via de listig bedachte omweg van de reparatierekening Duitsland - te verhalen.

Dat nam niet weg dat de zaak al begin mei 1947 in kannen en kruiken was: het resterende bedrag van ruim 50.000 gulden was binnen. Het ministerie van Financiën hoopte dat de aangelegenheid tot 'tevredenheid van Zijne Koninklijke Hoogheid is afgehandeld.'

Dat zal ongetwijfeld het geval zijn geweest, want Z.K.H. had schadevergoeding geïncasseerd voor een geval dat volgens de regels absoluut van vergoeding was uitgesloten. Sommige burgers zijn nu eenmaal meer gelijk dan de rest van hun landgenoten. Niet eerder (en ook niet daarna) werd een restitutiekwestie zó snel en zó genereus afgehandeld.

Wiedergutmachung

Maar Bernhard wilde meer. Duitsland kreeg in 1957 een wet (de zogenaamde wet op de *Wiedergutmachung*) die het mogelijk maakte schadevergoeding uit te keren aan slachtoffers van het Hitler-regime, indien zij op basis van ras, geloof of politieke overtuiging waren vervolgd en als gevolg daarvan hun eigendommen hadden verloren.

In Nederland hebben om begrijpelijke redenen vooral joden een beroep op de Duitse schadevergoedingsregeling gedaan. Én prins Bernhard, hoewel hij geen enkel recht op *Wiedergutmachung* kon doen gelden. Niettemin heeft hij er een miljoen Duitse marken uit gesleept.

Hij maakte daarbij gebruik van zijn positie door ministers, hoge ambtenaren en politici voor zijn karretje te spannen. Bernhard beriep zich voor zijn claim op een bedrag dat hem zou toekomen vanwege het oude Duitse adelrecht: een gecompliceerde compensatieregeling die *apanage* wordt genoemd, maar die er voor het begrip van dit verhaal verder niet toe doet.

Bernhard had in principe recht op een bedrag van 87.000 Rijksmark. Daar stond echter tegenover dat hij in Londen op 15 april 1943 bij notariële akte afstand had gedaan van zijn rechten op dat geld. Hij had dus niets te vorderen, maar gemakshalve vergat hij die akte maar even.[562] Dat bedrag van 87.000 Rijksmark vond hij zelf aan de krappe kant, maar door financieel gegoochel wist hij het op te krikken tot 1,4 miljoen en diende voor dat bedrag een verzoek in. Het ministerie van Justitie in Bonn oordeelde in 1952 dat Bernhards aanspraken (hij had aanspraken bij verschillende instanties ingediend) *iedere* juridische basis ontbeerden.

Bernhard benaderde iedereen met invloed om zijn zin door te drijven: de Duitse Bondskanselier Konrad Adenauer, de Duitse ambassadeur in Nederland en enkele Duitse en Nederlandse ministers. Alles wat hij deed, ging in het diepste geheim. Bernhard besefte zelf drommels goed dat als zijn zaak in de openbaarheid kwam, hij geen schijn van kans zou maken. Eerder zou hij schande over zichzelf afroepen. Hij was immers geen oorlogsgetroffene, zoals de joden die in concentratiekampen hadden gezeten. Gezien zijn vrolijke leventje in Londen was hij juist het tegengestelde.

Maar Duitsland zat wel met het geval in zijn maag. De West-Duitse regering wilde de echtgenoot van het Nederlandse staatshoofd niet voor het hoofd stoten. Na veel wikken en wegen besloot Bonn een miljoen te betalen, maar weigerde daarvoor de politieke verantwoordelijkheid te nemen. Het onderstreept nog eens hoe absurd de claim was.

---

562   Nationaal Archief, Den Haag, 2.09.06, Ministerie van Justitie te Londen, (1936) 1940-1945 (1953), Inv. Nr. 1044, Akte, gedateerd op 15 april 1943. Een Duitstalige akte is bijgevoegd.

Uiteindelijk werd besloten dat het miljoen Duitse marken voor Bernhard 'verstopt' zou worden in het totaalbedrag van 275 miljoen mark Wiedergutmachung dat aan Nederland werd uitgekeerd. De naam van Bernhard zou in het verdrag niet voorkomen. De prins was een *Sonderfall* - een bijzonder geval - die in aanmerking kwam voor een 'bijzondere betaling'. Volstrekt anoniem. De Nederlandse minister van Financiën zat eveneens met het geval in de maag, want de Rekenkamer zou zonder twijfel vragen stellen over de *Sonderfall* en dan zou de naam van de prins alsnog vallen.

De oplossing voor dat dilemma werd gevonden in een 'vertrouwelijke notawisseling' van de Nederlandse regering met de Duitse ambassade in Den Haag. Daarin kwam te staan dat in het totaalbedrag een miljoen DM was begrepen 'ter definitieve regeling van een verder, in het financieel verdrag niet uitdrukkelijk genoemd, schadegeval'.

In Duitsland zou er geen enkele bekendheid aan worden gegeven en in Nederland kon op die manier een 'openbare discussie' worden voorkomen, schreef minister van Buitenlandse Zaken Josef Luns in een brief aan Bernhard.

Maar wat te doen, indien de zaak toch onverhoopt naar de pers of de Tweede Kamer mocht uitlekken? Ook daaraan was gedacht. De zaak zou dan 'kortweg ontkend' worden. De betaling lag immers vastgelegd in een *geheime* notawisseling. Mocht het 'binnenskamers' ooit uitlekken, dan was dat vervelend voor de betrokken bewindslieden, maar er zou zeker begrip voor zijn 'gezien het karakter van deze zaak'.[563] Ter wille van Bernhard zou de Kamer dus zo nodig worden voorgelogen; normaal gesproken een politieke doodzonde.

Dit is slechts een impressie van de claims die Bernhard heeft ingediend. Steeds met zijn blik strak op de bodem van de kan gericht.[564] Dochter Beatrix heeft ook ooit een schadeclaim ingediend, zij het voor iets totaal anders: een vergoeding wegens vorstschade voor haar olijfgaard in Toscane. Een unieke casus: een vorst die schadevergoeding krijgt voor vorst.

---

563 Ministerie van Buitenlandse Zaken, ARCHIEF GS 1955-1964, 313.23, Volkenrecht en Internationaal Recht. Recuperatie. Map 203 Duitsland ZKH Prins Bernhard, deel II, 1955-1964, Concept Nederlands-Duits Financieel Verdrag, 29 februari 1960, Memorandum, 12-01-1963.
564 Zie voor meer claims: Aalders, *Bernhard. Niets was wat het leek*, pp. 227-234.

Olijfboomgaard

> De vorst kreeg vergoeding wegens
> vorst in olijfboomgaard.

Dat de publiciteitsmachine rond het koningshuis in krampachtige verdedigingsmanoeuvres kan schieten, bleek weer eens toen Beatrix een subsidie van de Europese Unie (EU) had ontvangen voor haar olijfbomen in het Italiaanse Tavernelle.

'Koningin Beatrix heeft de landbouwsteun die zij van de Europese Unie voor haar olijfboomgaard in Italië heeft ontvangen, geschonken aan een goed doel. Eigenlijk wilde zij de subsidie niet ontvangen maar haar verzoek om daar onderuit te komen, werd niet gevolgd omdat het om een collectieve Europese regeling ging.'[565]

Door de strenge winter van 1984-1985 hadden veel olijfbomen in Italië het loodje gelegd, waarop de EU besloot de gedupeerde olijfboeren - waaronder dus de koningin der Nederlanden - geldelijk te steunen. De RVD wilde niet zeggen hoeveel de koningin voor haar gesneuvelde bomen had ontvangen. Verder meldde de dienst dat Hare Majesteit het geld ter beschikking had gesteld van een goed doel. Welk doel dat was, weigerde de RVD mede te delen.

Het is natuurlijk vervelend, als je als koningin plotseling een som krijgt bijgeschreven op je bankrekening, zonder dat je daar ooit om hebt gevraagd. Ongevraagd, volautomatisch subsidie krijgen, is per definitie vreemd, zelfs in Europees verband.

De uitkerende EU-instantie moet toch op zijn minst hebben geweten wie de olijfbomen bezat en wat de schade was geweest, en bovendien zal ze een rekeningnummer gehad moeten hebben waarop het subsidiegeld kon worden gestort. In haar ontkenningsdrift, want vanuit publicitair oogpunt was dit allemaal niet zo fijn voor de koningin, had de RVD daar even niet bij stilgestaan.

Europarlementariër Michiel van Hulten stelde vragen. Al de volgende dag belde de directeur van het kabinet van de koningin.

'Hij meldde dat niet het koningshuis de subsidie had ontvangen

---

565   'Beatrix gaf subsidie weg aan goed doel.', in: *NRC* 20-07-2002.

(…), maar de koningin als privépersoon. Hij vertelde verder dat de subsidie een verplicht karakter had, dat de koningin had geprobeerd de subsidie te weigeren, dat dat niet was gelukt, en dat zij het geld daarom had overgemaakt naar een goed doel. Hij zei er niet bij wanneer dat was gebeurd, en aan welk goed doel.'[566]

Van Hultens verontwaardiging gold vooral het feit dat het fonds was bedoeld om landbouwers een redelijke levensstandaard te verzekeren. Beatrix had dat geld niet nodig en kroonprins Charles van het Verenigd Koninkrijk, de grootste ontvanger van landbouwsubsidies in zijn land, evenmin. De steun is namelijk niet gekoppeld aan het inkomen van de ontvanger, wat wel zou moeten zijn. Het subsidiesysteem was dringend aan hervorming toe.

Het verplichte karakter van de subsidie was onzin, volgens van Hulten. Dat deed de EU nooit. Dat kon ook niet, want een instantie moest op zijn minst informatie hebben ontvangen op grond waarvan de subsidie kon worden verstrekt. Beatrix moest dus ooit enige vorm van medewerking hebben verleend. Toen Van Hultens verhaal in het nieuws kwam, moest er door de minister een draai aan het gegraai worden gegeven.

Dat bleek ook min of meer uit het antwoord op Kamervragen, al riepen de antwoorden van premier Jan Peter Balkenende op zichzelf weer nieuwe vragen op. Maar in ieder geval was vast komen te staan dat prins Claus 'uit het oogpunt van goed nabuurschap' had meegewerkt aan het indienen van de aanvraag.

Dat leverde een bedragje van 3701,34 euro op, dat ook volgens Balkenende aan een plaatselijke charitatieve instelling was overgemaakt, al bleek uit zijn antwoord niet welke instelling dat was.[567]

Het zal niet het Wereld Natuurfonds zijn geweest, want niets wijst erop dat het WNF een lokale afdeling in Tavernelle bezat. Het ging in dit geval dus om een bedrag van niets, maar de affaire geeft wel haarfijn weer, hoe de politiek en de publiciteitsmachine rond het koningshuis functioneren, zodra er negatieve berichten naar buiten komen. Met de waarheid wordt dan al snel een loopje genomen, maar je kunt ook - en dat is concreter - stellen dat er glashard wordt gelogen, wanneer het staatshoofd uit de wind moet worden gehouden.

---

566   'Beatrix moet uitleg geven over subsidie voor olijfbomen', in: *de Volkskrant*, 27-08-2002.
567   Tweede Kamer, vergaderjaar 2002–2003, Aanhangsel, 656 Vragen van het lid Van Bommel (SP) aan de minister-president over EU-subsidie aan Koningin Beatrix voor een olijfboomgaard in Toscane (Italië). (Ingezonden 23 juli 2002).

Pied-à-terre

Na haar abdicatie moet Beatrix nog zo nu en dan in Den Haag zijn voor al dan niet officiële verplichtingen. Hoe vaak dat is, weten we niet. Als oud-koningin vond Beatrix dat ze recht had op een pied-à-terre. Dat had ze tenslotte ook in hartje Amsterdam. Het voordeel van een pied-à-terre is dat je niet helemaal terug hoeft te rijden naar kasteel Drakensteyn, bij Lage Vuursche. Dat ligt tenslotte op 45 kilometer afstand van Amsterdam.

Hoog tijd, vond ze, dat er ook in Den Haag iets passends voor haar werd geregeld.

Nu wilde het geval dat er vlak naast haar oude 'werkpaleis' Noordeinde een riant herenhuis stond dat haar zoon Willem-Alexander voor een habbekrats (300.000 euro) van zijn grootmoeder Juliana had gekocht. Tien jaar later verkocht hij het, als een echte koopman-koning, door aan de Rijksgebouwendienst. Dat leverde hem ruim 3.000.000 euro op.

Dat pandje, op Noordeinde 66, met een oppervlakte van 640 vierkante meter, leek prinses Beatrix geknipt voor een rustige overnachting, als ze ooit eens in Den Haag wilde blijven slapen. Want helemaal terug naar Lage Vuursche is 82 kilometer en daar doe je met een privéchauffeur, lijfwachten en motorpolitie met zwaailichten toch al gauw drie kwartier over.

Haar oude werkpaleis Paleis Noordeinde als onderkomen voor een nachtje was geen optie; zeker niet voor een mevrouw die gewend is haar zin door te drijven. Bovendien werd er wat verbouwd. In zo'n geval bel je als oud-koningin even met premier Rutte.

Die begrijpt urgente kwesties in een ommezien en hij doet nergens moeilijk over. Dus werd het pand voor een klein miljoen verbouwd om Beatrix een plezier te doen.[568] Dat 'kleine miljoen' klopte overigens niet. Het eindbedrag kwam uit op 3,7 miljoen euro. Wat het kost, maakt haar niet uit; dat komt ten laste van haar voormalige onderdanen. Ze heeft er als oud-koningin, die haar leven in dienst van Nederland heeft gesteld, gewoon recht op. Dat althans lijkt haar overweging te zijn.

De Tweede Kamer liet weer haar vertrouwde rituele gemor horen, maar pikte net als altijd de uitleg van de minister-president. Rutte vond dat het allemaal best meeviel, zelfs in dat jaar - we schrijven 2014 - toen enorme bedragen aan verbouwingskosten de Kamerleden om de oren vlogen. De verbouwing van Paleis Huis ten Bosch, het toekom-

---

568 'Verbouwing Haagse pied-à-terre Beatrix kost bijna miljoen', in: *de Volkskrant*, 20-06-2014.

stige woonpaleis van Willem-Alexander en zijn gezin, ging 35 miljoen kosten (het werd uiteindelijk 63 miljoen); paleis Noordeinde, het werkpaleis van de koning, ging voor 8 miljoen euro op de schop.

Bij zijn toenmalige privéwoning de Eikenhorst in Wassenaar werden een paar 'containers' als tijdelijk kantoor in de tuin gezet. Kosten vier ton. Voorts betaalde de staat mee aan de beveiliging van zijn vakantiehuis in Griekenland. Zoals al eens terloops is opgemerkt: de secundaire arbeidsvoorwaarden van de koning zijn genereus. Hij krijgt in vrijwel alles zijn zin, net zoals de Kamer vrijwel altijd ritueel lamenteert, maar nooit echt een poging tot ingrijpen zal doen. Want het gaat wél om het Koninklijk Huis en geld. Daar moet je het eigenlijk niet over willen hebben.[569]

Er valt een lijn te ontdekken in de begroting van de kosten voor het Koninklijk Huis. Steeds worden de kosten te laag ingeschat (dat betekent minder gemor in de Tweede Kamer), om dan na enige tijd gefaseerd de pan uit te rijzen. De Kamer protesteert dan natuurlijk wel, maar wordt voor voldongen feiten geplaatst, en je laat een renovatie, halverwege de voltooiing, nu eenmaal niet vanwege oplopende kosten stopzetten.

Het Hek

In datzelfde jaar, 2014, speelde ook de affaire om het Hek. De staat betaalde 461 duizend euro pacht voor een paar stroken grond rond de vakantievilla in Griekenland van het koninklijk paar. Om er een hek op te kunnen plaatsen. Uiteraard was hier de veiligheid weer eens in het geding en dan mag het wat kosten.

De buurvrouw die haar grond verpachtte, had al snel in de gaten dat de Nederlandse staat haar lapjes grond koste wat kost wilde hebben en dat dreef de prijs enorm op. De reële marktwaarde van die stroken land was 35.414 euro.

Rutte viel in de Kamer door de mand, nadat hij eerst de kwestie in nevelen had gehuld. Hij sprak onder andere van een 'bijgebouw'. Het vakantiehuis in de Zuid-Griekse plaats Kranidi was in de Griekse media in de zomer van 2014 onderwerp van discussie en vooral verbazing. Voor het particuliere haventje bij de familievilla van de Oranjes zouden 'alle geldende wetten zijn omzeild.' Iedereen in Griekenland moet de zee en het strand kunnen bereiken. Uitzonderingen vergen altijd tijdvretende procedures, maar in dit geval was dat allemaal geen

---

569 'Kamer mort over schimmig gedoe rond kosten koning', in: *Trouw*, 08-10-2014.

probleem. 'Met ministeriële hulp zouden de Oranjes deze hindernissen allemaal in een klap hebben omzeild.'[570]

De steigerkwestie ('veiligheid') doet denken aan het vakantiehuis dat het echtpaar in 2007 wilde laten bouwen in Mozambique. Na een heftige discussie in de Kamer en de media over de hoge beveiligingskosten voor koninklijke vakanties in een ver Afrikaans ontwikkelingsland, zag de toenmalige kroonprins af van het project, dat onder andere - zo werd beweerd - bedoeld was als een vorm van ontwikkelingshulp: werkgelegenheid voor de plaatselijke bevolking. Ik roep graag in herinnering dat prins Bernhard, net als zijn kleinzoon, ook een zwak had voor ontwikkelingshulp in Afrika.

> Door de eeuwen heen hetzelfde verhaal.
> Burgerij betaalt de luxe leefstijl
> van de geliefde Oranjes.

Vliegtrips

Als de vakantievilla was doorgegaan, zouden Willem-Alexander en Máxima en hun dochters vermoedelijk regelmatig koers hebben gezet naar Mozambique, met de koning zelf achter de stuurknuppel van het regeringsvliegtuig.

Tot de zomer van 2019 heeft iedereen de koninklijke vliegtochten met *trackerapps* kunnen volgen, maar dat is, zoals we weten, voorbij omdat we te gemakkelijk de vliegkosten en de kosten van de meevliegende beveiligingsbeambten zouden kunnen berekenen, met als gevolg weer gezeur in de Tweede Kamer.

Toch is de koning op zijn manier wel degelijk kostenbewust. Toen hij in mei 2019 naar Montreux in Zwitserland vloog om de Bilderbergconferentie bij te wonen, deed hij dat in een privéjet omdat het regeringsvliegtuig in onderhoud was.

Hij mag 400.000 euro per jaar aan privévliegtuigen besteden, voor het geval de PH-GOV niet beschikbaar is. Premier Rutte en een van zijn medewerkers vlogen met hem mee naar Zwitserland. Rutte kreeg voor zijn vlucht, hoewel de jet op staatskosten was gehuurd, een rekening van

---

570 'Staat betaalde 4,5 ton voor grond rond Griekse villa koning', in: *de Volkskrant*, 20-08-2014 en 'Al te hoge kosten maken koningschap kwetsbaar', in: *de Volkskrant*, 07-10-2014.

Willem-Alexander van 13.695 euro gepresenteerd.[571] Logisch natuurlijk, want dan zit Willem-Alexander iets minder snel aan zijn plafond van 400.000 euro. Alle beetjes helpen; dat beseft de koning als geen ander.

Overigens had Rutte dat bedrag uit eigen zak moeten betalen. Bilderberg nodigt deelnemers uit op persoonlijke titel. Mark Rutte komt als Mark Rutte en niet als minister-president van Nederland. Hij mag zijn vlucht naar Montreux dus niet declareren, zoals hij wel heeft gedaan. Dat geldt voor de koning, maar als hij - in navolging van zijn moeder - zegt dat het een staatsaangelegenheid betreft, zal niemand er moeilijk over doen. Rutte al helemaal niet, zo heeft hij meerdere malen laten zien.

Monarchisten beweren vaak dat een president ook veel geld kost. Natuurlijk is een president niet goedkoop, maar veel meer dan een toelage (Balkenende-norm?), een aangename dienstwoning met personeel als bijvoorbeeld het Catshuis, een staf, beveiliging en een goede onkostenvergoeding gaat het niet kosten. Voor een president geen steigers, pied-à-terres, Wiedergutmachung of andere claims en ook geen eigenaardige subsidies voor olijfboomgaarden.

Ook krijgen zijn vader en moeder (en opa en oma als ze nog leven) of zijn oudste kind niet jaarlijks - en dat vele jaren lang - miljoenen per jaar toegestopt in de vorm van uitkeringen en kostenvergoedingen. We hebben het dan nog niet over de beveiligingskosten van al die mensen.

Van het regeringsvliegtuig mag hij uiteraard gebruik maken en van een dienstauto vanzelfsprekend ook, maar een persoonlijke bus en een persoonlijke trein die het Huis nu ter beschikking staan, zullen niet tot de secundaire arbeidsvoorwaarden van de president behoren.

Ook zal hij niet de kans krijgen de kosten van zijn onroerend goed op de staat af te wentelen, terwijl hij zelf de opbrengsten behoudt. Een mislukte buitenlandse investering zal hij evenmin kunnen afschuiven op de belastingbetaler.

Én hij zal zich moeten verantwoorden. We kunnen een president afrekenen op zijn prestaties en als die niet bevallen hem naar huis sturen. Als hij er een potje van maakt, kan dat zelfs midden in een termijn. Een koning blijft gewoon zitten, en gaat pas weg als het hem belieft. Hij draagt geen enkele verantwoordelijkheid en blijft gewoon zijn miljoenen incasseren.

571   https://www.rtlz.nl/algemeen/politiek/artikel/4902851/
duizenden-euro-huur-privejet-voor-rutte-koning-naar-bilderberg.

Inboedels

In 2019 kwam naar buiten dat de staat het Koninklijk Huis al 30 jaar lang vergoedingen betaalt voor het onderhoud van paleisinventarissen die al lang aan de staat toebehoren en ook door de staat worden onderhouden en betaald. Evengoed ontvangt Willem-Alexander (net als zijn voorgangers) geld voor het onderhoud van dat meubilair.

De overheid heeft de inboedels van vier paleizen (Noordeinde, Huis ten Bosch, Het Loo en Soestdijk) gekocht, als uitvloeisel van afspraken die zijn gemaakt in het kader van de Wet financieel statuut van het Koninklijk Huis uit 1972.

De staat betaalde in totaal 20 miljoen gulden (circa 17 miljoen euro) voor het antieke meubilair, kunstwerken en huisraad die het Koninklijk Huis vervolgens in gratis bruikleen kreeg. Het Rijk was verantwoordelijk voor het onderhoud, de restauratie, alsook de vervanging van de 'paleis-gebonden' meubels: meubels die het paleis niet uit mogen zonder toestemming van de overheid.

Vreemd genoeg werd de jaarlijkse vergoeding die het koningshuis voor het onderhoud van de inboedel kreeg, niet aangepast. De Oranjes kregen geld waarop ze geen recht hadden. De staat betaalde dus dubbel voor het onderhoud. Eenmaal als eigenaar en nog een keer als uitkering voor de koning. In 2019 was dat een bedrag van 320.000 euro.

De wet uit 1972 bepaalde eveneens dat het staatshoofd drie werkpaleizen tot zijn beschikking kreeg: Huis ten Bosch, Noordeinde en het Koninklijk Paleis in Amsterdam. Het Loo in Apeldoorn viel af en werd een rijksmuseum. Dat de paleizen volledig gestoffeerd en gemeubileerd 'passend bij de uitoefening van het koningschap' ter beschikking werden gesteld, verzweeg de verantwoordelijke minister.[572]

Het bizarre was dat honderden kostbare, antieke meubels, die de staat in de jaren tachtig van koningin Juliana had gekocht, al lang eigendom van de staat waren. Een commissie, waarin ook vertegenwoordigers van het hof zaten, bestempelde het antieke meubilair - hoewel dat op kosten van de staat was vervaardigd - als eigendom van het Koninklijk Huis.

Driehonderd meubelstukken uit Het Loo bleken wel door koning Lodewijk Napoleon te zijn besteld, maar de staat had de rekening betaald. Koning Willem I deed hetzelfde: hij bestelde het meubilair, terwijl de staat de kosten droeg. De staat en het Koninklijk Huis waren van die situatie op de hoogte.

---

572 'Twee keer betalen voor meubels van Lodewijk', in: *NRC*, 09-09-2019.

Dat blijkt uit een gesprek dat premier Piet de Jong had met maar liefst vier leden van het Koninklijk Huis: koningin Juliana, prins Bernhard, kroonprinses Beatrix en prins Claus. In dat licht is het onbegrijpelijk dat een week na dat onderhoud op topniveau, alle meubels op Het Loo, Soestdijk en Huis ten Bosch op gezag van vier hof-functionarissen tot 'volledig eigendom van de koninklijke familie' werden verklaard. Die verklaring werd de basis waarop de staat de paleisinboedels kocht. Alsof het meubilair haar niet al lang toebehoorde.

Premier Rutte speelde in deze affaire het perfecte schoothondje van het Koninklijk Huis. Het was allemaal 'verschrikkelijk ingewikkeld', zei hij, maar naar zijn mening had de koninklijke familie niets verkeerds gedaan: 'Die zitten niet expres iets te doen.'[573]

Je kunt daarover je twijfels hebben, gezien de ontvangst die Piet de Jong ten deel viel door de top van het Oranjehuis: Juliana, Bernhard, Beatrix en Claus. Dat wekt de indruk dat ze het een zaak van belang vonden. Zoals gezegd, was het een bekend feit dat veel meubilair op staatskosten was vervaardigd en betaald.

Waarom De Jong dan toch het oordeel van de vier hof-functionarissen heeft geaccepteerd, is een raadsel, maar het wijst op een ver meegaande houding jegens het Koninklijk Huis. Vermoedelijk met als doel om nog meer onrust en discussie te voorkomen. De verhouding tussen de ministers en de koningin was in die tijd immers tamelijk gespannen, vanwege het eindeloze getouwtrek om de Wet financieel statuut van het Koninklijk Huis. Vast staat in ieder geval dat de zaak rondom het paleismeubilair voor de Oranjes bijzonder profijtelijk heeft uitgepakt. Gratis bruikleen, gratis onderhoud en geld op de koop toe.

Uit het onderzoek van *NRC* naar deze affaire blijkt dat de koninklijke familie, onder aanvoering van kroonprinses Beatrix, het spel bikkelhard heeft gespeeld. En met succes, want het Huis kreeg vrijwel altijd haar zin.

De topambtenaren die de onderhandelingen namens de staat voerden en zich zakelijk opstelden tegenover de overspannen eisen van het hof, kregen te maken met de verantwoordelijke ministers. Vaak toonden zij zich gewillig bereid het Koninklijk Huis ter wille te zijn en naar zijn pijpen te dansen. Hun ambtenaren lieten ze in de kou staan.

---

573 'Overheid kocht meubels die al staatseigendom waren', in *NRC*, 09-09-2019.

> Beatrix keiharde zakenvrouw. Ze rekent
> altijd naar zich toe. Haar geldbeluste
> zoon heeft het van geen vreemde.

Over de inrichting van Beatrix' toekomstige residentie Huis ten Bosch ontstond ook strijd, maar wederom delfde de staat tegenover Beatrix het onderspit. Zij onderhandelde uiteraard niet zelf, maar liet dat over aan haar voormalig particulier secretaris en 'grootofficier in speciale dienst' Carel van Schelle, een, zo bleek al spoedig, keiharde en gewiekste onderhandelaar.

Aanvankelijk zou Beatrix de inrichtingskosten van Huis ten Bosch zelf betalen; de overheid zou de kosten van Beatrix' 'werkpaleis' Noordeinde voor haar rekening nemen. Dat ging niet gebeuren, omdat Beatrix dat niet wilde. De staat stelde toen voor dat Beatrix de inrichting van haar privévertrekken in Huis ten Bosch zou bekostigen. Maar daarvan kon ook geen sprake zijn, volgens Van Schelle. Er was helemaal niets privé, want zowel haar privéleven als haar privévertrekken waren 'onafscheidelijk verbonden' met haar 'Koninklijke functie'. Wie mocht denken dat ze haar koninklijke functie in haar 'werkpaleis' Noordeinde zou uitoefenen, zat ernaast. Beatrix beweerde in feite 24 uur per dag koningin te zijn; ze was dus, met andere woorden, permanent in functie. Dus moest het Rijk over de brug komen. Zij ging het niet betalen.

Beatrix vond ook dat de inrichting van haar studeerkamer, bibliotheek, eetkamer en keuken ten laste van het rijk moest komen. Anders kon ze kennelijk niet goed koninklijk functioneren. Voor haar optimaal functioneren als koningin bleken ook peperdure kastenwanden (300.000 gulden) voor haar bibliotheek noodzakelijk te zijn. Die drie ton pasten niet binnen het verbouwingsbudget, maar het hof benadrukte dat die kasten toch echt 'functioneel' waren en daarom ten laste van de staat moesten komen.

Ed Kronenberg, de topambtenaar die de staat vertegenwoordigde, ging daar niet in mee. Onduidelijk is hoe dit gevecht om geld is afgelopen.

Toen de RVD werd gevraagd in hoeverre de staat heeft meebetaald aan de inrichting van Willem-Alexanders woonpaleis, het voor 63 miljoen euro gerestaureerde Huis ten Bosch, weigerde de dienst te antwoorden. Het ziet ernaar uit dat de staat toen voor alle kosten is opgedraaid. Het lijkt daarom niet al te gewaagd te veronderstellen dat de overheid ook de inrichtingskosten van Beatrix' bibliotheek op zich heeft genomen.

Beatrix moet hebben geweten dat als logische consequentie van de inboedeloverdracht aan de staat, de vaste uitkering voor onderhoud en vervanging van meubilair zou vervallen. Aanvankelijk ging haar onderhandelaar en 'grootofficier in speciale dienst' Carel van Schelle daarmee akkoord, maar hij kwam daar een week later op terug en stelde de verlaging van de uitkering ter discussie. Hij heeft duidelijk zijn zin gekregen, want anno 2019 kreeg Willem-Alexander (en voorheen Beatrix) nog steeds een vergoeding voor het onderhoud van de paleisinventaris.

Dat gegeven zet de opmerking van Rutte 'Die zitten niet expres iets te doen' in een vreemd daglicht. Ze hebben wel degelijk over de verlaging nagedacht, ertegen geprotesteerd en vervolgens hun zin gekregen. Dat lag niet aan Kronenberg. Hij heeft de verantwoordelijke minister gewaarschuwd dat het Koninklijk Huis zich zou verzetten tegen 'niveau en samenstelling van de functionele uitgaven.'

Het ging tenslotte om substantiële bedragen. Juliana ontving in 1978 voor onderhoud 145.000 gulden en voor vervanging 135.000 gulden. Dat geld werd betaald zonder dat daar enige vorm van verantwoording van de kant van het koningshuis tegenover stond. Bonnetjes worden nooit gevraagd. Dat lijkt de verantwoordelijke minister gênant te vinden.

De uitkeringen voor onderhoud zijn keurig geïndexeerd en volgen de loon- en prijsontwikkelingen. Beatrix en Willem-Alexander hebben sinds de paleisboedeloverdracht ongeveer 10 miljoen euro gekregen. De verantwoordelijke ministers vonden de discussie om de vergoedingen een 'precaire zaak'. Het ziet ernaar uit dat ze daarom nooit actie hebben ondernomen, en dat ze de zaken op hun beloop hebben gelaten om ruzie en onenigheid met het Koninklijk Huis - altijd vervelend - te voorkomen.

Uit het onderzoek van *NRC* blijkt voorts dat de nieuwe financiële afspraken met het Koninklijk Huis in 1972 hebben geleid tot forse stijgingen van de onkostenvergoedingen, zonder dat het al teveel opviel. Dat gebeurde met opzet. De kosten kunnen worden gedeclareerd bij vier verschillende ministeries (Binnenlandse Zaken, Buitenlandse Zaken, Volkshuisvesting en Ruimtelijke Ordening, en Verkeer & Waterstaat). Zoals in dit boek al vaker is geconstateerd, was dat een welbewuste manoeuvre van de overheid om de hoogte van de kosten te kunnen verdoezelen. Tegenover het publiek vielen die, vanwege de vaak exorbitante bedragen, niet te verdedigen.

De hogere uitkeringen hebben ook te maken met de riante declaratie-mogelijkheden van het Koninklijk Huis. Er wordt niets getoetst door het Rijk en niets verantwoord door de koning. Het is een financiële wild-westsituatie, waarin het Huis onbekommerd zijn gang kan gaan (en dat kennelijk ook doet).

De kwestie is gemakkelijk op te lossen door de Algemene Rekenka-mer en de Centrale Accountantsdienst van het Rijk te belasten met de controle van de declaraties. Maar de ministers voelen daar blijkbaar niet voor. Geld & Oranje geeft gegarandeerd gedonder, en dat moet je als verantwoordelijk minister niet willen.[574]

Rutte slaagde er niet in met een begrijpelijke verklaring naar de Tweede Kamer te komen. Op zich was de vraag vanuit de Kamer simpel: waarom krijgt de koning een vergoeding voor het onderhoud van het paleismeubilair, terwijl de staat als eigenaar dat onderhoud al betaalt. Volgens Rutte was het allemaal niet meer te reconstrueren. Moeilijk, moeilijk, moeilijk. Hij probeerde zich met grappen van de zaak af te maken. De Kamer hoorde het aan, maar had opmerkelijk weinig zin in een fors debat.[575] Debatteren over geld en het koningshuis behoort niet tot de geliefde bezigheden van onze volksvertegenwoordigers. Dat kent al een lange traditie.

In december 2019 was er opnieuw kabaal om Oranje & Geld. En weer had het met inboedels, waaronder kunst, te maken. De prinsessen Irene, Margriet en Christina hadden in 2009 een deel van de belasting die ze verschuldigd waren over de erfenis van hun moeder Juliana, voldaan door kunstwerken en antiek meubilair uit paleis Soestdijk voor 7,3 miljoen euro te verkopen aan het Rijk. Zo konden ze ruim 8,8 miljoen aftrekken van de verschuldigde erfbelasting. Een bonus dus van 1,4 miljoen euro. Beatrix was vrijgesteld, omdat ze als koningin geen erfbe-lasting hoeft te betalen.

Wat de dames deden was niet illegaal: ze maakten gebruik van een speciale fiscale kwijtscheldingsregeling uit de Successiewet: de 120 pro-cent regeling. Die staat toe dat 120 procent van de waarde van het kunst-voorwerp van de erfbelasting mag worden afgetrokken.

Maar die regeling houdt ook in dat die kunst voor iedereen open-baar toegankelijk moet zijn. Dat deel van de regeling zijn de zussen ech-ter niet nagekomen. De kunstvoorwerpen verhuisden niet naar musea,

---

574 'De geheime deal rond de paleismeubels van de koninklijke familie', in: *NRC*, 08-09-2019.
575 'Rutte kan aankoop meubels paleizen "niet reconstrueren"', in: *NRC*, 16-10-2019.

zoals de afspraak was, maar bleven achter in de paleizen en, in een aantal gevallen, op plekken die voor het publiek niet of nauwelijks toegankelijk zijn. Dat was niet volgens de afspraak.

Neem 'Schepen op het water', een pentekening van de 17e-eeuwse schilder Willem van de Velde. Getaxeerd op 2,5 miljoen euro, was dat het kostbaarste stuk uit de erfenis van Juliana. De commissie die de overheid na het overlijden van Juliana adviseerde over aankopen uit haar nalatenschap, heeft er op aangedrongen de Van de Velde te kopen, op voorwaarde dat het stuk in een museum kwam te hangen. In het taxatierapport van de commissie staat het zelfs met zoveel woorden: 'Anders wordt aanbevolen de Regeling voor dit schilderij niet toe te passen.'

De pentekening hangt nu in de werkkamer (de Secretarie) van Willem-Alexander in het Paleis op de Dam, die niet toegankelijk is voor het publiek. Als de koning er niet is, kunnen de bezoekers vanaf de ingang van de Secretarie op afstand en vanaf de zijkant het stuk zien hangen; dus niet conform volgens de afspraak.

Toenmalig minister van OCW Ronald Plasterk zou koningin Beatrix per brief hebben laten weten dat het stuk in het Paleis op de Dam mocht blijven hangen. Daartoe was kennelijk een verzoek binnengekomen van Hare Majesteit, want waarom zou de minister anders toestemming geven? Ongevraagd? Plasterk verschuilt zich achter zijn ministeriële verantwoordelijkheid. Hij mag er niets over zeggen. Daarmee lijkt hij toch - zij het per ongeluk - te hebben bevestigd dat hij met Beatrix contact over de Van der Velde heeft gehad. Immers, als hij er niet met haar over heeft gesproken, zou er toch ook geen sprake zijn van ministeriële verantwoordelijkheid?

Voor de Oranjes veranderde er dus weinig. Ze hadden een fors belastingvoordeel binnengesleept en de spullen bleven grotendeels achter op de plekken waar ze er zelf het meeste plezier aan beleefden.[576]

Kunst

Al vaker kwam aan de orde dat de Oranjes met kunst - afgezien van de geldelijke waarde - weinig hebben. Willem II was een uitzondering. De familie komt zelden in het nieuws als koper van kunst. Wél als verkopers van kunst dat tot het Nederlands cultureel erfgoed behoort. Dat is de familie kwalijk genomen. Het jaar 2019 was vanwege de kunstverkoop een slecht jaar uit het oogpunt van cultureel erfgoedbehoud, maar het was zeker niet het enige jaar.

---

576   https://www.bnnvara.nl/zembla/artikelen/de-kunst-van-de-koning en https://www.bnnvara.nl/zembla/artikelen/duurste-kunstwerk-uit-erfenis-van-prinses-juliana-weggehouden-van-publiek.

Sotheby's in Londen bood in het najaar van 1988 twee schilderijen te koop aan uit de privécollectie van het Koninklijk Huis. Het was een bijzondere veiling: A Future for Nature. De opbrengst was volgens de catalogus bestemd voor het WWF. Het ging om twee zeventiende-eeuwse stukken: *De heilige familie* van de Spanjaard Bartolomé Esteban Murillo en *De verkrachting van Europa* van de Italiaanse Elisabetta Sirani.

Samen brachten de doeken 610.000 pond op. De koper(s) van de schilderijen bleven in beide gevallen anoniem. Op instructie van Bernhard werd de opbrengst naar het WWF in Zwitserland overgemaakt, zoals in de veilingcatalogus al stond aangegeven.[577] Waarom de stukken niet eerst aan Nederlandse musea zijn aangeboden, maar in Londen in de verkoop zijn gedaan, is niet bekend. Mogelijk kon een veiling in Londen in een hogere opbrengst resulteren. Het is ook een raadselachtig verhaal, omdat de schilderijen door prins Bernhard persoonlijk zijn aangeboden, maar afkomstig waren uit het privébezit van Juliana.

Bernhard bezat zelf geen kunstcollectie van betekenis, maar mogelijk vertegenwoordigde hij zijn echtgenote in deze transactie.

Volgens R. de la Rive Box, oud-medewerker van de RVD, haalde prins Bernhard wel eens schilderijen uit het depot van Het Loo om die te verkopen. Juliana was daar op een bepaald moment achter gekomen en voelde zich door haar echtgenoot bestolen. Bernhard vertelde zijn biograaf Hatch (het verhaal staat op band) dat zijn vrouw hem had beschuldigd van misbruik van haar geld en 'other things' die als crimineel konden worden beschouwd. Juliana had toen gezegd dat hij maar beter kon vertrekken. Allemaal roddel en achterklap volgens de prins, haar ingefluisterd door boze tongen.[578]

In ieder geval heeft prins Bernhard de schijn tegen. Op een zeker moment lag een van koningin Juliana's kostbaarste broches (circa 250.000 gulden) te koop bij de Londense juwelier Richard Ogden in Bondstreet.

Een Haagse expert inspecteerde het kleinood, dat hij onmiddellijk herkende, en nam contact op met Soestdijk. Binnen een paar dagen

---

577 Bonner, *At the hand of man. Peril and hope for Africa's wild life*, p.p. 80-81. Via een mysterieuze constructie werd 500.000 pond op de rekening van Juliana gestort. De resterende 110.000 kon het WWF behouden. Zie: 'Optellen en afschieten', in: *De Groene Amsterdammer*, 17-12-1997 en 'Een jaar vol omstreden kunstverkoop door de Oranjes', in: *NRC*, 19-12-2019.

578 'De leugens van Bernhard', tv-programma *Zembla*, 27-02-2005. Te zien op: https://www.bnnvara.nl/zembla/artikelen/de-leugens-van-bernhard.

haalde een ambtenaar van het Britse Foreign Office de broche tegen inkoopsprijs terug. Argument: een 'bevriend buitenlands staatshoofd' was door de verkoop van het sieraad in verlegenheid gebracht. De broche keerde per speciale koerier terug naar Soestdijk. Wie het sieraad in Londen te koop heeft aangeboden, is nooit officieel opgehelderd, maar sterke vermoedens waren er wel.[579]

En dan was er nog het unieke dienblad van de befaamde Russische edelsmid en hofjuwelier Peter Carl Fabergé dat Bernhard in 1963 verkocht aan de Britse juwelier Wartski. Het was het huwelijksgeschenk van de Nederlandse gemeenschap in Sint Petersburg voor Wilhelmina en Hendrik, in 1901.

Het uiterst zeldzame en kostbare kunstwerk van nifriet (een soort jade), met gouden handvatten en afgezet met een overvloed aan diamanten, werd jarenlang bewaard in het Koninklijk Huisarchief. Groot was de verrassing toen het in 1974 plotseling opdook in een veilingcatalogus van Christie's in Genève. De waarde werd toen al op vier ton geschat (tegenwoordig is het miljoenen waard).

Juwelenhistoricus Erik Schoonhoven heeft het geval gereconstrueerd. Paleis Soestdijk bleek in opperste verwarring, toen het Fabergé-pronkstuk opdook bij Christie's. Hoe was dat in vredesnaam mogelijk? Was het wellicht gestolen? Al spoedig, nadat de administratie was geraadpleegd, kwam het paleis met de verklaring dat het in 1963 met toestemming van koningin Juliana was verkocht wegens ruimtegebrek.

Die verklaring kon weinigen overtuigen: ruimtegebrek, ontstaan door een brand in paleis Noordeinde in 1948? Het dienblad is maar 34 centimeter lang, en zo krap was de ruimte die de koninklijke familie ter beschikking stond nu ook weer niet. Ergens in een van de vijf paleizen (Het Loo, Noordeinde, Huis ten Bosch, Soestdijk of het Paleis op de Dam) was toch wel ergens een plekje te vinden geweest voor een dienblad.

Enkele weken later beweerde de RVD dat Juliana in 1963 een aantal kostbaarheden had verkocht. Haar uitkering van het rijk was te krap om van rond te komen. Om niet in te teren op het familiekapitaal had ze langs 'discrete wegen' een aantal kunstvoorwerpen verkocht, waarvoor na de brand op Noordeinde toch 'geen emplooi' meer was.

Wartski heeft aan Schoonhoven bevestigd dat zijn firma het dienblad inderdaad van prins Bernhard had gekocht. Het kostbare kunstwerk

---

was privébezit van Juliana (uit de erfenis van haar moeder). De meest plausibele verklaring is volgens Schoonhoven dat Bernhard het zonder medeweten van zijn vrouw heeft verkocht.

Bernhard zat krap bij kas en had geld nodig. In brieven aan zijn vriend Delmer, van de *Daily Express,* klaagde hij regelmatig over geldgebrek. In een brief uit 1967 mopperde hij zelfs over de 'financiële wurggreep' waarin hij verkeerde: de regering had zijn uitkering al twee jaar lang niet verhoogd.

Net als heden ten dage klonk er ook in 1974 kritiek op de verkoop via een buitenlandse veiling. Het Fabergé-kunstwerk had voor Nederland behouden moeten blijven. 'Als men "emplooi" voor de schaal had gezocht, dan had het Rijksmuseum met veel genoegen er een plaats voor ingeruimd in zijn verzameling van kunst uit de Jugendstil-periode.'

Al sinds de jaren zeventig verkondigt de RVD dat de familie officiële geschenken niet verkoopt. Het Fabergé-dienblad was zo'n officieel geschenk. Sinds 2007 worden geschenken in twee speciaal daartoe opgerichte stichtingen bewaard: Stichting Koninklijke Geschenken en de Stichting Officiële Geschenken van het Huis Oranje-Nassau.[580]

Prins Bernhard heeft er ook voor gezorgd dat een schilderij uit het Nederlands nationaal kunstbezit aan een Amerikaan werd verkocht. Het stuk *Adam & Eva*, een tweeluik van Lucas Cranach de Oude (in circa 1503 geschilderd), was afkomstig uit de befaamde Goudstikkercollectie, die de staat na de oorlog onterecht in handen kreeg. Pas in 2006 gaf de overheid de erven Goudstikker terug wat hun toekwam.

George Stroganoff-Scherbatoff, telg uit een oud Russisch geslacht, maar inmiddels Amerikaans staatsburger, startte in mei 1961 een procedure om de Cranach, die familiebezit zou zijn, in handen te krijgen. Desnoods tegen betaling van een klein bedrag. Stroganoff was kansloos. Nationaal kunstbezit wordt nooit verkocht.

Ten einde raad schakelde hij in 1966 prins Bernhard in, op advies van zijn vriend Winston Guest. Kunstkenner en jurist Guest kende Bernhard al jaren. Wat Stroganoff in vijf jaar niet was gelukt, kreeg Bernhard in vier maanden voor elkaar. Met dank aan de prins mocht Stroganoff zich tegen betaling van 60.000 gulden eigenaar noemen van de *Adam & Eva,* die op dat moment al 750.000 dollar waard was.

---

580   https://www.academia.edu/36923759/A_Closer_Look_at_Faberg%C3%A9s_1901_Queen_Wilhelmina_Nephrite_Tray_Last_Seen_in_1980. Voor de brief: Archief Delmer, brief van Bernhard aan Delmer, 13-02-1967 (kopie in mijn archief onder inv. nr. L.7341).

Helaas had Stroganoff de boel bedonderd. Het ging hem helemaal niet om de Cranach, die uit familiebezit zou stammen en voor hem van onbeschrijfelijk grote, emotionele waarde zou zijn. Dat hadden de betrokken ambtenaren al lang in de gaten, voordat zij door de bliksemactie van prins Bernhard werden verrast. Het was weer het oude liedje. De verantwoordelijke minister steunde de prins, niet zijn ambtenaren.

De kwestie kwam aan het licht, toen bleek dat Stroganoff zijn kompaan had belazerd, waarna Guest een zaak tegen hem aanspande. Stroganoff had het tweeluik aan het Norton Simon Museum in Pasadena verkocht voor 800.000 dollar. De claim op de *Adam & Eva*, zo blijkt uit de processtukken, bleek het gezamenlijke werk van beide heren te zijn geweest. Bij succes zou Guest een deel van de winst krijgen, maar daar had Stroganoff bij nader inzien geen trek meer in. Zo kwam de zaak voor de rechter.

Uit de stukken van de rechtbank blijkt dat beide heren zich hadden bediend van een 'prominent and influential figure in the Netherlands'. In de dagvaarding staat Bernhard, omschreven als 'X', die had beloofd hen in 'every possible way' te zullen helpen. Uit stukken in het Nationaal Archief in Den Haag blijkt glashelder dat 'Mr. X' niemand minder dan prins Bernhard was.

Dat Bernhard aan zijn inspanningen voor de beide heren een percentage van de verkoopsom aan het Norton Simon Museum heeft overgehouden is aannemelijk, maar valt niet te bewijzen. Wel weten we dat Bernhard niets voor niets deed en dat hij zich zelfs liet betalen voor het verrichten van officiële openingen.[581]

Bernhards jongste dochter, prinses Christina, liet zich ook leiden door geldzucht, toen ze in 2019 een aantal kunstwerken bij Sotheby's in New York te koop aanbood. Topstuk was een houtskooltekening van Rubens met een geschatte waarde van drie miljoen euro. Christina erfde de kunstwerken van haar moeder. Oorspronkelijk kwamen ze uit de befaamde collectie van Willem II, die door koning Willem III overhaast te gelde werd gemaakt. De Rubens van prinses Christina bracht in New York 7,2 miljoen euro op.

In het verleden had Christina al vaker meubels, schilderijen en andere kunstwerken afkomstig uit de koninklijke collectie laten veilen. Zo bracht ze in 1988 een collectie historische munten uit de nalatenschap

581 'Prins Bernhard ontfermt zich over gestolen kunst', in: *Argus*, 09-09-2019. Het stuk (met bronvermeldingen) is ook te lezen op mijn website: https://www.gerardaalders.nl/2019/07/prins-bernhard-ontfermt-zich-over.html.

van koning Wilhelmina, haar grootmoeder, naar de veiling. Ze deed dat, zo liet ze destijds weten, omdat ze vanwege haar beperkte gezichtsvermogen nauwelijks plezier aan de penningen beleefde.[582] Toen ze in 1996 van Wassenaar naar New York verhuisde, liet ze een deel van haar antiek en kunst bij Sotheby's in Amsterdam veilen.[583]

Ook de kleinkinderen van Juliana hebben onderhands cultureel erfgoed uit haar nalatenschap verkocht. Het schilderij *Boschbrand,* van de negentiende-eeuwse Javaanse schilder Raden Saleh, verkochten ze aan de Royal Gallery in Singapore.

Het stuk had jarenlang in opgerolde toestand op de zolder van een paleis stof liggen te vergaren. Raden Saleh is een beroemdheid in Indonesië ('de vader van de Indonesische schilderkunst'), maar Juliana's nakomelingen hebben Indonesische of Nederlandse musea (*Boschbrand* is van gedeeld cultuurhistorisch belang) geen kans geboden het schilderij te verwerven. Het kunstwerk was zo goed als zeker staatseigendom, al beweerde Rutte tegen beter weten in dat het aan de familie toebehoorde.

De *Atlas Munnicks van Cleeff,* een verzameling van twaalfhonderd zeventiende- en achttiende-eeuwse tekeningen van de stad en provincie Utrecht, kwam door toedoen van Juliana's kleinkinderen in het bezit van John Fentener van Vlissingen. Over de *Atlas* vertelde Rutte evenmin de waarheid. Hij beweerde dat eerst bij Utrechtse culturele instellingen was geïnformeerd of er belangstelling voor de *Atlas* bestond. Dat zou niet het geval zijn geweest. Maar bij navraag bleken die instellingen (het Utrechts Archief en het Centraal Museum) van niets te weten. Hun was nooit iets gevraagd.

Ook verzekerde Rutte de Kamer dat Fentener van Vlissingen de *Atlas* had gekocht 'onder het beding dat het werk voor langere tijd in Nederland bijeen zou blijven'. Dat bleek evenmin waar te zijn. Fentener zei desgevraagd van niets te weten. Hij was overigens niet van plan tekeningen uit de verzameling te verkopen, maar als hij dat wilde, kon hij dat gewoon doen.[584]

---

582   'Te veilen Oranjekunst van prinses Christina', in: *NRC, 08-01-2019* en 'Een jaar vol omstreden kunstverkoop door de Oranjes', in: *NRC*, 19-12-2019.

583   'Koninklijke cadeaus, vorstelijke problemen: hoe de Oranjes omgaan met geschenken', in: *NRC*, 16-01-2019.

584   'Een jaar vol omstreden kunstverkoop door de Oranjes', in: *NRC*, 19-12-2019, 'Bescherm de Oranjes tegen zichzelf. Koninklijke kunst De regering kan en moet ingrijpen in de verkoop van koninklijke kunst', in: *NRC*, 18-01-2019 en https://www.bnnvara.nl/zembla/artikelen/kamervragen-over-kunstverkoop-oranjes.

Kunstliefhebbers, en vooral de Nederlandse musea, betreurden de gang van zaken. Zou het niet van goede smaak en integriteit getuigen als de koninklijke familie die kunstwerken eerst in Nederland te koop aanbood?

Hadden ze dan niets geleerd van de uitverkoop van de fameuze collectie van Willem II? De Rubens die Christina in New York naar de veiling bracht, stamde zelfs nog uit die collectie.

Musea willen vanuit nationaal cultureel erfgoedbelang graag in staat zijn als eerste een bod uit te brengen. Misschien zal dat een wat lagere opbrengst betekenen, maar de familie zou een zeker moreel plichtsgevoel moet hebben. Verkoop van kunst uit nationale musea is wegens overwegingen van cultureel erfgoedbelang niet mogelijk (behalve als prins Bernhard er zich mee bemoeide).

Je kunt je met recht afvragen of Nederlands meest gesubsidieerde en meest geprivilegieerde familie niet de morele plicht heeft bij verkoop van haar kunstwerken eerst bij de vaderlandse musea aan te kloppen met de vraag of ze belangstelling hebben. Zo ja, dan kunnen er fondsen worden geworven om tot aankoop over te gaan.

Museum Boymans van Beuningen in Rotterdam heeft pogingen gedaan om, met steun van de overheid én de Vereniging Rembrandt, - waarvan notabene prinses Beatrix de beschermvrouwe is - de Rubens en andere belangrijke kunstwerken uit het bezit van Christina voor Nederland te behouden. Zoals bekend, is dat niet gelukt.[585]

Een Oranje beschermvrouwe is kennelijk geen garantie voor behoud van Nederlands cultureel erfgoed. Doel van de Vereniging Rembrandt is geldelijke steun verlenen bij museumaankopen. Beatrix lijkt er zich niet druk om te maken.

En de overheid? Die kijkt toe, draait eromheen en vertelt halve waarheden (of erger), omdat ze zich liever niet nog eens wil branden aan een Oranjekwestie die steevast om geld draait. De standaardsmoes is dat het om privézaken gaat, al is dat volgens de Erfgoedwet geen steekhoudend argument.

De Oranjes op hun beurt trekken zich niets van morele verplichtingen aan die ze jegens de Nederlandse gemeenschap hebben (of zouden moeten hebben).

De Erfgoedwet beschermt sinds 2016 geregistreerde kunst- en cultuur-

---

585 'Een jaar vol omstreden kunstverkoop door de Oranjes', in: *NRC*, 19-12-2019.

voorwerpen, om te voorkomen dat stukken uit overheid- en privébezit voor Nederland verloren gaan. Export van erfgoed mag alleen plaatsvinden met toestemming van de minister van Onderwijs, Cultuur en Wetenschap (OCW). Met die wet in de hand kan de minister bepalen - desnoods via een spoedprocedure (artikel 3.8) - of kunstvoorwerpen onder de Erfgoedwet vallen. 'Maar aan de Oranjes brandt de regering haar vingers liever niet.'

Een kwestie wordt dan snel tot 'privégeval' verklaard, maar dat kan helemaal niet, omdat er in de wet geen sprake is van uitzonderingen voor de koninklijke familie. De minister kan zich echter wel 'terughoudend' opstellen wat betreft opname in de erfgoedregisters. En dat lijken de Oranjes maar al te goed te weten.[586] Tot dusver zijn ze gewoon hun gang gegaan.

Koningin Juliana heeft om erfrecht-technische redenen haar kunst, antiek en kostbaarheden sinds 1968 ondergebracht in vier stichtingen: Stichting regalia van het Huis van Oranje-Nassau (1968), Stichting Kroongoederen van het Huis Oranje-Nassau (1968), Stichting Historische Verzamelingen van het Huis van Oranje-Nassau (1972) en Stichting Archief van het Huis van Oranje-Nassau (1968). Een andere reden was dat ze niet wilde dat haar nalatenschap zou worden versnipperd. De bezittingen van 'regalia' en 'kroongoederen' zijn in 2008 gefuseerd en behoren toe aan haar dochters en hun erfgenamen. Prinses Christina overleed in 2019.

Wat in de stichtingen bijeen is gebracht, blijft geheim. De catalogi zijn niet openbaar, zoals er vrijwel niets van en over de Oranjes openbaar is. Alles wat in die stichtingen is ondergebracht, zou binnen de stichtingen (en dus in Nederland) moeten blijven, maar of daar zo nu en dan de hand mee wordt gelicht (en dat vermoeden bestaat, denk aan de verkopen van Christina), kan niet worden gecontroleerd. Buiten de familie mag niemand weten wat de stichtingen beheren. Kunst en juwelen kunnen met unanieme instemming van de stichtingsbesturen worden verkocht.[587]

In dat geval vissen de Nederlandse musea vermoedelijk weer achter het net en gaat er opnieuw nationaal erfgoed verloren. Rutte verdedigt dat, in strijd met de wet, als een 'privézaak'. Dat is het niet, en bovendien

---

586 'Bescherm de Oranjes tegen zichzelf. Koninklijke kunst De regering kan en moet ingrijpen in de verkoop van koninklijke kunst', in: *NRC*, 18-01-2019.

587 'Koninklijke cadeaus, vorstelijke problemen: hoe de Oranjes omgaan met geschenken', in: *NRC*, 16-01-2019 en Van Baalen e.a., *het inkomen van de Koning*, pp. 213-214.

is het een kwestie van fatsoen en morele plicht dat Nederlandse culturele instellingen als eerste de gelegenheid krijgen fondsen te werven voor de aankoop. Die gedachte zou, behalve de Nederlandse museumdirecteuren, toch ook de beschermvrouwe (prinses Beatrix) van de Vereniging Rembrandt moeten aanspreken, wier doel het immers is geldelijke steun te verlenen bij museumaankopen.

Vermogen

Over het vermogen van het Koninklijk Huis is veel gespeculeerd, maar niemand - buiten de familie of hun vermogensbeheerders om - weet er het fijne van. Dat zij aandelen hebben staat vast, maar de omvang van de portefeuille en in welke bedrijven en fondsen is belegd weten we nauwelijks.

Wilhelmina had aandelen in Philips, de Dordtse Petroleum Maatschappij (een houdstermaatschappij van Shell) en de Koninklijke Nederlandsche Petroleum Maatschappij (Shell). Ze belegde voorts in scheepvaartmaatschappijen en Nederlands-Indische cultuurmaatschappijen. Ook zou ze een fors aandelenpakket Unilever hebben gehad en - nogal voor de hand liggend - aandelen ABN AMRO, de opvolger - via een aantal fusies - van de Nederlandse Handelmaatschappij.[588]

De RVD meldde in 2018 dat koning Willem-Alexander geen aandelen had in bedrijven die het predicaat 'koninklijk' voeren. Hij zou dus geen aandelen hebben in Koninklijke Shell.[589]

Maar dat betekent niet dat het Koninklijk Huis géén aandelen in Shell heeft. Ze kunnen in handen zijn van Beatrix of van Máxima, of zijn ondergebracht bij een van de Oranjestichtingen voor vermogensbeheer. Het is voor de familie verstandig om hun aandelenpercentage onder de vijf procent te houden. Het is namelijk wettelijk verplicht om belangen van meer dan vijf procent te melden. Met een belang onder de vijf procent blijven beleggers echter anoniem.

De beleggingen, waaronder het beheer van Wilhelmina's buitenlandse aandelen, liepen tot ongeveer 1928 via het Haagse bankierskantoor Furnée. Op zeker moment echter hebben banken in de Verenigde Staten, Groot-Brittannië en Canada het beheer van Wilhelmina's

---

588 Woelderink, *Geschiedenis van de Thesaurie. Twee eeuwen Thesaurie en thesauriers van het Huis Oranje-Nassau, 1775-1975*, p. 182. Voor Unilever zie: Dröge, *Het Oranjekapitaal*, p. 99. De voorganger van ABN AMRO was de Nederlandsche Handelmaatschappij (NHM), opgericht door overgrootvader koning Willem I.

589 https://nos.nl/artikel/2228167-koning-heeft-geen-aandelen-shell.html.

beleggingen in die landen voor hun rekening genomen. We weten ook dat sinds april 1939 haar Thesaurie vrijgekomen middelen in Amerikaanse, Canadese, Britse en Zweedse munt converteerde. Dat geld bleef daarna in die landen; in al die landen moet ze rekeningen hebben gehad.[590]

Het zegt wat over hoe gespreid haar portefeuille was, maar het zegt niets over de omvang. Dat blijft gissen. Haar vermogensadviseurs hadden vanzelfsprekend wel kennis van zaken, althans over het deel dat ze onder hun hoede hadden. Van wat buiten hun specifieke terrein viel, hadden ze vermoedelijk geen idee. Het is aannemelijk dat dit tegenwoordig nog het geval is, omdat het de grootst mogelijke geheimhouding verzekert.

Wilhelmina wilde in geen geval bij haar onderdanen te boek staan als vermogend. Bankier Van Aalst vermeldt in zijn dagboeken dat zulks Hare Majesteit 'onaangenaam' was.[591]

Juliana had er ook een hekel aan als vermogende vrouw te boek te staan. In een gefilmd portret uit 1973 zegt ze 'het ellendig te vinden de rijkste vrouw ter wereld te heten'. Ook vond ze het jammer dat er 'zoveel misverstanden heersen, als zou ze de rijkste vrouw ter wereld zijn, conservatief en hooghartig'.[592]

In een op televisie uitgezonden interview in 1987 beklaagden Juliana en Bernhard zich wederom en zeiden het erg te vinden dat ze zich niet konden verweren tegen verhalen over hun enorme rijkdom. Prins Bernhard deed regelmatig zijn best de rijkdom van de familie te ontkennen. Zelf was hij niet rijk, al mocht hij graag het tegendeel suggereren.

Toen *Forbes,* een Amerikaans zakenblad, Juliana een vermogen van 2.5 miljard dollar toeschreef, belde Bernhard het blad op om ze eens flink de les te lezen. Allemaal onzin. Juliana had wel aandelen ABN AMRO, maar lang niet zoveel als voorheen werd gedacht. Dat ze aandelen in ABN AMRO had staat dus vast, maar minder dan 'previously thought' zegt niets. Want wie dacht dat? En waarom?

590   Woelderink, *Geschiedenis van de Thesaurie. Twee eeuwen Thesaurie en thesauriers van het Huis Oranje-Nassau, 1775-1975,* p. 182 en p. 190.

591   Van Aalst, *De dagboeken van C.J.K. van Aalst,* p. 53.

592   Van Baalen e.a., *het inkomen van de Koning,* p. 210.

Het bedrag moest van Bernhard fiks naar beneden worden bijgesteld. Dat deed *Forbes*: het nieuwe cijfer dat ze publiceerde was 250 miljoen dollar. Nog een leuk bedrag, maar op geen stukken na tweeëneenhalf miljard.[593] Een dollar kostte toen 2,77 gulden.[594]

Er is maar één overheidsfunctionaris die de werkelijke omvang van het Oranjevermogen zou kunnen kennen: de inspecteur der Belastingen. Hij stelt de heffingen op het particuliere vermogen van de leden van het Koninklijk Huis vast. Maar van hem zullen we niets horen: hij heeft zijn ambtsgeheim.

Het is ook de vraag of hij bezwaar durft te maken, wanneer hij nattigheid voelt. Niets menselijks is de familie vreemd, zeker als het om geld gaat. De kans is niet uitgesloten dat de aangifte soms niet klopt. Het is natuurlijk maar een hypothese, net zoals het een hypothese is dat, wanneer de inspecteur bezwaar zou aantekenen, hij een boze minister van Financiën op zijn dak zou krijgen.

De omvang van hun privévermogen is heilig en dient te allen tijde geheim te blijven. De koning weet de ministers in dat geval achter zich. Toen uitkwam dat Kees van Dijkhuizen, financieel directeur van ABN AMRO, zijn nevenfunctie als bestuurslid van een financiële holding van Willem-Alexander (Stichting Bewind) had verzwegen, toonde minister van Financiën Jeroen Dijsselbloem daarvoor alle begrip. Van Dijkhuizen had zijn functie verzwegen, vanwege de 'hoge sensitiviteit en privacy'.[595]

Wat Van Dijkhuizen deed, was in strijd met de regels, en de reactie van Dijsselbloem was die van een gedweeë lakei, zoals we al zo vaak gezien hebben, wanneer het om het Koninklijk Huis ging. Wat zou het aan onze kennis van het Oranje privévermogen hebben toegevoegd, als Van Dijkhuizen die functie gewoon had vermeld? Helemaal niets.

Accountantsbureau KPMG Meijburg in Amstelveen, dat decennialang de belastingaangifte van het Koninklijk Huis heeft verzorgd, nam ongekende maatregelen om uitlekken te voorkomen. Als Jos de Bruyn, de accountant die intern bekend stond als de 'boekhouder van Oranje',

---

593 'Bernhard spreekt', *de Volkskrant*, 14-12-2004 en http://news.bbc.co.uk/2/hi/business/3014110.stm (geraadpleegd op 01-03-2020). Volgens redacteur Luisa Kroll van *Forbes* (in een interview met de BBC) was het de eerste keer dat ze door een prins was opgebeld. Ze zei ook: 'the Prince has proved convincingly that his family had never bought as many shares in Dutch bank ABN Amro as previously thought'.

594 https://www.measuringworth.com/datasets/exchangeglobal/result.php.

595 'Een "te gevoelige" nevenfunctie', *de Volkskrant*, 19-09-2015.

zijn kamer (waar hij uiteraard alleen zat) even verliet voor een kop koffie, een gang naar het toilet of wat dan ook, borg hij eerst alle papieren op in de kluis en deed dan zijn kamer op slot.[596]

Hoe de familie haar vermogen belegt, is vrijwel onbekend. Beleggen ze in trusts? Beleggen ze via buiten- en binnenlandse banken en beheerders? Bedienen ze zich van ingenieuze investeringsvehikels? Op eigen naam? Anoniem? Zijn ze offshore actief? Alles is mogelijk. We weten het gewoon niet. Zakenmagazine *Quote* schatte het vermogen van de koning in 2019 op 'rond de een miljard euro', maar zegt erbij dat het maken van een schatting een lastige klus is.[597]

Beatrix belegde tussen 2005 en 2007 voor miljoenen in het JPMorgan Asia Equity Fund. Ze deed dat onder haar eigen naam Beatrix W. van Oranje. In 2006 was haar aandelenpakket ongeveer 9.5 miljoen euro waard. Ze was verplicht haar aandeel bij de Amerikaanse beurstoezichthouder Securities and Exchange Commission (SEC) te melden, omdat ze meer dan vijf procent aandelen JPMorgan Asia Equity Fund in haar bezit had.

De RVD bevestigde het bericht, de dienst kon niet anders, maar wilde verder geen mededelingen doen. Een paar dagen later gebeurde dat toch en wel op de vertrouwde manier van bijstellen naar beneden:

'Normaal doet de RVD nooit mededelingen over privé-investeringen. Maar omdat *de Volkskrant* er zo ver naast zit maken we in dit geval een uitzondering. Het gaat om een bedrag ver onder de €1 miljoen. De aandelen komen uit de nalatenschap van koningin Juliana en zijn door koningin Beatrix in 2007 verkocht.'[598]

In ieder geval maakt het duidelijk dat ook Juliana al in de Verenigde Staten heeft belegd en dat niemand daar van wist, afgezien wellicht van haar adviseur(s). Of het Koninklijk Huis in meer fondsen in de Verenigde Staten (en andere buitenlanden) heeft geïnvesteerd, is niet bekend.

---

596   'Koning dumpt belastingmannetje', in: *De Telegraaf*, 09-05-2016 (geraadpleegd op 01-03-2020).

597   https://www.quotenet.nl/nieuws/a29681603/ quote-500-2019-de-oranjes-blijven-stabiel-op-euro1-miljard-staan/.

598   'Beatrix belegde in Aziatisch fonds', in: *de Volkskrant*, 06-03-2010 en https://www.quotenet. nl/quote-500/a27189/miljard-in-zicht-voor-beatrix-w-van-oranje-27189/ (geraadpleegd op 02-03-2020).

De 'Dutch Queen' investeerde volgens *The New York Times* al in 1910 in Amerika. Dat is ruim een eeuw geleden. Het ging om een stuk land van 56 vierkante kilometer. De koopsom blijft onvermeld. In datzelfde jaar investeerde Wilhelmina 750.000 dollar in de kolenmijn Cullman Coal and Coke Company in de staat Alabama.[599]

Het is onwaarschijnlijk dat hun buitenlandse beleggingen zich beperken tot de paar fondsen die toevallig aan het licht zijn gekomen. Dat de familie de weg kent naar stichtingen, trusts en belastingparadijzen (zie ook hieronder paragraaf 'Fiscus'), staat buiten kijf.

De namen van beleggers zijn in dat soort gevallen vaak niet meer traceerbaar, behalve als er een datalek optreedt, zoals het geval was bij de 'Panamapapers'. Prinses Irene bleek 'presidente' te zijn van offshore vennootschap Pabradon in Panama. De prinses liet *Quote* desgevraagd weten er niets van te snappen en dat ze er geen herinnering aan had.[600]

In 2011 kreeg *Quote* een tip van een ingewijde. De familie zou veel bezittingen hebben in de vorm van onroerend goed, juwelen, aandelen enzovoort die *niet* op de naam Van Oranje stonden. Een deel van hun vermogen zou zijn ondergebracht in Duitse stichtingen en trusts onder namen die niet terug waren te voeren tot Oranje. Het verhaal kon niet worden geverifieerd.[601]

Naast al deze onzekerheden, gissingen en vermoedens is er één zekerheid: de koninklijke familie zit er warmpjes bij. Ze heeft geen reden zich over haar financiële toestand te beklagen. Dat lijken ze alleen te doen, als schattingen de werkelijkheid dreigen te benaderen. Dan volgen prompt ontkenningen van de RVD; meestal aangevuld met de mededeling dat er over de financiële aangelegenheden van het Koninklijk Huis verder geen mededeling wordt gedaan; die zijn privé. En Rutte en zijn voorgangers zeggen dat dan na.

Fiscus

In 2009 kwam aan het licht dat de familie graag met stichtingen, trusts

---

599 'Queen has Coal Mines', *The New York Times*, 28-07-1910 en 'Will farm mine surface', ibidem, 31-10-1910.

600 http://www.quotenet.nl/Nieuws/Prinses-Irene-van-Oranje-en-ex-man-hielden-offshore-vennootschap-in-Panama-aan-199071 (geraadpleegd op 02-03-2020).

601 http://www.quotenet.nl/Nieuws/Oranje-boven-koningin-Beatrix-hard-op-weg-naar-1-miljard-26031 (geraadpleegd op -01-03-2020).

en brievenbusconstructies werkt. Op zich geen verrassing, want het zijn instrumenten waarmee je belastingen ontwijkt.

Prinses Christina, de jongste zuster van de koningin, en Carlos Hugo de Bourbon de Parme, de voormalige echtgenoot van prinses Irene, gebruikten Noordeinde 68, het 'werkpaleis' van Beatrix, als familiekantoor en postadres voor fiscale sluiproutes naar Guernsey, een Brits belastingparadijs.

'Stichting Protector Daffodil Trust' behoorde toe aan Christina; ze had er de erfenis van haar moeder in ondergebracht. Hoeveel is niet bekend, maar het gaat vermoedelijk om tientallen miljoenen. Carlos had zijn Lysfonds op hetzelfde adres ondergebracht. Via zijn fonds kon hij op fiscaal vriendelijke wijze geld doorsturen naar zijn kinderen. Waarom er voor bloemennamen was gekozen, is niet bekend. 'Daffodil' is Engels voor narcis en 'lys' staat in het Frans voor lelie.

Er zou in mei 2009 nog een bloem op Noordeinde 86 ontluiken: de Crocus Trust (die werd opgenomen in de aangepaste statuten van de Daffodil Trust). De Crocus leek sterk op de Narcis, alleen was er een andere nalatenschap, die van prins Bernhard, in ondergebracht. Opmerkelijk was vooral dat de Crocus Trust nog werd opgericht nadat de Kamer boos had gereageerd op het bestaan van de Daffodil- en Lysconstructies op Noordeinde. Beatrix en haar familie leken daarvan niet onder de indruk, en dat waren ze vermoedelijk ook niet. Veel geschreeuw, weinig wol. Ze komen er meestal wel mee weg.

Prinses Christina woonde in die tijd in Londen. Door haar geld op Guernsey te stallen, ontweek ze het betalen van vermogensbelasting. Die belasting kent het eiland niet. Christina hoefde in Engeland alleen inkomstenbelasting te betalen over geld uit het gedeelte van haar vermogen dat ze naar Londen overhevelde, dus voor haar levensonderhoud en dergelijke. Dat zorgde ervoor dat ze minder inkomstenbelasting hoefde af te dragen.

In de kern kwam de constructie van Christina erop neer, dat het ingebrachte geld in naam niet meer aan haar of haar erfgenamen toebehoorde, maar eigendom was van het administratiekantoor op Guernsey. In de statuten staat dat M.C. (Maria Christina) van Lippe-Biesterfeld (de familienaam van haar vader) 'voorafgaand' de bestuursbesluiten moet goedkeuren.

De constructie is overigens niet illegaal. Belasting ontwijken mag, ontduiken is uiteraard verboden. De Kamer vond het, terecht, bizar dat koningin Beatrix gelegenheid gaf tot belastingontwijking. Uitgerekend het financieel opperhoofd van het Huis. Beatrix was op dat moment - samen met haar zoon Willem-Alexander en schoondochter Máxima - een van de drie Nederlanders die over hun staatsinkomen geen belasting betaalden en bovendien waren vrijgesteld van erf- en schenkbelasting.

Premier Balkenende antwoordde op Kamervragen dat het om de 'persoonlijke levenssfeer' van de betrokken prinsen en prinsessen ging. Hij wilde er daarom verder niets over zeggen. Ook weigerde hij te zeggen of hij toestemming had gegeven voor de stichtingen met hun bloemrijke namen. Het antwoord van ministers op een koninklijk financieel avontuurtje is zo langzamerhand voorspelbaar. Privacy, niets mee te maken. Rutte heeft die smoes geperfectioneerd. Soms wordt nog een dosis 'veiligheid' toegevoegd, want dat slaat ook altijd in. Welk Kamerlid zou de veiligheid van de Familie in gevaar willen brengen?

Minister Wouter Bos, die als minister van Financiën een bom belastinggeld door de neus was geboord, vond de constructie 'opmerkelijk'. De RVD wilde uiteraard nergens op in gaan.

Dat Noordeinde 68 niet langer als postadres kon fungeren, stond echter wel vast. Daarom verhuisden in oktober 2009 de brievenbusfirma's van Christina van Den Haag naar Eindhoven, waar ze onderdak vonden bij Box Consultants, dat zeer vermogende families van financieel en fiscaal advies dient. Het Lysfonds verhuisde naar een adres van een zoon van prinses Irene in Amsterdam.[602]

Voor de omstreden vakantievilla van Willem-Alexander op Mozambique was ook een stichting in het leven geroepen, met als postadres paleis Noordeinde: Stichting Administratiekantoor Machangulo.[603]

Verscheidene stichtingen van de familie waarin vermogen is ondergebracht, zijn belastingplichtig. Maar financiële belangen die in stichtingen niet meer terug te voeren zijn op personen, blijven onbelast zolang het vermogen niet wordt aangesproken.[604] Een ideale financiële parkeergelegenheid.

---

602 'Fonds prinses is alleen fiscaal adres' in: *de Volkskrant, 31-01-2009*, Krokus vol miljoenen van Bernhard', *de Volkskrant*, 11-09-2009, 'Opnieuw fiscale sluiproute via paleis', *de Volkskrant*, 11-09-2009 en ' Kamer eist uitleg over fiscale sluiproute via paleis Noordeinde', *de Volkskrant*, 12-09-2009. Zie voor een lijst met stichtingen, (afkomstig van de Kamer van Koophandel) op het adres van het werkpaleis van Beatrix: https://www.hylketencate.nl/paleis.htm. Zie ook (voor doelstellingen en namen van bestuurders: https://www.hethuisvanoranje.nl/15%20Fortuin%20van%20Oranje%20en%20Nassau/Stichtingenvanoranjenassau.html (beide geraadpleegd op 02-03-2020).

603 'Prins op afstand van Afrikaans vastgoedproject', in: *de Volkskrant, 22-09-2009.*

604 *De kosten van het Koningshuis*, p. 13.

Op 10 oktober 2016 maakte *RTL Nieuws* bekend dat er een geheime belastingdeal met de Oranjes was gesloten, en dat Willem-Alexander daar nog steeds van profiteerde door een flinke compensatie te incasseren voor de belasting die hij moest betalen.

Sinds de jaren zeventig betalen de leden van het Koninklijk Huis belasting over het rendement van hun vermogen (aandelen enzovoort). Maar als ze zeggen dat het 'functionele uitgaven' zijn, nodig voor de uitoefening van het koningschap, kraait er verder geen haan naar.

Rutte wist niets van een geheime overeenkomt en liet een commissie onderzoek doen. De resultaten zijn neergelegd in een rapport met als titel *Het inkomen van de Koning*. Conclusie: er was geen 'geheime deal' om de familie te compenseren voor het verlies van (een klein deel) van hun belastingvrijdom. Maar de commissie concludeerde óók dat er toch wel degelijk een relatie bestond 'tussen de afschaffing van de gedeeltelijke belastingvrijdom en de invoering van het inkomensbestanddeel.' Dat was echter nooit duidelijk uit de verf gekomen in de berichtgeving:

'Maar minder duidelijk was hoe deze relatie precies in elkaar stak. Daarover werd in de openbaarheid niets gezegd. Tijdens de interne discussies kwam dit punt echter nadrukkelijk naar voren.[605]

De commissie schreef voorts:

'Eensgezindheid bestond er over het feit dat de relatie tussen het (deels) afschaffen van de belastingvrijdom en het invoeren van het inkomensbestanddeel niet benadrukt moest worden.'[606]

Er was dus wel degelijk sprake van een vorm van compensatie, alleen was die niet zo geheim als *RTL Nieuws* had gemeld.

Máxima heeft zich de fiscale moraal van haar schoonfamilie snel eigen gemaakt. In Patagonië (Zuid-Argentinië) kocht ze een landgoed van drieduizend hectare grond. Daarop staat een luxe hotel met vijf kamers. Als Máxima

---

605 'https://www.rtlnieuws.nl/nederland/politiek/artikel/384336/oranjes-krijgen-altientallen-jaren-compensatie-voor-betalen en Van Baalen (e.a.) *Het inkomen van de Koning. De totstandkoming en ontwikkeling van het financieel statuut van het koninklijk huis (1972).* Citaat op p. 238.
606 Van Baalen (e.a.) *Het inkomen van de Koning. De totstandkoming en ontwikkeling van het financieel statuut van het koninklijk huis (1972),* p. 239.

er zelf gaat logeren, is *Estancia Pilpilcura* gesloten voor andere gasten.

Er zijn veel buitenlanders met een belastingfobie die grond heb-ben gekocht in Patagonië. Een plaatselijke onderzoekjournaliste, Sus-ana Lara, zocht uit of die mensen wel allemaal belasting afdroegen. Het resultaat van haar speurtocht was alleszins voorspelbaar. Iedereen betaalde te weinig.

Máxima, koningin van zowel Nederland als de microkredieten en inclusieve financiering (ze bevordert die in ontwikkelingslanden als Speciaal gezant van de Verenigde Naties), had haar afdrachten ook (te) minimaal gehouden. Ze had wel iets betaald voor het land, maar niets voor de bebouwing. Bovendien was ze vergeten op te geven dat ze op haar landgoed een hotel runt.

Volgens het bestemmingsplan zijn alleen land- en mijnbouw en vee-teelt geoorloofd. Onze ambassadeur in Buenos Aires besprak de kwes-tie met de gouverneur van de provincie, waarin Máxima's landgoed ligt. Had ze belasting ontdoken? Volgens de gouverneur niet. En wat het hotel betrof, was hij van mening dat dat een commerciële activiteit was die niet zijn toestemming behoefde.

Máxima is bevriend met de president van Argentinië, Mauricio Macri. Hun gezinnen brachten kerst 2016 gezamenlijk door op *Estancia Pilpilcura*. Of dat enige invloed heeft gehad op de lankmoedige houding van de gouverneur is onbekend.

Máxima heeft intussen alle verschuldigde belastingen betaald, en haar onroerend goed staat nu keurig geregistreerd. Maar pas nadat het artikel van Lara was verschenen. Volgens onze ambassadeur berustte de hele kwestie op een misverstand. Lara bestreed dat. Máxima had tien jaar lang aantoonbaar te weinig naar de fiscus overgemaakt.

Een boete heeft ze niet gekregen, wel veel begrip. Pijnlijk was ook dat het om verwaarloosbare bedragen ging: maandelijks ongeveer honderd euro.

Namens de koningin beweerde de RVD dat de affaire was terug te voeren op administratieve fouten van de overheid. Máxima zou zelfs teveel belasting hebben betaald: toen de noodtoestand van kracht was in Patagonië en 'volgens lokale regelgeving het betalen van belasting niet aan de orde was, is koningin Máxima wel onverplicht belasting blijven betalen.'[607] Als dat waar zou zijn, is het uniek: een lid van het Huis die teveel afdraagt.

---

607 'Patagonië heeft genoeg van buitenlandse grootgrondbezitters (zoals Máxima)', in: *de Volkskrant*, 11-06-2019 en 'Burgemeester spreekt Máxima tegen over registratie', in: *AD*, 31-01-2019.

Om nog even op die microkredieten en inclusieve financiering terug te komen: dat kost niet de Verenigde Naties (voor wie ze werkt), maar Nederland 150.000 euro per jaar aan reis- en verblijfkosten. Plus een onbekend bedrag aan beveiliging.[608] Het is uiterst belangrijk werk, als we de RVD mogen geloven.[609] Maar dat was het watermanagement van haar echtgenoot ook. En niet te vergeten hun gezamenlijke buitenlandse handelsmissies binnen het kader van officiële staatsbezoeken.

Als het Koninklijk Huis al als samenbindende factor in Nederland mocht fungeren, dan toch zeker niet vanwege hun belastingmoraal. Toch wordt ons die samenbindende factor door het kabinet en de RVD (en de Oranjegezinde media) voortdurend onder de neus gewreven. Als zoethoudertje, maar ook als rookgordijn dat de enorme kosten die er jaarlijks met de monarchie zijn gemoeid, moet verdoezelen. Eensgezindheid en nationale saamhorigheid die het Koninklijk Huis in Nederland geacht wordt te smeden, stoppen bij de blauwe enveloppe van de fiscus.

De leden van het Koninklijk Huis lijken op fiscaal gebied weinig voor solidariteit met de rest van Nederland te voelen. De houding die ze uitstralen is er eerder een van 'jullie bekijken het maar'. Zolang wij onze zin krijgen, gaan we lekker zo door. Alleszins begrijpelijk natuurlijk, want het Huis krijgt in de meeste gevallen zijn zin, al gaat dat gepaard met wat gemopper en gesteggel in de Kamer, maar de hakken gaan in het parlement nooit echt in het zand, als het op de monarchie aankomt.

Jaarlijks wordt er geklaagd over de kosten van het Koninklijk Huis, als de begroting voor het volgende jaar aan de orde wordt gesteld. De kosten werden in 2019 geraamd op ongeveer 60 miljoen euro. Dat is veel te weinig, en zoals we weten is de controle erop bijna ondoenlijk door de verdeling over verschillende departementen, die het op hun beurt weer zo min mogelijk transparant verstoppen op hun begroting.

Beveiligingskosten worden nooit meegenomen, terwijl het om vele tientallen miljoenen euro's moet gaan. Maar om reden van 'security' worden die kosten niet bekend gemaakt, want je zou er wellicht uit kunnen opmaken hoe de beveiliging in elkaar steekt. Zeker de reizen van de koning, al dan niet met het gezin op vakantie, kosten vanwege de beveiliging, handenvol geld.

---

608   https://zoek.officielebekendmakingen.nl/ah-tk-20192020-358.html.
609   https://www.koninklijkhuis.nl/leden-koninklijk-huis/koningin-maxima/ inclusieve-financiering-voor-ontwikkeling.

Een onderzoek, uitgevoerd door het Republikeins Genootschap, komt tot een ruim zes maal hoger bedrag dan de officiële kostenopgave voor het Koninklijk Huis. Daarin zitten veel aannames en gissingen, wat ook toegegeven wordt, maar dat is vanwege de kostencamouflage door de overheid, de enige mogelijkheid een min of meer plausibele raming te maken.[610]

Hierbij dient nog te worden opgemerkt dat het de republikeinen niet primair gaat om de kosten. Het gaat in de eerste plaats om de democratie, waarmee het koningschap ten enenmale niet te verenigen is. Alle functies in Nederland zijn voor iedereen in principe toegankelijk, behalve die van staatshoofd. Daarnaast werkt de monarchie corruptie, onvoorspelbaar gedrag van ministers, leugens, onterechte ontkenningen, doofpotten, maar vooral ook wantrouwen jegens de overheid, in de hand. Ten aanzien van het Koninklijk Huis heeft de overheid uit politieke overwegingen de neiging de waarheid naar believen te manipuleren en misstanden te vergoelijken.

De RVD geeft via de website van het Koninklijk Huis een nogal scheve voorstelling van zaken (zoals we dat van de dienst gewend zijn), wat betreft de belasting die de koning betaalt.

> 'De leden van het Koninklijk Huis die in Nederland belastingplichtig zijn, betalen de belastingen die ook voor andere burgers van toepassing zijn, behoudens de specifieke in wet- en regelgeving opgenomen fiscale vrijstellingen.'[611]

De RVD had het eerlijkheidshalve beter kunnen omdraaien: namelijk dat het Koninklijk Huis, enkele uitzonderingen daargelaten, vrijgesteld is van fiscale lasten. De zwaarst drukkende belastingen, als loon- en inkomstenbelasting, die de gewone burger over zijn loon of inkomsten uit eigen onderneming betaalt, hoeven zij niet af te dragen.

De delen van het vermogen 'die dienstbaar zijn aan de uitoefening van de [konings]functie' zijn ook vrijgesteld. We zagen al dat onder dat kopje letterlijk alles kan vallen en dat daar ook gretig gebruik van wordt gemaakt. De leden van het Koninklijk Huis betalen evenmin schenkbelasting of erfbelasting.

---

610   *De kosten van het Koningshuis.*
611   https://www.koninklijkhuis.nl/onderwerpen/vragen-en-antwoorden/vraag-en-antwoord/ betaalt-de-koning-belasting.

Wegenbelasting hoeven ze trouwens, bij wet geregeld, evenmin af te dragen. Verder zijn er nog wat kleine dingetjes die de moeite van het vermelden nauwelijks waard zijn, maar die niettemin wel door de RVD worden aangestipt om de riante uitzonderingspositie van het Huis zo sympathiek mogelijk te laten overkomen.

De rol van de pers

De pers heeft door de eeuwen heen een prominente rol gespeeld bij de popularisering van het Koninklijk Huis. In dit boek heb ik voorbeelden daarvan aangehaald bij de geboorte, inhuldiging en het overlijden van Oranjevorsten en hun voorgangers, de stadhouders die (behalve de inhuldiging) een gelijksoortige behandeling ten deel viel. Uiteraard waren er uitzonderingen als *Asmodée*, *De Roode Duivel* en *Recht voor allen*, allemaal in de tweede helft van de negentiende eeuw. Die bladen ergerden zich aan de kritiekloze verering van de Oranje-familie.

Het is opvallend dat sinds ongeveer de laatste eeuwwisseling de berichtgeving over de koninklijke familie is 'geprofessionaliseerd' door het aanstellen van vaste *royalty*-verslaggevers. *De Telegraaf* was altijd al Oranjegetrouw en hield het volk van allerlei ditjes en datjes over het koningshuis op de hoogte. Verder waren er de boulevardbladen, die voortdurend over het koningshuis schreven; de als serieus geziene kranten lieten dat graag aan de zogenaamde boulevardpers over. Het leek of ze berichtgeving over het Koninklijk Huis beneden hun stand vonden. Dat is veranderd.

> Koningshuis en pers: zwalken tussen kritiek en aanbidding.

Het *NOS*-journaal heeft sinds een jaar of twintig een speciale verslaggever die het koningshuis voor zijn rekening neemt. Wat opvalt is dat ze erg pro monarchie zijn. Van een kritische benadering is niets te merken. Een voorbeeld laat dat zien.

Journalist en columnist Marcel van Roosmalen bekritiseerde in een gesproken column voor de radio de verslaggeving van koningshuisdeskundige Kysia Hekster, die voor het *NOS*-journaal geëxalteerd verslag had gedaan van Willem-Alexander bij zijn toetreding tot de Orde van de Kousenband. Het was een non-item dat veel zendtijd kreeg en daarover wond Van Roosmalen zich op. De opgewonden berichtgeving van het *NOS*-journaal over het koningshuis, vaak als er niets serieus te melden valt, is voor niet overtuigde monarchisten moeilijk te begrijpen.

RTL Nieuws heeft ook zijn speciale verslaggever Koninklijk Huis, maar de commerciële zender zet, in tegenstelling tot het *NOS*-journaal, wel eens een journalistieke onderzoeksgroep op een interessant onderwerp. De geheime belastingdeal, - die minder geheim was dan aanvankelijk gedacht -, maar niettemin toch degelijk journalistiek speurwerk liet zien, is daarvan een voorbeeld. Het toonde aan hoe de familie met hand en tand haar inkomen verdedigde en hoe ze daarbij ministers met slappe knieën tegenover zich trof, die geen tumult wilden en daarom liever de leden van het Koninklijk Huis, dan hun eigen, wel degelijk kritische, ambtenaren steunden.

NRC kwam in 2019 met reportages over het onderhoud van het meubilair in de paleizen, waarvoor de koning dubbel krijgt uitbetaald. Ook over de kunst die verkocht werd uit koninklijk bezit en die tot ons nationaal erfgoed behoorde, maakte de krant indringende verhalen die tot Kamervragen zouden leiden.

De Volkskrant kwam in 2009 met spraakmakende verhalen over de brievenbusfirma's van Christina, gevestigd in het 'werkpaleis' van haar zuster, wat tot beroering in het land leidde. De pers speelt onmiskenbaar een belangrijke rol in onze kijk op het Koninklijk Huis.

'Geld en het Koninklijk Huis' is een beladen onderwerp dat vrijwel altijd gaat over de inhaligheid van de familie en haar neiging zo weinig mogelijk te willen betalen maar daarnaast wel steeds het onderste uit de kan te willen hebben. Wat opvallend vaak lukt.

In *de Volkskrant* valt al een tijd lang een trend te signaleren die het Koninklijk Huis op prijs zal stellen. Oud-hoofdredacteur Broertjes, thans burgemeester van Hilversum, zag prins Bernhard als een 'tweede vader'. Zijn opvolger Philippe Remarque, tot 1 september 2019 hoofdredacteur, gaf als zijn mening dat in 'het leven van iedere Nederlander de Oranjes vertrouwd aanwezig [zijn]'. Hoe dan? Nou, 'als een soort verre familieleden'. Geen tweede vader maar toch...

Vanwege de wens de kool en de geit te sparen, loopt het stuk over van 'genuanceerdheid', om dan toch te eindigen in een soort aanhankelijkheidsverklaring:

'Een Oranjeklant wil *de Volkskrant* niet zijn. We vermoeden dat veel van onze lezers de erfopvolging van het staatshoofd licht belachelijk vinden (wij ook), sommigen zelfs principieel verkeerd (wij niet). Maar het koningshuis is hoe dan ook een belangrijk Nederlands instituut. En in het leven van iedere Nederlander zijn de Oranjes vertrouwd aanwezig, als een soort verre familieleden. Na zes jaar leven onder Duitse bondspresidenten kan ik u verzekeren: als je toch een staatshoofd moet hebben, laat het dan liever zo'n oldskool familie zijn waar je iets bij kunt voelen.'[612]

Remarque zingt vervolgens de lof van de 'koningshuisverslaggever van *de Volkskrant* (hij is tevens politiek redacteur, maakt u zich geen zorgen)' Remco Meijer, die al sinds mensenheugenis geen kritisch artikel over de monarchie heeft geproduceerd. Hij volstaat met het gewone huis-tuin-en-keukenwerk dat je in welke krant dan ook kunt vinden.

Aanleiding voor de ontboezemingen van de hoofdredacteur was het tv-interview dat Wilfried de Jong de vijftigjarige koning had afgenomen. De grootste 'onthulling' in dat interview was de uitspraak van Willem-Alexander dat hij veel verdriet had gehad van het overlijden van zijn broer Friso. Hij was tenslotte ook maar een mens, hetgeen voor veel mensen een openbaring was.

Twee dagen daarvoor had *Volkskrant*redacteur Martin Sommer een stuk van vergelijkbaar niveau geschreven. Als hij ergens komt waar de koning ook aanwezig is, schrijft hij niet gewoon dat hij er ook bij was, maar dat hij het 'voorrecht' had aanwezig te mogen zijn. Hij neemt de erfopvolging onder de loep:

'Erfopvolging is zo niet van deze tijd. De kritiek op het koningshuis is altijd weer dat zijn leden jetsetgedrag vertonen. Verkeerde vrienden, huizen op verkeerde eilanden, verkeerde belastingconstructies. De royals zijn inderdaad een soort popsterren met bijbehorende nukken. Verder ben ik van de kritiek niet onder de indruk. Voordat het werd opgeknapt, was Huis ten Bosch volkomen uitgewoond. Paleis Soestdijk was er nog slechter aan toe. Wijzelf kijken thuis altijd naar Blauw Bloed en zijn beledigd als Máxima weer eens dezelfde robe aan heeft.'

'Uiteraard', zet hij zijn relaas voort, 'is het koningshuis niet van deze tijd', om dan te concluderen dat dat juist 'de kracht ervan' is. We weten

612   'Liever een oldskool familie dan president Piet Hein Donner', *de Volkskrant*, 29-04-2019.

inmiddels prima waar Sommer staat - dat is zijn goed recht uiteraard - maar ten overvloede gooit hij er nog maar weer eens de samenbindende factor tegen aan.

Dat had trouwens Máxima zelf kort daarvoor ook gezegd in een interview. Wat wil je als onderdaan nog meer? Dus: 'Je hoeft geen aanhanger te zijn van de monarchie om te zien dat het koningshuis goed werk doet.' Het bewijs? 'Dat vond hof-historicus Fasseur ook' want die had gezegd: 'ik ben geen royalist, ik ben Oranjeklant'.

Toen Sommer aanwezig 'mocht zijn' bij de uitreiking van de Erasmusprijs door de koning, bleek de 'halve vaderlandse pers' erop af gekomen te zijn, 'antimonarchisten en republikeinen door elkaar'. Toen de koning de prijs aan de Amerikaanse journaliste Barbara Ehrenreich overhandigde, zag Sommer dat alle aanwezigen, dus inclusief de antimonarchisten en republikeinen, maar 'één gedachte' hadden: 'o, als ik ook eens zo'n lintje zou kunnen krijgen.' In Nederland zijn we volgens het gedegen onderzoek van Sommer (hij lijkt gespecialiseerd te zijn in gedachten lezen) dus allemaal (crypto)monarchist.[613]

Een andere redacteur van *de Volkskrant*, Olaf Tempelman, die zichzelf jarenlang als republikein had beschouwd, zag hoe in Rotterdam een enthousiaste menigte Willem-Alexander verwelkomde. Op slag werd hij monarchist. Ook hij 'mocht', net als Sommer, verslag doen van het bezoek van de koning aan een Rotterdamse probleemwijk.

In zijn artikel regent het clichés: Willem-Alexander als 'ontzettend fijne koning', die 'een plekje in de harten' had veroverd, en verder lepelde hij maar weer eens de onvermijdelijke 'magie' en het 'cement van de samenleving' op.[614]

Tempelman kwam, zag en kleurde op slag oranje. Hij zag met eigen ogen hoe in de praktijk de samenbindende factor, het cement van de samenleving, aan het werk was.

Het is gewoon het aloude verhaal van 'de goede koning'. Het doet denken aan een citaat dat ik eerder gaf, toen een vrouw in Den Haag stadhouder Willem IV op straat zag en ter plekke dood neerviel 'waarschijnlyk door de overstelping van een onmatige blydschap'. Dat was in 1747. Wij schrijven 2020.

---

613 'De monarchie is niet van deze tijd, maar nog lang niet versleten', *de Volkskrant*, 26-04-2019.

614 'Als Volkskrant-redacteur Olaf Tempelman érgens tegen was, dan was het ongekozen gezag. Tot hij zag hoe Willem-Alexander mensen in een 'moeilijk stukje Rotterdam' op magische wijze verenigde', in: *de Volkskrant*, 10-01-2020.

Waarom monarchie?

Wie de monarchie verdedigt aan de hand van een prestatielijst, heeft weinig om op te steunen.

Wat overblijft zijn abstracte begrippen die in feite drogredeneringen zijn: 'eenheid', 'verbinding', 'samenbindend element' en meer van dat soort holle frasen.

De koning zou boven de partijen staan, wat een president nooit zou kunnen, want die vertegenwoordigt altijd maar een bepaalde groep, zo wordt ons voorgehouden. Stel dat circa 65 procent van de Nederlandse bevolking (circa 17 miljoen inwoners) de monarchie steunt. Dat is veel, maar daar staan wel een kleine 6 miljoen mensen tegenover die de monarchie afwijzen, of die het in ieder geval niets kan schelen of de monarchie blijft dan wel vertrekt. Je kunt niet stellen dat de koning die 6 miljoen mensen óók vertegenwoordigt.

Het is dus net als in een republiek waar een president niet boven de partijen staat. Overigens hangt het er sterk vanaf wat voor soort presidentschap je kiest. De Amerikaanse president heeft, net als bijvoorbeeld de Franse, extreem veel macht, maar dat gaat niet op voor de president van Duitsland of Oostenrijk.

Het hangt er dus maar vanaf welke vorm je kiest. Een ceremoniële president (zoals in het Duitse model) komt aardig overeen met de rol van het Nederlandse staatshoofd. Afgezien dan van het begeleidende lakeiengedrag, dat kennelijk bij de monarchie hoort. En hoe erg is het als er geen mensen bij het zien van het staatshoofd spontaan 'door de overstelping van een onmatige blydschap' ineen zijgen?

De aangedragen argumenten vóór het koningschap doen nogal lachwekkend aan, als je naar de rest van de wereld kijkt. Er bestaan tegenwoordig nog 27 erfelijke monarchieën, waaronder een aantal dat zijn hand niet omdraait voor onderdrukking, martelingen, barbaarse doodstraffen en censuur.[615] Toch niet echt begrippen die je direct met 'samenbindende factor', 'cement van de samenleving', 'eenheid' en dat soort termen in verband brengt.

Er zijn natuurlijk ook koninkrijken waar de onderdanen het over het algemeen naar hun zin hebben. Om er enkele te noemen: de drie Scandinavische landen, Groot-Brittannië, Luxemburg en Liechtenstein.

---

615 https://nl.wikipedia.org/wiki/Lijst_van_monarchie%C3%ABn.

De vraag rijst of al die 150 republieken die de wereld telt, wel goed bij hun hoofd zijn.[616] Ze hebben immers geen koning en moeten het zien te rooien zonder onze unieke, samenbindende factoren, belichaamd in de koning. De inwoners van die landen beschikken per definitie niet over het eenheidsgevoel dat onderdanen zo gelukkig maakt. Evenmin plukken ze de vruchten van koninklijke handelsmissies.

Toch blijkt dat allemaal best mee te vallen, al zitten er regimes van de meest verwerpelijke soort in een aantal landen die zich republiek noemen. Een van de ergste is Noord-Korea, maar daar is het presidentschap erfelijk. Het spiegelbeeld dus van Nederland, dat volgens Orangisten een republiek is met een erfelijk staatshoofd. Noord-Korea is een soort koninkrijk, maar dan met een erfelijke president. Het geeft aan hoe raar die vergelijking in wezen is.

De republiek Finland gaat door voor het gelukkigste land ter wereld, al kun je bij al die enquêtes over geluk en levensblijheid natuurlijk vraagtekens zetten. Hoe meet je zoiets? Maar 150 republieken wereldwijd tegenover 27 monarchieën geeft toch te denken.

Het is natuurlijk waar dat grote landen als Australië, Nieuw-Zeeland en Canada nog steeds de Britse monarch officieel als staatshoofd hebben. De monarchie speelt in die landen echter geen verbindende rol. Het is een historisch gegroeide situatie, waar ze niet echt last van hebben. Het is een enorm gedoe om de boel staatsrechtelijk en grondwettelijk aan te passen.

Overigens zagen we in de loop van dit verhaal dat koningen en koninginnen bepaald niet zo onbevooroordeeld zijn als Orangisten, verantwoordelijke ministers en de RVD beweren. Eerder is er sprake van het tegendeel. Het probleem is echter dat we er vanwege de eenheid van de kroon en de ministeriële verantwoordelijkheid, weinig over weten. Hun opvattingen zijn zelfs als staatsgeheim te beschouwen.

Ook WOB-verzoeken die betrekking hebben op het Koninklijk Huis, stuiten in de regel af op het cordon van zwijgzaamheid dat rond de Oranjes is opgetrokken. Die barricade verhult weliswaar al hun goede daden en werken, maar evenzeer maakt het hun misstappen onzichtbaar. Misstappen zijn, vanwege de opinievormende werking die ervan uitgaat, gevaarlijk voor de monarchie. De geheimhouding heeft als overlevingsstrategie wel degelijk bestaansrecht.

---

616   https://wikikids.nl/Lijst_van_republieken.

Dankzij de 'mythe van de goede koning' behoeft het idee van de welwillende, met ons begane koning, nauwelijks nog ondersteuning van hogerhand. Als we meer zouden weten van de houding van de koning tegenover de ministers, meer zouden weten van hun bemoeienissen met van alles en nog wat (zeker op financieel gebied dat het Koninklijk Huis zelf raakt), zou dat zijn populariteit niet ten goede komen.

De monarchie leeft van de mythe en ze is op mythes gebouwd. De meeste landen hebben het bestaan van die mythe ingezien en hun consequenties getrokken. De tijd doet onverbiddelijk zijn werk.

Vrijwillig heeft, voor zover ik heb kunnen nagaan, een monarchie zichzelf nooit opgeheven. Er is geen revolutie nodig om de Oranjedynastie aan de dijk te zetten. Een Grondwetswijziging, waarvoor een driekwart meerderheid van de beide Kamers vereist is, volstaat.

Conclusie

Al sinds de tijd van Willem de Zwijger vallen de familie Van Oranje-Nassau overdreven lof en extatische verering ten deel. Dat het Huis in de manlijke lijn met de dood van koning Willem III in 1890 (en in de vrouwelijke met koningin Wilhelmina in 1962) ten einde kwam, heeft daarin geen verandering gebracht.

In tijden van nood of tegenspoed riep het volk om Oranje, ook al was herhaaldelijk gebleken dat een telg uit dat geslacht niet voor de gedroomde oplossing kon zorgen. Alsof een Oranje - puur door zijn aanwezigheid - rust en welvaart kon herstellen.

Dat de praktijk vrijwel altijd het tegendeel had bewezen, speelde bij de aanhang geen rol. Niet in het tijdperk van de stadhouders en evenmin daarna in het koninkrijk. Het was de beslissing van de toenmalige grootmachten, dat we een koning uit het huis van Oranje-Nassau kregen. Het was geen besluit van het Nederlandse volk of het Driemanschap onder leiding van Van Hogendorp, dat suggereerde namens het volk te spreken. Koning Willem I zelf had er (terecht) geen rekening mee gehouden ooit koning van Nederland te zullen worden.

De aanhang van Oranje verwijst graag naar de betekenis van Willem de Zwijger voor het huidige Nederland. Zijn roem, reputatie, vrijheidsdrang en heldenstatus zijn door de eeuwen heen uitgegroeid tot mythische proporties. De monarchie drijft op imagovorming. Als we echter kijken naar daden van het Huis van Oranje, die iets hebben betekend voor Nederland als natie, zijn we gauw uitgepraat. Dat is niet vreemd, want sinds de Grondwetsherziening van 1848 is de macht van de koning zo fors ingeperkt, dat hij niet langer zijn stempel op het landsbestuur kan drukken.

Op de opinievorming heeft dat geen invloed gehad: de verering en aanhankelijkheid bleven onverminderd groot. Het gros van de bevolking kijkt 'hoe ze het doen'. Als ze het 'goed doen', bedoelt men te zeggen dat de koning een goede indruk maakt. Meer is niet nodig en meer verlangt de aanhang ook niet. De mythevorming rond het Koninklijk Huis heeft nooit iets met de werkelijkheid van doen gehad. Dat is nu eenmaal eigen aan mythes. De aanhang van Oranje is blind voor feiten, maar staat open voor sprookjes.

De Oranjegezinde pers speelt in dat proces een belangrijke rol, door in te spelen op de sentimenten van zijn lezers. De RVD van haar kant doet gewoon haar werk, namelijk propaganda maken voor het koningschap. De dienst beschermt de koning - waar maar mogelijk - tegen negatieve publiciteit.

De pers heeft van de Hofmans-affaire geleerd en publiceert soms kritische artikelen. Als die beroering veroorzaken, stelt de Tweede Kamer vragen aan de minister-president. Zijn rol in dit spel is meestal de vragenstellers met een kluit het riet in te sturen.

Een enkele keer lukt dat niet direct. Er worden dan aanvullende vragen gesteld, waarop de premier in iets anders bewoordingen nog eens hetzelfde beweert of, opnieuw, een eerlijk antwoord ontwijkt. De bescherming van de monarchie staat altijd voorop. Een constitutionele crisis is immers voor iedere premier de ultieme nachtmerrie.

Het gebeurt zelden dat er vervolgvragen worden gesteld. De Tweede Kamerleden zijn, op enkele uitzonderingen na, al gauw tevreden en gaan weer over tot de orde van de dag. Ze beseffen dat ze moeilijk kunnen scoren in zaken waarbij het Koninklijk Huis in het geding is. De meeste Kamerleden vinden het daarom al snel goed. Ze hebben hun best gedaan, maar helaas geen resultaat geboekt. Het zij zo.

Als we kijken naar de koningen en koninginnen, die we hebben gehad sinds de stichting van het Rijk in 1813, is er, als we hun prestaties in ogenschouw nemen, dus weinig reden tot de uitbundige lof die in dit boek is beschreven. Het ging dan over geboortes, inauguraties, huwelijken, abdicaties en overlijden en een aantal dingen die ze deden of juist niet deden.

Het klaroengeschal en geschetter van loftrompetten waren bij vrijwel al die gelegenheden oorverdovend. Ook als er niets te loven, te vieren of te juichen viel. Het is standaardprocedure. Zelfs bij de geboorte van de laatste koning - het is dan 1968 - was het volk, volgens de media, overstuur van geluk en schalden de Oranjeliederen weer door stad en streek. Zolang er een Oranje is, kan Nederland niets gebeuren.

Willem I heeft de economie weliswaar een duw in de rug gegeven, maar hij liet het land bij zijn aftreden in financiële chaos achter.

Onder Willem II ging het financieel en economisch wat beter, maar dat had niets met zijn persoonlijk beleid te maken. Hij was de laatste koning die reële macht bezat en verantwoordelijkheid droeg. Zijn zoon

Willem III viel als eerste koning onder de ministeriële verantwoordelijkheid. De ministers, niet de koning, waren voortaan verantwoordelijk voor het landsbestuur.

Willem III, alias koning Gorilla, maakte er een rommeltje van. Het ging in zijn tijd wel wat beter in het land, maar dat had niets te maken met zijn visie en inzichten. Die had hij niet, net zomin als zijn vader en voorganger Willem II.

De macht was Willem III grotendeels ontnomen, maar invloed had hij nog steeds, al werd die op het einde van zijn regime ook minder. Zijn ministers namen hem namelijk nog nauwelijks serieus. De vorsten, wellicht met uitzondering van Willem I, konden niet bogen op politiek, economisch of financieel inzicht.

Alle drie hadden ze moeite met de werkelijkheid van alledag, omdat ze daar zelden mee in aanraking kwamen. Toch herinneren standbeelden, straatnamen, pleinen en gebouwen ons nog steeds aan de drie Willems.

Straten en namen worden zelden naar een nog levende persoon vernoemd. Er bestaat altijd het risico dat hij of zij een misstap begaat. Als dat gebeurt, past geen straatnaamverwijzing als eerbetoon. Die overweging geldt niet voor de leden van de koninklijke familie. Als ze nog in de luiers liggen worden er al straten, wegen, pleinen, plantsoenen, gebouwen, scholen, ziekenhuizen, schepen en ga zo maar door, naar de koninklijke spruiten vernoemd.

De drie koninginnen hebben evenmin prestaties geleverd waardoor ze voor altijd in ons nationale geheugen staan gegrift. Zoals gezegd kan dat ook niet, omdat hun macht te beperkt is. In de ogen van de Oranje-aanhang staan ze toch alle drie op een voetstuk.

Hun roem is slechts gebaseerd op de familienaam. Meer dan die naam, Van Oranje-Nassau, blijkt niet nodig te zijn. Dat is ook de reden dat de familienaam sinds het overlijden van Wilhelmina in 1962, waarmee het Huis van Oranje-Nassau definitief uitstierf, zo krampachtig in stand wordt gehouden. Ook het oer-Nederlandse van de familie, waar de aanhang zo graag op wijst, zou dan verloren gaan.

Wie introuwt kan echter op dezelfde adoratie rekenen. Emma, Hendrik, Bernhard, Claus en Máxima zijn daarvan voorbeelden. Het stelt de veelgehoorde opmerking van mensen, die beweren geen monarchist maar wél Orangist te zijn, in een merkwaardig daglicht. Tegenwoordig is een Argentijnse vrouw zonder een spatje Oranjebloed het populairste lid van het Koninklijk Huis.

Door hun huwelijken zijn de Oranjes trouwens meer Duits dan Nederlands. Willem-Alexander heeft een Duitse vader, een Duitse grootvader, een Duitse overgrootvader en een Duitse over-overgrootmoeder en zo kunnen we nog even doorgaan wat betreft ingeslopen buitenlands bloed. Zijn dochters (waaronder de kroonprinses) zijn half Argentijns, hebben heel veel Duits bloed en slechts een spatje Nederlands. Dat is niet erg, maar het is wel vreemd om ze als zo door-en-door Nederlands te beschouwen. De monarchie werkt een vorm van eng nationalisme in de hand.

Koningin Wilhelmina, die haar volk in de steek liet en vanuit Londen de indruk wekte (en daar ook zeer goed in slaagde), dat ze de strijd tegen Hitler 'leidde', is een goed voorbeeld van buitensporige roemverwerving. Ze heeft daarvoor weinig anders hoeven doen dan radiopraatjes houden. Daarmee win je geen oorlog. Wat Wilhelmina in Londen deed, was niet veel meer dan afwachten tot ze terug kon keren naar Nederland met plannen, die getuigden van haar wereldvreemdheid.

Wilhelmina wilde haar eigen macht drastisch vergroten ten koste van het parlement. In feite wilde Wilhelmina terug naar de tijd van vóór de Grondwetsherziening van 1848. Wegens gebrek aan draagvlak heeft ze haar voornemen niet kunnen verwezenlijken.

Oranjegezinde geschiedschrijvers hebben Wilhelmina's antidemocratische oprisping vergoelijkt of genegeerd (ze noemden het in navolging van de vorstin 'vernieuwing' zonder aanhalingstekens), hoewel ze in feite een terugkeer naar verlicht despotisme voorstond. Het heeft haar populariteit niet aangetast.

Oranjegezinde historici hebben voortdurend de neiging om gedrag van de koning, dat, normaal gesproken, niet door de beugel kan, te vergoelijken of zelfs te negeren. Die behandeling valt overigens vrijwel alle leden van de koninklijke familie ten deel.

> 'Verbindende functie' Koninklijk Huis is niet meer dan een mythe.

De media zijn om mysterieuze redenen de 'handelsmissies' gaan ophemelen. Ze zouden onze economie miljoenen of zelfs miljarden euro's aan orders opleveren. Misschien is het een vergoelijkende reactie op de buitenissige bedragen die we aan het koningshuis besteden: 'het kost een paar centen, maar zie eens hoeveel het oplevert'.

De waarheid is dat niemand weet wat die reizen opleveren, áls ze al geld opleveren. Geen ministerie of instantie heeft cijfers paraat, want die worden niet bijgehouden. We mogen ervan uitgaan dat de RVD graag met fraaie cijfers op zijn website zou pronken, als de resultaten van die koninklijke handelsreizen inderdaad zo opzienbarend waren als wordt beweerd, maar het koninklijk propaganda-instituut hult zich in een veelzeggend stilzwijgen.

Wanneer het huis van Oranje-Nassau het niet van grootse daden moet hebben, wat legitimeert dan wél dat praktisch onaantastbare instituut in het hart van ons staatsbestel? Dat zou de 'samenbindende factor' zijn. Nog steeds, we schrijven 2020, zou Oranje als verbindend element de Nederlandse samenleving bijeen houden.

Zonder koningshuis zou Nederland uiteen vallen; het Huis van Oranje, zo wil de mythe al eeuwenlang, verbindt ons allemaal. Toch kan een aanzienlijk deel van de Nederlanders, ruwweg zes miljoen, zich daarin niet vinden. Dat is ongeveer een derde deel van de bevolking.

Kennen republieken geen samenhang omdat ze een monarch ontberen? Wie om zich heen kijkt, ziet bijna zes keer zo veel republieken als koninkrijken. De chaos die we overal zouden mogen verwachten bij ontstentenis van een verbindende monarch is nergens te bespeuren. Een aantal van die republieken zijn dictaturen, maar die tref je evengoed aan onder de koninkrijken. Taal, geschiedenis en cultuur vormen de pilaren waarop een natie steunt. De 'samenbindende factor' is een verzinsel dat dient als legitimatie voor de monarchie.

Een opvallende trek van de leden van het Huis van Oranje-Nassau is hun geldbelustheid. De leden van het Koninklijk Huis wonen, reizen en leven praktisch gratis. Hun inkomen is meer dan riant; de onkostenvergoedingen zijn exorbitant, en niet onderworpen aan enige vorm van controle.

Als de koning iets door de staat vergoed wil hebben, hoeft hij maar te zeggen dat het voor het functioneren van zijn koningschap noodzakelijk is. Toch zijn hij en zijn familie daarmee niet tevreden. Ze willen meer.

De hoogte van het familiekapitaal is streng geheim, want als dat uitlekt - dat snappen zij ook wel - krijgen hun claims voor meer geld, vergoedingen en onkosten, wat absurds. Om haar eigen kosten te drukken 'schonk' Wilhelmina het Kroondomein aan de staat, maar de opbrengsten en zeggenschap bleven in de familie. Ze werd toegejuicht als de goedhartige, belangeloze Schenkster, wat ze niet was. Wij kregen de lasten, Hare Majesteit de lusten.

Het olijfgaardje van Beatrix laat zien dat de Oranjes het kleine evenmin schuwen. Haar idee dat ze alles van de staat kan eisen, manifesteerde zich zelfs nog na haar abdicatie. Ze eiste en kreeg een pied-à-terre in Den Haag. Uiteraard op kosten van de staat. Het komt haar toe, vindt ze. Juliana vocht als een leeuw voor het inkomen van haar Huis en Willem-Alexander vindt dat hij in Griekenland, op kosten van de Nederlandse staat, kan doen wat hem belieft.

Beatrix gaf, als koningin, familieleden gelegenheid haar 'werkpaleis' te gebruiken voor belastingontwijking. De koninklijke familie kent de wegen naar de belastingparadijzen.

Leden van de familie verkopen kunst die tot het nationaal cultureel erfgoed behoort, zonder dat er een haan, laat staan de minister-president, naar kraait. Het zou privé zijn. Dat is het niet. In sommige gevallen was het zelfs de vraag of de verkochte kunst wel aan de familie toebehoorde.

De inboedel van de paleizen is grotendeels staatseigendom en wordt door de staat onderhouden. Toch krijgt de koning ieder jaar een fors bedrag voor onderhoud. Dat is dubbelop. In de Tweede Kamer klonk wat gemor en er werd voorzichtig schande van gesproken. Rutte kon de bizarre situatie niet uitleggen, gooide er wat grappen tegen aan, zei toen dat hij het zelf ook niet goed begreep, omdat het zo ingewikkeld was, en iedereen ging weer over tot de orde van de dag.

De mythe werkt en ze werkt als nooit tevoren. Het Koninklijk Huis weet dat en schroomt niet het onderste uit de kan te halen. Dat kan alleen als het de ruimte van de verantwoordelijke ministers krijgt. En zolang de Tweede Kamer niet op haar strepen gaat staan. Het ligt al twee eeuwen lang gevoelig: Oranje en geld. Het lijkt wel of het een schande is geld en privileges die het Koninklijk Huis raken ter discussie te stellen.

De meest geprivilegieerde familie van Nederland maakt ongegeneerd gebruik van de vrijgevigheid van de staat. Je kunt hen dat kwalijk nemen, maar de schuld ligt primair bij de ministers. Zij zijn bang hun vingers te branden aan wat ze een 'heikel onderwerp' vinden.

De leden van de Tweede Kamer die alles maar op hun beloop laten en nooit echt een streep trekken, treft evenzeer blaam. Ook zij willen geen ruzie om het Koninklijk Huis want dat zou slecht kunnen vallen bij het electoraat.

De monarchie werkt nepotisme, vriendjespolitiek, corruptie, rechtsongelijkheid, leugens, chantage, verdraaiing van feiten en - niet te vergeten - lakeiengedrag van ministers en Kamerleden in de hand. Ministers durven niet te doen wat ze zouden moeten doen. Misstanden worden toegedekt, kosten gecamoufleerd en vergoelijkingen van misstanden zijn aan de orde van de dag om het sprookje tegen erosie te beschermen.

De leden van de Tweede Kamer voorliegen, normaal gesproken een politieke doodzonde, is evenmin een probleem, als het er om gaat het Koninklijk Huis te beschermen.

De populariteit en verafgoding van de leden van het Oranjehuis - als waren het popsterren - is terug te voeren op een mythe die breed in ere wordt gehouden. Door politici, die bang zijn te worden afgerekend door hun kiezers vanwege een te kritische opstelling jegens het koningshuis, en door de aanhang van Oranje omdat ze zo graag in het sprookje, hoe infantiel ook, willen blijven geloven. Macht heeft de koning al lang niet meer, maar nog wél steeds een oncontroleerbare, immense invloed.

Een woord van dank

Allen die mij bij de totstandkoming van dit boek hebben geholpen, ben ik dank en waardering verschuldigd. Titus von Bönninghausen schiep duidelijkheid met zijn opmerkingen over de afstamming (en het feitelijke uitsterven) van de familienaam Van Oranje-Nassau. Karen Muijen bekeek het manuscript met een kritisch oog, wat stevig commentaar en veel verbeteringen opleverde. Marianne Janssen deed veel meer dan wat ik van haar als eindredactrice mocht verlangen. Dat we nog jaren zo door mogen gaan.

Het koningshuis blijft een heikel onderwerp. Om die reden heeft een aantal meelezers en adviseurs mij gevraagd hun namen niet te noemen. Dat verzoek respecteer ik uiteraard, maar evengoed bedankt.

Afkortingen

ARP   Anti-Revolutionaire Partij
CBS   Centraal Bureau voor de Statistiek
DSB   De Sociaaldemocratische Bond
FD   Het Financieele Dagblad
IISG   Internationaal Instituut voor Sociale Geschiedenis
KB   Koninklijke Bibliotheek
KHA   Koninklijk Huisarchief
LOR   Reglement betreffende de wetten en gebruiken van de oorlog te land
NHM   Nederlandsche Handel-Maatschappij
PEC   Parlementaire Enquêtecommissie
RVD   Rijksvoorlichtingsdienst
RvS   Raad van State
SDAP   Sociaal-Democratische Arbeiderspartij
VOC   Verenigde Oost-Indische Compagnie
WNF   Wereld Natuur Fonds
WWF   World Wildlife Fund

Literatuur

Aalders, Gerard en Coen Hilbrink, *De affaire-Sanders. Spionage en intriges in herrijzend Nederland*, 's-Gravenhage 1996

Aalders, Gerard, *Leonie. Het intrigerende leven van een Nederlandse dubbelspionne*, Amsterdam 2003

Aalders, Gerard, *Operatie Safehaven. Kruistocht tegen een Vierde Rijk*, Amsterdam 2006

Aalders, Gerard, De Bilderberg-conferenties. Organisatie en Werkwijze van een Geheim Trans-Atlantisch Netwerk, Amsterdam 2007

Aalders, Gerard, *De prins kan me nog meer vertellen. Prins Bernhard Feit en Fictie*, Rijswijk 2009

Aalders, Gerard, *Bernhard. Zakenprins, Zijn connecties met wapenhandelaren, louche zakenlieden en dubieuze bankiers*, Soesterberg 2010

Aalders, Gerard, *Kartels. De Amerikaanse strijd om de wereldhegemonie*, Amsterdam 2010

Aalders, Gerard, *Het Lockheedschandaal. Wapenindustrie smeergeld corruptie*, Amsterdam 2011

Aalders, Gerard, *Gifgas, Ziektekiemen & Oorlog*, Soesterberg 2014

Aalders, Gerard, *Weg met de koning! Twee eeuwen majesteitsschennis in Nederland*, Nijkerk 2016

Aalders, Gerard, *Het Nederlands Instituut voor Oorlogsdocumentatie als speelbal van Den Haag en het Koningshuis*, Meppel 2019.

Aalst, C.J.K. van, *De dagboeken van C.J.K. van Aalst*, digitaal beschikbaar op http://resources.huygens.knaw.nl/retroboeken/ vanaalst/#page=269&accessor=searchText& accessor_href=http%3A%2F%2Fresources.huygens.knaw. nl%2Fretroboeken%2Fvanaalst%2FsearchText%2 Findex_html%3Fpage%3D75%26source%3D1%26 id%3DsearchText&source=1&size=969&view=homePane

Abeling, Joris, *Teloorgang en wederopstanding van de Nederlandse monarchie 1848-1898*, Amsterdam 1996

Alam, Asadollah, *The Shah and I. The Confidential Diary of Iran's Royal Court, 1969-1977*, London, New York 1991

'Als Volkskrant-redacteur Olaf Tempelman érgens tegen was, dan was het ongekozen gezag. Tot hij zag hoe Willem-Alexander mensen in een 'moeilijk stukje Rotterdam' op magische wijze verenigde', in: *de Volkskrant*, 10-01-2020

Anderson, Lars, Lukas Burgering en Heidi Wulfsen, *Ik zal handhaven. Beatrix, koningin in een veranderend land*, Amsterdam 2013

Arlman, Hugo en Gerard Mulder, *Van de prins geen kwaad. Prins Hendrik & andere dossiers van Oranje*, Amsterdam 1988

Baalen, Carla van, Paul Bovend'Eert, Mark van Twist, Alexander van Kessel en Nancy Chin-A-Fat, *het inkomen van de Koning. De totstandkoming en ontwikkeling van het financieel statuut van het koninklijk huis (1972)*, Amsterdam 2017

Bagehot, Walter, *The English Constitution*, London 1873

Bank, Jan en Maarten van Buuren, *1900. Hoogtij van burgerlijke cultuur*, Den Haag 2000

Baud, J.M., *Militair geweld, burgerlijke verantwoordelijkheid. Argentijnse en Nederlandse perspectieven op het militaire bewind in Argentinië (1976-1983)*, Den Haag 2001

'Beatrix belegde in Aziatisch fonds', in: *de Volkskrant*, 06-03-2010

'Beatrix heeft heel menselijke trekjes', in: *Trouw*, 18-09-1997

'Beatrix: "Het Wilhelmus is van mij"', in: *de Volkskrant*, 05-06-2004

'Beatrix kondigt aftreden aan', in: *de Volkskrant*, 28-01-2013

Beaufort, Henriette L. T. de, *Wilhelmina 1880-1982*, 's-Gravenhage 1965

'Bernhard spreekt', in: *de Volkskrant*, 14-12-2004

'Bescherm de Oranjes tegen zichzelf', in: *NRC*, 18-01-2019

'Betteln für Tiere', in: *Der Spiegel*, 13-08-1976

Blok, P.J. en P.C. Molhuysen, *Nieuw Nederlandsch biografisch woordenboek*, digitale versie: https://www.dbnl.org/tekst/molh003nieu01_01/molh003nieu01_01_1482.php

Böhler, Britta, *Crisis in de rechtstaat: spraakmakende zaken, verborgen processen*, Utrecht Amsterdam Antwerpen 2012

Bonner, Raymond, *At the hand of man. Peril and hope for Africa's wild life*, New York 1993

Booy, Thijs, *Het is stil op het Loo*, Amsterdam 1963

Booy, Thijs, *De levensavond van koningin Wilhelmina*, Amsterdam 1965

Bornebroek, Arno, *De oorlog zit me op de hielen. Hans Teengs Gerritsen, 1907-1990*, Amsterdam 2010

Braak, Bert van den, 'Weg met den troon, weg met de koningin!' Republikeinse uitingen in het parlement', digitale versie: http://www.montesquieu-instituut. nl/9353202/d/1310_bb.pdf

Bredenhoff, A.J. en J.T. Offringa, *Greet Hofmans. Occult licht op een koninklijke affaire*, Kampen 1996

Bree, Han van, *De geest van het Oude Loo. Juliana en haar vriendenkring 1947-1957*, s.l. 2015

Brugmans, *Geschiedenis van Nederland onder de regering van Koningin Wilhelmina*, Amsterdam, zonder jaartal

Brusse, M.J., *With Roosevelt through Holland*, Published by the Holland-America-Line, Rotterdam 1911

Buitenlandse Politiek van Nederland 1848-1945, digitaal beschikbaar via Recources Huijgens Ing: (http://resources.huygens.knaw.nl/retroboeken/bupo/#page=156&accessor=toc&view=homePane&accessor_href=http%3A%2F%2Fresources.huygens.knaw.nl%2Fretroboeken%2Fbupo%2Ftoc%2Findex_html%3Fpage%3D156%26source%3D32%26id%3Dtoc&source=32)

Bos, Dennis, *Waarachtige volksvrienden. De vroege socialistische beweging in Amsterdam, 1848-1894*, Amsterdam 2000

Bos, Dennis (inleiding), *Willem III. Koning Gorilla*, Soesterberg 2002

Braak, Bert van den, 'Weg met den troon, weg met de koningin!' Republikeinse uitingen in het het parlement', zie: http://www.montesquieu-instituut.nl/9353202/d/1310_bb.pdf

Broertjes, Pieter en Jan Tromp, *De Prins spreekt*, Amsterdam 2004

Brusse, M.J., *With Roosevelt through Holland*, Published by the Holland-America-Line, Rotterdam 1911

'Burgemeester spreekt Máxima tegen over registratie', in: *AD*, 31-01-2019

Capellen tot den Pol, Joan Derk van der, (ed. W.F. Wertheim en A.H. Wertheim-Gijse Weenink)

Chorus, Jutta, *Beatrix. Dwars door alle weerstanden heen*, Amsterdam-Antwerpen 2013

Cohen, Alexander, *Uiterst links. Journalistiek werk 1887-1896*, (samengesteld en ingeleid door Ronald Spoor), Amsterdam 1980

Cosmopolitikus, *De Aanstaande Kroningsfeesten*, Amsterdam 1897

Daalder, Hans, *Drees en Soestdijk. De zaak-Hofmans en andere crises 1948-1958*, Amsterdam 2006

'De angst zelf de vorst te moeten zijn', in: *de Groene Amsterdammer*, 12-07-2012

'De cold case van Willem van Oranje', in *Koud Bloed*, nr. 15, 2011, 'Dossier Oranje. Dubieuze zaken rond het koningshuis', pp.101-111

'De geheime deal rond de paleismeubels van de koninklijke familie', in: *NRC*, 08-09-2019

'De gekte kende nauwelijks grenzen, toen Willem-Alexander werd geboren', in: *Trouw* 24-04-2017

De kosten van het Koningshuis. Een onderzoek van '*De Republikein*, tijdschrift voor de betrokken burger', uitgevoerd in opdracht van het Republikeins Genootschap, s.l., 2018

'De monarchie is niet van deze tijd, maar nog lang niet versleten', in: *de Volkskrant*, 26-04-2019

Derks, Hans, *History of the Opium Problem The Assault on the East, ca. 1600 -1950*, Leiden Boston 2012

Derks, Hans, *Verslaafd aan Opium. De VOC en het Huis van Oranje als drugdealers*, Amsterdam 2015

'De mini-memoires van prins Bernhard', in: *Het Parool*, 10 februari 2004

'De Uni van Oranje', in: *De Republikein*, nummer 2, mei 2019, pp. 46-50

Diependaal, I.M. (2013), *Geconserveerd koningschap: Regentes Emma en Wilhelmina's erfenis*, Amsterdam 2013, digitale versie: (https://dare.uva.nl/search?identifier=c2129787-cc92-43ae-8b8c-7ab0bc36f01d)

'Doctor Juliana. Een "koningspad" naar de wetenschap?' in: *Het Volk*, 01-03-1930

Domela Nieuwenhuis, Ferdinand, *Van christen tot anarchist*, Amsterdam 1910

Dröge, Philip, *Het Oranjekapitaal. Een onderzoek naar het vermogen van de invloedrijkste familie van Nederland*, Amsterdam 2004

Dutillieux, Joseph Theodore (pseudoniem van 'een oor- en ooggetuige'), *24-25 Februarij 1848: Vervolg en Slot der Hoogst Ernstige Zaak waarvan "le Courrier Batave" en "De Burger", benevens "De Volksbode" melding hebben gemaakt*. s.l., 1848

'Een jaar vol omstreden kunstverkoop door de Oranjes', in: *NRC*, 19-12-2019

'Een "te gevoelige" nevenfunctie', in: *de Volkskrant*, 19-09-2015

'Een verzoek van Ko Colijn aan de koning: maak uw scriptie openbaar', in: *VN*, 14-09-2018

Fasseur, Cees, *Juliana & Bernhard, Het verhaal van een huwelijk, de jaren 1936-1956*, Amsterdam 2008

Fasseur, Cees, *Wilhelmina. De jonge koningin*, Amsterdam 1998

Fasseur, Cees, *Wilhelmina: krijgshaftig in een vormeloze jas*, Amsterdam 2001

Fasseur, Cees, *Dubbelspoor. Herinneringen*, Amsterdam 2016

'Fonds prinses is alleen fiscaal adres' in: *de Volkskrant*, 31-01-2009

Geurts, Jac, 'Clash of characters: Theodore Roosevelt's encounter with Queen Wilhelmina (1910)', in: *Canadian Journal of Netherlandic Studies*, vol. 32, iss. 2, (2011), pp. 25-48

Giele, J.J., *De pen in de aanslag. Revolutionairen rond 1848*, Bussum 1968

Giessen, Jan van der, *De opkomst van het woord democratie als leuze in Nederland*, Den Haag 1948

Graaf, Teunis de, *Voor Handel en Maatschappij Geschiedenis van de Nederlandsche Handel-Maatschappij, 1824-1964*, Utrecht 2012

Hagen, Piet, *Koloniale oorlogen in Indonesië. Vijf eeuwen verzet tegen vreemde overheersing*, Amsterdam Antwerpen 2018

Handelingen Tweede Kamer, diverse jaargangen

'Handelsmissie levert zelden iets op', in: *de Volkskrant*, 31-10-2014

Heldring, Ernst (Uitg. door Joh. de Vries), *Herinneringen en dagboek van Ernst Heldring (1871-1954)*,Groningen 1970

Hellema, Duco, Bert Zeeman en Bert van der Zwan, *De Nederlandse ministers van Buitenlandse Zaken in de twintigste eeuw. Vijfde Jaarboek voor de geschiedenis van de Nederlandse buitenlandse politiek in de twintigste eeuw*, Den Haag 1999

Hellema, Duco, *Nederland in de wereld. De buitenlandse politiek van Nederland*, Houten Antwerpen 2014

Hendriks, Harry: 'De Geschiedenis van de Roode Duivel', in Geerbe, Jet. (e.a.), *Engelbewaarder Winterboek*, Amsterdam, 1979, pp. 169-192

Herk, Magdaleen van, 'De glazen gevangenis van Juliana', in: *De Republikein*, december 2016, pp. 40-47

Hermans, Dorine & Daniela Hooghiemstra, *'Vertel dit toch aan niemand'. Leven aan het hof*, Amsterdam 2006

Hermans, Dorine & Daniela Hooghiemstra, *'Voor de troon wordt men niet ongestraft geboren'. Ooggetuigen van de Koningen van Nederland, 1813-1890*, Amsterdam 2008

Hermans, Dorine & Daniela Hooghiemstra, *Ik mag ook nooit iets. Willem Alexander in zijn eigen woorden*, Amsterdam 2011

Hermans, Dorine, *Wie ben ik dat ik dit doen mag, Zes koninklijke inhuldigingen*, Amsterdam 2011

Hermans, L.M. *De Gouden Kwartjeswagen. Een beroep op het Amsterdamse Volk*, Amsterdam, z.j.

Hermans, L.M. *Ideeën van een gevangene. Zes maanden celbewoner*, Amsterdam 1896

'Het familiebedrijf Oranje: werken in een kleine ruimte', in: *Het Financieele Dagblad*, 21-04-2018

'Het familiebedrijf Oranje: in de ban van duurzaam groeien', in: *Het Financieele Dagblad* 25-04-2018

Hinterding, Erik & Femy Horsch, '"A Small but Choice Collection": The Art Gallery of King Willem II of the Netherlands (1792-1849)', in: *Simiolus: Netherlands Quarterly for the History of Art*, Vol. 19, No. 1/2 (1989), pp. 4-122

Hoffman, William, *Queen Juliana. The story of the richest Woman in the World*, New York 1979

'Hoe Beatrix boos werd, Van Mierlo boog en Roëll verdween' in: *NRC*, 10-10-1996.

Hoek, Anne-Lot, 'De verzwegen moordpartij van Palembang', in: *Vrij Nederland*, 27-07-2017

'Hof kan OM tot actie dwingen', in: *NRC Handelsblad*, 08-09-2011

Hofland, H.J.A. *Tegels lichten of Ware verhalen over de autoriteiten in het land van de voldongen feiten*, Amsterdam 1985

'Hofvrees', in: *NRC Handelsblad* 04-12-1999

Hooghiemstra, Daniela, *De geest in dit huis is liefderijk: het leven en De Werkplaats van Kees Boeke (1884-1966*, Amsterdam 2013

Huijsen, Coos, *De Kroon op de republiek* Amsterdam 2005

Huijsen, J., *Nederland en het verhaal van Oranje*, Amsterdam 2012

'Huilend op de bank naar afscheidstoespraak moeder van Nederland kijken', in: *de Volkskrant*, 28-01-2013

'Ik mis mijn vader nog steeds', in: *NRC Handelsblad* 08-09-2011

'In memoriam Prins Bernhard (1911-2004)', in: *Nederlands Tijdschrift tegen de Kwakzalverij*, maart 2005.

Iongh, de Hanno, *Oranjebastaarden. Een vademecum*, Soesterberg 2001

Israël, Jonathan, *De Republiek 1477-1806*, Franeker 1996

Janssens, A.L.J.M., *Strafbare belediging*, Groningen, 1998

Jong, L. de, *Wilhelmina in Londen 1940-1945*, Amsterdam 1966

Jong, L. de, *Het Koninkrijk der Nederlanden in de Tweede Wereldoorlog*, deel 2, deel 3, deel 9 eerste helft en deel 9 tweede helft, Den Haag, 1969, 1970 en 1979 (beide delen 9)

'Kamer eist uitleg over fiscale sluiproute via paleis Noordeinde', in: *de Volkskrant*, 12-09-2009

Kersten, A.E., *Buitenlandse Zaken in ballingschap. Groei en verandering van een ministerie 1940-1945*, Alphen aan de Rijn 1981

Kersten, A.E. (bewerking, met medewerking van Eric Th. Mos), *Londense Dagboeken van Jhr.ir. O.C.A. van Lidth de Jeude, januari 1940-mei 1945*, Band 1, Den Haag 2001

Kersten, A.E. (bewerking, met medewerking van Eric Th. Mos), *Londense Dagboeken van Jhr.ir. O.C.A. van Lidth de Jeude, januari 1940-mei 1945*, Band 2, Den Haag 2001

Kikkert, J.G. *Beatrix. Mens en Majesteit*, Utrecht 1998

Knapen, Ben, *De lange weg naar Moskou. De Nederlandse relatie tot de Sovjet-Unie, 1917-1942*, Amsterdam Brussel 1985

Koch, Jeroen, *Koning Willem I 1772-1843*, Amsterdam 2013

'Komst Beatrix vooral goed voor contacten', in: *Het Financieele Dagblad*, 14-01-2012

'Koning dumpt belastingmannetje', in: *De Telegraaf*, 09-05-2016

'Koning-koopman in ragfijn spel van diplomatie en zakendoen', in: *Het Financieele Dagblad*, 28-04-208

'Koningin wil boek Bernhard "liever niet"', in: *NRC*, 18-03-2013

'Koninklijke cadeaus, vorstelijke problemen: hoe de Oranjes omgaan met geschenken', in: *NRC*, 16-01-2019

'Koninklijk Huis levert jaarlijks tussen de 4 en 5 miljard op', in *de Volkskrant*, 28-05-2010

Kossmann, E.H., *De Lage Landen 1780-1980* (2 delen), Amsterdam 1986

Koud Bloed, True crime magazine, nr. 15, 2011, 'Dossier Oranje. Dubieuze zaken rond het koningshuis'

'Krokus vol miljoenen van Bernhard', in: *de Volkskrant*, 11-09-2009

Krol, Charel Bastiaan, *Als de Koning dit eens wist...! Over gezag en kennis, onschendbaarheid en onfeilbaarheid, in hun onderlinge historie*, Maastricht 1993

'Kroonprins schaamde zich voor wc-pot gooien', in *Het Parool*, 30-05-2012

Langeveld, Herman, *Dit leven van krachtig handelen. Hendrikus Colijn 1869-1944*, Amsterdam 1998

Langeveld, Herman, *Schipper naast God. Hendrikus Colijn 1869-1944. Deel twee 1933-1944*, Amsterdam 2004

Levensschets van zijne Majesteit Koning Willem Frederik Graaf van Nassau, gevolgd door eene nauwkeurige beschrijving der plegtigheden van Zijner Majesteits begrafenis, en de lijkrede, bij de plegtige inzegening van het lijk te Berlijn door Dr. Ehrenber uitgesproken, benevens eene korte beschrijving van den vorstelijken grafkelder te Delft, 's-Gravenhage 1844

'Liever een oldskool familie dan president Piet Hein Donner', in: *de Volkskrant*, 29-04-2019

Lubbers, Ruud *Persoonlijke herinneringen*, Amsterdam 2018

Mansvelt, W.M.F., *Geschiedenis van de Nederlandsche Handel-Maatschappij*, twee delen, Haarlem 1924

'Máxima – de econome, de prinses, de vamp – wordt 40', in: *de Volkskrant*, 17-11-2011

'Meer folklore dan economische activiteit', in: *de Republikein*, nr. 3, 2011

Meeter, E, *Holland, Kranten, Kerkers en Koningen*, (met inleiding van L. Rijkens), Amsterdam 1966

Meeter, E. (met inleiding van J. Kikkert), *Willem I, Willem II. Kranten, kerkers en koningen*, Soesterberg 2002

Meeter, E., *Holland: its Institutions, its Press, Kings and Prisons*, London 1857

Merriënboer, Johan van, Peter Bootsma en Peter van Griensven, *Tour de Force. Van Agt Biografie*, Amsterdam 2008

Meyers, Jan, *Domela, een hemel op aarde: leven en streven van Ferdinand Domela Nieuwenhuis*, Amsterdam 1993

Meulen, Dik van der, *Koning Willem III 1817-1890*, Amsterdam 2013

Oltmans, Willem, *Mijn vriendin Beatrix*, Breda 1999

'OM schrapte interview in eigen blad om Zorreguieta; Kritische opmerking Boris Dittrich "te gevoelig"', in: *NRC Handelsblad* 10-02-2012

'Opnieuw fiscale sluiproute via paleis', in: *de Volkskrant*, 11-09-2009

'Optellen en afschieten', in: *De Groene Amsterdammer*, 17-12-1997

'Patagonië heeft genoeg van buitenlandse grootgrondbezitters (zoals Máxima)', in: *de Volkskrant*, 11-06-2019

Peele, Ada, *Een uitzonderlijke erfgenaam. De verdeling van de nalatenschap van KoningStadhouder Willem III en een consequentie daarvan. Pruisisch heerlijk gezag in Hooge en Lage Zwaluwe, 1702-1755*, Hilversum 2013 *Persoonlijkheden in het Koninkrijk der Nederlanden in woord en beeld. Nederlanders en hun werk*, Amsterdam 1938, digitale versie: http://resources.huygens.knaw.nl/retroboeken/persoonlijkheden/#page=6&accessor=toc&source=1&size=1343.99560546875&view=homePane

Princess Alice, *For My Grandchildren. Some Reminiscences of Her Royal Highness Princess Alice, Countess of Athlone, VA, GCVO,GBE, DLitt, LLD*, London 1966

'Prins Bernhard ontfermt zich over gestolen kunst', in: *Argus*, 09-09-2019

'Prins op afstand van Afrikaans vastgoedproject', in: *de Volkskrant*, 22-09-2009

'Profiel: ambitieus staatshoofd dwong respect af met strakke organisatie', in: *de Volkskrant*, 28-01-2013

Prud'homme van Reine, Ronald, Moordenaars van Jan de Witt: de zwartste bladzijde van de Gouden Eeuw, Amsterdam 2013

'Queen has Coal Mines', *The New York Times*, 28-07-1910

Raalte, E. van, *Staatshoofd en Ministers. Nederlands Constitutionele Monarchie historisch-staatsrechtelijk belicht*, Zwolle 1971

Raalte, E. van, *De werkelijke betekenis en functionering van het Nederlandse koningschap*, Zwolle 1975

Ramaer, Hans, 'De Gorilla-oorlog. Anarchisten en de Oranjemonarchie', in: *Maatstaf*, nrs.11/12, (1992), pp.179-186

Rapport van de Commissie van Drie. Onderzoek naar de juistheid van verklaringen over betalingen door een Amerikaanse Vliegtuigfabriek, Den Haag, 1976

'"Regeert de leugen? Hoe komt u erbij"', in: *de Volkskrant*, 01-12-1999

Robijns, M.J.F., *Radicalen in Nederland (1840-1851)*, Leiden 1967

Romein, Jan en Annie Romein-Verschoor, *Erflaters van onze beschaving. Nederlandse gestalten uit zes eeuwen*, Amsterdam 1977

'Rondvraag. Wat heeft Beatrix betekend? "Juliana was een mevrouw, Beatrix een manager"', in: *de Volkskrant*, 28-01-2013

Rooduijn, Tom (red.), *De Republiek der Nederlanden. Pleidooien voor het afschaffen van de monarchie*, Amsterdam 1998

Roorda van Eysinga, S.E.W., *Uit Het leven van Koning Gorilla*, s.l. 'Bombay', 1987. Uitgave DBNL, 2007, zie: http://www.dbnl.org/tekst/roor007uith01_01/colofon.php

Rooy, Piet de, *Republiek van rivaliteiten. Nederland sinds 1813*, Amsterdam, 2005

Roppe, L., *Een omstreden huwelijk*, Kasterlee 1962

'Rutte kan aankoop meubels paleizen "niet reconstrueren"', in: *NRC*, 16-10-2019.

'Sancta Máxima', in: *De Groene Amsterdammer*, 08-06-2011

Sampson, Anthony, *The Arms Bazaar. From Lebanon to Lockheed*, New York 1978

Santegoeds, Evert, *Juliana Moeder Majesteit*, Amsterdam Utrecht 2004

Sas, N.C.F. van, '*Fin-de-siècle* als nieuw begin. Nationalisme in Nederland rond 1900', in: *Bijdragen en Mededelingen betreffende de Geschiedenis der Nederlanden, 1991, pp. 595-609*

Sautijn Kluit, W.P., 'De tolk der vrijheid etc', in: *De Nederlandsche Spectator*, 1877, nummer 3, 4, 5, 6, 7, 8, 9 en 15

Schenk, M.G. & Magdaleen van Herk, *Juliana, vorstin naast de rode loper*, Amsterdam-Brussel 1980

Schneider, Maarten (in samenwerking met dr. Joan Hemels), *De Nederlandse krant 1618-1978. Van 'nieuwstydinghe' tot dagblad*, Baarn 1979

Schooneveld, M., *Het wetboek van strafregt (Code Pénal) met aanteekeningen*, Amsterdam 1855

Sinke, Onno, *Verzet vanuit de verte. De behoedzame koers van Radio Oranje*, Amsterdam-Antwerpen 2009

Struycken, A.A.M., 'Het koningschap', in: *Christoffel*, Jaargang 1, No. 3 (October 1955), pp. 101-106

Stutje, J.W., *Ferdinand Domela Nieuwenhuis: een romantische revolutionair*, Amsterdam 2012

Tamse, C.A. (red), *De monarchie in Nederland*, Amsterdam/Brussel 1980

'Teruglezen: koningin Beatrix kondigt aftreden aan', in: *de Volkskrant*, 28-01-2013

'Te veilen Oranjekunst van prinses Christina', in: *NRC*, 08-01-2019

Tex, Jan den en Ali Ton, *Johan van Oldenbarnevelt*, Den Haag 1980

Troelstra, Pieter Jelles, *Gedenkschriften. Deel II. Groei*, Amsterdam 1928. Digitale versie: https://www.dbnl.org/tekst/troe002gede02_01/troe002gede02_01.pdf

Udink, Betsy, *Wilhelmina. Een portret in herinneringen. Samengesteld door en met een inleiding van Betsy Udink*, Amsterdam 1998

'Vaarwel, Beatrix; Koningin gaf nieuwe invulling aan monarchie in veranderende wereld. Het geslaagde koningschap van een strenge manager', in: *Elsevier*, 18-05-2013.

Valk, J.P., *Roomser dan de Paus? Studies over de betrekkingen tussen de Heilige Stoel en het Nederlands katholicisme, 1815-1940*, Nijmegen 1998

Vanvugt, Ewald, *Wettig Opium*, Amsterdam 1985

Veenendaal, H.F. , 'Het relatieve karakter van de absolute uitzonderingsgrond Eenheid van de Kroon', in: *Nederlands Juristenblad* , 28-10-2005, pp. 1988-1990

Vinken, P.J., 'De kranten van Eillert Meeter (1818-1862), republikeins journalist', in: *Tirade* 48, 2004, pp. 94-117

Vinken, P.J., 'Jan de Vries, pamflettist, 1819-1855', in: *Tirade*, nummer 49, 2005, pp. 109-127

Vries, Jan de, *Prinsen van Oranje. Gewogen maar te ligt bevonden*, Amsterdam 1854

Vries, Jan de, (Asmodée) *Een standbeeld in een zak*, Amsterdam 1854

Vries, Jan de, (Asmodée) *Een standbeeld uit een zak*, Amsterdam 1854

Vries, Jan de, (Asmodée) *Asmodée voor de regtbank*, Amsterdam 1854

Vries, Jan de, (Asmodée), *Oranje-moppie. Verzameling van Snaaksche Verzen en Liederen, den Koning opgedragen door Asmodée*, Amsterdam z.j.

'VVD'er Boekestijn praat over gesprek koningin', in: *Het Parool*, 18-11-2009

Weenink, W.H. *Vrouw achter de troon. Marie Anne Tellegen 1893-1976*, Amsterdam 2014

Weitzel, A.W.P., *Maar Majesteit! Geheime Dagboeken van minister A.W.P. Weitzel over koning Willem III*, Amsterdam 1985

'Wie zit er achter de aanklacht tegen Zorreguieta?', in: *VN*, 07-09-2011

Wilhelmina, *Eenzaam maar niet alleen*, Amsterdam, 1959

'Will farm mine surface', *The New York Times*,31-10-1910.

Wilterdink, '"Nico, Leve de Republiek!" Anti-monarchisme in Nederland', in: *Amsterdams Sociologisch Tijdschrift*, 1989-2, pp. 133-161

Withuis, Jolande, *Weest manlijk, zijt sterk. Pim Boellaard (1903-2001). Het leven van een verzetsheld*, Amsterdam 2008

Withuis, *Juliana. Vorstin in een mannenwereld*, Amsterdam 2016

Woelderink, Bernhard, *Geschiedenis van de Thesaurie. Twee eeuwen Thesaurie en thesauriers van het Huis Oranje-Nassau*, 1775-1975, Hilversum 2010

Wijnen, Harry van, *Van de macht des konings. Mythe en werkelijkheid van de constitutionele monarchie*, Amsterdam 1975

Wijnen, Harry van, *De Prins-Gemaal. Vogelvrij en gekooid*, Amsterdam 1994

Wijnen, Harry van, *De Macht van de Kroon*, Amsterdam 2000

Zanden van, Jan Luiten en Arthur van Riel, *Nederland 1780-1914 Staat, Instituties en Economische Ontwikkeling*, Amsterdam 2000

Zanten, Jeroen van, *Koning Willem II 1792-1949*, Amsterdam 2013

Zijl, Annejet van der, *Bernhard. Een verborgen geschiedenis*, Amsterdam 2010

Register

Persoonsnamen in voetnoten zijn niet opgenomen

Lees nu ook

'Een ontluisterend beeld van het werkelijke leven van de zo aanbeden oude koningin. Aalders trekt haar volledig van haar voetstuk.'

'Mannen op hoge posten vielen als een blok voor haar geraffineerde charme en scherp intellect. Dit boek over de intrigerende dubbelspion Leonie lees je achter elkaar uit.'

'Een onthullende inzage in de macht van ons koningshuis en de volgzame houding van politiek, bestuurders en wetenschappers.'

'Bernhard slaagde er meesterlijk in ons in zijn verzetsavonturen, wonderbaarlijke werken en nobele daden te doen geloven. Aalders toont echter aan: bij Bernhard was alles anders dan het leek.'

JUST
PUBLISHERS